本书由浙江特殊教育职业学院资助出版

INTRODUCTION TO

SPECIAL VOCATIONAL EDUCATION

黄宏伟　刘　晓　等◎著

特殊职业教育
导　论

ZHEJIANG UNIVERSITY PRESS
浙江大学出版社
·杭州·

图书在版编目（CIP）数据

特殊职业教育导论 / 黄宏伟等著. —杭州:浙江
大学出版社，2022.9(2024.1重印)
ISBN 978-7-308-23028-5

Ⅰ. ①特… Ⅱ. ①黄… Ⅲ. ①特殊教育－职业教育－
研究 Ⅳ. ①G76

中国版本图书馆 CIP 数据核字(2022)第 170253 号

特殊职业教育导论

黄宏伟 刘 晓 等著

责任编辑	陈佩钰
文字编辑	梅 雪
责任校对	许艺涛
封面设计	雷建军
出版发行	浙江大学出版社
	（杭州市天目山路 148 号 邮政编码 310007）
	（网址:http://www.zjupress.com)
排 版	浙江大千时代文化传媒有限公司
印 刷	广东虎彩云印刷有限公司绍兴分公司
开 本	710mm×1000mm 1/16
印 张	22
字 数	367 千
版 印 次	2022 年 9 月第 1 版 2024 年 1 月第 2 次印刷
书 号	ISBN 978-7-308-23028-5
定 价	98.00 元

序

特殊职业教育是建设高质量教育体系的重要内容,是衡量社会文明的重要标志。然而,目前我国特殊职业教育发展不平衡、不充分,在实践办学中存在教育与产业、学校与企业、专业设置与职业岗位对接不够紧密的问题,尤其是还没有真正建立与践行特殊职业教育与普通教育融合以及残疾人的康复与特殊职业教育、信息技术融合的人才培养模式,这些已经成为特殊职业教育办学和发展中的瓶颈问题,特殊职业教育仍是教育领域的薄弱环节。为此,教育部将"推进融合教育,提质培优"确定为特殊职业教育的改革方向。与此同时,学界目前对特殊职业教育要素的系统研究还十分缺乏,导致特殊职业教育实践缺乏更深入的理论指导。在推动特殊职业教育高质量发展的时代背景下,针对我国特殊职业教育的现实困境,对特殊职业教育各构成要素进行系统的研究对于进一步指导特殊职业教育实践具有重要的意义和价值。

当下,加强残疾人职业教育备受关注。虽然我们在实践领域对如何提升残疾人职业教育的质量及如何加强残疾人的就业指导和援助方面不断地进行探索与反思,但是对于其各构成要素的发展历程、基本内涵、本质特征、价值与功能、基本规律的研究不多,甚至存在概念混乱的现象。今天,我非常高兴地看到了《特殊职业教育导论》一书,该书由黄宏伟院长、刘晓教授牵头,汇集了一批青年学者,历经多年深入研究、系统梳理,基于以往研究基础,关注了特殊职业教育的发展、本质、教师、专业、课程、教学、学生、实践、融合及保障的新问题、新动态、新趋势,助力特殊职业教育研究向更深、更广、更高的层次推进。该书创新点主要表现在如下两个方面:

第一,研究内容系统完整。已有的特殊职业教育研究基本还停留在实践经验层面的介绍和总结,缺乏理论层面的系统阐释与探讨。该书在梳理特殊

1

职业教育发展历程及剖析特殊职业教育本质构成的基础上,将特殊职业教育构成要素进行系统探讨,结合当下热点话题——融合论,从三个不同角度指明了特殊职业教育的发展方向,并在此基础上提出了推进特殊职业教育发展的保障体系,对于全面认识特殊职业教育具有一定的价值和意义。

第二,研究内容具有创新性。该书作为国内第一本系统研究特殊职业教育核心问题的专著,无论在发展历程、本质阐释,还是在实践构成要素,或是在融合及保障体系方面,都具有独创性。

该书的最终落脚点在于通过对特殊职业教育的系统研究,针对当前特殊职业教育领域存在的客观问题,构建特殊职业教育"过去""现在"及"未来"的全貌"画像"。

最后,我相信该书对特殊职业教育实践能够起到一定的指导作用,为不断推动我国特殊职业教育向纵深方向发展提供重要的基础。

2022 年 3 月 13 日

北京师范大学国家职业教育研究院院长、职业与成人教育研究所所长

前　言

特殊职业教育是构建现代职业教育体系和技能型社会的重要组成部分，具有全局性、基础性地位。特殊职业教育的发展有利于更好满足残疾人受教育的权利，实现社会公平。换言之，它是社会文明程度不断提高、教育公平得以实现的重要标志。《"十四五"特殊教育发展提升行动计划》明确指出，要同步促进残疾人的康复与职业技能提升，让残疾学生有一技之长，为将来就业创业奠定基础。毋庸置疑，残疾人技能就业创业作为民生保障的重要内容，在实现共同富裕道路上发挥着举足轻重的作用。推动共同富裕的关键要靠发展，特别是高质量发展，而高质量发展需要一大批高素质技能型劳动者。因此，加快发展残疾人职业教育，对于推动特殊职业教育高质量发展，加快构建现代职业教育体系，培养更多高素质技术技能人才、能工巧匠、大国工匠具有重要意义和价值。正如黄炎培先生认为，职业教育有三大宗旨，即"为个人谋生之准备""为个人服务社会之准备""为世界、国家增进生产力之准备"，职业教育的目的是"使无业者有业，使有业者乐业"。推古知今，不难看出，特殊职业教育随着时代的变迁，在其功能上也相应发生着变化。在"构建技能型社会""共同富裕"和"特殊职业教育高质量发展"的大背景下，特殊职业教育（也称为残疾人职业教育）的功能从最初的强调帮助残疾人掌握一技之长以谋生转向现在的服务经济高质量发展、更好地促进教育公平、帮助残疾人获得体面工作、脱贫增收、缩小贫富差距、实现共同富裕、享受美好生活、构建和谐社会及重视服务技能型社会。特殊职业教育作为国民教育体系和人力资源开发的重要组成部分，残疾人职业教育的不断发展必然肩负着为国家和社会培养多样化技术技能型人才、促进就业创业的重要职责，为全面建设社会主义现代化国家提供有力的人才支撑。

办好特殊职业教育，服务技能型社会建设，需要特殊职业院校对以下四个制约特殊职业教育高质量发展的关键问题进行深入思考：一是特殊职业教育人才培养发展模式应如何进行改革。特殊职业院校作为把有特殊学习需要的残疾人培养成为有理想、有道德、有文化、有技能、有纪律的德、智、体、美、劳全面发展的社会主义建设者和接班人的主阵地，将数字化改革与特殊职业教育教学和管理实践深度融合，以及面向数字经济，开展数字媒体艺术设计专业建设、虚拟仿真实践项目共建共享，促进数字化改革与专业建设、课堂教学、校内实训等各个环节的深度融合，形成以"重视技能"为导向，探索"富有张力"的特殊职业教育人才培养发展模式。二是如何增强特殊职业教育提质培优的辐射力。特殊职业院校应与时代发展诉求同步，以"社会崇尚技能"为导向，通过打造残疾人特殊职业教育之家、特殊职业教育发展联盟等形式，破解特殊职业教育区域发展不平衡新策略。依托特殊职业教育发展联盟等平台，按照"多对一""一校帮扶一方向"等"组团式"援助原则，在学校规划、专业建设、师资培养、信息化建设、合作办学等方面精准发力，实现帮扶地区特殊职业教育提质培优，并遵循"社会崇尚技能"的价值导向，持续提升残疾学生的获得感、幸福感、安全感。三是特殊职业院校如何构建"高技能就业"的特殊职业教育体系。长期以来，特殊职业院校多开设工艺美术品设计、数字媒体艺术设计、电子商务、中西面点工艺、康复治疗技术（推拿方向）、康复治疗技术、特殊教育（师范类）、特殊教育（手语翻译）、茶艺与茶文化、民族传统技艺、学前教育等专业，十分重视将专业职业教育与职业培训等多种类型协调发展的办学格局。在此基础上，特殊职业院校还应通过中高本一体化、非学历教育等形式，探索"人人学习技能"路径，形成"高技能就业"特殊职业教育体系。简言之，打通特殊职业教育中职、高职、应用型本科一体化"立交桥"，畅通高素质特殊职业教育人才成长渠道。通过学历教育与非学历教育协调发展，职前培养与职后培训有机衔接，建立起布局合理、学段衔接、医康教结合、普职融通的特殊职业教育体系，扩大特殊职业教育公共服务供给，服务技能型社会建设。四是如何加快构建技能型社会和面向全体人民、贯穿全生命周期、服务全产业链的职业教育。特殊职业院校应以"人人拥有技能"为目标，凸显"掌握生存技能"残疾人公共教育服务能力，开发残疾人职业潜能，帮助有就业需求的残疾人掌握一技之长。一方面，由特殊职业教育学校营造残健融合人才培养新环境，依托融合课程、融合社团、融合寝室等不同载体，提高残疾学生和健全学生融合程度，营造共同成长的良好职业技能氛围；

另一方面,提升社会对残疾学生的全面接纳、参与程度,实现残疾学生从"感恩于心"到"回报于行"。

多年来,基于我院不断改革与探索的实践经验,我们深刻认识到,残疾人职业教育是提升残疾人受教育水平、帮助残疾人提高就业创业能力和脱贫增收的重要途径,要全面提升特殊职业教育质量,充分了解和认识特殊职业教育的发展和本质是其逻辑起点。基于此,更要在教育的三个基本构成要素,即教育者(教师)、教育影响(专业、课程、教学、实训实践)和受教育者(学生)方面下功夫。同时,随着"融合教育"和"全纳教育"思想促进特殊职业教育领域不断变革与发展,《"十四五"特殊教育发展提升行动计划》明确强调,着力发展以职业教育为主的高中阶段特殊教育,支持普通中等职业学校和普通高中接收残疾学生随班就读。推动特殊教育学校增设职教部(班),鼓励普通中等职业学校增设特教部(班),到 2025 年实现每个市(地、州、盟)和有条件的县(市、区、旗)都有一个残疾人中等职教部(班),在每个省(自治区、直辖市)至少办好一所残疾人中等职业学校和盲、聋高中(部)。不难看出,除加强普通教育和特殊职业融合、不断助力特殊职业教育质量提升外,不断完善特殊职业教育保障体系,对特殊职业教育的发展提升支持能力也至关重要,从法律法规、制度和社会支持体系建设等方面保障特殊职业教育向纵深方向发展。

发展特殊职业教育是经济社会发展的重要基础,是实现共同富裕和人力资源强国的基础性工程。进入 2022 年,我国特殊职业教育改革发展的政策重点正在从以规模发展为重转向现代特殊职业教育体系建设,反映了新时代发展特殊职业教育的新型质量观,这种转变既是对特殊职业教育增强服务经济社会能力的关注与要求,更是对残疾学生未来发展的期望和诉求。毋庸置疑,要想真正增强特殊职业教育的吸引力,增强特殊职业教育的社会适应性是其关键突破口。我们作为特殊人才培养的主体,需要在实践中不断探索能适应时代发展步伐的特殊职业教育模式,不断扩大残疾人接受职业教育的机会、教育用地、助学资金、师资配备,稳定残疾人职业教育师资队伍,切实提升残疾人职业教育教学质量。与此同时,特殊职业教育学院还应不断完善特殊职业教育设施,优化办学条件,有针对性地将提高残疾学生对社会的灵活性和适应性渗透在教育的全过程,积极开展残疾学生生涯规划和就业指导,切实做好残疾学生教育与就业衔接工作。提高互联网、信息技术和其他现代化、数字化教学手段在特殊职业教育教学中的应用率,建设特殊职业教育院校信息无障碍,方便残疾学生获取信息。只有这样,才能推进残疾人职业教育育人和办学模式改革,更快地让残疾人学好一技之长,更好地融入社会、更有尊严地体面生活,学有所成、残有所为。

  本书集中了专注于特殊职业教育教学的一线教师、行政管理人员及高校专门研究人员进行协同研究,希望本书的出版能对构建具有吸引力的特殊职业教育体系尽点绵薄之力,起到抛砖引玉的作用。同时,也殷切希望广大同仁、对特殊职业教育研究感兴趣的有识之士提出批评和建议,不吝赐教。

2022 年 3 月 3 日

目　录

第一章　特殊职业教育发展论

职业教育是国民教育体系和人力资源开发的重要组成部分,在全面建设社会主义现代化国家新征程中,职业教育肩负着培养多样化人才、传承技术技能、促进就业创业的重要职责。特殊职业教育作为职业教育的重要组成部分,在新时代背景下,发展特殊职业教育有利于更好满足残疾人受教育的权利,提升残疾人受教育的水平;促进教育公平,推进基本实现教育现代化;帮助残疾人提高就业创业能力,促进残疾人体面就业,更好融入社会,脱贫增收,阻断贫困代际传递,加快残疾人小康进程,实现共同富裕。特殊职业教育同其他教育领域一样,作为一种社会现象,有其产生、演变、发展的过程。而这一过程离不开具体的特殊职业教育政策法规的确立、实践活动的开展和思想的传播。根据不同社会发展阶段,我国特殊职业教育相继经历了萌芽、兴起、发展及整合四个时期。相比之下,外国特殊职业教育也先后经历了萌芽、形成、发展及融合四个时期。本章通过对中外特殊职业教育发展历程的比较,探索新时代我国特殊职业教育的发展趋向。

第一节　我国特殊职业教育的发展

一、我国古代特殊职业教育的萌芽期

我国特殊职业教育的教育思想和实践贯穿于社会发展意识形态中,受儒家"尊重""仁爱"思想的影响,我国对残疾人从事特定职业的态度较为开明和宽容。西周宫廷乐师的兴盛表明我国特殊职业教育在先秦时期的辉煌成就。

（一）我国古代特殊职业教育的实践

1.原始社会特殊职业教育活动

原始社会时期生产力低下，原始部落之间常因争夺领地、食物和资源发生战争，再加上当时人们自身抵御自然灾害的能力很弱，生存环境、医疗卫生条件恶劣，多种因素导致残疾人在当时并不少见。残疾人为了生存，首先需要满足自身对衣、食、住等基本生活资料的需求，这就要求他们必须参加生产劳动。残疾人最早从事的职业是巫师，通过供奉和讨好神灵或斥责和驱赶恶鬼的方式祈求避灾消难、保佑康泰。巫师的培养采用师徒传授的形式，经过专门的训练后，从业的巫师具备一定的宗教、历史文化、巫术、医药专业知识和技能。一般认为，原始社会的特殊职业教育活动是和日常生活生产融为一体的，残疾人和健全人一样在生产生活中习得生存本领，诸如生产工具的制造、钻木取火、烧制陶器、渔猎、农耕种植、原始手工业等。这说明，原始社会已出现能从事各种专业技能的专门人员以及以培养这种专门人员为目的的教育雏形，但这种教育仅限于生产生活上的教育。从这个角度上讲，原始社会已经有了最简单、最朴素的特殊职业教育活动。

2.奴隶社会及封建社会特殊职业教育活动

随着社会生产力的发展，私有财产的出现造成了阶级分化，奴隶社会打破了原始社会的生产关系，奴隶主阶级垄断了以知识为主的学校教育，奴隶阶级尤其是残疾奴隶只能被支配接受简单的生产劳动教育和社会教化。先秦时期，西周的六艺教育盛行，盲人音乐教育的发展更使盲人能在宫廷从事乐师工作得以谋生，其中"瞽宗"就是世界上最早设立的特殊职业教育机构。"瞽"即"无目"，瞽宗以培养服务于周天子的高等盲人音乐人才为目的，盲人音乐人才在大型祭祀礼仪活动时演奏音乐。又如《礼记·王制》中记载，"瘖、聋、跛、躄、断者、侏儒、百工，各以其器食之"[①]；《荀子·王制》中也有记载，"五疾，上收而养之，材而事之，官氏而衣食之，兼覆无遗"[②]。残疾人通过接受特殊教育获得了从事某种职业所需的专业知识和技能，以从事该种职业为生。由此可知，我国特殊职业教育萌芽较早，从先秦时期便可看出特殊职业教育

[①]　陈澔.礼记集说[M].天津：天津市古籍书店，1988：80.

[②]　王先谦.荀子集解[M].北京：中华书局，1988：148-149.

的雏形。同原始社会相比,此时的特殊职业教育在教育内容上从最初的获得生产生活经验向以某种职业为生方向发展。

(二)我国古代思想对特殊职业教育者的价值取向

我国古代社会已出现残疾人从事某种特殊职业的现象和活动,但没有对特殊职业教育进行系统的总结和记述,也没有系统的论著专门论述特殊职业教育思想。但我们仍可以从我国古代传统教育思想中看出古代社会对待从事特定特殊的态度。

1. 儒家——"尊重""仁爱"

儒家思想始于孔子"仁""礼"的思想,从《论语》中记载的事件可以看出儒家对从事某种特定职业残疾人的态度。如《论语·卫灵公》记载:"师冕见,及阶,子曰:阶也。及席,子曰:席也。皆坐,子告之曰:某在斯,某在斯。师冕出,子张问曰:与师言之道与?子曰:然,固相师之道也。"[①]意思是说,一位名叫冕的盲人乐师来拜见孔子,当他走到台阶边沿时,孔子告诉他:这里是台阶;当他走到座席旁时,孔子又说:这是座席;等大家都坐下后,孔子告诉冕:这个人坐在这里,那个人坐在那里。等冕走了以后,学生子张问孔子:这就是老师您与乐师谈话的道吗?孔子说:这是帮助乐师的道。由此可见儒家对从事特定职业残疾人的尊重以及仁爱。

2. 王守仁——"平等""因材施教"

王守仁创立了"阳明学派",与程朱理学不同的是,它主张"心即理""致良知"和"知行合一"等思想,在他的《谕泰和杨茂》一文中反映了其对待从事特定职业残疾人的态度。江西泰和县的杨茂是个聋哑人,想向王守仁学习,王守仁热情接待了他,并采用适合杨茂的笔谈法进行交流与教育。针对残疾人的特殊情况采用不同的教学方法,既体现了王守仁将聋哑人和普通人一视同仁,又体现了王守仁注重对残疾人因材施教。

从特殊职业教育活动来看,西周宫廷盲人乐师的培养和盛行表明我国特殊职业教育在先秦时期已经萌生。随着西周的衰落,礼崩乐坏,盲人乐师逐渐失去了赖以生存的政治土壤。而唐朝以后的封建社会,科举考试制度一直占据着我国人才选拔的主导地位,科举考试的内容注重诗赋、帖经、策论、墨

---

① 黄培森.中国特殊教育史略[M].成都:西南交通大学出版社,2015:30.

义和时务策,这些考试本身限制了视力、听力残疾的人参与其中,特殊职业教育一直处于停滞状态。从思想积淀上来看,先秦儒家、道家及王守仁的思想对待从事特定职业残疾人的态度主要是"平等""尊重""仁爱""因材施教",这些思想,为近代特殊职业教育的产生奠定了坚实的思想基础。

二、我国近代特殊职业教育的兴起

第一次鸦片战争打破了我国封建社会的平静,外国入侵导致社会动荡,我国开始沦为半殖民地半封建社会。1851—1864 年,太平天国运动揭竿而起,中国面临着内忧外患的困境。在这样的背景下,特殊职业教育发展步履维艰。

(一)我国近代特殊职业教育政策法规

以立法形式保障和促进特殊教育的发展是近代各发达国家教育发展的共同趋势。特殊职业教育作为自特殊教育产生后的衍生物,其兴起同样需要法律法规的规范和引导。1859 年,太平天国运动第九年,洪仁玕在其《资政新篇》中提出"其邦之跛盲聋哑鳏寡孤独,各有书院教习各技"的美好愿望,并提倡"一兴跛盲聋哑院。有财者自携资斧,无财者善人乐助,请长教以鼓乐书数杂技,不致为废人也"。① 可见,《资政新篇》主张私人兴办特殊教育学校并开展残疾人职业技术教育,但由于各种现实状况的限制,这种主张仅停留在美好愿望的阶段。

总之,近代中国已在政策法规层面上对特殊职业教育有所关注。尽管其规定比较笼统和宽泛,缺乏可操作性和针对性,远远不足以规范和保障特殊职业教育的发展,但从历史的发展角度来看,在当时的社会背景下能够在法律法规层面上肯定特殊职业教育的重要性还是具有进步意义的。

(二)我国近代特殊职业教育的实践

清末至 20 世纪初,是我国近代特殊职业教育的初创期。这一时期,西方传教士创办的特殊教育学校是我国现代特殊职业教育的主体。1874 年,传教士威廉·穆瑞在北京创办我国最早的盲人学校——"瞽叟通文馆",发展至1920 年,其教学分小学和特殊教育两个部门,特教班专门学习劳动技能,为男

---

① 顾定倩,朴永馨,刘艳虹. 中国特殊教育史资料选[M]. 北京:北京师范大学出版社,2010:47.

性盲人学生开设纺织、藤木、织袜、制鞋等职业教育课程,为女性盲人学生开设织布、绒工、纺毛等职业教育课程,通过感官功能补偿盲人学生的身体缺陷,适应其身心发展特点。1887年,米尔斯夫妇在我国创办最早的聋哑学校——"登州启喑学馆",不仅为聋哑学生设置了书写、算术等文化课程,还对他们进行生活自理及谋生能力的训练,如为六年级到九年级学生开设养蚕、工艺等科目,在增强聋哑学生社会适应力的同时使他们获得一定的职业技能,为其将来就业做好准备。1890年,英国牧师甘雨霖在台湾成立第一所训盲院,教授盲人圣书、点字和手艺。[①] 这些最早开办的盲人、聋哑学校的职业教育课程相继拉开了我国近代特殊职业教育的序幕。

受西方传教士特殊职业教育思想及实践的影响,国内的一些有识之士相继创办特殊教育学校,并将职业教育课程作为特殊教育学校的重要课程之一。如1915年,在汉口训盲学校毕业的盲人刘先骥在长沙创办湖南导盲学校,这是中国人自己最早创办的特殊学校,后增设编织科,对残疾学生进行工艺职业教育。[②] 又如1916年,张謇在担任狼山盲哑学校校长期间,强调职业训练以"生利教育"为主,强调职业教育的实用性,教授残疾学生知识和技艺。

这一时期,我国的特殊职业教育实践最开始主要存在于来华的传教士在本土创办的特殊教育学校中,他们在这些特殊教育学校传播西方先进的特殊职业教育思想。受传教士的影响,我国的一些有识之士身先士卒,先后开办了国人自创的特殊教育学校,设置特殊职业教育课程,在特殊教育实践层面促进了特殊职业教育的兴起和发展。

(三)我国近代特殊职业教育的思想

近代特殊职业教育的思想主要体现在传教士威廉·穆瑞创办的以"生利教育"为核心课程的第一所盲校"瞽叟通文馆"及米尔斯夫妇创办的以社会适应力为导向的第一所聋校"登州启喑学馆"的教育实践中。

1.近代盲校"瞽叟通文馆":以"生利教育"为核心课程

19世纪末20世纪初,盲童教育的目标是促进盲童掌握知识,形成职业技能以自食其力。为达成这一教育目标,盲校课程大多以"生利教育"为核心,

① 甘昭良,尤志添.闽台特殊教育[M].厦门:厦门大学出版社,2012:44.
② 方俊明.特殊教育学[M].北京:人民教育出版社,2005:35.

如"瞽叟通文馆"在职业教育课程设置上规定男性盲人学生要学习纺织、藤木、织袜、制鞋等职业教育课程,女性盲人学生要学习织布、绒工、纺毛等职业教育课程。再如张謇在担任狼山盲哑学校校长期间,为盲哑学生开设园艺、藤工科、按摩、打字和雕刻等职业课程。这表明,我国近代特殊职业教育注重教授残疾学生实用职业技能,以形成一技之长以自养。

2. 近代聋校"登州启喑学馆":以社会适应力为导向

我国近代聋教以米尔斯夫妇创办的第一所聋哑学校——"登州启喑学馆"为开端,米尔斯夫人将"掌握谋生知识,形成职业技能"作为主要教育目标之一。围绕该目标,在不同学段设置诸如自然科、工艺、蚕科等职业教育课程,帮助残疾学生掌握一定的职业技能,为其将来谋生打下基础。

总之,我国近代特殊职业教育的兴起始于清末至 20 世纪初,外国传教士是我国近代特殊职业教育实践的先行者,受他们的影响,一些进步人士也相继开办了特殊教育学校,对特殊职业教育实践进行探索。虽然该时期特殊职业教育实践仅存在于特殊教育学校中,但在当时的背景下,特殊职业教育实践毕竟还是向前发展了,这点还是值得肯定的。但是,特殊职业教育法律法规制定的步伐明显滞后于特殊职业教育的实践,这在很大程度上阻碍了特殊职业教育事业的发展。

三、我国现代特殊职业教育的发展

1912 年,教育部颁发《小学校令》,对清末的教育做出一系列改革,客观上推动了我国现代特殊职业教育的发展。民国时期,虽然与特殊职业教育相关的政策法规在数量上有所增加,但尚未形成体系,这些特殊职业教育政策法规对特殊职业教育实践无疑产生了一定的影响。再加上该时期国家仍处于动荡不安、民不聊生的状态,特殊职业教育的发展仍然步履蹒跚。

(一)我国现代特殊职业教育政策法规

1912 年,教育部颁发《小学校令》,其中明确"蒙养园、盲哑学校亦如前普通教育之规定",这标志着我国特殊教育首次在现代政策法规层面上得到认可。随后,1947 年,教育部发布的《改进全国盲哑教育案》明确指出,由中央设立专科以上程度盲人学校及聋哑学校各一所,以造就专门人才并训练中等盲哑学校师资。课程方面应加职业技术训练,俾使毕业后即有单独谋生之技能。[①]

中华民国时期特殊职业教育政策法规总体呈现出以下特点:一是特殊职业教育政策尚未形成完整的体系。近代特殊职业教育政策法规隐含在特殊教育政策法规之中,由于政治历史、社会经济及社会认识发展的局限,近代教育政策法规中对特殊教育的关注本来就很少,缺乏为特殊教育专门制定的法律法规,尚未出现独立的特殊教育法,更谈不上形成完整的特殊职业教育政策体系。二是特殊职业教育政策虽陆续出台,但多停留在政策层面,缺乏实际可操作性,实施成效甚微。

(二)我国现代特殊职业教育的实践

民国时期,我国特殊教育学校数量不断增加,我国本土特殊教育学校不断拓展特殊职业教育课程类型。如1917年,由张謇任校长的狼山盲哑学校开设了凸字、音学、修身、国文、历史、地理和手工课程,随后陆续添设了园艺、藤工科、按摩、打字和雕刻等职业课程,并聘请技师作为职业训练的教师,使残疾学生在掌握基础文化知识的同时,拥有一技之长以自养。再如1919年,杜文昌在北京创办第一所本土聋哑学校——华北聋哑学校,除了重视教授聋哑学生听、说、读、写等基础技能,还注重培养聋哑学生一定的生活、职业技能。1924年,杜文昌在聋哑学校增添织袜工厂,1932年以后,陆续增设纺织科、木工科、缝纫科、化学科等职业教育课程,凸显了残疾人生计教育的重要性,使聋哑学生能自食其力。此外,民国时期,我国一些进步人士主张成立特殊教育联合组织,如1928年朱冲涛等聋哑学校管理者基于特殊职业教育实践,在其"盲哑教育职业化、化分利为生利"办学理念的影响下,于1930年在江苏成立了中华盲哑教育社,这是我国现代以来最早成立的盲哑教育联合社团组织,该组织将"盲哑职业指导"作为其促进特殊教育发展的主要任务。

从中华民国成立到新中国成立前这段时期,我国特殊职业教育逐渐朝着正规化、专业化和中国化方向发展。这些本国的特殊教育学校及机构的创办者基于自身的特殊教育实践,不断地反思和总结特殊职业教育经验,再加上

---

① 顾定倩,朴永馨,刘艳虹.中国特殊教育史资料选[M].北京:北京师范大学出版社,2010:70.

中华盲哑教育社的成立及国家在政策法规层面上注重对特殊教育中的职业技术训练进行分科和规范,客观上不断推动了我国特殊职业教育的发展。

（三）我国现代特殊职业教育的思想

1. 杜文昌重视聋人"生存职业技能"的聋教思想

1919年,杜文昌在北京创办第一所本土聋哑学校——华北聋哑学校。杜文昌认为聋教的最终目的在于促进聋人掌握一定的生存技能,使之自食其力。因此,他注重培养聋生的生活技能和职业技能。为实现这一目的,杜文昌于1924—1935年陆续开办织袜工厂,增设纺织科、织带科、木工科、园艺科、装订科、缝纫科、化学科,并出售聋生劳动生产的产品①,通过发展聋人职业教育,帮助聋人成为自食其力的劳动者。

2. 傅步兰重视盲童"职业训练"的盲教思想

傅步兰是我国现代上海盲童学校的负责人,其在长期的特殊教育实践中形成了独特的特殊职业教育思想。傅步兰认为,职业技能可以通过职业训练的形式掌握,只有盲童掌握了一定的职业技能,学校才能培养出"独立的公民"。因此,傅步兰的盲童学校开设工艺部,为盲童开设手工艺职业课程,训练盲童制作家具、篮子、筐。盲童学校的手工艺品做工精细,款式繁多,十分畅销,甚至远销西方国家。

1912—1949年,我国特殊职业教育在政策法规层面上虽未形成体系,但已在政策法规层面上开始关注对特殊教育中的职业技术训练进行分科和规范。随着国人创办的特殊教育学校数量不断增加,特殊职业教育逐渐朝正规化、专业化和中国化方向发展。在特殊职业教育思想上,仍将"生利教育"作为特殊职业教育的核心,关注特殊职业教育在促进残疾人自食其力方面发挥的重要作用。

四、我国当代特殊职业教育的整合

新中国成立后,明确将特殊教育纳入社会主义教育体系,各省（区、市）相继制定特殊教育政策法规,特殊教育政策从无到有,先后经历了创建期、繁荣期、深化期、融合期四个阶段。随着特殊教育政策法规的不断完善和发展方向的不断调整,特殊职业教育也在不断地调整重组。

---

① 黄培森.中国特殊教育史略[M].成都:西南交通大学出版社,2015:100.

（一）我国当代特殊职业教育政策法规

1. 初立规制：特殊职业教育政策法规的创建期（1949—1977 年）

1949—1977 年，国家出台一系列政策法规，初步确定了特殊职业教育的方针，同时也对特殊职业教育的课程、教学计划、学制、编制、经费、开设职业训练班等问题做出了初步规划。

一方面，教育部发布指示和通知对特殊教育学校的基本任务、学制、经费等相关问题作出具体规定。如 1956 年《教育部关于聋哑学校学制和教学计划问题指示中的若干有关问题的补充说明》规定，五年级以下年满 15 岁的学生也应参加职业劳动训练。此外，该文件还明确学校可将五年级以上的职业劳动课排在每天的下午。同年，《教育部关于盲童学校、聋哑学校经费问题的通知》明确指出，各省（市）应根据当地情况，给予盲童学校、聋哑学校中的技术班和按照新的教学计划进行职业劳动训练所需的技术实习费，以保证职业劳动训练能够顺利地进行。1957 年《教育部关于办好盲童学校、聋哑学校的几点指示》明确，我国盲童学校、聋哑学校的基本任务是：培养盲童和聋哑儿童具有一定的文化科学知识，掌握一定的职业劳动技能，并具有共产主义的道德品质，使他们成为积极的社会主义的建设者和保卫者。[1] 这是新中国成立以来第一次明确规定特殊教育学校的基本任务。

另一方面，确定特殊职业训练班的任务及人才培养目标。如 1964 年，《广州市教育局复盲童学校同意开设盲人职业训练班及盲童学校来文》明确回复："同意开办按摩、工艺各一班，学习年限为两年"，并在随后的《增设盲人职业训练班计划（草案）》明确增设盲人职业训练班，目的是"通过职业训练班使盲童能掌握一定文化知识和特定职业劳动的技能技巧，毕业后成为一个具有共产主义道德品质的、积极的、自觉的、残而不废的社会主义劳动者"，在学制、课程安排、师资配备、设备及经费等各个方面均有详细的规定。

2. 体系形成：特殊职业教育政策法规的繁荣期（1978—2000 年）

1978—2000 年，我国特殊教育学校及职业教育培训机构数量不断增长，为各级各类特殊职业教育的形成和发展提供载体。与此同时，我国特殊职业教育法治建设也在高速发展，从法律层面上将特殊职业教育纳入国民教育体

---

[1]　彭霞光.中国特殊教育发展报告 2012[M].北京：教育科学出版社，2013：16-17.

系,标志着我国特殊职业教育已形成并开始步入崭新的阶段。

首先,从法律层面上将特殊职业教育纳入国民教育体系。如1982年《中华人民共和国宪法》第二章"公民的基本权利和义务"中提出"国家和社会帮助安排盲、聋、哑和其他有残疾的公民的劳动、生活和教育"。这表明,特殊教育首次在法律层面上得到认可和保护,自此残疾人教育权利得到法律明确保障。1990年,我国出台了首部专门针对残疾人的立法——《中华人民共和国残疾人保障法》,其中明文规定:"残疾人教育,实行普及与提高相结合、以普及为重点的方针,着重发展义务教育和职业技术教育,积极开展学前教育,逐步发展高级中等以上教育。"其中第23条还明确了,高级中等以上特殊教育学校、普通学校附设的教育班和残疾人职业教育机构,对符合条件的残疾人实施高级中等以上文化教育、职业教育。[1] 这表明,特殊职业教育在法律上已经得到认可,并成为国民教育体系中的重要组成部分。

其次,通过国家教委发布的通知文件对职业技术教育作为特殊教育事业的基本方针做出明确规定。如1989年国务院办公厅转发国家教委等部门《关于发展特殊教育若干意见的通知》指出,在当前和今后一个时期,发展特殊教育事业的基本方针是:着重抓好初等教育和职业技术教育,积极开展学前教育,逐步发展中等教育和高等教育。各级各类特教学校都应贯彻执行德、智、体、美、劳全面发展的方针,在对残疾学生进行思想品德教育、文化教育和身心缺陷补偿的同时,切实加强劳动技能和职业技术教育,为他们参与社会生活、适应社会需要创造条件。

最后,明确建立残疾人职业教育体系。如1994年国务院发布的《残疾人教育条例》明确,残疾人职业教育,应当重点发展初等和中等职业教育,适当发展高等职业教育,开展以实用技术为主的中期、短期培训。残疾人职业教育体系由普通职业教育机构和残疾人职业教育机构组成,以普通职业教育机构为主体。这是我国第一部独立的关于特殊教育的行政法规,也是首次在行政法规层面上提出"建立残疾人职业教育体系"。又如1998年教育部发布的《特殊教育学校暂行规程》第27条明确指出,特殊教育学校要特别重视劳动教育、劳动技术教育和职业教育。学校要根据实际情况对高年级学生实施劳动

---

[1]　黄培森.中国特殊教育史略[M].成都:西南交通大学出版社.2015:141.

技术教育和职业教育,提高学生的劳动、就业能力。可见,该时期重点发展初等、中等特殊职业教育,兼顾高等特殊职业教育的发展,并指出特殊职业教育的实施载体包括各级各类职业学校和职业培训机构、残疾人教育机构及其他教育机构三种类型。

3.统筹推进:特殊职业教育政策法规的深化期(2001—2013年)

2001—2010年,《中国残疾人事业"十五"计划纲要(2001—2005年)》和《中国残疾人事业"十一五"发展纲要(2006—2010年)》作为国家领导特殊职业教育发展的指导性文件,为该时期特殊职业教育指明了发展方向。2010年,《国家中长期教育改革和发展规划纲要(2010—2020年)》进一步强调,要加强残疾学生职业技能和就业能力培养,大力推进残疾人职业教育。该文件第一次将特殊职业教育发展纳入国家级发展规划纲要中,凸显了发展特殊职业教育在发展特殊教育中的重要地位。

首先,重点发展残疾人高中阶段教育。2007年,中国残联、教育部印发了《残疾人中等职业学校设置标准(试行)》,首次规范了中等职业学校的管理制度。2009年,国务院办公厅转发教育部等部门《关于进一步加快特殊教育事业发展意见》进一步提出:"加快发展以职业教育为主的残疾人高中阶段教育,为残疾学生就业和继续深造创造条件。具备条件的地市要举办残疾人高中阶段教育。特殊教育学校要根据需要举办残疾人高中教育部(班);残疾人中等职业学校要积极拓宽专业设置,扩大招生规模;普通高中要招收具有接受普通教育能力的残疾学生;中等职业学校要积极开展残疾人职业教育。"这表明,该阶段国家已将重点发展初等、中等特殊职业教育,兼顾高等特殊职业教育的发展转向重点发展残疾人高中阶段教育。

其次,强调发展特殊职业教育与培训,逐步建立残疾人职业培训体系。如《中国残疾人事业"十五"计划纲要》《中国残疾人事业"十一五"发展纲要(2006—2010年)》《中国残疾人事业"十二五"发展纲要》均依托职业教育机构的作用,大力开展职业培训,提高残疾人职业技能。可见,该阶段强调以就业为导向的特殊职业教育与提高残疾人的就业和创业能力的重要性,并关注特殊职业教育在农村生产和扶贫方面所发挥的重要作用,鼓励各类特殊教育学校(院)、职业学校及职业培训机构开展各种形式的多层次的职业技能教育和中短期实用技术培训。

最后,统筹小学、初级中学、高级中学、职业学校、专科学校及大学特殊职业教育的发展,依托职业学校和特殊教育学校兼顾以职业教育为主的残疾人高中与职业培训的发展。如2012年,教育部印发的《残疾人教育工作"十二五"实施方案》再次强调,要大力发展以职业教育为主的残疾人高中阶段教育,加强残疾人中等职业学校基础能力建设,大力推行工学结合、校企结合、顶岗实习,提升残疾学生职业素质和就业能力,提高职业教育质量和吸引力,依托城乡职业学校和残疾人职业学校,对具有初、高中文化程度的农村残疾人开展职业培训,制定配套政策,鼓励特殊教育学校开展残疾人职业教育,使残疾学生都能掌握生存与发展技能。

总之,这一时期我国在许多政策、法规中强调发展特殊职业教育,使特殊职业教育的发展更加规范化。同时,该时期也是我国大力发展中、高等层次特殊职业教育的阶段,我国初步实现初等、中等和高等职业教育与培训相互衔接,并与普通教育、成人教育相互沟通、协调发展,不断挖掘残疾学生的潜力,发挥他们的优势,最大限度地促进残疾学生职业技能的形成和发展,引导他们掌握一定的生存技能,增强残疾学生的职业及社会适应能力,帮助他们更好地融入社会,独立生活。

4.提质增量:特殊职业教育政策法规的融合期(2014年至今)

随着特殊职业教育体系的形成,我国特殊职业教育迎来了全面推进"全纳教育"的深化发展阶段,如何使不同学段的残疾学生都能接受到满足自身发展需要的更公平、更优质的职业教育与培训是本阶段需要处理的重点问题。《国家中长期教育改革和发展规划纲要(2010—2020年)》对下一个十年职业教育,尤其是特殊职业教育的发展指明了方向。

首先,明确将特殊职业教育纳入为现代职业教育体系建设的重要内容。如2014年,教育部等部门联合发布的《现代职业教育体系建设规划(2014—2020年)》将"重视残疾人职业教育,充分考虑各类残疾人员的特点和社会需求,注重拓展专业教育范围,为学习者提高生活质量和就业质量服务"作为为现代职业教育体系建设提供制度保障的重要内容。

其次,将"增量、提质"作为中、高层次特殊职业教育发展的重心。如2014年,教育部等部门联合发布《特殊教育提升计划(2014—2016年)》,进一步提出,要大力发展以职业教育为主的残疾人高中阶段教育。普通高中和中等职业学校要积极招收残疾学生,扩大残疾人中等职业学校招生规模,加强残疾人职业培训,提高就业创业能力。在深化特殊教育课程教学改革方面尤其强调要"增加必要的职业教育内容,强化生活技能和社会适应能力培养"和"以培养就业能力为导向,强化残疾人中、高等职业学校专业特色,建好实习实训基地,进一步加强对残疾学生的就业指导"。

再次,将发展残疾人就业创业技能培训作为其家庭就业增收的重要方式。如 2016 年国务院印发的《"十三五"加快残疾人小康进程规划纲要》,明确将"继续举办全国残疾人职业技能竞赛暨全国残疾人展能节,组团参加国际残疾人职业技能竞赛"。把"实施残疾人职业技能提升计划""为就业困难残疾人提供就业援助和就业补助"以及"推进高校残疾人毕业生就业见习、实习"作为重点任务。

最后,加强残疾人职业教育教材和教学资源建设,为残疾人提供多元、个性化教育。如 2018 年教育部等四部门发布的《关于加快发展残疾人职业教育的若干意见》提出,要"加强残疾人职业教育教材和教学资源建设,组织开发适合残疾人的职业教育教材"。可见,党和国家对特殊职业教育的发展做出了更加细化的部署,教材作为特殊职业教育人才培养的载体,决定着特殊职业教育人才发展方向,越来越受到重视。

总之,要推进我国特殊职业教育的不断发展,不仅要在数量上兼顾中、高等普通职业教育机构(学校)、特殊职业教育机构、以职业教育为主的特殊教育学校及由多方社会力量支持的特殊职业教育与培训的持续增长,也要把好残疾人职业技能提升,就业创业培训,职业教育课程、教学、教材、教师建设,残疾人职业技能竞赛,就业指导等方面的质量关。同时,特殊职业教育法律法规体系也日益完善,已初步建立起多层次、多类别的特殊职业教育学校体系。可以说,新中国成立以来,我国特殊职业教育已取得了空前的成就。

(二)我国当代特殊职业教育的实践

新中国成立 70 余年间,我国特殊职业教育发生了巨大的变化,特殊职业教育从最初由私人开办的具有慈善、救济性质的特殊教育转变为国家教育事业的重要组成部分,特殊职业教育的功能也从最初的使残疾人自力更生转向现在的使残疾人享受美好生活、获得体面工作、脱贫致富,从而构建和谐社会。

纵观我国当代的特殊职业教育实践活动,无论是在数量上还是质量上都取得了迅猛的发展。截至 1991 年,我国建立残疾人职业培训中心 23 个,培训2515 人。3329 名残疾青年进入普通中等职业技术学校学习,一些特殊学校开办了职教班或职业学校。到 1995 年底,全国已建立 19 所残疾人中等职业技术学校,开办 42 所职业高中,28 所技术学校,在校学生累计 1.08 万人。另外,各种非学历教育残疾人职业培训机构 1968 所,培训各类残疾人累计达 11.57 万人。①

到 2000 年底,全国各省、市、区三级残疾人职业教育培训机构已发展至 970 所,比"八五"期间增加 620 所,有 3194 所普通职业培训机构接受残疾人参加职业培训,在数量上比"八五"期间增加了 1330 所,累计有 251 万残疾人在"九五"期间接受了职业教育与培训。② "十五"期间,近 60 万残疾人接受了职业教育与培训,特殊艺术和残疾人体育取得举世瞩目的成就,参加第十二届残疾人奥运会的中国体育代表团取得金牌总数和奖牌总数两个第一的优异成绩,特殊奥林匹克运动取得长足发展。③ 2012 年,教育部成立特殊教育办公室,负责协调职业、成人和师范教育等各个类型的特殊教育。④ 2017 年,全国共有特殊教育普通高中班(部)112 个,在校生 8466 人,比 2016 年增加了 780 人。残疾人中等职业学校(班)132 个,在校生 12968 人,比 2016 年增加了 1759 人。⑤

(三)我国当代特殊职业教育的思想

1.陈英云——随班就读中的全纳特殊职业教育思想

随班就读,顾名思义即将残疾儿童安置在普通教育中的班级与普通儿童一起学习的教育组织形式。陈英云受 20 世纪 90 年代兴起的"全纳教育"思想影响,认为普通学校应该接受残疾儿童,提倡在全纳教育思想指导下将普通教育与特殊职业教育融为一体。在她看来,全纳教育的内涵是教育要满足所有儿童的不同教育需求,包括残疾儿童,也包括有其他特殊教育需要的儿童。因此,她在主张让残疾儿童与普通儿童一起学习文化知识的同时,还提出要

① 黄培森.中国特殊教育史略[M].成都:西南交通大学出版社,2015:155.
② 黄培森.中国特殊教育史略[M].成都:西南交通大学出版社,2015:156.
③ 国务院批转中国残疾人事业"十一五"发展纲要的通知(国发〔2006〕21 号)[EB/OL].(2006-06-04)[2021-11-08].http://www.gov.cn/xxgk/pub/govpublic/mrlm/200803/t20080328_32728.html.
④ 彭霞光.中国特殊教育发展报告 2012[M].北京:教育科学出版社,2013:26.
⑤ 郑功成,杨立雄.中国残疾人事业研究报告 2018[M].北京:社会科学文献出版社,2018.

为残疾儿童开设诸如职业教育、心理康复、精神卫生等课程,以帮助残疾儿童更好地融入社会。

2.朴永馨——以"活动领域"课程代替传统学科的特殊职业教育思想

朴永馨在大量调研的基础上,针对智力障碍儿童的实际情况,主张以"活动领域""实用语数""生活适应"课程代替语文、数学等传统学科,秉承适用性、实践性教学原则,教给智力落后儿童实用的职业技能,使他们能够自理自立。此外,朴永馨还于1982年接受国家教育委员会委托组织制定中等师范课程方案,提倡中等师范教育应学习医学、心理学、教育学和教材教法基础等几个模块课程。① 此外,朴永馨还支持我国为残疾儿童在随班就读中设立职业教育课程的观点。

总之,1949—1977年这一阶段,政府替代私人承担起主办特殊教育的责任。改革开放之前,特殊教育的对象主要是盲童和聋童,特殊职业教育主要关注盲童、聋(哑)童的初等职业劳动教育。1978年改革开放后,我国特殊教育对象的分类随着时代的发展越来越细化,特殊职业教育的政策法规也随之迅速发展,特殊职业教育培训中心、普通中等职业技术学校、职业高中、技术学校的数量也不断增加。同时,教育部还成立了专门的组织机构负责协调特殊职业教育,客观上推动了特殊教育学校职业技术教育、残疾人职业教育学校建设和中短期残疾人职业培训这三种特殊职业教育形式的迅猛发展。

第二节　外国特殊职业教育的发展

一、外国特殊职业教育的萌芽期

公元前8世纪到公元12世纪这一时期,是西方对残疾人态度由剥夺生存权再到认识到养护残疾人必要性转变的第一个发展阶段。从外国特殊职业教育发展的历史来看,由于社会生产力发展和传统观念的双重制约,特殊职业教育的孕育期较长。从漫长的原始社会到奴隶社会,由于生产力低下,人们把残疾人看作不完整的人,因而认为他们没有资格享有与其他正常人一样

---

① 　黄培森.中国特殊教育史略[M].成都:西南交通大学出版社,2015:210.

的权利,包括生存权和受教育权。

(一)萌芽期外国特殊职业教育的实践

西方特殊职业教育萌芽于 18 世纪七八十年代的法国。1770 年,法国人莱佩在巴黎创建了世界上第一所聋人免费公立学校。1784 年,法国人阿羽衣(Haüy)在巴黎创办了世界上第一所盲人学校,开设读、写、算术、定向行走、手工、音乐、体育、识别地图等课程。他提倡运用直观、叙述等方法教育盲童学习文化知识,适应社会生活,并特别强调盲人的劳动职业教育,应教给盲人生存的源泉,使之以自己的劳动获得生存资料,摆脱贫困,归还社会健康的手。[①]阿羽衣的盲人学校确定了以劳动为主的盲人职业教育内容,充分发挥了职业教育在盲人生活中的作用,尤其注重培养残疾儿童生活自理和社会适应能力,使之成为自强自立的劳动者。

(二)萌芽期外国思想中对待从事特定职业残疾人的态度

纵观历史,残疾人一直受到与正常人不同的对待。在原始社会和奴隶社会前期,残疾人的生存权和受教育权都无法得到很好保障,或者说,奴隶社会末期,虽说残疾人在某种程度上拥有了一定生存权,但也只限于供人取乐或受到非人对待,生活十分凄惨,更谈不上拥有与正常人一样的受教育权利。公元前 6 世纪以后,随着佛教在印度的产生,寺院教育的兴起促使一些心地善良的僧人出于同情和怜悯,自发收容和帮助残疾人。公元前 221 年,阿育王统一印度后,为残疾人建立了许多收养所和医院。公元 630 年,盲人看顾所(Typholocomiun)在耶路撒冷建立。在 12—18 世纪的印度,盲人诗人、聋人可被雇为间谍,聋哑文书抄写员陆续出现。[②] 同时,12 世纪的欧洲也在君主的倡导下建立了首批收养盲人的慈善机构。这表明,掌权者对残疾人的态度开始发生转变,并试图为残疾人的生存提供帮助,而残疾人也可以从事某种职业以谋生。

12—18 世纪,随着人们对残疾人的认知不断深化,对残疾人的态度再次由认识到收养残疾人的必要性转变为试图理解、教育残疾儿童,教育场所也从收养院发展到特殊教学机构。14—16 世纪,随着生产力的发展,生产关系

---

① 叶立群,朴永馨.特殊教育学[M].3 版.福州:福建教育出版社,2014:28.
② 朱宗顺.特殊教育史[M].北京:北京大学出版社,2011:5.

发生了变化,新兴的资产阶级不满教会对精神世界的控制,以复兴希腊罗马古典文化的名义发起了弘扬资产阶级思想文化的反封建的文艺复兴运动。文艺复兴运动在意大利各城市兴起,此后蔓延到西欧各国,它倡导的"人文主义精神"核心是"以人为中心",并以之替代"以神为中心"的精神。一方面,"人文主义精神"倡导"自由""平等""博爱"的思想,强调人生来平等,反对愚昧迷信的神学思想,认为人是现实生活的创造者和主人,尤其是在对残疾人的认识上打破了传统的束缚,开始认识到残疾人与正常人是平等的,这也为残疾人能够享有与正常人一样的受教育权奠定了思想基础。另一方面,文艺复兴运动推动了自然科学,尤其是医学、解剖学的发展,使人们对残疾人的生理缺陷有了客观、理智的认识,懂得了生理缺陷与遗传、环境等因素的关系,这些科学认识打破了原有对残疾人的偏见和愚见。可见,该时期由于生产力、思想和科学的发展,人们对残疾人有了新的认知,改变了以往对残疾人不公平的态度,开始从人性的角度来平等地看待残疾人,并开始关注和尊重残疾人作为人的权利和社会地位,这也为特殊职业教育的产生提供了土壤。

二、外国特殊职业教育的形成期

18世纪末,随着特殊教育学校数量的不断增长,尤其是其在工业发达国家的迅猛发展,特殊教育学校的建立从萌芽期的私人行为逐渐转变为国家政府行为。西方国家相继在法律上确立对残疾人受教育权利的保护,特殊职业教育以职业技能与培训、工业技能培训、手工劳动训练、行业技能、农业劳动教育等形式反映在特殊教育体系中。

(一)形成期外国特殊职业教育的实践

1791年,英国建立第一所盲校——利物浦盲校,该校为盲生提供音乐和手工艺教育课程,传授一些能够帮助他们未来就业的职业技能。1831年,美国著名的特殊教育家塞缪尔·格雷德利·豪担任新英格兰盲人院的主管,为盲童开设盲文阅读、数学、声乐、乐器演奏、特殊职业技能、宗教学习和品德教育等课程,他希望通过开设这些课程能使盲童获得与普通儿童一样的教育环境和经验,以便盲童更好地适应社会。而英国特殊职业教育史上第一所真正具有教育意义的盲校是1835年成立的约克郡盲校(Blind School of Yorkshire),该校为盲童开设数学、阅读、书写及部分职业培训的课程。1838年,伦敦教育盲人识字协会(London Society for Teaching the Blind to Read)

成立,目的是改变过去盲人职业教育中仅实施职业训练的惯例。1847 年,在英国伯明翰成立的盲校与其他盲校的不同之处在于其为盲童开设工业技能培训,这与英国当时的工业化发展对人才培养的需要密不可分。

日本近代的特殊职业教育源于中世纪"平曲"①技能的传授,以师傅带徒弟的形式传授技艺。1692 年,盲人检校②彬山和一被江户幕府任命为总检校,并在当地开办了培训后备针灸医生的职业讲习班,他所创立的"彬山针疗术"成为当时比较普及的盲人职业教育内容。1868 年明治维新后,日本近代特殊职业教育在以盲人职业教育为中心的基础上取得进一步的发展。1878 年,日本京都"聋哑校"正式开课,直到 20 世纪初,日本特殊教育学校共有 11 所,其中国立、公立各 1 所,私立 9 所。③

1887 年,印度第一所盲人学校由传教士安妮·夏普(Annie Sharp)女士建立,也称"北印度盲人工业之家",她把分散在各地的盲人聚集在一起,组织他们进行一些诸如纺织衣物、编织篮子、制作垫子等工艺工作,采用技术和工业学校相结合的形式实现宗教传播的目的。随着时间的推移,接受过职业教育的残疾人在生活能力和生活质量上都得到了显著提升,这使得特殊职业教育逐渐被社会认可和接纳。

19 世纪初,美国聋校职业教育课程设置的重点是教给学生一门谋生手艺,如美国的俄亥俄州立聋校在小学阶段教授残疾学生烹饪、木工等职业课程,在中学阶段教授残疾学生缝纫等职业课程,在高中阶段教授残疾学生养殖、印刷、汽车维修、编辑、工程设计与制图等职业课程。④ 19 世纪下半叶,口语教学逐渐替代了手语教学,聋校职业训练课程有所削减。19 世纪下半叶至 20 世纪初,盲童教育在德国和法国呈现出两个不同的发展方向。德国的特殊教育由国家掌管,将盲童教育分为三个阶段,分别是 5—9 岁、9—15 岁和 15 岁以后进行的三年到四年的手工劳动训练,特殊职业教育主要以训练残疾人如何参加劳动为主要内容,其特殊职业教育目的是通过对盲童的感官训练使

---

① 日本镰仓(1192—1333 年)初期,用琵琶伴奏演唱的"平氏物语(平家物语)",又称"平家琵琶曲"。

② 检校泛指盲人群体中的领导称谓。

③ 顾明远,梁忠义.世界教育大系之特殊教育[M].长春:吉林教育出版社,2000:47.

④ 顾定倩.美国聋校的课程设置[J].特殊儿童与师资研究,1995(3):39-41.

其能够依靠自己的劳动独立生存。而法国则对盲童的职业教育进行了两种规划,高级盲童可以从事律师、历史、文学、音乐等职业;普通盲童则从事一般的体力手工劳动。在智力障碍者教育中,德国于 20 世纪初为智力落后儿童提供三年制辅助职业学校,进行职业培训。而针对超龄智力落后学生设立的教学劳动公社则主要招收没有受过辅助学校教育的智力落后的学生,对他们进行手工或农业劳动教育。

(二)形成期外国特殊职业教育的思想

加劳德特是美国听觉障碍理论领域的代表人物,加劳德特重视对聋童进行职业教育。美国聋校是美国最早向学生提供职业教育的学校,这表明了美国特殊教育重视职业实践的教育取向。1917 年,加劳德特和康斯威尔、克拉克等共同创办了美国第一所聋校——哈特福德聋校。① 五年后,哈特福德聋校建立了一个职业培训项目,设置了符合美国当时工业化发展需要的机械课程,让聋生可以进入工厂学习。1784 年,法国听觉障碍教育家霍维建立了世界上第一所盲校——国立盲童学校,霍维认为,学校教育应优先发展诸如音乐和职业教育,因为盲童的接受能力与普通儿童一样,只是感知的来源不同罢了,通过音乐和职业教育,可以帮助盲童克服视觉障碍,从而融入主流社会。因此,他的盲校为盲童开设了编织、草席加工及绳子制作等职业教育课程。

纵观西方工业化国家特殊职业教育的形成过程不难发现,残疾人特殊职业教育的出现与社会的经济发展有着密切的联系,随着人民对残疾人态度的转变及法律的制定,人们对特殊职业教育的认知和要求也在不断变化。起初,特殊职业教育仅以职业训练的形式出现,目的就是帮助残疾人适应社会、独立生活。随着西方工业化时代的到来,此前仅以职业训练为教学内容的特殊职业教育已经无法满足工业发展的需要。因此,特殊教育学校开始为残疾学生开设工业技能培训。同时,法国也将特殊职业教育分为两类,一类以培养从事某种脑力劳动的残疾人为特殊职业教育目标,另一类则以培养能从事某种体力劳动的残疾人为特殊职业教育目标。此外,特殊教育学校的出现多是先私人后国立,特殊职业教育内容往往具有国际性,即很多特

---

① 朱宗顺. 特殊教育史[M].北京:北京大学出版社,2011:65.

殊职业教育的思想和课程都是由外国人带来的或是受国外影响展开实践的,且特殊教育学校管理者在办学过程中会通过到国外访学、观察和交流不断改进特殊职业教育内容。18 世纪末至 20 世纪初,由理解残疾儿童教学的可能性到承认残疾儿童教育权利再到特殊职业教育体系的形成,国家政策、社会意识以及欧洲特殊职业教育体系开始在立法上认可特殊职业教育的地位,大多数欧洲国家承认残疾人有权接受特殊职业教育,特殊职业教育体系初步成立。

三、外国特殊职业教育的发展期

第二次世界大战以后,外国特殊职业教育的发展反映在特殊教育法令中,它从法律角度保障了特殊儿童职业技术教育、职业教育训练的开展和落实,从国家层面上加强了对特殊职业教育的管理。特殊教育学校数量不断增加,特殊职业教育分别分布在普通教育学校(机构)的特教班、特殊职业教育机构和特殊教育学校。此时的特殊职业教育,不仅注重发挥帮助残疾儿童适应社会、自食其力的就业导向功能,而且关注发挥帮助残疾儿童继续深造的升学导向功能。

(一)发展期外国特殊职业教育的实践

大多数国家发展特殊教育是第二次世界大战以后的事情。如 1920 年,伊朗出现了私人聋校,后于 1955 年建立了第一所公立盲校;埃及于 1933 年建立盲校,1952 年起在盲校中开展职业教育;1939 年,美国人在曼谷教盲童,后成立了曼谷盲校;1945 年,加纳有了盲人和肢残人士教育,1957 年加纳政府建立了特教机构;肯尼亚 1946 年建立了第一所盲校,1959 年建立了第一所聋校;1946 年,韩国第一所私人盲哑学校——大邱盲哑学校成立;1947 年,法国《朗之万-瓦隆计划》提出的特殊教育定向原则主张"通过职业定向使每个公民处在最适合其可能性并最有利于其成功的岗位上"。为了更好地落实《朗之万-瓦隆计划》,1960 年,法国教育部规定适合残疾儿童的职业教育学校与班级可由县市政府与省政府或国家合并设立,这反映出法国加强了国家层面上对特殊职业教育的管理。

1948 年,尼日利亚建立特殊教育机构。1949 年,日本的特殊教育主要以私立的盲、聋校为主,虽然在数量上有所增长,但国立的特殊教育学校甚少。同年,由苏联阿兹布金等人编写的《聋校教师手册》中将"综合技术教育、劳动教育和职业技术教育"作为聋校的教育目标和任务,并通过教给残疾学生系统的职业技术知识和培养娴熟劳动习惯的方式使学生参加劳动活动;第二次世界大战以后的苏联建立了供残障青少年生产学习的实习工厂,为各类残障儿童学习生产技术和实习操作提供基地。1956年,美国的《全国聋人技术学院法》规定,聋人中学后需进行职业教育训练,为就业做准备的专门技术大学设在罗切斯特理工学院内。1960年,德国学校委员会公布《完备特殊教育制度的建议》,将特殊职业学校作为特殊学校的重要类型之一。1965年以来,法国继初等教育特殊班之后,开办了以职业教育为主的残障儿童中学;1970年,法国还设立了短期特殊班,使特殊职业教育更灵活、更弹性化,以便残障儿童完成短期特殊班学业后再回归到普通班级。

(二)发展期外国特殊职业教育的思想

马卡连柯是苏联著名的教育家,其教育与生产劳动相结合的实践观对特殊职业教育的实践产生了深远的影响。马卡连柯认为,教育与生产劳动相结合是教育改造品行、情绪行为障碍青少年的重要途径。基于此,马卡连柯在公社中办起了学校、工厂,工厂中有工程师,有生产财务计划,有细致的劳动分工,有严格的质量标准和定额要求,有工资,也有责任和义务。[①] 学生们从事的是工业生产劳动,履行工人的义务,一边劳动,一边接受教育。在高尔基工学团,劳动的主要内容是农业、木工、钳工、制鞋等。马卡连柯认为,劳动具有教育意义,而具有教育意义的劳动还需创造经济价值。可见,马卡连柯将劳动作为教育的一个重要部分,通过生产劳动教育,使特殊儿童获得了娴熟的技能和劳动者必备的素质。

总之,第二次世界大战以后到20世纪70年代,特殊职业教育,尤其是劳动技术教育日益受到重视。回归社会且在社会上有自立能力是各国特殊职业教育在残疾学生社会适应能力的培养教育目标上的共同之处。残疾学生劳动技术教育课程——生活,即生涯教育和职业技术教育是各国特殊职业教育课程中不可或缺的重要内容,如日本聋校高中部设置的生活和职业技术教育的选修科目有家事、农业、工业、商业、印刷、理发与美容、洗衣、美术、牙科

---

① 朱宗顺.特殊教育史[M].北京:北京大学出版社,2011:209.

技术等多种教学内容。①

四、外国特殊职业教育的融合期

20 世纪 70 年代以后,特殊职业教育由机构化转向残疾人社会与教育融合发展,"回归主流"(Mainstreaming)和一体化、融合,成为特殊职业教育主要发展趋势。

(一)融合期外国特殊职业教育的法律法规及实践

1975 年,美国国会颁布的《所有残疾儿童教育法》(Education for All Handicapped Children Act)规定,特殊教育应为每一个特殊儿童拟订个别化教育计划,包括当前基本的职业技能等内容。20 世纪六七十年代,美国的聋校课程与普通学校课程开始接轨。1976 年以后,美国国会颁布的《职业教育修正法》涉及了特殊教育。美国政府不仅通过立法来影响美国特殊职业教育的发展方向,还通过设立专门的行政管理机构确保特殊职业教育立法得到实施。

20 世纪 70 年代,法国颁布的特殊教育法令《残障者照顾方针》将残障人士的职业训练纳入国家的义务范畴,并提出"此义务无论是普通教育,还是职业教育,都须根据残障儿童或残障者的个别要求来决定"。这从法律层面上承认并提高了特殊职业教育的地位。同期,德国曾明确规定"不能继续升学的残障儿童,必须接受三年定时制的职业学校教育"②,此类职业教育主要在特殊学校中进行。此外,德国还为个别障碍类型开设的职业学校颁发中等高级职业教育文凭,特殊学校的学生也接受职业继续教育和职业转行教育。③德国接受特殊职业教育的残疾学生毕业后有两条出路:一是通过学前、小学、中学、职业学校一系列教育后,与正常毕业生一样回归社会谋生;二是到残疾人工厂,根据不同残障程度从事不同职业工作。可见,残疾青少年接受职业教育与培训后基本都能解决就业问题。

苏联在 20 世纪五六十年代的特殊教育中忽视生产劳动等职业教育,为此,20 世纪 70 年代中后期苏联开始注重特殊学生职业教育的发展。1976 年,苏联通过《改善身心障碍者的教育、职业训练与就业安置》法案,进一步扩大

---

① 潘一.特殊教育学基础[M].北京:高等教育出版社,2006:24.
② 朱宗顺.特殊教育史[M].北京:北京大学出版社,2011:147.
③ 克里斯托弗·福.1945 年以来的德国教育:概览与问题[M].肖辉英,等译.北京:人民教育出版社,2002:194.

了残障青少年的职业教育与劳动的范围。1984 年,苏联通过了《普通学校和职业学校改革的基本方针》,强调"苏联经过改革后的各类学校共同承担向年轻一代普及中等职业教育的任务"。1978 年,英国《沃诺科报告》(Warnock Report)将对残疾儿童的职业指导作为满足特殊儿童教育需要的重要内容之一。1997 年,美国颁布《障碍者教育法修正案》,提出"要为特殊儿童制订个别化教育计划"。20 世纪末,美国建立圣保罗(明尼苏达)职业技术学院[Polytechnic Institute of St. Paul(Minnesota)]以发展高等特殊职业教育。2006 年,第六十一届联合国大会通过的《残疾人权利公约》第 24 条明确提出:"缔约国应当确保残疾人能够在不受歧视和与其他人平等的基础上获得职业培训。"

这一时期,美国、法国、德国、苏联、英国等国家都十分注意从法律层面上承认并提高特殊职业教育的地位,并通过立法来影响本国特殊职业教育的发展方向,还通过设立专门的行政管理机构确保特殊职业教育立法得到保障。与之不同的是,美国和法国都提倡为特殊儿童制订个别化职业教育计划,相比之下,美国逐渐将关注点转移到重视高等特殊职业教育。德国对职业继续教育和职业转行教育在帮助残疾学生就业方面发挥的重要作用尤为重视。苏联则通过立法,进一步扩大了残障青少年的职业教育与劳动的范围。而英国则更为注重对残疾儿童的职业指导在满足特殊儿童教育需要方面所发挥的重要作用。

（二）融合期外国特殊职业教育的思想

20 世纪六七十年代,美国民权运动为残疾人继续进入劳动力市场和在其他领域取得成功营造了更有利的环境。通过更多的民权回归运动,扩大了美国为残疾学生提供特殊职业教育的权利。与此同时,融合教育思想盛行,在欧洲和美洲相继出现了普通儿童进入特殊学校学习,特殊儿童进入普通学校学习的现象。受融合教育思想影响,特殊儿童在普通学校进行特殊职业教育以便适应社会生活。20 世纪 70 年代中期,美国国会通过了《所有残疾儿童教育法》(The Education for All Handicapped Children Act of 1975),该法案承认了残疾儿童具有接受教育的权利,并提倡为每个残疾儿童制订个别化教学

计划(Individual Education Program,简称 IEP)①,残疾儿童个别化教学计划
的提出将职业教育纳入其中,使特殊职业教育能够满足不同类型残疾儿童的
学习需要。受融合教育思想及《所有残疾儿童教育法》影响,"回归主流"的概
念被提出。一些学者认为,既然特殊职业教育能够帮助残疾儿童融入社会,
那么就可以把有特殊需要的学生安置在普通班级中与普通儿童共同学习。
1994 年,联合国教科文组织发布的《萨拉曼卡宣言》指出,要"在早期鉴别和干
预策略乃至职业的全纳性教育方面投入更大的努力",首次提出了特殊职业
全纳教育的思想,即每个残疾儿童都有接受教育的权利。受全纳教育思想的
影响,特殊职业教育不再独立存在于特殊教育学校和职业教育学校中,同时
也存在于普通学校中。

总之,第二次世界大战以后,"融合教育""回归主流""全纳教育"思想客
观上促进了特殊职业教育的变革与发展,这些思想反映出一个共同的趋势,
即"以残疾儿童的特殊教育需要为中心",使每个残疾儿童都能得到适合其身
心特点的平等教育。那么,特殊职业教育作为帮助残疾儿童适应社会必备的
教育类型,能够满足残疾儿童特殊的教育需要,自然也存在于"融合教育""回
归主流""全纳教育"思想影响下的教育组织形式中。不可否认的是,从政策
立法、制订个别化教育计划、就业创业、职业指导等方面注重特殊职业教育是
各个国家特殊教育发展的共同趋势。

第三节 新时代我国特殊职业教育的发展趋向

纵观中外特殊职业教育发展历程不难看出,特殊职业教育的功能从最初
的使残疾人自力更生转向现在的促进社会公平、服务经济高质量发展、帮助
残疾人获得体面工作、脱贫增收、实现共同富裕、享受美好生活及构建和谐社
会。特殊职业教育作为国民教育体系和人力资源开发的重要组成部分,可加
快发展残疾人职业教育,切实增强特殊职业教育的适应性,肩负着培养多样
化人才、传承技术技能、促进就业创业的重要职责,为全面建设社会主义现代

---

① 顾明远,梁忠义.世界教育大系之特殊教育[M].长春:吉林教育出版社,2000:68.

化国家提供有力人才和技能支撑。

一、特殊职业教育体系日趋完善

随着我国特殊职业教育的不断发展,特殊职业教育存在于中、高等普通职业教育机构(学校)、特殊职业教育机构、以职业教育为主的特殊教育学校及由多方社会力量支持的特殊职业教育与培训机构中,基本形成了囊括初、中、高等职业教育层次的特殊职业教育体系。发展残疾人职业教育,必须既立足于残疾人教育的现实,又基于新形势、新时代,不断地超越与创造。特殊职业教育促进了残疾人康复和职业技能提升,"专业与职业协同"作为特殊职业教育设置的培养目标,能够在针对残疾人身心发展规律、特征和多样化需求开展就业创业培训的同时,切实提升特殊职业教育课程、教学、教材、残疾人职业技能竞赛、就业指导等方面的质量。

课程建设是职业教育质量提升的关键,学校要邀请行业、企业专家共同参与,结合残疾人身心特点等积极开发建设适合残疾人职业教育的课程和教学资源,根据残疾人身心发展的特点和市场的需求,重视校本课程与非通用特殊职业教育教材的开发与建设。在教育模式上,构建残疾人职业教育融合发展模式。落实《中华人民共和国残疾人保障法》《残疾人教育条例》要求,将残疾学生的职业教育最大限度地融入普通教育,让残疾儿童和同龄普通儿童在常规学校一起接受教育,使他们适应主流学校的校园生活,发挥其潜能,在促进其全面发展的同时,使其掌握一技之长,能够自力更生。此外,还应在特殊职业教育实习实训上给予支持,如鼓励职业院校与现有独立设置的特殊教育学校共建共享实训实习和创业孵化基地,更好地帮助残疾学生将所学理论知识转化为实践专业技能。同时,鼓励职业院校和现有独立设置的特殊教育机构联合办学,联合招生,学分互认,课程互选。可见,特殊职业教育体系建设涉及特殊职业教育的多个方面、多个环节,但无论是在教育模式、课程与专业设置、教材开发,还是在教学教法、实习实训等方面都应以就业和创业为导向,强调就业与特殊职业教育的对接,着重发展残疾学生的社会适应能力和职业准备能力。

二、健全"五位一体"的特殊职业教育支持保障体系

特殊职业教育要发展,在不断完善特殊职业教育支持保障体系的同时,还要不断优化支持保障体系的结构,以便更好地发挥整体功能。通常而言,特殊职业教育支持体系包括政策制度体系、行政管理体系、财政经费支持体系、师资保障体系以及专业支持体系。在建设政策制度体系时应考虑到残疾学生的需求,从宪法到法律、从行政法规到部门规章制度、从中央立法到地方立法,制定相关的具体政策落实法律法规,强化制度保障,加快制定独立的《特殊职业教育法》,地方结合实际制定修订有关地方性法规,并加大监督和执行的督查力度,实行问责制。在建设行政管理体系时,应在省、市、县级教育行政部门增设专门负责管理特殊职业教育事务的部门和人员。在建设财政经费支持体系时,中央和地方应设立专项经费用以支持和改善特殊职业教育事业的发展,健全政府投入为主、多渠道筹集特殊职业教育经费的体制。优化支出结构,增设教育经费向特殊职业教育倾斜的财政经费制度。在建设师资保障体系时,应鼓励和支持普通师范院校和综合性院校师范专业开设特殊职业教育课程,要求特殊职业教育教师持教师资格证和技师"双证"上岗,特殊职业教育教师必须具有在所授行业工作岗位相关的工作经验和实际操作的专业技能,在评职称时对特殊职业教育教师分类评级。在建设专业支持体系时,应加强特殊职业教育科研人员的培养与使用,各级教研机构、高校、教育研究院、教育行政部门的教研室等需配备专职或兼职的特殊职业教育教研、科研人员,加大对特殊职业教育的研究力度,使特殊职业教育在实践层面上少走弯路,节约人力、物力、财力,为特殊职业教育的发展提供更有力的智力支持。

三、"三化"对特殊职业教育教师知能要求日益提高

近年来,随着我国特殊教育的发展,多层次、多类别的特殊职业教育学校体系初建,尤其是高中及高中后教育中特殊学生的职业教育引起社会广泛关注,对特殊教育学校中职业教育专业教师的需求也愈发迫切。随着社会对人力资源的需求不断发生变化,对特殊职业教育教师的要求向着科技化、人性化、综合化方向发展。因此,扎实的理论基础、多元化的实践能力及融合教育的知识、能力与经验乃是当下及今后特殊职业教育教师所需具备的核心能力。

(一)科技化要求教师应具有灵活运用新技术的能力

随着我国市场经济体制的不断发展,发展特殊职业教育是国家经济和社会发展的需要。如何加强特殊职业教育的适应性,切实增强残疾人就业的竞争力,让残疾人掌握一技之长,实现从自食其力走向自立自强,为社会做出自己的贡献是新时代背景下特殊职业教育发展需要解决的关键问题。那么,特

殊职业教育学校如何组建数量足够、结构合理、素质优良的专业教师队伍无疑是提高特殊职业教育质量的破题之策。

特殊职业教育教师应与行业、企业、科研单位紧密联结,这包括以下三方面内容:一是行业意识。这是特殊职业教育区别于普通教育的鲜明特征之一,特殊职业教育教师应重视收集行业信息并及时更新课程内容。二是与行业联系的能力。特殊职业教育教师要使所授技能与当下劳动力市场岗位需求紧密相连,必须积极开展行业联系活动,获得相关行业的实践经验,通过专业实践,特殊职业教育教师可以了解到自己所从事专业目前生产、技术、工艺、设备的现状和发展趋势,在教学中及时补充生产过程的新技术、新工艺。同时,也可将教学中遇到的问题向有丰富实践经验的工程技术人员请教,在他们的帮助下推广和应用新技术,开发课程、教材,改进教学。三是专业技术操作能力。特殊职业教育教师还应具有提供行业咨询的能力和培训特殊学生实践操作的专业技能。

(二)人性化要求教师应具有"以人为本"的专业素质

一方面,职业道德是所有从业人员在职业活动中应该遵守的基本行为准则和道德规范,特殊职业教育应坚持立德树人、德技并修,推动思想政治教育与技术技能培养融合统一。因此,特殊职业教育教师应具有示范和教授职业道德的能力,诸如爱国、守法、诚信,关爱、尊重、平等对待学生,终身学习等。只有这样,才能言传身教、以身作则,对特殊学生起到良好的引导作用,成为学生的榜样,使特殊学生耳濡目染,以培养他们坚定的职业信念,树立职业理想。另一方面,由于特殊职业教育教师需要面对的对象不仅是残疾学生,还有行业人员、行政管理人员和家长,与普通教育教师相比,特殊职业教育教师应具备更强、更好的指导与交流能力,这也是特殊职业教育教师与普通教育教师的区别之一。特殊职业教育教师应具备的指导与交流能力主要表现在以下三个方面:一是指导职场安全的能力。特殊职业教育要求教师掌握相关行业健康安全的法规制度,并帮助残疾学生树立职场安全意识,教授他们在工作场景中如何识别、控制危险以保证自身安全。二是教育合作与交流的能力。由于特殊职业教育具有实习实训环节,特殊职业教育教师应具备更强的与行业人员、残疾学生等进行沟通交流与合作的能力。三是指导就业与创业的能力。特殊职业教育的本质就是以残疾人就业和创业为导向的技术技能教育。因此,特殊职业教育教师应根据残疾学生和社会实际状况引导学生做好适合自己的职业生涯规划,并有计划地鼓励、帮助残疾学生通过就业和创业更好地融入社会生活,自力更生。

(三)综合化要求教师应具有多元化智能结构

1. 扎实、系统的理论知识

首先,系统的学科知识体系是特殊职业教育教师理论素养的核心,理解及掌握学科的核心概念及结构能够帮助特殊职业教育教师在教育过程中更好地组织学科知识、融合跨学科的技能,既能够为特殊学生提供普通教育课程的教学,又能较好地与融合学校中普通教师进行有效合作与沟通。其次,特殊职业教育教师有必要掌握系统的特殊教育学、特殊儿童心理学基础知识,了解不同学段下特殊学生的身心发展规律和特点,以便更好地满足不同学段特殊学生的学习和心理需要。最后,特殊职业教育教师还应具有灵活使用教材教法的理论知识,以便在具体教学过程中因材施教,针对不同学习需要的特殊学生选择具体的教法和教材。

2. 多元化教学实践能力

特殊职业教育与社会经济发展密切联系。随着我国经济不断发展,产业结构不断调整和升级、技术不断更新和变革,特殊职业教育教师应具备过硬的多元化教学实践能力。这包括以下三方面内容:一是进行课程开发的实践能力。特殊职业教育教师应紧密围绕新行业、新职业、新工艺、新技术的不断变化,进行课程开发前的市场、行业调研,设计课程,编写教材,评估课程,因地制宜地根据市场需求、行业变化设计和开发课程。二是进行教学设计和实施的能力。教学能力是特殊职业教育教师应具备的最关键、最基本的职业能力。它涉及特殊职业教育教师如何制订教学计划、如何设计教学方法、采用何种教学方法实施教学以及如何进行教学评价等一系列教育教学的中心环节。三是评价能力。评价包括特殊职业教育中评课程、评教学、评学生、评自身等四个方面,这也是检验、反馈特殊职业教育质量及特殊职业教育教师进行专业化发展的必备能力。

3. 融合教育知识、能力与经验

实施融合教育首先要解决有特殊需要儿童的入学,核心是保障有质量的教育公平,而最关键的要素是教师的质量。高素质教师是推进融合教育的关

键,重视特殊职业教育首先要重视特殊职业教育教师应具备的实施融合教育的素质与能力。特殊教育的发展和融合教育的推进使得特殊职业教育教师除了应具有扎实的理论知识和多元化实践能力外,还应掌握融合教育知识、能力与经验。包括特殊职业教育教师应掌握残疾学生个体差异教学的方法,使用多样化的评估方法进行教育决策和选择,使用有针对性的教学策略促进残疾学生的学习,能够及时与普通学校教师、家长、残疾学生、其他教育者、行业人员等利益相关者有效合作来满足残疾学生不同的技能学习需要,并在有需要时介入随班就读学校教育,为有困难的残疾学生提供专业指导和干预,协助学校及时解决各种融合教育现实问题等。

四、利用现代教育技术手段,特殊职业教育向个别化远程教育优化发展

目前,我国特殊职业教育的发展受到资金投入、师资发展的限制,让残疾学生与普通学生共同学习的"融合教育"与互联网远程教育是当代国际特殊教育改革与发展的主流方向。在现代科学技术飞速发展的今天,特殊职业教育也应充分利用现代教育技术,采用现代教育方式,利用互联网的优势,进行特殊职业教育个性化教学。所谓个性化教学,即关注每一个残疾学生的学习需要。特殊职业学校可以使用计算机系统帮助特殊职业教育教师确定能满足不同残疾学生学习需要的教育目标,在相关评估的基础上制订个别化教育计划,个性化教育计划描述了残疾学生在职业知识和技能方面的教育需要和为满足他们需要而提供给他们的特殊职业教育与相关支持措施。将远程教育与随班就读两种教育形式相结合,在与正常学生一起接受教育的同时,最大限度地满足残疾学生的特殊教育需求。最后,利用现代教育技术手段,对残疾学生的个别化职业教育计划进行审核,主要评估残疾学生是否通过个别化远程教育掌握职业教育所需掌握的知识和技能,是否取得进步,进步多少及通过个别化职业教育计划,残疾学生的学习需要是否得到满足。可见,利用现代教育技术手段,特殊职业教育向个别化远程教育优化发展是当代特殊职业教育改革与发展的重要趋势。

第四节　本章小结

中国特殊职业教育活动始于西周宫廷盲人乐师的培养和盛行，这表明我国特殊职业教育在先秦时期已经萌生。受儒家"仁""礼"思想的影响，中国古代社会对从事某种特定职业残疾人的态度更加尊重和宽容。与中国特殊职业教育发展历程相比，西方对残疾人态度由剥夺其生存权向认识到养护残疾人必要性的方向转变，受"自由""平等""博爱"的"人文主义精神"影响，人们改变了对残疾人不公平的态度。18世纪末至20世纪初，由理解残疾儿童教学的可能性到承认残疾儿童受教育权再到特殊职业教育体系的形成，大多数欧洲工业发达的国家承认残疾人有权接受特殊职业教育，特殊教育体系开始形成。相比之下，我国近代特殊职业教育在半殖民地半封建的社会背景下兴起，改革开放后特殊职业教育机构种类与日俱增，客观上推动了我国现代特殊职业教育不断地调整重组。20世纪70年代以后，"融合教育""回归主流""全纳教育"思想的传播，促进了特殊职业教育领域不断变革与发展，逐渐呈现出特殊职业教育体系日趋完善、"五位一体"的特殊职业教育支持保障体系更加健全、"三化"对特殊职业教育教师知能要求日益提高、利用现代教育技术手段开展特殊教育活动、特殊职业教育向个别化远程教育优化发展的新时代我国特殊职业教育发展趋向。

第二章 特殊职业教育本质论

所谓本质指的是事物内在的规定性,而本质论则是探求事物本身所固有的根本属性的科学分析方式。本质论最初是黑格尔逻辑学中的政治术语,运用到特殊职业教育本体向度的研究中,是为了透过特殊职业教育中不断变化的现象探求其背后不变的规律。特殊职业教育本质论其实就是一个"由表及里"向内探求的过程。其中,"表"属于直接认知的范畴,"里"属于本质认识的范畴,"表"和"里"之间相对独立又相互依存,"里"通过"表"显现,从而映射出特殊职业教育内涵与逻辑、对象与范式以及价值与功能的规定性。

第一节 特殊职业教育的内涵与逻辑

职业教育是指让受教育者获得某种职业或生产劳动所需要的职业知识、技能和职业道德的教育;特殊教育是指运用特殊的方法、设备和措施对特殊的对象进行的教育。那么,什么是特殊职业教育?是特殊的教育还是特殊的对象,抑或是特殊的方法?目前学界尚未得出统一的定义。因此,有必要从特殊职业教育的内涵与逻辑入手,进而展现特殊职业教育的本体价值。

一、特殊职业教育的内涵

关于特殊职业教育的含义,有学者认为特殊职业教育是职业教育的重要组成部分,即特殊职业教育是面向残疾人所进行的职业教育或职业培训;也有学者认为特殊职业教育是特殊教育的分支,更加凸显教育对象所学内容的"职业性"。在多元观点中厘清特殊职业教育的内在规定性,不仅要回答特殊职业教育"是什么",还要回答特殊职业教育与特殊教育、全纳教育之间的关系。

（一）特殊职业教育是什么

从特殊职业教育本体而言，既是特殊教育的继续和深化，又是职业教育的拓展和延伸，其以能力为本位，培养的是残障学生掌握从事某种职业或生产劳动所需要的知识、技能和素养，解决的是残障学生的就业问题和自立、自强问题，能够让残障学生走出校门之后适应社会、融入社会，以减轻家庭、社会负担，具有特殊性、教育性、职业性等特征。

1. 特殊性

特殊性是特殊职业教育的出发点，亦是特殊职业教育的本质所在。由于特殊职业教育对象是残障学生，而致残原因和伤残程度是千差万别的，因此承认特殊职业教育对象的个体差异，并尊重其内在差异，根据差异性做到因材施教、因势利导，是特殊职业教育秉承特殊性的前提。

（1）教育对象的特殊性

特殊职业教育的对象是身体或智力有缺陷的残疾人，包括未成年人及成年人，他们作为生命个体，遵循人类生命发展的一般规律，但同时作为特殊人群，在生命发展过程中也呈现出独特性。承认特殊人群作为生命体在生理结构和生命发展一般规律上表现出的一致性，认同特殊人群的可发展性、可教育性，是特殊职业教育存在的基本前提。比如，具有特殊学习需要的孩子的个体内差异与个体间差异都显著大于普通孩子，他们甚至会表现出发展的"超越性"或"迟滞性"[①]，有些则表现出刻板行为、兴趣狭窄、感知觉过敏等行为特点。基于此，特殊职业教育应针对教育对象的特殊性，满足其教育对象特殊的学习需要。

（2）教育目的的特殊性

不同的教育目的决定不同的价值取向和具体手段，特殊职业教育的教育目的与普通教育相比具有显著的差异性。普通教育受政治、经济发展水平影响，如《中华人民共和国教育法》明确指出"为社会主义现代化建设服务、为人民服务……培养德智体美劳全面发展的社会主义建设者和接班人"，具有很强的社会筛选性。而特殊职业教育更倾向于考虑特殊需求，如《残疾人教育条例》明确指出："残疾人教育应当贯彻国家的教育方针，并根据残疾人的身

---

① 盛永进.特殊儿童教育导论[M].南京:南京师范大学出版社,2015:30-31.

心特性和需要,全面提高其素质,为残疾人平等地参与社会生活创造条件。"特殊职业教育的目的更加强调培养残疾人"独立生活能力"与"社会适应能力",帮助他们获得基本社会生活能力,以更好地融入社会。可以说,特殊职业教育是一种技能补偿、生存补偿、审美补偿的教育。

(3)教育任务的特殊性

为了满足残疾人特殊切身需要,特殊职业教育不仅要提供正常的知识教学与技能培训,还要提供保障残疾人顺利接受教育的相关服务,如心理健康保障、身心康复保障、特殊家长教育等。从服务的综合性来看,由于特殊职业教育中康复需求的增加,对于多重障碍类型的学生,在教学活动的同时,最不可忽视的便是与康复相关的综合服务,如在校内建设适合该学段学生的康复中心,以及在学校教育基础上提供相应的康复训练。从需求的多元化角度来看,需要针对学生差异制订一般性和个别化的教育计划,并提供衔接与转班服务;根据不同人群开设不同类型专业,如聋哑人有听力障碍,但观察能力或动手能力或许高于正常人,比较适合学工艺美术、服装制作、木工等类似专业;盲人有视力障碍,但触觉、听力或脑思维、语言表达可能高于普通人,比较适合学按摩、心理咨询、语言类等相关专业。只有因材施教,才能充分激发他们的潜能,弥补他们的缺陷。

2.教育性

教育性是特殊职业教育的基本点。如果说特殊职业教育的特殊性可能会让融合教育流派有争议的话,那么教育性绝对是达成共识的属性,立德树人无论何时何地都是特殊职业教育的头等大事。

如何理解特殊职业教育的教育性?从"有教无类"的"类"本身而言,其实每个人都是一个矛盾统一体。在任何个体身上,都不仅有先天与后天的矛盾,也有物质与精神的矛盾,还有现实与理性的矛盾、个人与社会的矛盾。但是,对于特殊职业教育的教育对象来讲,有些矛盾,诸如遗传与环境的矛盾,体能与智慧的矛盾、补偿与超越的矛盾就更为突出、更为尖锐。那么,只有通过家庭、学校和社会的共同努力,提供有效的教育和支持,才能帮助残疾人正确地认识这些矛盾、把握和处理好这些矛盾,并促进矛盾向好的方面转化。比如,我们要帮助残疾人,既要帮助他们面对现实、正视困难,又要帮助他们树立信心、锻炼意志,迎接命运的挑战;既要帮助他们建立以平和的心态来接受社会的支持、他人的帮助、家人的爱怜,但又不能助长其依赖、自卑、逆反、嫉妒等不健康的心理;既要帮助他们学会保护自我、自尊、自强,又不能助长其孤高自傲、离群索居等不良个性特征。如果没有良好的教育和正确的引导,这些是很难做到的。

从这个意义上讲,特殊职业教育的教育性就是根据残疾人的身心特点和个体需要,采用一般或特殊的教学方法和手段,最大限度地发挥受教育者的潜能,使他们增长知识、获得技能、优化品德,进而提高工作、生活和社会适应能力。特殊职业教育并不是培养考试机器,如果单纯强调学业,对于特殊职业教育而言,则变成一种"异化","在异化的知识教学实践中,由于教师对学生学业成绩的高度重视,遮蔽了其对学生心灵和情感的关怀,教学生活充斥着'身体暴力'和'精神暴力'。不仅作为被压迫者的学生是痛苦的,而且作为压迫者的教师也是痛苦的,师生都成为远离精神家园的'流浪者'。"[1]因此,"教"应当关注到"学"作为生命个体的存在,按照生命成长的规律,为学习者的自然生命、社会生命、精神生命的成长提供养料,换言之,"教"不再以符号性知识为唯一的教学内容,在教学过程中,融入生命的认知、体验和关怀,才能让学习者不仅学会课本知识,也获得其他能力的提升和品质的成长,以健康的、完整的人格实现生命的和谐生长[2],最大限度地满足社会的要求和残疾人的教育需要,培养他们的生活的信心、健康的自我意识、适合的劳动就业能力。

3.职业性

职业性是特殊职业教育的立足点。特殊职业教育是面向特殊群体以就业为导向,培养的是具有一定专业技能的实用型人才。[3] 生活与职业紧密相连,特殊职业教育围绕现实生活开展职业教育与培训,以养成不同类型残疾人的适应能力。

特殊职业教育的职业性表征,与其说是一个就业问题,倒不如说是社会问题。残疾人作为社会中的弱势群体,其接受知识教育、职业培训与社会经济发展密切相关。首先是职业适应性,鼓励残疾人自力更生、自食其力,避免

① 龚孟伟,南海.关怀教学研究的背景与意义[J].教育理论与实践,2013(1):57-60.
② 唐露萍,肖川.教育性新解及其回归教学的路径[J].教育理论与实践,2016(10):8-11.
③ 邢红梅.特殊职业教育数学教学探讨[J].中国成人教育,2015(12):138-140.

过度依赖心理,将职业的理念与精神根植入人心。其次是实现自我突破,在日常生活中,有些特殊群体的家长不忍心身有残疾的孩子接受职业教育的技术训练,怕孩子吃苦受累,宁可让自己多累一点,也要把孩子完完全全地"养"起来、保护起来。但他们没有认识到,让孩子接受职业教育、掌握一类技术、学会一门手艺,能够从事一份力所能及的工作,不仅能保证他们自食其力,有一定的生活来源,更重要的是能够提高孩子的生命质量,使其获得融入社会的机会和做人的尊严。从这个角度上讲,职业性是特殊人群能够独立生活在这个世界上的重要抓手。

立足新发展格局、新发展理念来看待特殊职业教育的职业性内涵,特别是随着新技术、新产业、新模式、新业态的发展,智能科技、互联网、物联网的普及,特殊职业教育也要与时俱进,必须增加残疾人接受职业教育的科技含量,根据残疾人的类型差异有意识地提供一些高层次的职业训练,同时也要加强人文精神的教育,增加残疾人面对现实、适应复杂环境及承受压力的能力,满足他们追求日益增长的美好生活的需要,不管是"两个一百年",还是决胜共同富裕,残疾人一个也不能少。特殊职业教育的发展是全社会都在关心的民生大事,职业性属性也在呼吁教育者以高度的责任感和使命感,让残疾学生通过职业教育实现平等就业,享有平等参与社会和发展自身的机会。

(二)特殊职业教育与特殊教育的多维比较

从概念上看,特殊职业教育是特殊教育的重要组成部分,或者说是分支;但从本质上看,特殊教育与特殊职业教育究竟是包含关系还是并列关系,学界尚未达成明确共识。笔者认为,特殊职业教育与特殊教育之间是一种部分交叉的关系。

1.实用人才

从培养定位的角度来看,《特殊教育学校暂行规程》明确了特殊教育学校的培养目标是:培养学生初步具有爱祖国、爱人民、爱劳动、爱科学、爱社会主义的情感,具有良好的品德,养成文明、礼貌、遵纪守法的行为习惯;掌握基础的文化科学知识和基本技能,初步具有运用所学知识分析问题、解决问题的能力;掌握锻炼身体的基本方法,具有较好的个人卫生习惯,身体素质和健康水平得到提高;具有健康的审美情趣;掌握一定的日常生活、劳动、生产的知识和技能;初步掌握补偿自身缺陷的基本方法,身心缺陷得到一定程度的康复;初步树立自尊、自信、自强、自立的精神和维护自身合法权益的意识,形成适应社会的基本能力。总的来看,特殊教育的人才培养目标略显泛化,而特殊职业教育的定位相对明确,其培养的就是掌握特定专业、职业、工作所需的技术技能、技术知识的实用型人才。特殊职业教育虽然也注重对学生人文素养、综合素质的培养及知识、能力、价值观之类的普适性、一般性教育,但是培养实用人才依然是其重要目标,毕竟为特殊人群开展职业教育的主要目的是解决其生计问题。市场需要什么样的人才,特殊职业教育早已有一个准确的定位,能够将市场环境的最新知识迅速传达给学生,通过双元模式,学生接触的知识都是最实用的、与市场需求紧密结合的,这有利于培养相应领域与时俱进的新型实用型人才。

2.能力为本

从教育本位的角度来看,对于能力的培养是特殊职业教育和特殊教育的共同立足点,但二者所指向能力的层面又有所不同。狭义上而言,特殊教育面向的是身体或心理发展上有缺陷的学生,通常指的是儿童和少年,特殊教育倾向于培养他们的生活适应能力;广义上而言,特殊教育既包括低于常态发展的学生,也包括高于常态发展的学生,在这个意义上,特殊教育的能力培养是分层分化的,但最终统一指向的都是人的全面发展能力。而特殊职业教育在强调人"德智体美劳"全面发展的基础上,更加注重开发学生的职业能力,包括工作能力和创业能力。由于不同岗位对残疾学生的能力要求会有所不同,哪些行业适宜残疾人士工作,在未来发展中又会出现哪些适合残疾人士的职位以及对其有何特别的要求等,都是在残疾人士职业能力培养中需重视的问题。同时,残疾人士职业能力、创新创业能力开发的效果还取决于其自身的知识基础、能力水平以及性格、品质、文化素质和勤奋程度。在能力本位的作用下,能够引导残疾人群积极面对自己、接受自己并悦纳自己,帮助他们逐渐扫除心理障碍,通过勤奋学习文化知识和劳动技能,努力成为对社会有用的劳动者。

3.就业导向

从教育导向的角度来看,特殊教育的导向是全人发展,而特殊职业教育的导向是促进就业。根据残疾人就业的一系列标准和公约,如国际《残疾人权利宣言》(1975)、《残疾人权利公约》(2008)、《世界残疾报告》(2011)以及我国《中华人民共和国残疾人保障法》(2008)等,"就业能力"被视为残疾人接受教育和培训，以及运用和发挥其就业潜能的机会。学界普遍认同残疾人的就业能力是指残疾人成功就业或创业所需的能力和资源，不单纯指某种单一技能，而是多种能力的集合。在残疾人就业导向的结构方面，特殊职业教育中的"就业能力"包括沟通能力、问题解决能力、创新能力、团队合作能力、自我管理能力和技术能力等。沟通能力是有效说服别人，能够建立和利用人际关系的能力；问题解决能力是能够独立、主动发现及解决问题的能力；创新能力是富有创造性，能够产生新想法并付诸实践的能力；团队合作能力是能够与不同年龄、性别、界别的人及团队开展工作的能力；自我管理能力是对自我表现的监督和评价，对当下和未来有清晰的规划，是残疾人思想成熟的标志；技术能力是从事某项职业所必需的技能，是残疾人就业的基础。随着现代科学技术的发展，残疾人的就业能力内涵也在逐步地丰富与深化，就业能力的培养与现代技术相适应是社会发展必然且有益的趋势。

（三）特殊职业教育与全纳教育的多维比较

从理念上看，全纳教育重申了人所具有的受教育的基本权利，主张人人都有平等的受教育权，是一种没有排斥、没有歧视、没有分类的教育；而特殊职业教育是在全纳教育某些思想、理念的指导下进行教育模式、教育过程的展开，二者之间和而不同。

1. 新的教育思潮

全纳教育（Inclusive Education）是 1994 年 6 月 10 日在西班牙萨拉曼卡召开的"世界特殊需要教育大会"上通过的一项宣言中提出的一种新的教育思潮。联合国教科文组织将全纳教育定义为：通过增加学习、文化与社区参与，减少教育系统内外的排斥，关注并满足所有学习者多样化需求的过程。全纳教育以覆盖所有适龄儿童为共识，以正规系统负责教育所有儿童为信念，它涉及教育内容、教育途径、教育结构与教育战略的变革与调整。这里需要注意的是，全纳教育所指称的对象主要是"儿童"。特殊职业教育作为一种特殊的教育形态，既是特殊教育与职业教育的交叉领域，又是具有相对独立性的特殊存在，在全纳教育思潮的先进理念影响下，其形式上更加多元化，如关注每一个学生的发展、满足学生的不同需求、创建一种全纳的合作关系等，但也在这些理念的基础上，有所创新和发展，特殊职业教育不排斥随班就读，且可以作为特殊职业教育的一种形式，但会根据教育层次的不同将随班与独立设校相区分,最终目的都是为了残疾学生能够自力更生、适应工作世界,从而更好地实现自我价值。

2.积极参与和学会生存

如果说全纳教育的价值导向是积极参与,那么特殊职业教育则是从学会生存的价值目标出发达成更好的、更有效的、更具适应性的社会参与。国际社会曾提出过"学会生存"的思想,其基点是个体怎样适应主流社会,立足点在"适应",是个体被动地去融入与适应这个社会,而特殊职业教育所强调的"学会生存"则是教会学生主动去适应、主动去追求自我实现,体现的是一种主体能动性的哲学观。全纳教育提出的"积极参与",是个体作为社会一分子,以社会主人的身份参与自己的事情,目的是要改造这个社会,体现的是一种人人参与的民主观。特殊职业教育所强调的主动性生存观,也是一种民主的体验和体现。不可否认的是,残疾学生接受特殊职业教育的主要目的是生存,只有通过改变自己的现状才能真正实现安身立命、安居乐业,主动投入到社会建设过程,真正成为社会的一分子,以主人公的身份参与社会发展的决策和实践。特殊职业教育育人并不强求学生能够为社会作出大贡献,主要是帮助学生重构生命意义、达成自我实现,拿掉"社会负担"这一具有伤害性的标签。

3.坚持"异"中有"同"

从教育对象来看,全纳教育主要是指向儿童,而特殊职业教育则是面向中学阶段和大学阶段以及需要职业培训与职业提升的特殊群体的广大成年人,受众范围更广一些。从价值导向来看,全纳教育的主导价值观之一是倡导集体合作,比如全纳教育认为:学生的学习或活动遇到困难或出现问题,这不仅仅是学生个人的问题,也是班级集体的问题,因为班级是一个学习的集体;特殊职业教育的价值导向也很重视集体主义价值观,未来社会的工作会更注重集体合作,在教师与教师之间、学生与学生之间、教师与学生之间、教师与家长之间、家长与学生之间以及教师与社区之间都应该建立一种合作共同体关系,共同创建一种有温度的立德树人氛围。特殊职业教育还强调普职融通,这与全纳教育有一定的内在联系。2014年以来,随着全纳教育全面推进,我国普通学校与特殊教育机构接纳残疾学生的能力不断增强,不仅在基础教育阶段实现了"普职融通",使残疾学生有效增长了职业知识、提高了职业技能,而且在高等教育阶段也实现了"普职融合",不断提升残疾学生就业创业与社会适应能力。

二、特殊职业教育的逻辑

特殊职业教育是始于人、止于人的学科,其在育人过程中所遵循的底层逻辑亦是促进人的全面发展。具体而言,涉及教育学逻辑、知识论逻辑及方法论逻辑。

(一)教育学逻辑

特殊职业教育要达成培养特殊人群的目的,必须遵循教育学中提出的两大规律,即遵循人的身心发展规律并为人的身心发展服务与遵循社会的发展规律并为社会发展服务;同时,必须遵循特殊职业教育本身的发展逻辑,从人的发展角度可以归纳为尊重人的主体性、可塑性与转换性。只有这样,特殊职业教育才能更好地为残疾人的生计、生涯与发展服务。

1. 主体性

特殊职业教育坚持人的全面发展理念,但不拘泥于"全面",突破发展的整体性、协调性、统一性,适当强调残疾人发展的差异性、主体性。根据传统的全面发展要求,人的发展不能顾此失彼,不能采取单一的干预内容与策略,而特殊职业教育的主体发展观,主张有针对性地对残疾人进行训练,在兼顾残疾人身体、认知、人格等方面的全面发展时,允许整合相关的干预项目并有所侧重。

此外,特殊职业教育还主张受教育主体的主动发展,认为人的发展受到遗传、环境、教育、人的主观能动性等多种因素的影响,在这些因素中,遗传是不可控的内因,环境是不可控的外因,教育是可控的外因,人的主观能动性是可控的内因。人要获得主体性发展,必须抓住可控的内因来不断促进自身提升,因此特殊职业教育要有效培养和发掘残疾人的主观能动性,并在日常学习与训练中使他们的主动性能得到更加有效的发挥。

2. 可塑性

特殊职业教育主张受教育者的全程发展,因为人的发展的可塑性首先来源于发展的全程性。人的发展本就是整个生命历程持续不断的变化过程,人生初始阶段对人的身心发展具有基础性作用。根据全程发展理念的要求,接受职业教育与技能训练的时段既是他们的成长期也是他们的学习关键期,如果错过很难补救,甚至会影响他们融入社会的步伐。因此,要重视残疾人在技术技能发展关键期的针对性训练,塑造残疾学生成长、成才、成人的可能性。

特殊职业教育主张受教育者的潜能发展,即不断挖掘残疾学生内在的未开发出来的综合能量。世界上不存在没有潜能的人,只有潜能没有充分发展和发挥的人。根据潜能发展理念的基本思想,残疾学生也是具有潜能的人,只是他们没有被发掘或者没有展现出来而已,特殊职业教育的作用就在于通过有效的教育与职业训练,尽可能精准发掘、培育、丰满他们的潜能。

3.转换性

特殊职业教育强调受教育者的动态发展,因为人本身的发展就是分阶段的、多样的,要用发展的眼光去赏识残疾学生。具体而言,人的发展是一个主体与客体不断相互作用的过程,是一个从量变到质变的过程,在发展的过程中可能会出现很多波动与不平衡。基于动态发展理念,残疾学生的发展是具有动态转换性的,可能会出现很多不可预期的情况,如进步后的倒退、长期停滞不前,这就要求教育者要具备更多的耐心、恒心和信心,静待学生的变化,同时也要随时捕捉他们的发展情况,抓住重要的突破点,争取发掘其闪光点、潜力点来提升并辐射其他方面的发展。

特殊职业教育强调活动促发展,非常重视对残疾学生进行针对性教育训练,并注重发挥他们自身的主动性和能动性,从被动性教育干预转换成主动性教育干预,从被动学习训练转换到主动学习训练。以活动促发展,需要梳理三个基本意识,一是教学训练由学生主导,并重视学生之间、师生之间的互动;二是将教学性训练融入计划性、创发性活动中;三是寓教于乐,综合运用前因与后果思维,教会残疾学生有责任与担当。以此完成残疾学生由自然人到社会人的转换,帮助他们又好又快地适应现实生活世界与工作世界。

(二)知识论逻辑

知识论是研究知识是什么、我们知道什么、我们如何知道一件事的逻辑,最主要的研究对象是知识到底是什么。具体到特殊职业教育而言,主要是厘清特殊职业教育的知识范式与知识特征。

1.新职业主义

新职业主义思想认为职业教育应把学生看作终身发展的人,特殊职业教育作为职业教育的一类,从对学生负责的角度来看,理应把新职业主义作为知识逻辑的起点。

新职业主义是 20 世纪 70 年代以来在西方国家极为盛行的一种职业教育理念,其中一个重要导向就是扩大学生的就业宽度,为学生的持续发展奠定基础。从知识论角度来看,新职业主义比较注重教育内容的革新。一是整合学术教育和职业教育的课程,将理论概念与其在职业中的应用案例结合起来,要求学术学科的教师与职业学科的教师联合,共同开发新的适合这种教育模式的教材、资料。二是强调核心技能的培养,即一种可迁移的、从事任何职业都必不可少的跨职业的关键性能力,新职业主义认为职业教育的作用不仅仅是为学生将来从事某一种职业做准备,更重要的是使学生在其一生中都有不断学习的能力,以从容面对职业改变所带来的挑战,为接受更高一级的继续教育打下坚实的基础。特殊职业教育基于新职业主义的知识观,不以分数高低作为评价残疾学生优劣的标准,坚持知识性与技术性的结合,促进残疾学生的长远发展与终身发展。

2. 职业知识存在范式

所谓职业知识,是关于"我想要什么""我想做什么""我能做什么"的复合性知识。从教育与就业时间的关系来看,特殊职业教育可以分为职前教育和职后教育两个阶段。职前教育也就是就业前的准备教育,往往是将文化教育和职业准备融为一体,着重于与某种职业相关的知识、技能、能力和态度的训练,多在普通学校和不同层次的职业专科学校进行;职后教育是从业后为了进一步更新知识、发展能力、提高水平而接受的职业教育,多在各种类型的成人进修学院、比前期接受的特殊职业教育更高一级的学校进行。从就业与职业的关系来看,特殊职业教育主要立足三方面的职业知识准备,一是相关知识准备,要具备从事某项职业的文化科学方面的基础知识和相关的专业知识;二是与职业密切相关的操作能力准备;三是从业的思想和心理准备,涉及专业思想、职业道德、劳动态度、劳动纪律等问题。总之,特殊职业教育的知识存在范式是一种职前职后的综合供给。

3. 特殊知识结构

联合国教科文组织在 2001 年修订的《关于技术与职业教育的建议》中指出,一般性职业教育知识可以概括为三大结构:一是职业技术教育是准备进入某就业领域以及成功加入职业界的路径;二是职业技术教育也是终身教育的组成部分,旨在培养负责任的、能各尽所能,通过从业来为国家服务的公民;三是职业技术教育能有助于消除贫困、增长财富。三大结构对于特殊职业教育来说同样适用。从特殊职业教育的本体意义来看,必须承认学生的多元化存在和差异性,残疾学生首先是学生,学生的发展有共同的规律,当然差异也是客观存在的,在共同发展规律基础上不同学生的发展速度、发展水平不同。每个残疾学生都是特殊的、独一无二的,共性和个性都是特殊职业教育在知识结构上需要考虑的因素,据此最终实现根据每个学生的特点和实际需要提供适合的教育内容。特殊职业教育知识的特殊性,在于其知识结构的容性与暖性,充分显示出整个社会对残疾人的爱与包容。

(三)方法论逻辑

方法论是认识和改造世界的方法的学说和理论,马克思主义的唯物辩证法总结了自然、社会、思维的最一般的规律,是最有普遍意义的哲学方法论。回归至特殊职业教育,进一步思考其在实施中的根本遵循。

1.工作任务分析

所谓工作任务分析是指对所要完成的任务进行分析,找出其中的难点,再根据难点确定培训内容、目标等。特殊职业教育主要是针对日常教育教学工作,对特殊学生的教育与训练所进行的应用性研究。落在具体任务上,一是集体性人物行为分析,如研究一个学校、一个班级、一类残疾学生的发展与教育问题;二是个体性任务行为分析,体现为对某一个体或有限的几个残疾学生的研究。将学习任务转化为工作任务,需要首先观察、测试、问询残疾学生的某种行为变化,了解残疾学生的兴趣、爱好、特长等,将课程内容、技能体系进行适合残疾学生的模块性分解与重复性动作,探索项目化的任务规制,一切以学生能学、爱学并学会、学精为主要追求。

2.精准化供给

林德宏曾说:"在古代,物质材料对生产发展起重要作用,所以有石器时代、青铜器时代的说法。在近代,能量对生产发展起重要作用,所以有蒸汽机时代、电气时代和原子时代的说法。现在,信息资源、知识资源已逐步成为经济发展的决定因素,因此,又有了信息时代的说法。"[①]我们共同生活在以数据化、智能化为特征的社会,知识的加速增长,超过了其他资源的增长速度。特殊职业教育和其他教育一样,本身就是在一个相互作用的开放系统中所进行

---

① 林德宏.科技哲学十五讲[M].北京:北京大学出版社,2004:244.

的信息活动。同时,特殊职业教育又和其他教育不同,从知识的传授、认知水平的提高,到自信心、责任心和情感培养、技术技能训练,都是针对残疾学生的差异化需求进行精准、细化的供给。比如,某些有听觉障碍的学生,可能在信息接收和传递方面存在困难,而智能耳蜗的使用,大大增强了听觉障碍者信息沟通能力,帮助他们及时表达思想情感。

3.共治化参与

特殊职业教育在具体实施的过程中强调参与主体的多元化、任务分工的清晰化,学校、政府、企业、行业、社会组织形成合作共同体。从协同教育来看,特殊职业教育是一个涉及社会生产力、政治制度、文明程度和民族素质的系统工程,其发展需要全社会的关心与参与,以实现医疗养护、教育训练和劳动就业的一体化。从干预教育来看,尽可能地在早期对残疾学生进行诊断、教育和训练,重视残疾学生的可塑性发展阶段,例如,对听觉障碍者及时进行早期语言训练,对智力障碍者尽早进行感觉统合训练,会容易收到比较明显的效果。从补偿教育来看,在特殊职业教育中,一方面要通过各种途径来弥补、代偿受损的组织和器官的功能,另一方面又要最大限度地挖掘残疾学生的发展潜能和优势,识别滞后能力,尤其注重工学结合、校企合作的补偿和提升模式。

第二节 特殊职业教育的对象与范畴

特殊职业教育的对象与范畴指向的是服务于谁的问题。于对象而言,特殊职业教育作为一种面向残疾人的教育类型,容纳一切有技术技能需求的残疾人。于范畴而言,特殊职业教育应当大力发展中等职业教育,加快发展高等职业教育,积极开展以实用技术为主的中期、短期培训,以提高就业能力为主,培养技术技能人才,加强对残疾学生的就业指导。

一、特殊职业教育的对象

从特殊职业教育的宏观属性来看,其教育对象指向的是社会上所有的残疾人;从特殊职业教育的中观属性来看,其教育对象指向的是有技术技能需要(包括融合教育背景下的残疾学生、随班就读的残疾学生)的残疾人;从特殊职业教育的微观属性来看,其教育对象指向的是特殊职业学校的学生。本书主要聚焦特殊职业教育的内涵与外延来谈教育对象,可以将其界定为有特殊职业教育需要的残疾学生,以定制性、个性化教育与培训进行立德树人。

(一)指向特殊人群

特殊职业教育的教育对象是残疾学生,且此话语体系中"学生"具有多元性。为了对这一群体进行清晰界定,本书主要从两个维度进行划分,一是类别维度,二是年龄维度。

1.残障学生的类别划分

从我国的法律条文来看,一是《中华人民共和国宪法》第 45 条第 3 款指出:"国家和社会帮助安排盲、聋、哑和其他有残疾的公民的劳动、生活和教育。"虽没有明确特殊职业教育的对象问题,但已经从宏观上把盲、聋、哑和其他有残疾的公民规定为教育对象。二是《中华人民共和国义务教育法》第 19 条第 1 款指出:"县级以上地方人民政府根据需要设置相应的实施特殊教育的学校(班),对视力残疾、听力语言残疾和智力残疾的适龄儿童、少年实施义务教育。特殊教育学校(班)应当具备适应残疾儿童、少年学习、康复、生活特点的场所和设施。"这里明确将视力残疾、听力残疾和智力残疾的人定为教育对象。三是《中华人民共和国残疾人保障法》第 2 条第 2 款指出:"残疾人包括视力残疾、听力残疾、言语残疾、肢体残疾、智力残疾、精神残疾、多重残疾和其他残疾的人。"从此这类群体有了统一的名字,即残疾人,并明确将残疾人分为八类。总的来说,我国法律法规对特殊人群的分类基本是聚焦在身体、智力、精神多重方面。

从不同国家的做法来看,一是德国,以巴伐利亚州为例,其在 1990 年以前就对特殊人群进行了分类,细化成学习障碍、盲、弱视、聋、重听、语言障碍、肢体残疾、精神残疾、情绪问题、病弱和多重残疾等 11 类以上的身心障碍类别。[1] 二是美国,其在理论与实践上把特殊人群分为智力超常和身心异常两个部分。其中,将身心异常分为特殊学习障碍、言语或语言障碍、智力落后、情绪障碍、其他健康障碍、自闭症、多重残疾、听觉损伤、肢体损伤、发育迟缓、

---

① 杨民.世界特殊教育概观[M].大连:辽宁师范大学出版社,2004:279-280.

视觉损伤、创伤性脑损伤、聋—盲等 13 类。①

以上主要从我国法律法规与其他国家做法来看特殊人群的分类,聚焦点主要是针对残疾人本身类别的规定性以及对"特殊"本身的解释性,于特殊教育而言,界内大多数的认知都比较认可将"特殊"对象的内涵与外延适当扩大,除了法律法规中所规定的残疾人之外,还将异禀类、超常类人群包含其中;但于特殊职业教育而言,考虑到特殊性之外还有职业性特征,其教育对象界定为"残疾人"比较合理,具体可以分为智力障碍、身体障碍、心理障碍、精神障碍、多重障碍及其他障碍,并尤其注重教育全过程的安全。

2. 残障学生的年龄划分

从残疾人的年龄维度来看,既包括接受系统学校教育的残障未成年人,也包括接受学校技术技能培训的残障成年人。

(1)残障未成年人

特殊职业教育置于学校系统中,其教育对象是残障未成年学生,即 16 周岁以下的、身体或心理有残疾的学生。为了保障残疾人的合法权益,16 周岁以前的残障学生都是特殊职业教育学校系统教育的对象。

(2)残障成年人

发展职业教育是推动经济发展、促进就业、改善民生问题的重要途径,发展特殊职业教育是承接"面向人人、面向社会"教育任务的重要补充。从特殊职业教育的广义概念出发,包含学校教育与技能培训两方面,本书所讲的技能培训专注于学校所承载的培训,而不是社会机构、保障部门等提供的培训。16 周岁以上接受特殊职业教育的成年学生,一类是中高等特殊职业教育,一类是职业技能培训。接受高等特殊职业教育的学生,是经历过九年义务教育、高中阶段教育之后选择继续深造的学生;而接受职业技能培训的残疾人,可以是已就业需要进行技术技能提升的人,也可以是经过技能培训为初次就业做准备的人。

(二)坚持学生本位

学生本位是人本理念的重要表现,于特殊职业教育而言尤为重要。以学

---

① Heward W L. 特殊需要儿童教育导论[M]. 肖非,等译. 北京:中国轻工出版社,2007:11-12.

生为本,才能更好地为每一个残障学生提供适合的教育,准备针对性的康复训练、技能训练,定制式育人应成为特殊职业教育的重中之重。

1. 厘清特定对象的复杂性和特殊性

特殊职业教育的服务对象本身就具有多元性和差异性,使得教育过程更加复杂,教育手段和教育模式也必须符合残障学生的不同特征。承认并尊重个体差异,根据个体差异因材施教,是特殊职业教育发展的前提。任何人身上都既有先天和后天的矛盾,也有物质与精神的矛盾,还有现实与理性的矛盾、个人与社会的矛盾,对于接受特殊职业教育的学生来讲,有些矛盾,如体能与智慧的矛盾、补偿与超越的矛盾就更为突出、更为尖锐。200多年来,世界特殊职业教育发展史上的大量事实证明,只有通过家庭、学校和社会的共同努力,提供有效的教育和支持,才能帮助残障人群正确认识这些矛盾,把握和处理好这些矛盾,使矛盾关系发展向好。特殊职业教育会帮助每一个残疾人,帮助他们面对现实、正视困难,树立信心、锻炼意志,迎接命运的挑战;教会他们既要以平和的心态来接受社会的支持、他人的帮助、家人的爱怜,又不能助长依赖、自卑、逆反、嫉妒等不健康心理;引导他们既要学会保护自己、自尊、自强,又不能助长孤高自傲、离群索居等不良的个性特征;更要教导他们学会一技之长,使每一个残疾人具备尽快融入社会的谋生能力和适应能力,进而实现人生的价值。

2. 重视定制式教育供给

定制式教育供给突出了学生作为消费者、使用者、受益者的主体地位,是在充分尊重他们实际需求的基础上,利用职业学校能够获取的各种资源进行针对性、目的性的人才培养。[①] 定制式教育有助于学生知识积累、能力提升,为他们步入社会、求职就业、生存发展提供坚实保障。特殊职业教育的定制化服务包含三个基本属性:一是知识本质性,以适合的知识资源为主要生产资料,通过挖掘、传递、分享等手段实现知识掌握、增值的目的;二是多元主体性,不同利益相关主体在设计与实施过程中构成一个有机整体,共同引导、牵引、推动服务的生成与应用;三是功能扩展性,充分考虑残疾学生诉求与社会需求,体现出特殊职业学校的使命感与价值观。定制化教育服务作为特殊职

---

① 张聪,杨连生.定制化高等教育服务实施路径与实现机制:基于美国高校 SDM 的跨案例分析[J].现代教育管理,2019(3):123-128.

业教育的创新表现,既满足学生有用、有质的教育需求,也顺应了政策导向、市场发展,以更加优化的培养模式赋能特殊职业教育。

需要强调的是,特殊职业教育所提供的定制化服务不同于普遍意义上的职业教育,于职业教育而言,讲到定制,其服务对象是用人企业、劳动力市场,是一种面向外部需求的定制;而特殊职业教育所讲的定制,其服务对象是残障学生,市场需求虽然也需要考虑,但最主要的是结合学生本身特点,不同类型的残障人士所需要的知识教育、技能培训是不一样的,"以生为本"选择适合的教育模式、知识内容、技能种类、训练方式,才是真正的因材施教式特殊定制。

(三)实现立德树人

党的十八大以来,我国坚持把立德树人作为教育的根本任务。办好特殊职业教育就是最大的教育公平,深入贯彻立德树人是特殊职业教育对残障学生最好的负责。

1.注重心理健康教育

如何理解残障学生的心理健康? 根据《心理健康百科全书》的说法,心理健康指学生整个心理活动和心理特征的相互协调、适度发展、相对稳定,并与客观环境相适应的状态。[①] 首先,作为学生中的一个特殊群体,残障学生具有普通学生的属性,他们具有学生时代心理发展的某些共性,在心理需求要素、人格结构成分和社会适应内容等方面都具有相似性;其次,他们具有自身发展的特殊性,表现出明显不同于普通学生的特点和差异,比如身心缺陷较多、个体间和个体内差异较大、社会适应能力较差等。基于残障学生身心发展特点施行心理健康教育,从一般性心理机能来看,残障学生与普通学生有着相同的社会适应心理机能的活动领域,都有自我、学习、人际、生活等方面的适应需求;从特殊性心理变化来看,残障学生的心理阈值有一定的差异性,如对残疾本身的认知、对身体康复与技能补偿的自信心、对外部消极评价的心理抵御等,这些独特的心理轨迹反映到残障学生的生活情境中,会形成多元化的个性品质。残障学生要获得健康的心理,既需要克服残疾或障碍带来的内外困难,达成自我与环境的适应,更需要挖掘自己的潜能,努力实现对缺陷的

---

① 李维,张诗忠.心理健康百科全书:儿童健康卷[M].上海:上海教育出版社,2004:21.

超越。可以说,适应与发展是残障学生心理健康的核心内容和重要命题。

需要进一步强调的是,残障学生的心理健康教育需要分类别、分年级、分层次来进行,在某种程度上也需要加入个性定制的元素,这样做能够让每一个残障学生个体主动应对身心障碍和环境中不利因素的影响,积极做出适当调整,努力发挥个人潜能,使自己处于适应良好的状态,达到与外界环境的适度平衡和内心的和谐。当这一学生群体各类心理活动正常、关系协调、内容与现实一致和人格处在相对稳定的状态,内和谐、外和谐、积极心理应对,集中指向个体身心机能对社会环境的适应,即是残障学生心理健康教育的最佳状态。

2.融入社会主义核心价值观

社会主义核心价值观教育是实现立德树人的必由之路。价值观是行为的先导和基础,决定着个人和社会的行为方式和行为选择,有什么样的价值观,就会有什么样的行为。接受特殊职业教育的在校学生基本处于青少年阶段的"拔节孕穗期",学校要引导他们形成正确的价值观,帮助他们扣好人生"第一粒扣子",做到品德润身、公德善心、大德铸魂,让社会多一份善、少一份恶。

马克思主义实践观认为,"全部的社会生活在本质上都是实践的"[①]。实践决定认识,是认识发展的动力,也是检验认识正确与否的标准。首先,价值观在实践中动态生成。"人们自觉地或不自觉地,归根到底总是从他们阶级地位所依据的实际关系中——从他们进行生产和交换的经济关系中,获得自己的伦理观念。"[②]价值观的形成和发展并非凭空想象、闭门造车,而是切实来源于中华民族的伟大实践,随着社会生活实践的变化动态发展,具有鲜明的时代性和科学性。其次,实践是检验价值观正确与否的标准。"人应该在实践中证明自己思维的真理性,即自己思维的现实性和力量,自己思维的此岸性。"[③]实践可以检验人的价值观是否与客观事实及其发展趋势相符合,判断

---

① 中共中央马克思恩格斯列宁斯大林著作编译局译.马克思恩格斯选集(第1卷)[M].北京:人民出版社,1995:56.
② 中共中央马克思恩格斯列宁斯大林著作编译局译.马克思恩格斯选集(第3卷)[M].北京:人民出版社,1995:434.
③ 中共中央马克思恩格斯列宁斯大林著作编译局译.马克思恩格斯选集(第1卷)[M].北京:人民出版社,1995:56.

其是否正确。"一种价值观要真正发挥作用,必须融入社会生活,让人们在实践中感知它、领悟它。"①特殊职业教育应坚持以实践的观点践行社会主义核心价值观教育,教导残障学生以富强、民主、文明、和谐、自由、平等、公正、法治、爱国、敬业、诚信、友善的 24 字方针为根本行为导向。

二、特殊职业教育的范畴

在学术研究中,经常把范畴看作事物归类整理所依据的共同性质,指向的是事物种类的本质,是规范与统筹事物所依据的"合"性质结构。聚焦于特殊职业教育,其范畴指向特殊职业教育合规律、合目的的层次结构,即学校教育范畴,包括作为教育类型的存在状态、纵向层次与横向类别。特殊职业教育是职业教育与技能培训的统一体,本书所讲的培训专注于学校所承载的教育与培训。

(一)存在状态

从存在状态来看,基于研究对象的横截面与发展方向,理论上的特殊职业教育可以分为渗透性存在和延展性存在。所谓渗透性存在,指的是融合式的职业教育状态,即特殊职业教育知识理念上的实际教育实践是和普通意义上的职业教育同在,残障学生与普通学生在同一学校就读;所谓延展性存在,指的是专门化的职业教育状态,即单设特殊职业学校,并且是分教育层次、教育类别设置的。本书中所讲的特殊职业教育存在状态主要指向第二种:学校状态下的特殊职业教育。

1.渗透性的融合教育状态

虽然渗透性特殊职业教育不是本书主要研究内容,但可以为专门化、延展性的特殊职业教育形态的存续、创新与运转带来新的思路。融合教育理念认为:所有人都是平等的,所有人都能学习,所有教师都能教所有的学生。融合与一体化(或回归主流)之间有显著的差别。一体化(或回归主流),要求特殊学生必须调整自己,以达到主流环境所要求的标准才会被安置在普通学校里,而融合是一种权利,所有的学生都有在正常环境中受教育的权利。残障学生和普通学生一样,都应享有平等的受教育机会,通过融合使他们在同一

---

① 习近平.把培育和弘扬社会主义核心价值观作为凝魂聚气强基固本的基础工程[N].人民日报,2014-02-26(1).

个场所里受教育、被接纳、被尊重、被爱,并对环境产生归属感。残障学生理所应当地成为学生中的一部分,而非享有特权。

从理论上看,融合教育是一种充满人文精神的教育愿景,但目前还没有一种教育场所能够满足所有特殊学生的需要。另外,融合教育可能对普通教育下的残障学生比较友好,对于职业教育的作用还有待商榷,一是教育对象不同,融合教育指向儿童,特殊职业教育还包括成年人;二是所需载体不同,特殊职业教育本身就具有更加强烈的特殊性,专门的学校才有更加专业的场所与器具,更利于残障学生的整体发展。

2. 延展性的专门教育状态

延展性的特殊职业教育就是正规的、专门化的学校形式。《残疾人教育条例》指出,残疾人职业教育由普通职业教育机构和特殊职业教育机构实施,以普通职业教育机构为主。专门的特殊职业教育会有更为直接的针对性,与特殊教育的专门学校有相似之处。

我国的特殊教育专门学校是从建立聋校和盲校开始的。1874年,英国牧师威廉·穆瑞在北京开办了启明瞽目院,专门收容教育盲童;1887年,美国传教士米尔斯夫妇在山东登州成立启喑学校;1916年,实业家张謇在江苏省南通市创办的南通盲哑学校是第一所由中国人建立的特殊学校。招收特殊学生的专门学校是在工业革命时代民主、自由和平等的人文主义思潮影响下建立的,秉承"隔离但平等"的教育理念,人们逐步关注社会中的残障者,并从同情、保护、慈善的角度为他们提供教育机会。我国公立专门学校主要有四类:聋校、盲校、培智学校、综合性特殊教育学校,而民办机构则主要针对某类特殊儿童,兼顾其他特殊儿童,如自闭症康复学校、听力语言康复中心等。

从政策导向来看,1989年颁布的《关于发展特殊教育的若干意见》明确提出,发展特殊教育事业的基本方针包括"着重抓好初等教育和职业技术教育",要求各级各类特殊教育学校"切实加强劳动技能和职业技术教育"。1990年施行的《中华人民共和国残疾人保障法》首次以法律的形式规定特殊教育学校要"在进行思想教育、文化教育的同时,加强身心补偿和职业技术教育"。1994年,国务院颁布的第一部残疾人教育法规《残疾人教育条例》专设"职业教育"一章,明确规定"各级人民政府应当将残疾人职业教育纳入职业教育发展的总体规划,建立残疾人职业教育体系,统筹安排实施"。2010年,《国家中长期教育改革和发展规划纲要(2010—2020年)》提出,十年中特殊教育的发展任务之一为"加强残疾学生职业技能和就业能力培养",特殊职业教育逐渐走向专门化。

（二）纵向层次

特殊职业教育从纵向层次来划分,可以分为基础阶段、中等阶段以及高等阶段,是体系完整的教育形态。党和国家对残疾人职业能力培养高度重视,特殊职业教育从弱到强、从少到多地发展起来,呈现出层次完整、形式多样、内容丰富的特色,基本建立了特殊教育与职业教育相互沟通,初等、中等和高等职业教育并举的特殊职业教育体系。

1.基础阶段教育

特殊职业教育的基础阶段主要是初等职业教育。初等职业教育是在初级中学阶段开展的职业教育,也是九年义务教育的组成部分。实施这类教育的学校主要是职业初中,其招收对象是小学毕业生或相当于小学文化程度的人员,一般在讲授初中文化课的同时,开设一些有关专业的生产劳动和职业技术课程,使学生学有一技之长,学制为三年或四年。目前,这类学校主要设在欠发达的农村地区和边远山区。随着我国经济社会的发展,初等职业教育将转型为基础的或入门的职业培训,但对于残障学生而言,专门的初等职业教育是有必要存在的,在某种程度上是知识与技术的扫盲教育。

2.中等阶段教育

特殊职业教育的高中阶段主要是中等职业教育。1985年颁布的《中共中央关于教育体制改革的决定》提出要"调整中等教育结构,大力发展职业技术教育",确立了职业教育在现代化建设中的战略地位,为特殊教育学校发展职业教育指明了方向。中等职业教育是高中阶段教育的一部分,包括职业高中、普通中专、成人中专、技工学校、高级技工学校、技师学院,它为社会输出现代化技术人员,在整个教育体系中处于重要位置。于特殊职业教育而言,中等职业教育虽然不属于九年义务教育阶段的学程,但只要残障学生有需要,中等职业教育就会为残障学生提供系统化、专门性、定制式的知识与技能内容。

3.高等阶段教育

特殊职业教育的大学阶段主要是高等职业教育。在高等教育方面,当前我国残疾人高等教育主要招收盲、聋和肢体残疾三类学生。其中,进入普通高等院校接受普通高等教育的以肢体残疾学生为主。2017年，教育部、中国残联印发《残疾人参加普通高等学校招生全国统一考试管理规定》，为残疾学生，特别是盲、聋学生，提供了平等参加高考的机会和相关支持。通过"单考单招"的形式接收残疾学生进入高等院校特殊教育学院（系、专业）接受特殊教育，招收对象以视力、听力残疾学生为主。国家开放大学、上海开放大学先后开设了残疾人教育学院，运用现代远程教育手段，面向残疾人开展高等学历教育。一些特殊中等职业学校与高等院校采取合作办学等方式，高等院校招收中等职业学校的残疾毕业生修习大专课程。还有部分残疾人参加高等教育自学考试、函授大学或业余大学等非全日制学历高等教育。北京联合大学特殊教育学院2014年获批为面向视力残疾大学生的临床医学（针灸推拿）专业硕士授权学科点，这是全国首个面向残疾人招生的硕士点，填补了我国残疾人研究生教育的空白。

（三）学校类别

随着改革开放以来的迅速发展，我国特殊职业教育已初步形成由社会多个系统采用多种形式，从各类特殊义务教育，再到盲、聋、肢残等残疾青年高等教育、成人教育的体系。虽然我国特殊职业教育还是以普及义务教育为主要目标，但已经扩展到中等和高等职业技术教育及高等教育领域，初步形成了相对成体系的特殊职业教育层次结构。我国的特殊职业教育体系包括独立的特殊教育与职业教育两种方式，共同为残疾儿童、少年提供高质量的教育服务。这两种模式相互结合、相辅相成、双向交流，构成了特殊教育与普通教育密切融合而又相对独立，包含在国家大教育体系中的特殊职业教育体系。从学校的表现形式来看，分为初等职业学校、中等职业学校和高校职业培训。

初等职业学校：初等职业学校招收小学毕业生，基本学制是三年，可与小学阶段的特殊学校相对接，形成义务教育阶段一体化的承接之势。

中等职业学校：中等职业教育学校招收初中毕业生，基本学制一般以三年为主，也可以招收高中毕业生，基本学制可以设置为一年或两年。此外，也可以选择与高等职业学校相衔接，满足残障学生的深造需求；还可以与社会职业相挂钩，为社会上的无业残障群体提供就业型的职业技能培训。

高校职业培训：理论上而言，特殊职业教育体系中应有专门的高等职业学校(如高职或本科)与之相对接,但由于残障学生的多元性、复杂性与特殊性,目前还没有专门的正规的学历教育承接机构。因此,可以把高等层次的特殊职业教育暂时认知为某种职业资格培训或岗位深造,并颁发证书。

第三节　特殊职业教育的价值与功能

教育、就业以及残疾人工作是民生工程中非常重要的三个方面,而特殊职业教育将这三方面的工作紧密地联系在了一起。特殊职业教育的价值与功能,指向的是为什么要发展特殊职业教育的问题。特殊职业教育为残障学生生涯规划、全面融入社会及生命高质量持续发展奠定最坚实的基础,以最大的诚意给予他们改变命运的机会,以及实现人生价值的通道。特殊职业教育的发展既保障了残障学生的受教育权,也维护了教育公平,实现了社会发展的和谐稳定。

一、特殊职业教育的价值

特殊职业教育的价值指向个体性和社会性,个体价值是满足不同的残障学生接受职业教育的需要,以提升其个人的生存能力;社会价值则体现在人人都有受教育权的公平性与平等性。本书主要从本我价值、教育价值、发展价值三个层次来考量特殊职业教育的价值。

(一)本我价值

从本我价值来看,主要指向特殊职业教育本身。特殊职业教育立足残障学生的受教育权问题、技能提升问题以及特长延伸问题,呈现其本身的内在属性与存在意义。

1.保障残疾人的受教育权

初等特殊职业教育的全面普及与高质量发展,是九年义务教育多样化的体现,能够让每一个残障孩子都能接受到合适的教育。目前,全面高水平地普及残障适龄儿童少年九年义务教育和扫除残疾青壮年文盲,仍然是特殊职业教育发展的"重中之重"。我国初等特殊职业教育的普及,首先是"全面",既覆盖全部残障学生的不同类别,也从轻中度扩大到重度、极重度和多重残疾,目标是彻底扫除残疾青壮年技能文盲,努力做到"一个都不落下";其次是

"优质均衡",高水平普及适龄残障学生的义务技能教育,逐步促进特殊职业教育的高质量。

中等特殊职业教育的普及发展是对高中阶段教育的延伸。到2030年,我国特殊教育要基本普及15年教育,即加上学龄前三年及高中三年。从聚焦于高中阶段的中等特殊职业教育来看,各地积极出台政策措施,落实、整合相关法律法规,加强多部门合作,将普及高中阶段的中等特殊职业教育纳入当地教育和社会发展的总体规划中,加大体制机制改革力度,形成政府相关部门及残联密切配合的机制,统筹运用当地教育资源,加快残疾人职业技术教育发展,确保适龄残疾人接受中等职业教育和不同形式的职业培训。

高等特殊职业教育的发展,既是特殊职业教育本身的完善,也是社会对残疾人受教育程度的重视的提升。我国教育现代化的整体水平是包含残疾人在内的水平,对于残疾人来说,他们也迫切希望通过接受高等教育,获得改变命运和通向幸福生活的门票。因此,特殊高等职业教育的发展可以为更多有技能提升需要的残障学生提供针对性、适应性通道。

2.提升残障学生的技能素质

从我国特殊职业教育的实际出发,根据时代发展和现代化的要求,坚持育人为本的素质教育和德智体美全面发展的价值取向,突出学生技术能力、实践能力和社会责任感的培养,注重将技能素质教育的共性要求与遵循残障学生身心发展的特点结合起来,将技术技能训练与潜能开发结合起来,将发挥学生学习主动性、自觉性与尊重学生个体差异、因材施教结合起来,将品德的提高、知识的学习与生活能力、职业能力的培养结合起来,整体建构具有中国特色的现代特殊职业教育培养模式,集中指向残障学生技术技能素质的提升,促进每个残障学生作为生命主体知识能力和技术能力的有效发展、全面发展、终生发展。

此外,除了技术能力的培养,还应注重技能素质与道德素质相结合的双强化。首先,教给学生做人做事的基本道理。其次,重视残障学生社会责任感、民主与法治意识、开放合作、绿色生态伦理和主体性等现代公民意识的培养,加强残障学生自强自立自尊意识、优秀传统文化教育、革命传统教育及中国特色社会主义理论和社会主义核心价值观的教育,增强民族精神和民族自豪感,树立正确的人生观、价值观和世界观。

3.发挥残障学生的应用特长

发展特殊职业教育,其中一个很重要的价值是能够发现并塑造残障学生的长处,让其拥有一技之长,形成谋生之本。这也是为什么要发展面向残疾人的特殊职业教育的原因,授人以鱼不如授人以渔,用一技之长来解决他们的劳动就业问题,而不是靠国家、政府的接济、救济,于他们而言是一种极大的尊重。

劳动就业,对残疾人来讲,不只是生活来源方面的考虑,更多的是维护其公民尊严,发挥其自身的潜能,增加其自信。哲学家康德曾说过,任何一个不能为社会作出贡献的公民便是"消极公民",而"消极公民"则很难体现出个人的自尊自重。基于心理学来讲,每一个人都有一定的"成就动机",放弃劳动与工作的机会,就无法享受劳动与工作的乐趣,就可能会变得懒散、无聊和空虚;然而,懒散、无聊和空虚对任何人都是有腐蚀作用的。一切有发展障碍的特殊人群,只有以自己的一技之长参加工作、参加劳动,才能显示自己长期以来接受特职业殊教育的效果,巩固所学知识,增加对环境的适应能力。

（二）教育价值

从教育价值来看,主要指向特殊职业教育对于社会与群体层面的教育性,立足民生工程、横纵体系、普职融通三个维度,综合呈现特殊职业教育作为教育类型的引领价值与示范意义。

1.推动"民生工程"

"民生工程"把发展经济、发展生产力和人民的利益紧密地结合起来,完整体现了经济建设的目的,安居和就业是人民群众最基本的生存条件。关爱残疾人的受教育问题是一项重要的民生工程,解决的是残疾人的就业问题。特殊职业教育的开展是推进教育现代化、转变对残疾人观念的关键载体,特殊职业教育秉承的是培养现代人为核心的"技术教育＋素质教育"的育人观。基于此,特殊职业教育在育人观念上正在呈现三个转变:一是从对残疾生命主体性认识不足向注重提升生命主体能力的教育观转变,尊重残障学生、关爱残障学生、平等对待残障学生,全力保障残障学生的应有权利,提升残障学生生命主体的自觉能力;二是从过于注重缺陷补偿向潜能开发与缺陷补偿相统一转变,适合的才是最好的;三是从过于片面强调特殊职业教育"特殊性"和"一技之长"的单一教育向素质教育、技能教育与特殊职业教育相统一的全面发展的新时代教育观转变。

2. 构建终身特殊职业教育体系

《国家中长期教育改革和发展规划纲要（2010—2020 年）》提出"要大力推进残疾人职业教育"；2014 年发布的《国务院关于加快发展现代职业教育的决定》指出，要面向包括残疾人在内的各类群体广泛开展职业教育和培训；两期《特殊教育提升计划》都将加快发展以职业教育为主的残疾人高中阶段教育作为重点任务之一，并且要求加强职业教育，支持校企合作，使完成义务教育且有意愿的残疾学生都能接受适宜的中等职业教育。新修订的《残疾人教育条例》也明确提出，要"大力发展中等职业教育，加快发展高等职业教育，积极开展以实用技术为主的中期、短期培训，以提高就业能力为主，培养技术技能人才，并加强对残疾学生的就业指导"，同时指出"残疾人职业教育由普通职业教育机构和特殊职业教育机构实施，以普通职业教育机构为主"，并且规定"县级以上地方人民政府应当根据需要，合理设置特殊职业教育机构，改善办学条件，扩大残疾人中等职业学校招生规模"。按照政策文件要求，发展高质量教育，办好特殊职业教育，就是以创新、协调、开放为理念，针对特殊职业教育领域的实际问题，提供高起点、全覆盖、有质效、可实施的特殊职业教育体系。创新教育方式方法、协调各种社会资源、开放教育理念视野，建立一个强有力的专业支撑体系，保障残疾人有学上、上好学，让教育主体满意、让残障家庭满意、让整个社会满意。

3. 践行大教育观，实现普职融通

普职融通是职业教育改革和发展的重点。特殊职业教育的目的在于为我国培养更多时代性、技能型的可适应人才，既是国计也是民生，既是教育也是生产生活。近年来，国家一直颇为重视特殊职业教育行业的发展，发展好、处理好特殊职业教育与就业市场的密切关系，产教融合、校企合作既是二者之间的跨界纽带，又是二者相互支撑、相互适应、相互促进的升级密码。

特殊职业教育的校企合作育人模式，可以有效促进职前职后的衔接。在入学教育中引入残疾人教育与就业政策，强化专业认同，在专业学习、心理健康、人际交往、社会实践等方面为残障学生规划学习生活提供咨询，让他们入学之初就进行基于自我和社会认知的职业探索，而不是临毕业时才仓促处于就业安置的状态。在接受特殊职业教育期间，开展全方位职后能力的培养，在教学活动与校园文化全过程中构建基于职后发展的生涯规划教育体系，实

施就业技能提升计划,将其就业意愿和符合实际的就业方式有机结合。在残障学生毕业走向社会后,学校还应协调社会资源,加强跟踪支持,为残障学生实现有质量的人生继续提供有规划、有规律的各类培训活动。职前职后校企合作延伸,能够提升残障学生在企业工作中的适应性,促进其顺利达成社会融合。

（三）发展价值

从发展价值来看,主要指向特殊职业教育的人本性,立足特殊受教育者的个体发展,从培养就业创业能力、提升职业适应能力、促进个体自我实现三个梯度,为特殊学生提供适合他们发展的进阶服务,呈现特殊职业教育的过程性意义。

1. 培养就业创业能力

特殊职业教育是"素质＋技能"双融通的教育模式,在校园环境中,同伴交往互动,学习掌握社会规范的知识和技能。特殊职业教育学校在招收残障学生的专业设置中会充分考虑到学生特点和市场需求,并在专业知识与能力培养方面给予残障学生人力资本提升的机会,在人才培养模式上突出职业导向,并通过专业课程体系、技能训练、见习实习、实训实践等途径,使残障学生获得理论知识和实践经验。同时,通过通识类课程和校园文化活动训练其逻辑思维、言语表达、人际交往等能力,为其个人职业能力和未来可持续发展打下基础。在素质教育与技术教育相融合的环境中,残障学生在专业学习过程中进行职业技能培养与就业创业教育,分析自身价值取向、个人特质、职业倾向,了解社会需求,做好职业生涯规划,提高职业认同水平,提升学生从就业到创业的能力水平。

2. 提升职业适应能力

《国家中长期教育改革和发展规划纲要（2010—2020 年）》明确提出,要构建整体完备、灵活开放的终身教育体系,努力形成人人皆学、处处可学、时时能学的学习型社会。残疾学生同样有终身教育的权利和能力。为此,《第二期特殊教育提升计划（2017—2020 年）》提出,要"支持普通高校、开放大学、成人高校等面向残疾学生开展继续教育,支持各种职业教育培训机构加强残疾人职业技能培训,拓宽和完善残疾人终身学习通道",以此实现全方位提升残障学生的职业适应能力。

特殊职业教育作为助推残障学生就业、提升职业能力的核心环节,对于提高残疾人的教育水平,增强参与社会能力,提高生活质量具有十分重要的意义,也是推进残疾人小康进程的必由途径。近年来,党和政府特别关心特殊职业教育的发展,推行一系列职业教育改革,保障特殊职业教育实施的政策文件陆续出台,为残疾人职业教育体系的发展与完善营造了良好的社会氛围,也为特殊职业教育的发展指明了前进的方向,提供了有力的保障,使得特殊职业教育既合乎社会发展规律,又合乎特殊教育对象的社会适应性、职业适应性规律。

3.促进个体自我实现

残障学生具有可教性,只要对残疾人进行相应的职业教育,为其创造就业机会,尊重他们的身心特点,残疾人就完全可以发挥他们的潜能,成为人类财富的创造者。在对残障学生的教育类型中,职业教育对残障学生的意义尤为重大。[①] 它可以使残疾人掌握基本技能,成为参与社会、融入社会、建设社会的主人,促进残障学生在融入社会的过程中自食其力,达成自我实现。

残障学生只是由于身体某一器官或某几个功能发生了障碍,使其相应能力受到了限制,而其他方面是健全的,甚至可能是超常的。在一定条件下缺陷器官的功能可以在其他方面得到补偿,特殊职业教育可以使学生的潜能得到最大的发展。比如,视觉障碍者能够借助触觉、听觉实现功能代偿,没有了视觉信息干扰,注意力更能集中,记忆力也很强,通过特殊职业教育,视觉障碍者完全可以胜任诸如音乐、曲艺、编织、按摩、推拿等方面的工作;听觉障碍者也能够从视觉功能得到代偿,他们通常视觉敏锐,视觉表象丰富,不受听觉干扰,观察模仿能力更强,通过特殊职业教育的系统训练,除了与听觉相关的行业外,他们几乎可以从事其他所有行业,像服装设计、图案设计、工艺美术、园林花卉、面点制作等。每一类残障学生都有自我实现的需求和可能,特殊职业教育为残疾人开了一扇门、提供了一个机会。

二、特殊职业教育的功能

特殊职业教育的本体功能就是为有就业需要的残疾人提供适合他们的

---

① 任登峰.我国特殊职业教育与职业教育合作问题研究[J].职业教育研究,2011(6):138-139.

教育,让他们享受教育的作用,学会适应生活的技能,得到更好的发展。本书将特殊职业教育功能分为宏观功能、中观功能和微观功能,集中指向教育现代化的发展水平,即为每一个孩子提供适合的教育,实现教育公平,促进社会和谐稳定。

（一）宏观功能

从特殊职业教育的宏观维度来谈功能,主要是立足于整个经济社会的发展水平,指向残障学生的社会融入、公平和谐以及共同进步等方面。

1. 保障社会融入

为保障我国特殊职业教育高质量发展,党中央注重从顶层设计上完善特殊职业教育相关政策,建立健全法律保障体系,冲破普通教育相关政策措施的束缚,倾斜支持特殊职业教育。除了坚实的制度保障与充足的物质保障之外,更为重要的是创设促进残障学生融入社会的文化环境,积极倡导尊重生命、包容接纳、平等友爱、互帮互助的良好社会风气。特殊职业教育的社会融入离不开全民的支持、离不开文化的熏陶,这不仅是推进构建和谐社会和生态文明建设的重要手段,更是提升人类生态文明、促进社会文明进步、构建人类命运共同体的途径之一。在人类命运共同体理念的广泛感召力下,党对特殊职业教育的价值旨归也与之契合——残疾人与普通人都是社会中的一员,二者相互交流、相互促进,命运紧紧联系在一起。所以,发展特殊职业教育不仅是特殊教育领域的任务,更是整个社会的追求与愿景,在包容接纳的社会环境中,汇聚中国精神与中国力量,消除对残疾人的歧视与隔离,集中力量携手合作,多方协同发力,共同为特殊职业教育的发展添砖加瓦。在始终坚持人民至上的共产党人带领下,未来应发展具有中国特色的高质量特殊职业教育,共建一个美好共存、共同发展的人类命运共同体,赓续传承,创新发展,为实现第二个百年奋斗目标贡献一份特殊的力量。

2. 促进社会稳定

联合国审议通过的《2030 年可持续发展议程》所确立的 2030 世界教育发展目标是:给每个人一个公平的机会,"到 2030 年,消除教育中的性别差距,确保残疾人、土著人民和处境不利儿童等弱势群体平等获得各级教育和职业培训"。具体来讲,到 2030 年,我国特殊教育要基本普及 15 年教育,残疾人高等教育至少要进入大众化阶段,让每一个残疾孩子都能接受平等的教育。为此,未来几年,我国特殊教育现代化的重要任务和战略重点之一,就是要以保障残疾人受教育权利为核心,以实现公平为目标价值追求。而特殊职业教育的发展,为特殊教育普及水平和残疾人受教育程度的提升,做出了显著的贡献,不落下每一个孩子的发展,不歧视每一个孩子的差异,促进社会风气的欣欣向荣、和谐稳定。

基于马克思主义的实践教育思想来看,马克思批判资本积累是造成残疾人苦难的根本原因,"在一极是财富的积累,同时在另一极……是贫困、劳动折磨、受奴役、无知、粗野和道德堕落的积累"①。恩格斯则深刻揭露残疾人致病原因,即高患病率、儿童无人照管、生产中不幸事故频发的根本原因是劳动者的赤贫状态和资本家残酷剥削。② 马克思主义实践教育思想将"以人民为本"作为核心理念,以"解放人的本质力量,完成人的自我实现与全面发展"为教育目标。我国大力发展特殊职业教育就是从残疾人需求出发,发掘残疾人自我发展潜力,保障残疾人生命尊严和社会权利,这不仅维护教育公平和正义,更以人的发展促进社会的全面发展。

3. 达成美美与共

特殊职业教育帮助残障学生合理规划生涯发展,激发他们的终身学习意识,支持他们如愿享有各级各类职业教育的权利,是特殊职业教育的责任,也是一种教育公平的推进,提升教育质量的长远思考,促进残障学生在就业创业、社会融入的过程中实现各美其美、美人之美、美美与共的教育成效。

办好特殊职业教育可以推进残疾人的社会参与程度与质量。我国社会事业本身属于"短板",而残疾人是困难群体中的天花板,保障其权益、给予其技能能够在一定程度上增强特殊群体的信心。在现实发展过程中,我们也要正视特殊职业教育与普通教育之间的差距,尽管在党和政府的高度重视下,我国特殊职业教育体系日趋完善,但学龄残疾儿童义务教育入学率仍低于普通儿童,残疾青少年接受高中层次教育和大学层次教育的比例更低,虽然特殊职业教育在全面推进,但学会正视差距才能持续发展。特殊职业教育始终致力于残疾人事业的发展,不管是在残疾人交通出行、教育文化服务,还是在就业扶贫、康复医疗等方面都做了积极努力,逐步对接残疾人的美好生活愿

---

① 马克思,恩格斯.马克思恩格斯全集(第 23 卷)[M].北京:人民出版社,1956:721.

② 马克思,恩格斯.马克思恩格斯选集(第 3 卷)[M].北京:人民出版社,1995:483.

望与美好生活追求,增强残障群体本身的满意度。以就业本领的增强、康复训练的增效,促进社会的美好和谐。

（二）中观功能

从特殊职业教育的中观维度来谈功能,主要是指向特殊职业教育本身,包括教育与康复相结合、减轻家庭负担、打造积极人生等方面。

1.注重教育与康复相结合

在对残障学生的教育中,特别是多重障碍的残障学生教育和康复是密不可分的,教康结合才能有更好的教育质量,才能有更好的康复效果。因此,办好特殊职业教育,才能满足残疾人对全学段高质量教育的学习需求,才能在教康结合的实践中增加残疾人家庭福祉。

所谓"教康结合"是从最初的"医教结合"演变而来,"医教结合"作为一种较固定的提法,是"医学手段与教育手段相结合"或"临床医疗与教学相结合"等通常含义的简称。① 发展至今,"医教结合"已成为特殊教育领域的热门词,引发众多特殊教育实践者与研究者关注。特殊职业教育更乐意把"医教结合"表述为"教康结合",以凸显对特殊群体教育的针对性与人文关怀。教育与康养相结合是将康复医学的方法和技术融于特殊职业学校管理和教学过程的一种工作模式和教学设计,根据生理学的原理与教学实际,在职业教育过程中辅助采用物理治疗、作业治疗、言语治疗、生活训练、技能训练和心理咨询等康养手段和方式开展功能训练,补偿因功能降低或丧失给残障学生造成的障碍和困难。因此,教育与康养相结合的育人实践可以帮助残障学生实现功能恢复与融入社会的双重目标,对于特殊职业教育的本体发展具有积极的理论与实践意义。

2.助力家庭减轻经济负担

加快发展面向残疾人的特殊职业教育,有利于更好地满足残疾人受职业教育的权利,为家庭减负担、为自身增能力。提升残疾人受教育的水平,有利于促进教育公平,推进新时代教育质量的高水平发展。发展特殊职业教育,帮助残疾人提高就业创业能力,主要是帮助贫困残疾人脱贫增收,阻断贫困

---

① 张伟锋.医教结合:特殊教育改革的可行途径[J].中国特殊教育,2013(13):19-20.

代际传递,加快残疾人群体的小康进程,确保全面小康路上不让一个人掉队。①

曾有调查表明,残障学生与普通学生相比,毕业之后在职业发展中会存在瓶颈和困境,但和未接受过特殊职业教育的残疾人相比,接受过相关教育训练的会有明显优势,他们不仅能获得更多的就业机会,而且他们的生活质量也会高很多。特殊职业教育不是简单的知识教育,教学生掌握一门实用技能比基础文化课更重要,这关乎学生走向社会后的生存与自理,关乎一个家庭的积极、健康的延续。特殊职业教育就是要通过技术技能培训、整体素质提升,为残障学生群体、为有残疾成员的家庭打开美好生活的一扇窗。

3.营造积极向上的精神生态

残疾人不仅需要生活上的帮助,更需要精神情感上的支持,因为残疾所造成的过分敏感和自卑,使得他们对认同感有着更强烈的渴望,认同感会带给他们安全感和幸福感,从而促进他们生活满意度的提高。因此,应在教育中鼓励他们走出去,给予他们足够的精神支持,为残疾人营造良好的精神生态,促进他们积极拥抱生活,以情感上的认同带动他们精神、心理的健康发展。

特殊职业教育将残障学生包围在内生态、外生态双向融合的积极向上的教育环境中,残障学生能够感受到学校中老师、同学的关爱,以增强对他人的信任感与自信心;残障学生还能从校友、伟人等榜样的身上感受到他们身残志坚、锲而不舍的乐观与励志精神,让他们进一步感受到自己始终在爱的滋润与交融中共同成长与进步。特殊职业教育的双融合是从系统上改变教育环境本身,特别是残疾人观、教育理念及教育体系与实践的转变,学校在有意识地培养一支懂得助残帮扶知识与技能的专业志愿者教师,让他们在学校与残障学生高度融合,提升对教育与康复相结合的关注度,并运用到生命周期的任何阶段。随着现代化建设进程的推进和"新就业形态"的提出、"互联网+"时代的到来,越来越多的岗位和工种会有残疾人特别是接受过特殊职业教育系统培训的残障学生的一席之地,残疾人同样可以获得互联网商业时代的红利,共享社会文明的成果。

---

① 教育部等四部门关于加快发展残疾人职业教育的若干意见(教职成〔2018〕5 号)[EB/OL].(2018-04-23)[2022-11-12]. http://www.gov.cn/zhengce/zhengceku/2018-12/31/content_5443433.htm.

（三）微观功能

从特殊职业教育的微观维度来谈功能，主要聚焦于作为教育对象的残障学生群体，促进他们的潜能开发、提升他们的就业能力、实现他们的自我价值。

1.实现潜能开发和缺陷补偿

残障学生是一个特殊的群体，他们中有的无法通过眼睛看到缤纷多彩的世界，有的不能通过耳朵听到世界上传达信息的美妙声音，有的不那么聪明伶俐……但他们同样都是正在成长发展中的人，良好的教育与训练，可以在一定程度上补偿他们的缺陷，开发他们的潜能。因此，特殊职业教育是有魅力的，其正是在多元缺陷中寻寻觅觅进行针对性补偿的重要场域。

多元智能理论认为，个体身上同时存在着"言语—语言""音乐—节奏""逻辑—数理""视觉—空间""身体—动觉""自知—自省""交往—交流"等多种相对、同等重要的智能，导致个体之间的差异主要在于个体所拥有的多种智能在表现方式和表现程度上的不同，但通过教育可以使这些智能达到不同程度的提高。这个理论为我们解释了现实中的许多现象，比如科学家霍金，身体上的重度残障并没有影响他在数学和物理学领域为人类做出巨大贡献；又盲又聋的海伦·凯勒最终成为世界著名的社会活动家、教育家。多元智能理论为特殊职业教育工作开辟了一个全新的视角，即每一个学生都有自己的优势智能领域，特殊职业教育不仅要通过特殊的、针对性的教育训练，克服残障学生存在的障碍、缺陷、弱点，还要去发现残障学生可能存在的优势智能，充分挖掘这些潜能，通过"扬长"去"补短"。也就是说，特殊职业教育不仅在关注着残障学生不能做什么，还在关注残障学生能够做什么，着眼于残障学生的优势能力培养，真正实施"对症下药"式教育训练，实现真正的技术技能补偿。

2.培养职业技能和就业能力

残疾人是社会中的一个特殊群体，但他们同样有做人的尊严以及对美好生活的向往，他们同样也是财富的创造者，只要根据其身体条件提供相应的就业机会和工作岗位，他们也能创造出与常人无异的社会价值。

特殊职业教育是提升残疾人受教育水平、帮助残疾人提高就业创业能力和脱贫增收的重要途径。作为一种有"温度"的教育模式，加快职业技能养成，有利于帮助残疾人提高就业创业能力，促进残疾人通过就业创业进一步融入社会和全面发展,让他们过上更有尊严、更有意义的美好生活。面对残障学生日益增长的特殊性、多样性和个性化的就业服务需求,特殊职业教育对残障学生就业指导的业务能力进一步专业化与精准化,有针对性地进行技能训练、职业指导、能力大赛,并指导有需要的学生参加网络招聘和自主创业,尽可能满足残障学生所面对的不断发展着的就业形势需要,以全方位、精准化的有效服务,实现他们更为充分、更高质量的就业。

3.形成自立自强自我价值感

特殊职业教育承担着为国家的未来培养人才的重任,残障学生在走向社会之前都是在校园里共同学习生活,分享不同人生体验,对整个残障学生群体都是难得的机遇,既在同学之间学习相处之道,也能为未来的职场生活做好准备,因此,接受特殊职业教育是残障学生获得自强自立能力、实现自我价值感的重要通道。

残疾人参与社会生活、得到自我价值体验的一个重要标志是他们是否实现高质量就业,是否和普通人一起享受到为社会创造物质财富、推动社会发展的成就感。自立自强、高质量就业不仅让残障学生实现自身经济价值,也是让他们过上更有尊严生活的主要途径。特殊职业教育作为将医疗康复、教育训练和劳动就业融为一体的系统工程,职业技术方面的教育与培训是非常重要的一部分。从某种意义上来讲,能否通过对残障学生的职业技术教育培养他们自食其力的生活能力,是衡量特殊职业教育效果的重要标志。换言之,只有帮助那些有发展障碍的残疾人劳动就业,才能给他们提供一个巩固学习成果、实现自立自强、保证可持续发展的机会。目前,相当部分适龄残疾人已具备接受特殊职业教育的能力,通过不同类型的特殊职业教育来提升自身素质和职业技能,以劳动过上有尊严的生活,共享社会发展成果,追求各有特色的价值感与美好人生。

第四节　本章小结

特殊职业教育是以有技术技能需要的残疾人为教育对象,经过系统的知识技能教育与职业技能培训使其获得某种职业或生产劳动所需要的职业知识、技术技能和职业道德的教育。作为一门建立在教育学、心理学、生物学、生态学、经济学等学科基础上的理论性和应用性都非常明显的交叉领域,特殊职业教育在本质上是一门多元融合的学科。本章系统阐释"特殊职业教育的本质论",首先,厘清特殊职业教育的基本内涵,并注意区分与全纳教育、融合教育之间的区别与联系,进而发现并总结特殊职业教育发展过程中所特有的规律性,从教育学逻辑、知识论逻辑、方法论逻辑等维度加以呈现和深化,展现特殊职业教育的本体价值。其次,介绍特殊职业教育所涉及的对象,重视作为特殊人群的残障学生的多元分类与针对性教育,坚持学生本位的教育理念,将立德树人贯穿特殊学生群体培养培训,在此基础上界定特殊职业教育的本体范畴,求索其特有的存在状态,并从教育层次、学校类别对特殊职业教育的规范化、时代性的发展状态加以呈现,为构建新时代特殊职业教育的全过程性框架体系奠定基础。最后,探究特殊职业教育的价值域与功能域,从特殊职业教育的本我价值、教育价值到发展价值,系统呈现特殊职业教育所特有的存在意义;从特殊职业教育的宏观功能、中观功能再到微观功能,集中指向特殊职业教育所应发挥并达到的理想境界。

　　基于本章的主要观点,特殊职业教育面向广大残疾人,是残障学生接受系统的职业教育与培训的主要场域,在立德树人教育理念的指导下,承认残障学生的可塑性、可教性与可发展性,通过辨别残障学生的不同分类,以适合的教育、融合的训练、定制化的方式,注重产教融合、校企合作,强化潜能开发、技能补偿、能力提升的谋生教育,促进残障学生的个体发展、终身发展与家庭进步、社会融入,充分发挥特殊职业教育的本体功能与延伸功能,将学生至上、生命至上落在实处,在就业创业、实现共同富裕的过程中,不落下每一个残疾人。在新时代背景下,应坚持以习近平新时代中国特色社会主义思想为指引,继续挖掘中国传统文化的合理成分,深入分析当下残障学生和特殊职业教育的基本需求,进一步完善中国特色特殊职业教育思想和实践体系,消弭不同地区、不同类型、不同学段特殊职业教育发展的不平衡,持续提升特殊职业教育的专业化、现代化水平,实现公平而有质量的特殊职业教育发展目标,为残障学生的终身发展、可持续发展奠基,贯彻我国社会公平和核心价值观念,实现残疾人和各类人群的共同富裕,为世界特殊职业教育贡献小而不微、大而不宏、深而可测、厚而可握的中国智慧。

第三章 特殊职业教育教师论

百年大计，教育为本，教师是立教之本、兴教之源。当前，以新产业、新技术、新模式、新业态为代表的新经济蓬勃发展，对职业院校人才培养提出了更高的要求。因此，造就一支高素质的职业院校教师队伍成为迫切需要。特殊职业教育教师是主要面向特殊学生进行职业教育的人群，承担着让特殊学生享受"公平而有质量的教育"、实现残疾学生体面就业和充分参与社会生活的重担，这样的特殊性也对特殊职业教育教师提出了更高的素质要求。那么，特殊职业教育教师这一职业，归根结底具有怎样的本质特征？特殊职业教育教师需要什么样的专业素养才能更好地培养特殊学生？我们该如何去培养特殊职业教育教师，使其成为具有特殊性和职业性的"双师型"教师并得到专业性的发展？本章将从特殊职业教育教师的职业画像、专业素养和"双师型"教师培养与培训三方面具体回答特殊职业教育教师是什么、专业素养有什么以及如何培养的问题。

第一节 特殊职业教育教师的职业画像

"振兴民族的希望在教育，振兴教育的希望在教师。"特殊职业教育教师是特殊职业教育融合、创新发展的关键支撑，也是提升特殊职业教育质量的动力源泉。从现状来看，特殊职业教育教师主要有两大类：一类是特殊职业教育专业教师，主要从事特殊学生的教育教学、实习实践与日常管理等，在"产学研发展"趋势下，此类教师可细化分为教学型、教学科研型、科研型、推广与成果转化型四类；另一类是行政管理人员，主要负责教学、学生、后勤、安全、科研和人事、财务、资产等方面的管理工作。本书所探讨的教师特指特殊职业教育专业教师。由于特殊学生和普通学生的差异性,特殊职业教育教师肩负职业教育与特殊教育的双重任务,需要从其特殊性和职业性的双重视角去理解特殊职业教育教师的工作职责、工作特点和时代使命,以勾勒出特殊职业教育教师的职业画像。

一、特殊职业教育教师的工作职责

从传统角色看,教师承载着"传道、授业、解惑"的工作职责,但作为主要面向残疾学生教育教学的教师,教育对象的特殊性决定着特殊职业教育教师承载着拥有教师共性又相对特殊的工作职责。

(一)生活和就业技能教育

特殊职业教育是面向视力、听力、肢体残疾等特殊学生进行生活和就业技能教育的形式,促使此类学生掌握独立生活和体面劳动的技能。也就是说,特殊职业教育教师"教书育人"工作职责主要体现在对特殊学生的生活和就业技能教育上。

第一,基于特殊学生的残疾类型和程度进行职业技能教育。残疾学生的某些感官、肢体和神经系统部分机能受到了损伤,但他们还完整地保存着其他感觉器官或肢体的功能[1],教师可根据其特殊性对其进行职业技能教育,如聋哑学生依赖手语表达,他们的手会比常人更灵活,视觉、触觉也更敏锐,特殊职业教育教师可对聋童进行美术训练、西点制作、食品卫生和营养学等专业理论教育,帮助其成为优秀的烘焙师等。根据不同残疾学生的感官优势,运用代偿功能,反复操练、不断强化训练等,帮助其熟练掌握技能[2],把潜在的发展可能性变为现实。

第二,立足于"立德树人"进行德技并修。职业技能是就业的外在表征,技能内部蕴含的"匠德"是特殊职业教育的关键。要将立德树人根本任务贯穿于教学、实训、实习指导等职业技能教育全过程,让特殊学生在掌握独立就业技能的同时坚定理想信念、厚植爱国主义情怀、加强品德修养,使其凭借自身就业技能积极就业、自信就业,成为社会上平等工作、体面生活且全面融入

---

① 朴永馨.特殊教育学[M].福州:福建教育出版社,2019:66.
② 陈瑞英.残疾人职业教育校企合作支持体系构建[J].实验室研究与探索,2020(7):247-250.

社会的劳动者。

（二）潜能开发式课程建设

特殊职业教育教师是特殊学生从学校到社会实现跨越的重要纽带，肩负着贴合产业转型升级下的就业形势变化进行课程更新和开发的教育职责。

第一，基于不同类别特殊学生的身心发展特征和实际需求进行特殊教育课程开发和教案设计。特殊职业教育服务于学生的现实生活和未来就业发展。因此，特殊职业教育课程必须基于特殊学生生理、认知、情意、技能等方面的特征以及地区、社会发展需求进行建设才具有真正的价值和蓬勃的生命力。特殊职业教育教师需要结合学生、地区和社会需求开展课程结构、课程内容、课程实施模式、课程评价方法等研制工作，以系统性的课程建设为特殊学生的未来发展开发潜能，助力其掌握生活和就业技能。

第二，构建特殊学生的产教融合培养新模式。发展特殊职业教育就是要"努力让每个人都有人生出彩的机会"，从以往特殊学生人人有学上的机会公平到新时代特殊学生人人都能高质量就业的结果公平。而要实现高质量就业，特殊职业教育需要做好深化产教融合，推动特殊职业教育教师深入合作企业，钻研开发校企融合课程，使产教融合见课程、见课堂，见于学生的学习实践中①，以具备企业实践能力和学校教学能力的"双师型"教师来进行教育教学，以企业真实操作者来指导学生技能提升，并引导学生进入企业体验真实就业环境，在产教融合环境中开发其合作、沟通和表达意识，促使其真正融入职业社会。

（三）就业创业精准指导服务

就业创业质量关系到残疾人获取收入和融入社会等基本权利的实现，而教育对象的特殊性促使特殊职业教育教师需要对学生毕业后的就业创业过程提供更多的指导与支持，这是特殊职业教育教师的一项重要工作职责。

第一，开展"一对一"就业创业指导，保障充分高质量就业。特殊职业院校教师是引导特殊学生从学校顺利过渡到社会的桥梁，其不仅承担着培养学生就业技能的职责，也承担着鼓励、指导、协调特殊学生自信就业、体面就业

---

① 陈瑞英，王光净.残疾人职业教育产教融合的推进策略［J］.中国高等教育，2020（23）：49-51.

的职责。特殊职业教育教师要依托学校的统一规划,结合本专业学生残疾类别、残疾等级的差异和职业技能习得情况等,"一对一"指导学生制定就业规划,把就业规划融合在学生培养的全过程,并落实学生参加实习实训等职业素养提升课程,鼓励学生参与社会实践,提高学生的职业岗位体验深度,通过精准就业创业指导和有针对性地就业技能教育,为特殊学生未来自信体面就业打好基础。

第二,协同多元主体为特殊学生提供高质量就业机会。现实中特殊学生无法获取高质量就业机会的很大原因是就业信息服务未能匹配到有需求的特殊学生。单纯靠特殊职业院校本身难以做到就业信息服务精准匹配,需要协同政府、行业企业、省残联等多元主体为特殊学生提供充分高质量、可供选择的就业机会。一方面,要加强特殊职业院校与省残联和社会组织的协同,发挥其在社会资源拓展、社会需求调查、创新模式探索、社会价值倡导、专业康复等领域的积极作用①,支持多类企业组织承接特殊学生就业服务。另一方面,教师要通过政策加强与引导适宜的企业开放适合残疾学生就业的岗位、设计特殊学生职业培训方案等,推动残疾人实质性就业。

(四)心理咨询与心理健康教育

心理健康是特殊学生体面生活和体面就业的保障。相较于普通学生,特殊学生由于身体或器官功能的损伤、活动能力上的受限、他人或社会的歧视,以及偏离正常的家庭环境,比普通儿童有更高的罹患心理疾病的风险②,特殊职业教育教师需要对其进行定期的心理咨询和心理健康教育。

第一,了解特殊学生的心理健康标准和普遍行为特征。不同残疾类型的学生有不同的心理特征、情绪情感和行为表现,特殊职业教育教师不仅要系统了解不同残疾类型的特殊学生心理健康标准,包括学习、生活、人际、考试和情绪等多方面③,还需掌握与特殊学生沟通交流的技巧,以及针对不同残疾类型的特殊学生的心理评测方法和心理疏导方式,通过当面咨询、电话咨询、

---

①　周进萍.新时代残疾人就业服务精准供给的路径研究[J].残疾人研究,2019(3):56-62.

②　王滔,李潇.残疾儿童心理健康内涵及结构初探[J].残疾人研究,2021(1):79-87.

③　苏丹,黄希庭.中学生适应取向的心理健康结构初探[J].心理科学,2007(6):1290-1294.

互联网咨询、信箱咨询等多种途径,有针对性地为学生提供经常、及时、有效的心理咨询与指导服务,解答学生在学习、人际交往、情感情绪、就业择业等多方面的心理困惑。

第二,将心理健康教育贯穿教育教学全过程的职责。于特殊学生而言,长期的心理健康辅导可能加深其对自身残疾的敏感和自卑。因此,特殊职业院校心理健康教育要在德育、专业知识教学、技能教育与培训过程、各项教育教学活动、班主任工作及班级管理等过程中渗透心理健康知识,寓心理健康教育于多类型课堂讲授、寓心理问题疏导于课后沟通交流,在日常学习中为特殊学生普及心理健康知识,传授心理调适技能,在职业技能习得过程中增强生活自信和就业自信,以满足特殊学生对美好生活的需要。

(五)家校协作共同育人

家校协作是指家庭和学校这两个对特殊学生最具影响的社会机构形成合力对特殊学生进行认知、技能和心理的协同教育,特殊职业教育教师要注意搭建家校互通平台,将家校的技能教育与指导力量整合起来,为特殊学生体面生活和体面劳动共创、共育职业教育大环境。

第一,教师要充分调动家庭教育积极性,指导家长合理有效参与特殊职业教育。作为家校协作的策划者、组织者和实施者,特殊职业教育教师兼任顶层架构、课程组织、沟通交流、问题指导等多重工作,教师可通过职业研讨会、特殊职业教育专题讲座、家庭职业教育经验交流等形式扩宽家校共育渠道,引导家长参与特殊职业教育过程,真实了解孩子在校习得知识、技能和素养的过程。

第二,为家长提供教育咨询和交流平台。特殊学生家长面对孩子的现在和未来总会感到困难和无助,因为其不仅承担了巨大的经济压力,也承担着巨大的思想压力[1],特殊职业教育教师可借助家长群、家访、电话或微信等平台进行适当的教育咨询和交流指导,帮助特殊学生家长转变家庭教育理念,接受孩子的缺陷,使家长看到孩子独立生活、体面劳动的希望,并通过家庭环境创设、家庭康复训练、亲子间沟通交往等方式促进特殊学生乐观生活和灵活积极就业。

---

[1] 雷江华,方俊明.特殊教育学[M].北京:北京大学出版社,2011:133.

二、特殊职业教育教师的工作特点

特殊职业院校教育对象的特殊性在某种程度上不仅决定了特殊职业教育教师队伍构成的复杂性,也决定了特殊职业教育教师的职业特点。特殊职业教育既是特殊教育的继续和深化,又是职业教育的拓展和延伸,特殊职业教育教师兼具特殊教育教师和职业教育教师的双重身份,其工作特点具有自身的复杂性和特殊性。

(一)特殊职业教育教师工作特点的影响因素

马克思说:"人的本质在其现实性,它是社会关系的总和。"[①]工作环境及劳动中的相互关系不仅是个体形成和发展的决定性因素,也是个体职业发展的决定性因素。因此,特殊职业教育教师工作环境和工作中的相互关系也是影响其工作特点的主要因素,具体来说主要有三点:特殊职业院校定位、特殊学生身心发展特征以及教师自身专业发展要求。

1.特殊职业院校定位影响教师工作特点

学校是特殊职业教育教师进行教育教学工作的主要场所,是教师职业发展的主阵地。特殊职业院校的工作氛围、领导的管理水平、学校的制度建设等多方面因素都影响着特殊职业教育教师的职业发展。

第一,影响特殊职业教育教师的职能发展定位。特殊职业院校区别于普通职业院校,其定位于培养以盲人、聋人、肢体残疾群体为主的残疾人高级技能人才,服务于残疾人教育事业的发展,兼具特殊性和职业性的双重定位属性。此种院校定位决定着特殊职业教育教师也应是兼具特殊性和职业性的复合型教师,其具有对特殊学生进行生活、就业技能以及特殊教育的多重职能。

第二,影响特殊职业教育教师的职业角色定位。从广义上来说,开展特殊职业教育的学校主要有特殊教育学校、盲校、聋校和特殊职业技术学院,不同性质的学校,培养目标不同,专业设置不一样,教师的职业角色定位也有所差异。特殊中职教育培养目标旨在培养能够独立生活、体面劳动和融入社会的"普通人",特殊职业教育教师承担着对特殊学生进行基础生活和基本劳动

---

① 马克思,恩格斯.马克思恩格斯选集:关于费尔巴哈的提纲[M].北京:人民出版社,2012:35.

技能培养的职责,教师职业角色偏向特殊教育教师;而高等职业院校旨在培养能够德技并修、体面就业和可持续发展的高素质技术技能人才,特殊职业教育教师承担着对特殊学生进行生活和就业技能教育以及潜能开发的职责,教师职业角色偏向职业教育。但无论是哪一层次的特殊职业教育教师,其职业角色都是以满足特殊学生体面劳动和体面生活的需求为基本出发点和归宿。

2.特殊学生的身心发展特征影响教师工作特点

特殊职业教育是为视力障碍、听力障碍、肢体残疾等生理或心理有障碍的人士提供生活职业技能教育的教育形式,这类特殊教育对象年龄不同、残疾类型不同、残疾程度不同,这些不同的身心发展特征会对与之密切相处的特殊职业教育教师产生较为显著的影响。

第一,影响特殊职业教育教师的教育教学形式。特殊学生在生理结构和生命发展一般规律上相对普通学生表现出一定的差异性、特殊性,不同类型的特殊学生认识世界、处理与他人关系的逻辑不一样,特殊职业教育教师在教育教学、实习实训、团辅活动等工作过程中要充分了解对象心理、生理特征。如面向听力障碍学生进行教育的特殊职业教育教师,需要考虑到听障学生感觉范围狭窄、语言形成困难、发展缓慢、智力水平相对较低的特点[1],在对其教育教学过程中采取视听结合、教学做合一、教学速度减缓的教育教学形式。

第二,影响特殊职业教育教师的师生互动方式。师生互动中的主导是教师,但主体是特殊学生。特殊学生的身心特征和残疾类别影响着师生互动的节奏、内容和方式,使特殊职业教育教师在生活和就业技能教育、就业创业指导、心理健康教育等工作过程中有特殊性的师生互动方式。如面向视力障碍学生进行教育教学过程中,师生互动的声音要更加温和、缓慢,以抑扬顿挫的语言来表达描述教育重点和技能学习难点,并可借助视障学生的触觉来进行互动,如拥抱等,以加深师生间的关系。

3.教师个体发展要求影响教师工作特点

每一位特殊职业教育教师都带着自己独有的教育理念,以及自己对特殊职业教育工作的认知和理解来从事教育事业,其对未来职业生涯规划的定位也会影响其工作特点。

---

① 左元国.特殊教育学校管理[M].北京:中国轻工业出版社,2012:61.

第一，影响特殊职业教育教师的工作重点方向。新时代特殊职业教育教师不仅仅是教书育人的教师，也是兼具教育教学、专业建设、科研创新等职责的教师，偏向教育教学还是专业建设、科研创新方向是基于特殊职业教育教师个体发展要求决定的，这也影响着特殊职业教育教师在工作过程中的职责定位与研修方向。

第二，影响特殊职业教育教师的团队协作定位。当前特殊职业教育教师已不单单指教师个体，其更多承载的是特殊职业教育团队的职责分类，其所具备的特殊教育、技能教育、科研创新等职业生涯规划定位也影响着其在教师创新型团队中的职能定位和工作特点。

（二）特殊职业教育教师的工作特点

结合特殊职业院校定位、特殊学生身心发展特征和教师自身专业发展需求，一般认为，特殊职业教育教师这一份职业兼具特殊性、职业性、协作性和创新性的复合型特点。

1.特殊性

特殊职业教育教师工作的特殊性是基于教学对象的特殊性，教师工作要考虑教学对象的特性和需要的广泛差异。其特性突出体现在备课、上课、作业设计与反馈等教学全过程中。教师要运用特殊的方法、设备、措施对特殊的对象进行教育教学。

教师工作的特殊性还体现在专业以及就业方面。基于残疾人身体和心理特征，在专业设置与选择上就有限制，教师要将专业限制发展为专业特色，将职业与专业特点相结合，充分发掘学生潜能，扬长补短。比如视障学生的专业以推拿康复为主，从事的职业也以推拿师为主。教师在该领域的研究、实践，形成了一套科学、系统的培养模式，"盲人推拿"作为社会职业已建立行业标准，国家政策为该行业提供了保护性支持，为视障学生就业创业铺好了道路。

教师工作的特殊性还在于对残疾学生职后的跟踪评估与指导。在全社会的支持下，虽然残疾人就业率持续上升，但也存在失业率大大高于其他人群的现象。这就需要教师持续跟进，指导匹配工作岗位的技能，以支持残疾学生适应工作环境，获得职业幸福感。特殊职业技术院校会针对工作一年、三年的毕业生进行调查，全面了解就业现状，这对学校育人模式改革及课程建设都有很强的现实指导意义。

2.职业性

特殊职业教育教师的工作特征是由职业教育本质决定的。特殊职业教育以支持残疾人就业、参与社会建设为主要目标,其特征在于与生产、管理、服务紧密联系,培养有用武之地的应用型人才。"职教20条"中明确提出,高校教师要走出校园,走进企业参与部分工作,了解行业最新发展趋势,了解企业真实需求。教师要通过企业挂职、定岗带班、带学生到企业见习实习等多种方式进行企业实践,了解本学科在真实的工作情境中的应用,并将真实工作情境带入课堂,开展任务型教学,构筑起理论与实践、教学与产业结合的桥梁。

3.协作性

团队协作是新时代教师职业的主要特征。强化创新团队建设,改革现有教育教学模式,实施教师分工协作模块化教学,不断探索项目式教学,组建立德树人、技艺高超、教学技术精湛的"双师型"教师队伍。课程建设、教材开发、课题研究、教学能力大赛等,都需要集中团队力量开展推进。教师要在教学中围绕合作、团结和协作的原则进行组织,在过程中教会学生学会合作。

特殊职业教育教师工作集教育教学、社会培训、就业指导、教学科研、产品开发于一体,不仅要协同校内老师开展工作,还要协同康复中心、医院、协会、企业等开展各项实践工作。由于残疾学生信息渠道少导致沟通不畅,教师要主动联系残联、民政、企业等单位或部门,开发岗位,推荐就业。为了提升残疾人职业教育质量,在特殊职业院校的带领下,推行中高职一体化教育,建立中高职一体化联盟,更需要教师的通力协作,以帮助残疾学生顺利就业。

4.创新性

教师教书育人的过程是充分发挥个人主观能动性的创造性过程。反思、研究和创造知识以及新的教学实践应成为教学的重要组成部分。教学没有"放之四海而皆准"的程序和固定模式,只有通过教师复杂的创造性劳动,才能获得预期的效果。面对飞速发展的现代社会,教师要敏锐感知社会需求与专业之间的关系,指导学生创业。比如,近两年直播带货风生水起,电商专业的教师看到了创业机会,将直播模式引入了课程中,指导残疾学生成立团队进行创业实践。

创新性意味着教师的工作更具专业性,教学自主和学术自由是教师实现专业成长的重要支持。从事特殊职业教育的教师要在自己的专业上不断做叠加和跨界,不断研究和突破,成为行业专家。政府和各高校都陆续出台政策,允许和鼓励在校教师挂职、参与项目合作、兼职创业、离岗创业,通过技术服务、社会培训等激发教师自身的创新创业能力,实现产学研协同发展,同时也为培养学生的技术技能提供工学结合的实践基地和就业场所。

三、特殊职业教育教师的时代使命

世界进入了大发展、大变革的新时期。在这样的背景下,处于伟大复兴高质量发展的稳定增长期、思想碰撞震荡期的中国面临着新的挑战。党和国家将人民对美好生活的向往作为奋斗目标,以实现全体人民共同富裕,指出"小康路上,残疾人一个都不能少"。面向未来,特殊职业教育教师需要认识自身的教育职责是为人民服务,为中国特色社会主义服务,是经师和人师的统一。使命担当能唤醒教师的本真德性和精神主体,教师在使命担当中不断认识自己、觉察自我并实现价值自觉,才能真正担负起学生引路人的角色。①

(一)教师要践行立德树人根本使命

立德树人就是树立师德师风。《中华人民共和国教师法》明确规定了作为履行教育教学职责专业人员的教师"承担教书育人,培养社会主义事业建设者和接班人、提高民族素质的使命"。进入新时代,习近平总书记站在党和国家事业发展全局的战略高度,提出广大教师要做"有理想信念、有道德情操、有扎实知识、有仁爱之心"②的四有好老师。这一论断丰富了教师的职业发展内涵,以德施教、以德立身是师德师风的重要内容。

立德树人要把社会主义核心价值观贯穿教书育人全过程。教师要积极传播中国特色社会主义共同理想和中华民族伟大复兴梦,使学生树立成为党和人民需要的社会主义事业建设者的远大理想。教师的教学应围绕协作和团结的原则进行组织,培养学生的智力、社会和道德修养,推动他们在正确的人生观和价值观下合力参与社会建设。教师的工作是去唤醒学生的生命感和价值感,教会学生拒绝偏见,正视自己的差异,发展自己的特长,理解国家和社会对残疾人接受高质量教育和享受美好生活所做的努力,并用实际行动回报社会。

---

① 宋崔.新时代教师的使命与担当:新使命、新责任、新成长[N].浙江教育报,2020-09-16(3).

② 习近平.号召全国广大教师做党和人民满意的好老师[EB/OL].(2014-09-09)[2022-11-12].http://www.gov.cn/xinwen/2014-09/09/content_2747519.htm.

（二）教师要身先垂范社会责任担当

支持残疾人参与社会建设不仅是残疾人对美好生活的向往和追求，更是社会文明发展的体现。社会各界要形成"平等、参与、共享"的残疾人观，教师要率先做好良好社会公民的表率，肩负教师作为社会角色的职责，在公共生活领域实现社会价值。

教师要积极参与社会组织志愿公益活动，更好地促进形成积极广泛的民间力量。随着社会发展，助残社会组织快速发展，教师应该成为其中的重要力量，在理念宣传、政策咨询、专业培训等方面提供支持。同时，开展社会调查和理论研究，为政府决策提供实践和理论依据。教师要广泛参与社会公共生活，包括基本政治活动、社会治理活动和基层公共生活等。十八届三中全会以来强调，多主体参与社会公共事务，教师作为知识分子代表，要积极参与社会活动，以自身行动来获得全社会对残疾人教育的关注，克服歧视、边缘化和排斥，致力于保障残疾人的平等权利。

（三）教师要投身教改实现专业成长

人才强国道路，必须在人力资源开发上发力。高素质、专业化和创新型的教师队伍是人力资源强国的硬性指标。[①] 重视教师的专业化成长，重视"双师型"教师的培养，是特殊职业教育质量发展的重要保障。

教师要坚持学生中心、能力本位，积极投身于专业课程改革、精品教材建设、高水平教法改革等实践，切实提高教学设计、教学资源开发、教学实施和专业实践能力。教师要深入实践，在实践锻炼中及时更新对产业发展和技术应用的认知，积累工作经验，为教学提供素材，增强教学吸引力，将实践经验融入残疾人职业教育教学改革中。教师要加强科研，服务企业技术开发、成果转化、残疾人工作岗位开发及培训服务等，兼顾专业能力和职业素养的有效提升。

---

① 田士旭,宋崔.高素质专业化创新型教师队伍是强国之本[J].中国教师,2018(12):9-12.

第二节　特殊职业教育教师专业素养

高素质的特殊职业教育教师队伍是提高残疾学生受教育程度、实现残疾学生积极就业和充分参与社会生活的重要助推者,对于实现"让每个孩子都能享有公平而有质量的教育"和推进残疾人小康进程具有十分重要的意义。那么,高素质的特殊职业教育教师应该具备什么样的专业素养?从目前学界的研究来看,大多学者只是聚焦到特殊教育教师或职业教育教师的专业素养,聚焦于"特殊职业院校教师专业素养"的探索和研究较少,特殊职业教育教师专业素养培养过程中还没有体现出特殊教育和职业教育跨界融合的独特性。基于此,本节试图从内涵和要素的视野,勾勒出新时代特殊职业教育教师专业素养的模型,以助力高素质的特殊职业教育教师培养。

一、特殊职业教育教师专业素养的时代内涵

要想回答特殊职业教育教师专业素养的内涵,需要从教师专业素养入手,厘清一般教师专业素养的内涵特征,结合高质量发展阶段对特殊职业教育教师的要求,以专业素养为抓手描绘出新时代特殊职业教育教师的形象。

(一)教师专业素养的内涵阐述

教师专业素养旨在勾勒新时期教师在专业化发展过程中的形象,是确定教师作为一种专门职业的基本属性和教师从事教育教学工作应具备的职业特质。其内涵主要集中在"素质论"与"能力论"两方面。

1.素质论:教师专业素养是一种满足教育教学的后天素质

关于教师专业素养的内涵,大多数学者从"教师职业是一种专业性的职业"角度出发,认为教师专业素养是"教师在先天条件基础上,在接受和参与教师教育、从事教育教学以及投身教研等活动中所形成和发展的,使其能适应社会发展需求、教师职业要求,并能促进自身专业发展的具有统帅作用的

素质和修养"①,其核心在于"围绕课堂教学的实践知能"②。也有学者进一步指出,教师专业素养是教师与教学情境互动的产物,是在"特定教学情境中,通过利用和调动社会心理资源(包括知识、技能、态度、价值观和情绪)以满足复杂教学需要的综合性素养"③,强调教师教育教学的情境性。

2.能力论:教师专业素养是一种胜任教育教学的关键能力

有学者视素养为"做事的能力",将教师专业素养界定为"胜任教学工作的基本能力,体现的是鲜明的聚焦工作特征的输出取向和注重标准达成的规范取向"④,强调教师在专业化发展过程中输出的行为结果。还有学者基于"以生为本"理念,从"发展学生核心素养"入手,提出教师专业素养是"教师和学生在交流互动过程中教师教育教学需要的、能够适应其终身发展的必备品格和关键能力"⑤,强调了与学生核心素养发展相对接的必备品格和关键能力。

综上可知,教师专业素养是伴随着教师专业化发展过程而形成和生长的,结合教师教育教学、科研、与学生交流互动、进行学生管理等职业活动以及教育对象的复杂性、教育活动的情境性、教育过程的长期性等职业特质,教师专业素养应具有实践性、规范性、情境性、互动性等内涵特质,其与教师素养之间的关系是局部与全局、特性与共性、具象与抽象之间的关系。尽管学者们在教师专业素养的内涵表述上不尽一致,但都强调了教师专业素养是立足于教师这一行动主体,经过成长环境熏陶和教育教学培训所习得的、"超越可教的知识与技能"⑥的职业特质的总和。因此,教师专业素养的内涵可界定为教师通过成长环境熏陶、专门的师范教育、教育教学培训与实践而培养的知

① 王光明,张楠,李健,等.教师核心素养和能力的结构体系及发展建议[J].中国教育学刊,2019(3):81-88.

② 顾泠沅,周超.教师专业化的实践与反思——顾泠沅教授专访[J].苏州大学学报(教育科学版),2017(2):86-93.

③ 曾文茜,罗生全.教师核心素养的生成逻辑与价值取向[J].教学与管理,2017(28):1-4.

④ 饶从满.美国"素养本位教师教育"运动再探——以教师素养的界定与选择为中心[J].外国教育研究,2020(7):3-17.

⑤ 钟启泉.基于核心素养的课程发展:挑战与课题[J].全球教育展望,2016(1):3-25.

⑥ 崔允漷.追问"核心素养"[J].全球教育展望,2016(5):3-10,20.

识技能、情感态度、道德品质、心理素质、行为表现等素质和修养的总和。

（二）特殊职业教育教师专业素养的时代内涵

新时代特殊职业教育教师专业素养来源于新阶段的经济社会发展需求，也逐渐服务于新时代的特殊学生体面劳动、体面生活的需要。一方面，从现实需求来看，伴随着新一轮产业革命的到来，现代经济社会从规模化大生产范式向质量精益求精和改革创新范式转变[①]，特殊职业教育人才培养目标逐渐从培养能够自力更生、自食其力的特殊"职业人"转变为体面生活、体面就业的"体面人"，特殊职业教育教师专业素养也需从简单的操作实践技能转变为理论和实践相结合、技术和情感相结合的能力素质价值，比如求实与创新、迁移与思考等通用性关键能力，以促使特殊学生能够顺利融合社会、体面生活。另一方面，从教育导向看，特殊职业教育的特殊性和职业性促使特殊职业教育教师掌握特殊教育技巧和职业培训技能，并在立德树人这一根本任务下强调德技并修、融道于技，让特殊学生也能具备胜任现在和未来某些特定行业所需的技能，并自信能在未来职业生涯中获得合理高薪和福利的工作以及能过上体面舒适的生活。在这样的背景下，特殊职业教育教师专业素养逐渐由简单的生活和就业技能指导转向德技并修，更侧重于特殊性和职业性相结合、技术和情感相结合的综合素质能力。可以说，特殊职业教育教师专业素养一方面反映了残疾人所处技术时代的新需求，另一方面则反映了在特殊职业教育价值反省和寻索过程中对特殊性人才培养目标的重新思考和架构。

目前，聚焦于特殊职业院校教师专业素养的探索和研究较少，大多只是聚焦到特殊教育教师或职业教育教师的专业素养。以职业院校教师和特殊院校教师的专业素养结构为基础，聚焦于特殊职业教育教师的特殊性与职业性的融合属性，有利于厘清特殊职业教育教师专业素养的内涵和特征。

一方面，关于职业院校教师的专业素养。作为"面向市场的就业教育、面向能力的实践教育、面向社会的跨界教育、面向人人的终身教育"[②]的类型教育，职业院校教师专业素养应具有教育性和职业性的双重属性，即在教书育

---

① 屠莉娅.基于变革社会的视角：核心素养阐发与建构的再思考[J].全球教育展望，2016(6):3-16.

② 陈子季.优化类型定位 加快构建现代职业教育体系[J].中国职业技术教育，2021(12):5-11.

人、科研管理基础上,具备对接产业具体岗位的知识结构、技能经验和职业道德、职业精神等素养,强调职业院校教师"对某一职业领域或某一职业岗位所需的专业理论和专业实践技能,以及促进专业知识应用于实践技能操作的专业应用和迁移能力"[①],表现出职业院校教师专业素养的实践性特色。另一方面,关于特殊教育教师的专业素养。特殊教育对象的特殊性和工作的复杂性决定了特殊教育教师专业素养更显"复合型"需求和关怀意蕴,即具备普通学科或专业教育教学知识技能与特殊教育知识技能的"复合"以补偿残疾学生生理缺陷问题。同时,应具备相应的积极情感素质与教育敏感性,及时倾听、识别、理解残疾学生的内在情绪情感需求,并通过关怀教育方式做出回应以保障残疾学生的心理健康。[②]

综上可知,特殊职业院校教师应具有职业性、实践性、复合型、关怀性的独特素养,其具有两个基本特征:其一,特殊性和职业性的结合。特殊职业教育教师的价值基础是帮助残疾学生获得就业技能、实现残疾学生积极就业和融入社会生活,这就需要教师在掌握特殊教育专业技能(如盲文、手语等)基础上强调职业技能素养的展现。其二,技术性和情感性的结合。特殊职业教育对象生理和心理的特殊性、敏感性促使特殊职业教育教师在运用现代化信息教学技术或专业教学技术进行生理缺陷补偿的同时,融入情感关怀教育以促进特殊教育学生掌握相应的知识技能,增进其信赖、融入、适应、服务社会的能力。基于此,笔者认为,特殊职业院校教师专业素养的内涵是通过专门的师范教育、教育教学培训和实际教学实践等专业化发展过程而培养的对接产业行业某类具体岗位的复合型教育教学技能、职业道德与精神、人文关怀意识、良好心理素质等必备品格和关键能力的综合表征,其本质是后天习得的在特定教育教学情境中以就业技能指导和职业责任关怀为核心的高级心智能力。

二、特殊职业教育教师专业素养的构成要素

关于特殊职业教育教师专业素养的构成要素,目前国家尚未出台关于特殊职业教育教师专业素养的具体标准,学术界和教育界对于特殊职业教育教

---

① 周建军.高职院校教师职业能力构成的三大核心要素及发展[J].中国职业技术教育,2014(18):52-54.

② 杨银.情感教育视域下特殊教育师生关系的偏倚及回归[J].教育理论与实践,2021(16):37-41.

师专业素养内容还未形成统一的维度。以特殊教育教师和职业教育教师为研究对象,结合政策文件、教师专业标准、学术论文三类文本分析(见表 3-1),尝试基于特殊教育教师和职业教育教师的专业素养结构分析概括出特殊职业院校教师专业素养要素。

表 3-1 特殊教育教师和职业教育教师专业素养的要素集合表

文本类型	特殊教育教师		职业教育教师	
政策文件	思想政治素质、职业道德素养、先进教育理念、扎实专业知识、教育教学能力、心理健康教育能力、信息技术应用能力、终身学习能力①			
	人道主义精神和奉献精神、专兼结合、团队协作能力、复合型知识技能、特殊教育教学方法技能、康复类专业技术、科研能力②		师德高尚、职业精神、工匠精神、劳模精神、技艺精湛、专兼结合、充满活力、育人水平高超、信息化教学能力、教育科研与创新能力、校企交流协作能力③	
教师专业标准④	专业理念与师德	人道主义精神、正确的残疾人观、关爱学生、自我调适能力	专业理念与师德	关爱学生、为人师表、实践导向、自我调节能力
	专业知识	特殊学生发展知识、学科教育教学知识、信息技术知识	专业知识	职业背景知识、课程教育教学知识、信息技术知识

① 中共中央 国务院关于全面深化新时代教师队伍建设改革的意见[EB/OL].(2018-01-31)[2022-11-12]. http://www.gov.cn/xinwen/2018-01/31/content_5262659.htm;教育部关于实施全国中小学教师信息技术应用能力提升工程 2.0 的意见(教师〔2019〕1 号)[EB/OL].(2019-03-20)[2022-11-12]. http://www.gov.cn/zhengce/zhengceku/2019-10/23/content_5443970.htm.

② 国务院办公厅转发教育部等部门关于"十五"期间进一步推进特殊教育改革和发展意见的通知(国办发〔2001〕92 号)[EB/OL].(2016-10-11)[2022-11-12]. http://www.gov.cn/zhengce/content/2016-10/11/content_5117369.htm.

③ 教育部等四部门关于印发《深化新时代职业教育"双师型"教师队伍建设改革实施方案》的通知(教师〔2019〕6 号)[EB/OL].(2019-10-18)[2022-11-12]. http://www.gov.cn/xinwen/2019-10/18/content_5441474.htm.

④ 教育部关于印发《特殊教育教师专业标准(试行)》的通知(教师〔2015〕7 号)[EB/OL].(2015-08-26)[2022-11-12]. http://www.moe.gov.cn/srcsite/A10/s6991/201509/t20150901_204894.html;教育部关于印发《中等职业学校教师专业标准(试行)》的通知(教师〔2013〕12 号)[EB/OL].(2013-09-24)[2022-11-12]. http://www.moe.gov.cn/srcsite/A10/s6991/201309/t20130924_157939.html.

续　表

文本类型		特殊教育教师		职业教育教师
教师专业标准	专业能力	特殊教育环境创设与利用、个别教育教学设计能力、辅助技术运用能力、课程开发整合能力、沟通与合作能力、反思与迁移能力	专业能力	教学设计与实施能力、实训实习组织能力、班级管理与教育活动开展能力、教育教学评价能力、沟通与合作能力、教学研究与专业发展能力
学术论文	四要素说	渊博的知识、正确的动作示范、良好的心理素质、科学的教学管理能力①		"规范—道德素质""知识—文化素质""能力—技能素质""生理—心理素质"②
	五要素说	师德、教学水平、科研能力、心理素质、创新精神③		
	六要素说	职业精神、知识素养、资源开发、教学实施、人际管理、自我发展④		

　　从表 3-1 中可以看出,特殊教育教师与职业教育教师的专业素养要素具有教师素养共性,都需要具备良好的思想政治素质、职业道德素养、先进教育理念、扎实专业知识、教育教学能力、心理健康教育能力、信息技术应用能力、团队协作能力、终身学习能力等素养,涵盖了知识技能、情感态度、道德品质、心理素质、行为表现等专业素养要素。其中,特殊教育教师更加强调人道主义精神、正确的残疾人观念等精神层面和良好心理素质、自我调适能力等心理层面的专业软素养,体现了特殊教育教师面向特殊学生进行教育教学所需具备的情感关怀技能和心理调适技能等情感性素养;除此之外,特殊教育教师还需在一般教师专业素养基础上具备特殊教育学生发展知识、特殊学生辅助技术知识与技能、康养等特殊知识与技能素养,以满足残疾学生生理缺陷

---

　　① 彭琳.特殊教育视域下律动教师的职业素质及内涵建设[J].教育与职业,2016(13):74-76.

　　② 李锋,闫智勇.职业教育教师专业素质的模型建构及提升策略[J].教育与职业,2016(15):23-27.

　　③ 兰继军.论西部特殊教育教师的素质及其提高策略[J].中国特殊教育,2004(7):65-68.

　　④ 王琴.胜任力视角下"双师型"教师培训:问题透视与优化策略[J].职教论坛,2021(3):75-80.

补偿需求和技能学习需要。而职业教育所体现的职业契约精神、技术领域逻辑、产教融合形态等类型特征①使职业教育教师更加强调职业技能、实训实习组织能力、校企协作教学能力等技术性素养以及工匠精神、职业品德等职业软技能素养,从而按照"教学过程与生产过程对接"②的类型教学模式,培养出产业经济发展所需要的高素质复合型技术技能人才。

特殊职业院校教师专业素养,是作为教师共同基础的教师专业素养的具体化要求,是以职业院校教师和特殊院校教师的素养结构为基础,对特殊职业教育教师专业胜任力的要求,是培养特殊职业教育教师的重要抓手。其中,职业教育教师素养是其关键素养,特殊教育教师素养是其必备素养。因此,结合特殊职业教育对象的特殊性以及特殊职业院校"双师型"教师队伍高质量发展需求,以培养复合型特殊职业院校"双师型"教师为核心,将特殊职业院校教师专业素养划为特殊教育情怀、特殊教学技能、跨界融合创新三个方面,综合表现为师德践行能力、特教工匠底蕴、情感关怀技巧、心理健康调适、特殊沟通技能、辅具应用技能、双语教学技能、专业实践技能,普特协作教学、家校协同育人、产教融合育人、团队教学创新等12个素养要素。其中,特殊教育情怀是特殊职业教育教师全身心投入教育工作、关心爱护特殊学生的内隐职业特质和工作前提;特殊教学技能是特殊职业教育教师能够胜任教育教学和实践训练的外化技能体现和工作条件;跨界融合创新是特殊职业教育专任教师和家长、企业兼职教师相互协作、共同成长的必备素养和工作要求(见图 3-1)。

三、特殊职业教育教师专业素养的要素分析

特殊职业教育教师专业素养所涵盖的 12 项要素从教育情怀层面、专业技能层面、协同创新层面将特殊职业教育教师专业化发展的内在与外在素养追求呈现出来,凸显出特殊职业教育教师专业素养的职业性与独特性结合、技术性与情感性结合的特性,具体情况如表 3-2 所示。

---

① 刘晓,钱鉴楠.类型学视角下职业教育发展的历史演进、现实论域与未来指向[J].教育与职业,2021(1):5-12.

② 国务院关于印发国家职业教育改革实施方案的通知(国发〔2019〕4 号)[EB/OL].(2019-02-13)[2021-12-05]. http://www.gov.cn/zhengce/content/2019-02/13/content_5365341.htm.

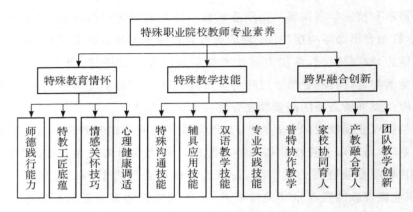

图 3-1　特殊职业院校教师专业素养

表 3-2　特殊职业教育教师专业素养要素及表现

维度	要素	表现
特殊教育情怀	师德践行能力	立德于心、成德于行、知行统一、以身示范
	特教工匠底蕴	敬业奉献、责任担当、精益求精、德技并修
	情感关怀技巧	发现需求、关注差异、融洽关系、积极互动
	心理健康调适	职业认知、理智控制、情绪调节、合理宣泄
特殊教学技能	特殊沟通技能	盲文/手语、表达技巧、有效倾听、及时反馈
	辅具应用技能	沟通辅具运用、智能教具应用、康复辅具维护
	双语教学技能	盲文/手语与普通话进行双语教学、信息化教学设计与实施
	专业实践技能	企业实践经验、实训活动组织能力、前沿操作技能
跨界融合创新	普特协作教学	普通教育教师与特殊教育教师协作教学、专兼职协同教学
	家校协同育人	家校互动平台建设、家庭教育指导、家校有效沟通能力
	产教融合育人	校企合作能力、产学研能力、技术服务能力
	团队教学创新	团队统筹协调能力、团队教学创新、团队互助交流

（一）特殊教育情怀

特殊教育情怀是特殊职业教育教师的必备品格，是特殊职业教育教师全身心投入教育工作、关心爱护特殊学生的内隐职业特质和工作前提，包含德育践行能力、特教工匠底蕴、情感关怀技巧、心理健康调适四个要素。

1. 德育践行能力

教师是教育的根本,师德是教师的灵魂。师德是社会公德在教师职业中的具体体现,是教师和一切教育工作者在从事教育活动中必须遵守的职业道德和行为准则,以及与之相适应的道德观念、情操和品质。[1] 特殊职业教育是面向视力障碍、听力障碍、肢体残疾等特殊学生进行教育教学和实践指导的教育形式,这类学生由于生理上的一定缺陷使得其内心敏感脆弱,相对缺乏安全感,特殊职业教育教师的职业道德更需通过言行举止进行细微呈现,让特殊学生能够通过教师的一言一行进行教师道德的感知体悟。因此,需通过立德于心、成德于行,提升教师自身的道德素养;通过知行统一、以身示范进行德育,提高学生的道德素养,师生共同的"修德""树人"构成了特殊职业教育教师师德的本质内涵。

2. 特教工匠底蕴

工匠精神是我国高职院校技术技能人才培养的目标之一,也是职业院校"双师型"教师队伍形成的关键。特殊职业教育是职业教育的延伸和深化,更需要基于工匠精神培养教育教学技能。对特殊职业教育教师提出了四方面要求:一是爱岗敬业,热爱特殊职业教育事业,具有职业理想和敬业精神;二是责任担当,认真研究特殊学生认知特点和学习特征,积极创造平等对话的条件和环境,以恰当又负责的方法促进学生健康快乐成长;三是精益求精,执着专注于教学内容,追求教学质量提升,对待学生态度严谨规范,不断完善知识体系、提高技术技能来培养学生;四是德技并修,推进师德师风建设与技术技能培养融合统一,引导教师以身示范,在精进教学技能和实践技能的同时提高自身素养。

3. 情感关怀技巧

特殊职业教育教师要具有情感关怀的敏感性。一是立足于特殊教育学生生命状态及情感表达,及时发现学生的特殊教育需要并给予适当的回应,以在关怀的互动中让特殊学生懂得关怀自身、接受他人关怀以及关怀他人[2];二是对特殊教育学生具有多元化的关怀视角,关注特殊学生的个体差异和心

---

① 朱仁宝.现代教师素质论[M].杭州.浙江大学出版社,2004:168.

② 彭兴蓬,雷江华.教育关怀:融合教育教师的核心品质[J].教师教育研究,2015(1):17-22.

理特性,通过机制灵活的教学态度和贴切生活的互动模式促进特殊职业教育学生知、情、意、行和谐发展;三是要体现平等对话、交流互动的教育关怀,通过多样化、平等式的教学活动和实习实践练习来展开与特殊学生之间的沟通和交流,使特殊学生能够大胆与老师及同伴建立彼此信任的关系,进而实现特殊学生对社会关系的信任和亲社会行为。

4.心理健康调适

特殊职业教育教师比普通教师承担着更大的社会压力和心理压力[1],这就需要特殊职业教育教师具备自我调适能力,以维持稳定而积极的心理情绪。一是要有愉快的职业认知,理解特殊教育工作的意义,认同特殊教育教师职业的专业性、独特性和复杂性,注重自身专业发展[2];二是要做好情绪调节,理智控制言行举止,即使再生气、再沮丧,也要以平和语气和从容行为平等对待残疾学生,不歧视、讽刺、挖苦学生,不体罚或变相体罚学生;三是要懂得合理宣泄,可通过倾诉、运动、自我暗示、注意转移等方法[3]缓解压力和焦虑,保持心理平衡。

(二)特殊教学技能

专业技能是特殊职业教育教师的关键能力,是其能够胜任教育教学和实践训练的外化技能体现和工作条件,包含特殊沟通技能、辅具应用技能、双语教学技能、专业实践技能四个要素。

1.特殊沟通技能

苏霍姆林斯基说过:"教育艺术的基础在于教师能够在多种程度上理解和感觉到学生的内心世界。"特殊学生由于生理上的缺陷,使其不能像普通孩子完美地表达自己的想法和内心世界,这就需要特殊职业教育教师具备特殊沟通技能,如从事视力残疾学生教育的教师应当达到国家规定的盲文等级标准,以及从事听力残疾学生教育的教师应该具备手语沟通能力。同时,各类教师要具备与残疾学生沟通的表达技巧,尊重他们的人格特征,并懂得有效

① 方俊明.特殊教育学[M].北京:人民教育出版社,2005:459.
② 教育部关于印发《特殊教育教师专业标准(试行)》的通知(教师〔2015〕7号)[EB/OL].(2015-08-26)[2022-11-12]. http://www.moe.gov.cn/srcsite/A10/s6991/201509/t20150901_204894.html.
③ 朱仁宝.现代教师素质论[M].杭州:浙江大学出版社,2004:241-245.

倾听特殊学生的内心世界,注意表情管理和情绪观察,对特殊学生需求给予及时的回应。

2.辅具应用技能

特殊教育对象的特殊性,使其对辅助器具的依赖性更大,教师辅具应用技能显得尤为重要,具体来说,主要包含智能辅具和康复辅具维护等两方面。一是智能辅具应用,如对有听力障碍的学生采用视觉媒体技术、言语训练系统等智能器具,以补偿其听力障碍的技能;对有视觉障碍的学生采用屏幕阅读器、盲用计算机、盲人手机等来阅读计算机屏幕上的资料和打字沟通等,通过此类智能辅具促进残疾学生的功能代偿和提高教育质量及效率;二是康复器具维护技能,掌握现代康复和辅助技术基本理论,具备为残疾学生训练使用辅助器具和维护保养康复器具的知识与技能。

3.双语教学技能

特殊化的教学是满足特殊职业教育的关键,面向视力残疾和听力残疾学生进行教学的特殊职业教育教师,需要具备相应的盲文、手语与普通话双语教学的技能,以满足各类特殊学生学习的需要。一方面,双语教学可以促进特殊学生的语言能力健康发展,在保留普通话正常教学的基础上,利用盲文、手语促进特殊学生更好地理解知识,并通过有效口语、手语、盲文等非口语和沟通辅具促进特殊学生进行语言技能和专业技能的习得和互动;另一方面,特殊职业教育教师可借助慕课、微课、翻转课堂等信息化技术进行新时代教学设计、教学方法的创新以及在线课程开展技能等,利用信息化工具弥补特殊学生生理上的不足,使残疾学生的教育潜能、教育水平和生活品质提升到尽可能高的水平,使其在高就业压力的社会中顺利就业,实现独立自主的美好生活。

4.专业实践技能

特殊职业教育作为职业教育的延伸,在教学环节上要求工学结合,培养过程中注重技能教育,人才培养上也是理论和实践相结合。因此,特殊职业教育教师也应具备相应的专业实践技能[1],包含对应产业链的生产流程、岗位需求的行业企业前沿知识技能、企业实际操作技能经验和组织学生进行实习

---

① 胡斌武.职业教育学[M].北京:高等教育出版社,2015:185.

实训的能力等，以指导特殊学生掌握技能经验，能够独立自主进行工作，实现体面就业和体面生活。

（三）跨界融合创新

跨界融合创新是特殊职业教育教师团体和家庭、企业相互协作、共同成长的必备素养和工作要求，包含普特协作教学、家校协同育人、产教融合育人、团队教学创新四个要素。

1. 普特协作教学

协作教学是满足残疾学生特殊需要的一种有效形式，也是弥补特殊职业教育教师数量不足的有效途径，主要包括普通职业教育教师和特殊教育教师协作教学与专兼职教师团队教学。其一，普通职业教育老师与特殊教育教师合作教学是当前特殊职业教育教学的重要形式，由于职业院校所招聘的专业课教师大多来自普通院校，特殊教育技能有所缺乏，而通过普、特教师协作教学可以在短期内实现高质量的职业技能教育。其二，专兼职教师团队教学则是优化特殊职业院校教师队伍结构、实现校企人才对接、保障教学队伍良性运作的有效途径。也就是说，特殊职业院校通过团队协作教学可形成数量充足、结构合理、专兼结合的教师团队，实现新时代特殊职业教育高质量发展。

2. 家校协同育人

现代教育的一个显著特征就是"教育社会化"，这决定了家庭、学校、社会要共同育人。《中华人民共和国国民经济和社会发展第十四个五年规划和2035年远景目标纲要》提出"健全学校家庭社会协同育人机制"，特殊职业教育教师需要协同家庭、社会共同培养特殊学生，使其实现积极就业和体面生活。一是家校互动平台建设，通过微信、电子邮件、电话等向家长公开各班级教育教学情况，将特殊学生的职业技能习得情况、行为心理及时向家长汇报，让家长能够在更全面的信息环境中了解子女的学校生活[①]，建立家校间的联系和信任；二是家庭教育指导能力和社区有效沟通能力，特殊职业教育教师要通过教师专业引领和思想引领构建有效的家庭和社区支持体系，通过具体指导特殊学生家长如何与孩子沟通，引导家长通过家务劳动、社区社会实践等形式锻炼孩子的职业素养，在家庭认可中实现特殊学生体面就业。

---

① 姜英敏. 家长对协同育人的期待和建议[J]. 人民教育，2021(8):23-25.

3. 产教融合育人

产教融合是现代社会分工背景下,物质生产(产业系统)这种人类经济活动和教化育人(教育系统)这种人类社会活动之间互动、交流和合作的状态。[1]特殊职业教育产教融合具有自己的特殊性。一方面,其产教融合主要是通过校企合作使特殊学生在真实工作环境中习得就业"硬技能",使其"在领域内有长时间(职业学校学习—职场实习—职场工作—基于工作的学习)、多场域(职业学校—企业工作场所—社会)的知识积累、社会化浸润和专业实践参与"[2];另一方面,使其参与企业真实工作环境,"在实践岗位上巩固技能的同时,还在与实践共同体成员间交互的过程中感受所处情景的实践文化"[3],增强"劳动文化价值认同"。

4. 团队教学创新

特殊职业院校自我发展的动力是科研创新,教师必须通过教育科研、教育实验、专题研究等探索特殊职业教育教育教学规律,不断进行教育教学改革,提高学校人才培养的质量。一是具备问题意识,能够甄别教育教学中需要改进的真正问题,发现特殊学生认知和学习的特点和一般规律,并进行有效的教育教学改进和创新;二是具备团队统筹协调能力,发挥教师团队中企业人员的生产技能经验以及团队集体思维碰撞的力量,把企业的新技术、新工艺、新方法、新知识引入教学,使特殊学生所掌握的专业技能与技术发展同步;三是团队互动交流能力,通过团队沙龙、团队思维冲突等团队互动活动进行表达、质疑和反思,在有效互动中实现团队互赢。

以特殊职业教育中康复治疗技术(推拿)专业教师专业素养为例,该专业主要以视力障碍学生为教育对象,要求学生掌握一定的康复推拿专业理论基础知识和技能,以满足老年病、慢性病患者和伤残患者对传统康复服务的迫切需求。因此,康复治疗技术(推拿)专业的特殊职业教育教师需要明确视力障碍学生的生理、心理特征,理解康复治疗技术(推拿)专业工作的意义,以一

---

①　庄西真.产教融合的价值意蕴和推进举措[J].教育发展研究,2021(19):3.

②　和震,柯梦琳.职业教育视角下的专长与校企合作重构[J].清华大学教育研究,2017(4):40-47.

③　刘晓,钱鉴楠.高职院校专业群人才培养的理论框架与行动策略——基于技能习得视角[J].高等工程教育研究,2021(1):142-148.

种满足特殊职业教育需要的教育教学理念来接纳视力障碍学生,树立正确的残疾人观,尊重个体、尊重差异,以坚定耐心关怀的教师品德和情感、德技并修的工匠态度、积极乐观向上的心理素质等平等对待学生,使视力障碍学生感受到特殊职业教育的温暖和美好生活的价值向度,引导学生正确认识和对待残疾,自尊自信、自强自立。同时,康复治疗技术(推拿)专业教师,尤其是"双师型"教师,需要掌握相应的盲文和计算机辅助教学技术和沟通策略,以实现与视力障碍学生进行有效沟通,此外,需具备足够的视力障碍学生发展知识、康复治疗技术(推拿)专业学科知识以及教学设计与实施、环境创设与应用等一般性与特殊性相结合的复合型专业知识与技能进行有效教学,还应具备相应的与家长、同事、管理者等进行沟通合作、有效交流的沟通合作能力和不断反思改进、科研创新的创新发展能力等关键能力,从而在特殊职业教育教师的专业教育下,使视障学生能够"学会学习、学会生活、学会做事、学会共处",掌握一门谋生与美好生活的技能,从而真正地融入社会。

第三节　特殊职业院校"双师型"教师专业发展

近年来,党和政府特别重视特殊职业教育的发展,出台了一系列政策文件推进职业教育改革,保障特殊教育实施,促进特殊职业教育融合发展,但与新时代国家特殊教育和职业教育改革的新要求相比,特殊职业教育教师队伍还存在着教师数量不足、专业素养水平偏低、校企双向培养培训不健全等问题,尤其是"双师型"教师和教学团队短缺,已成为制约特殊职业教育改革发展的瓶颈。那么,特殊职业院校"双师型"教师该如何培养呢?本节从教师个人、教师团队、校内外合作三方面对特殊职业院校"双师型"教师队伍培养培训模式进行系统探索和案例剖析,推动高水平特殊职业院校"双师型"教师队伍建设。

一、特殊职业院校"双师型"教师培养的新发展

特殊职业院校"双师型"教师不仅是特殊职业院校开展教育教学、科研创新的中坚力量,也是推动残疾学生实现积极就业和独立参与社会生活的主力军。在新时代特殊职业教育高质量发展要求下,需明确特殊职业院校职前准

入要求和在职培养培训需求等,实现"双师型"教师职前职后培养的一体化,推动特殊职业院校"双师型"教师培养的新发展。

（一）特殊职业院校"双师型"教师特殊技能准入标准

特殊职业院校"双师型"教师准入标准是从源头把握"双师型"教师队伍质量的权威工具[1],涵盖了特殊职业教育教师"师资聘任—技能培养—资格认定"三个环节。第一,师资聘任条件是新阶段特殊职业院校"双师型"教师队伍内涵建设的风向标,根据特殊职业院校类型教育特色、特殊教育独特性、特殊职业院校教师队伍现状和发展目标制定特殊职业院校教师聘任条件,包括某特定专业的教师资格证和职业技能证书要求、盲文、手语等特殊沟通技能、企业实践经历要求等,明确兼职教师和专任教师的聘任条件和待遇区别,并通过扩宽特殊教育教师招聘范围和制定多样化、特殊性的聘任条件为特殊职业院校"双师型"教师储备复合型后备人才。第二,技能培养标准主要指教师在职业技术师范院校、普通师范院校、部分综合大学、工科院校和所聘任院校里在知识与技能、过程与方法、情感态度价值观等方面所需培养的应知应会要求,与普通职业教育有所不同的是,特殊职业教育需要一定的特殊教学技巧、特殊教学技能的培养,包括特殊学生的身心发展特征、沟通技巧、盲文、手语等,这也要求在特殊职业教育培训过程中要注意开设包含特殊教育、职业教育以及特殊职业教育融合特征等的课程和实践,以特殊职业院校"双师型"教师特殊技能认定标准为培养标准,通过系统性课程、特殊技能培训、真实化实习实践、多样化讲座等方式促进教师达到"双师型"教师标准。第三,资格认定标准主要指对不同层次、不同类型、不同来源的特殊职业教育教师在"双师型"教师资格认定级别、认定程序、认定条件等方面做出的标准性、统一性规定,包括职业技能等级证书、盲文、手语等特殊语言能力证书等标准,通过专业笔试、结构化面试、实践性教学等多种考核方式,严格遵循"个人申请—学校初审—地市复审—最终认证"的程序,对"双师型"教师准入资格进行资格认证。[2]

---

①　李琪,匡瑛.基于入职标准的我国职教教师准入制度建设新思考[J].教育与职业,2021(1):71-77.

②　李梦卿,邢晓."双师型"教师资格认证标准的制定与实施[J].教育与职业,2020(4):19-26.

（二）特殊职业院校"双师型"教师等级递进制度

特殊职业院校"双师型"教师等级递进制度是从根本上发挥教师专业化发展能动性的激励工具。教师专业化发展主要历经"新手—熟手—专家"等过程，"双师型"教师发展历程也是如此。根据教师专业化生涯发展的各个阶段能力要求，"双师型"教师可分成"初级、中级、副高级、正高级"等层次[①]，并根据建立各等级关联递进的资格认定标准，为"双师型"教师队伍搭建职业化发展的晋升渠道。具体来说，特殊职业院校教师在聘任后经过培养培训和实践锻炼取得"双师型"教师初级认定相关条件，包括通过考核和评审后可认定为初级"双师型"教师；之后可继续参加培养培训和实践锻炼，根据取得的相应证书奖项和经历经验再依次认定为中级、副高级和正高级"双师型"教师。[②]同时，实行"双师型"教师资格定期注册机制，明确"双师型"教师资格的有效期限，通过教师资格的定期再认定打破"双师型"教师资格的终身制，减少教师专业化发展过程中的职业倦怠。

二、特殊职业院校"双师型"教师的培养培训模式

特殊职业院校"双师型"教师培养模式是落实新阶段"双师型"教师专业素质要求的重要途径，结合新阶段特殊职业院校"双师型"教师职业性、特殊性、协作性、创新性等工作特点，从教师个体、团队群体、校企合作整体角度对"双师型"教师专业化发展模式进行探索和思考。

（一）满足教师个人需求的"菜单式"技能培训模式

"菜单式"技能培训模式是基于特殊职业院校教师个体需求与现状之间的差距而实行的多样化、个性化的技能培训模式，主要包括"选菜单""定菜单""教菜单"三大环节。首先，特殊职业院校调研人员"选菜单"。特殊职业院校组织成立调研小组，对院校现有教师技能水平和培养需求进行能力诊断测评和了解，并基于特殊职业院校教师特殊性、"双师型"教师认定标准、专兼职教师类别、初中高级教师层次发展需求以及区域经济发展特色初步

---

① 吴显嵘,郭庚麒.美国社区学院"双师型"教师的培养经验、成长体系及启示[J].教育与职业,2019(17):78-85.

② 周可欣,南海.高职"双师型"教师资格认定标准研究[J].教育与职业,2020(21):66-71.

92

制定"技能菜单"。其次,特殊职业院校教师和领导"定菜单"。特殊职业院校教师根据"技能菜单"选择技能培训偏好,如盲文、手语等特殊技能、信息技术辅助教学技能、行业实践操作技能等技能偏好[①],院校领导和培养培训专家根据参与培养培训的教师意愿和特殊职业院校新阶段发展需求选定最终的"技能培训菜单"。最后,特殊职业院校培训人员"教菜单"。根据"技能培训菜单"分批次、分类别进行技能培训,一是对在职教师分批次持续开展校本培训,包括师德师风和教育教学观学习(教师信念与品格、专业情感与态度、积极心理素质等方面)、特殊职业教育教学基本功培训(侧重于现代教学辅助技术运用、精品课网站制作等)和科研创新培训等内容;二是对新入职老师和兼职"双师型"教师开展教学技能培训,针对专业实际教学情况进行教学设计、教学方法、教学评价和特殊教育技能的培训,提高特殊职业教育教师的教学技能和技巧,构建以初级"双师型"教师为培养基础,校内中高级"双师型"教师为目标,省内"双师型"名师为榜样,国家"双师型"名师为标杆的技能培训体系。

(二)促进教师团队合作的"项目式"研修培训模式

把"项目式"研修引入特殊职业院校教师培训是对传统培训模式的补充和完善,也是对特殊职业院校"双师型"教师团队合作能力的提升与发展。以课程开发与实施项目、教学能力大赛实训项目、教育科研项目等促进教师团队合作的项目为抓手,探索和思考促进"双师型"教师团队合作的"项目式"研修培训模式。

1.基于课程开发与实施项目开展教师培训

课程开发与实施项目是一项较为复杂的团队实践活动,主要培养"双师型"教师的分析、归纳、创新和教学实施等专业能力,借助该项目开展的"项目式"教师培训措施主要包括课程研讨培训、课程教学社群培训两方面。

第一,以特殊职业院校某学科教研组、备课组为活动单元进行基于职业工作体系的特殊教育课程开发与实施的研讨与培训。一是以地方、校本课程研究课题为契机,项目组教师根据特殊职业教育专业建设要求选择若干目标

---

① 高青东,郭福全.山西省翼城县教师进修学校"菜单式"培训受欢迎[J].中小学教师培训,2006(8):64.

企业进行调研,通过对企业调研结果的分析,归纳盲人、聋人、肢残人、智障人士等特殊学生典型工作场所和典型工作环节[1],明确企业对不同类型特殊学生职业技能和素质的需求;二是结合特殊学生学情以及特殊职业院校教学条件、产业转型升级背景下企业对盲人、聋人、肢残人士、智障人士等特殊学生技能和素质需求等,通过项目组会议、专家研讨会等方式将企业工作场和工作环节转化为学习场(学习情境)和学习环节,形成较为系统和可操作的课程体系,并进一步细化为特殊学生的学习性工作任务(即学习任务)[2];三是通过特殊职业教育项目组教师集体备课、师徒制"传帮带"、精品公开课示范、教学创新团队课程创新等形式进行校内教师间学习和研讨,推动工作过程系统化课程的实施。

第二,以特殊职业院校学科专任教师和企业兼职教师构建特殊职业教育教师课程教学社群。通过特殊职业教育"教师+师傅"教学团队的优质教学示范课堂、具有省份产业特色和代表性的真实课堂等的案例分享和交流,不断将新技术、新工艺、新方法引入课堂教学,提高特殊职业教育课程与产业前沿的对接性。

2.基于教学能力大赛实训项目开展教师培训

教学能力大赛项目可通过"传帮带"形式构建年富力强的师资团队,"以赛促教",促进青年骨干教师快速成长,借助该项目开展的"项目式"教师培训措施主要包括多层次教学能力大赛竞争提升、团队切磋互助、真实课堂检验三方面。

第一,鼓励各年龄段教师合理组队参加多层次教学能力大赛。在院系中通过"个人赛"选拔出具有较高教学技能水平和各具特色教学技巧的特殊职业教育教师,再通过各年龄段教师合理组队参加学校教学能力"团队赛",以团队形式围绕某个课题、主题进行教学技能研讨和展示,使中青年教师通过竞赛感知理解高级"双师型"教师的丰富教学经验和技巧,使老教师通过合作准备比赛熟悉与掌握以现代信息技术辅助教学为代表的新型教学模式和方

---

[1] 吴全全,耿爱文,闫智勇.工作过程系统化课程开发范式下"双师型"教师专业化发展的对策[J].职业技术教育,2021(4):48-55.

[2] 吴全全,耿爱文,闫智勇.工作过程系统化课程开发范式下"双师型"教师专业化发展的对策[J].职业技术教育,2021(4):48-55.

法以取长补短。

第二,加强各参赛教师及团队之间的切磋研讨。院系通过教研组教学沙龙、校内教学比赛活动、常态课优课评比、专家视导点评等形式进行教学团队教学展示、切磋与互动,通过教师自评、学生评价、他人评价与领导专家评价等方式,对各参赛教师和团队的特殊职业教育教学目标、教学重难点、教学内容、教学方法和特殊教育教学技巧等方面进行点评和建议。

第三,通过真实课堂检验特殊职业教育课堂教学的最终效果。由于部分特殊教育学生存在生理缺陷,使其在学习和心理方面也相对脆弱敏感,特殊教育教师在教育教学过程中需要给予残疾学生更多的关注和关怀,因此,针对特殊职业教育教师的教学能力大赛不仅要"以赛促教",提升教师的基本教学技能,更要回归"以赛促学"的本质,通过对参赛教师所在班级的学生进步情况进行量化考核和比较[1],加之残疾学生对参赛教师教学满意度的调查,综合决定参赛教师团队的比赛成绩。

3.基于职业院校教育科研项目开展教师培训

高职院校要实现从规模扩张到内涵式转变,应该将科学研究作为其转变的突破口[2],特殊职业院校理应如此。通过教师教育科研促进特殊职业院校办出符合特殊学生的类型化特色,促进特殊职业教育教师的专业化发展,提高特殊职业教育人才培养质量和就业满意度。借助该项目开展的"项目式"教师培训措施主要包括科研创新团队培育与科研立项保障两方面。

第一,特殊职业院校应结合院校专业发展特色进行科研创新团队培育工作。一是特殊职业院校可通过跨学科、跨专业组合的形式开展特殊职业教育科研能力培训班、沙龙交流会等,通过邀请特殊职业教育专家和科研骨干教师有针对性地对特殊职业教育这一主题进行科研课题方向、方法、写作等方面的指导和培训。二是鼓励特殊职业院校教师积极参与省级、国家级职业教育学会或特殊教育学会科研专题培训班、职业院校教师科研能力提升云培训会、特殊教育和职业教育新阶段课题交流会等,掌握新阶段特殊教育与职业教育科研热点和前沿知识以及职业教育课题论证、科研方法等科研一般过程和方法。三是鼓励特殊职业院校科研教师联合高等院校、行业企业申报横向

---

① 高行亮.教学比赛的宗旨是"以赛促学"[J].教学与管理,2020(13):31-32.

② 徐国庆."研究型"是建设高水平高职的突破口[N].中国青年报,2019-01-14(5).

科研课题,通过鼓励中青年教师"走出去"和"请进来"高层次科研人才或实践人才充实科研创新团队,创造条件让特殊职业院校教师承担高层次科研项目。

第二,建立特殊职业院校教师积极参与教育科研立项的激励与保障机制。一是设立专项培育基金用于改善教师科研条件、提供教师科研经费、支持科研教师参与相关课题学术交流等①,为特殊职业教育教师科研提供资金激励和经费保障。二是建立健全相关制度,促使教师科研业绩和教学课时在一定程度上相互折抵,并将科研业绩与"双师型"教师评定、职级晋升、教师评先评优、教师状态数据采集等过程挂钩,让特殊职业教育教师积极参与、参与不难、参与有益。

(三)提升"产学研"能力的校内外合作培养模式

企业参与、产教融合的校企合作教师培训承担着特殊职业教育教师知识结构更新和实践技能提升的重任,教育部等四部门《关于加快发展残疾人职业教育的若干意见》指出,"专业课教师每五年应不少于六个月的企业或生产服务一线实践,没有企业工作经历的新任教师应先实践再上岗",具有企业实践经验是特殊职业教育教师的必备素养。新时代特殊职业教育要借助校企合作关系引进企业高级技术技能人才协助特殊职业院校教师进行教育教学和科研创新,鼓励特殊职业院校教师去合作企业进行访工访学,不断提高"双师型"教师的"产学研"能力和人才培养水平。

1."引进来":引进高级技术技能人才

引进企业高级技术技能人才、能工巧匠担任兼职教师,把职业岗位所需的责任担当、自主学习、团队合作、研发创新、信息处理、沟通交流、数字应用等职业素养融入教学活动中,协助特殊职业院校教师进行高水平实践教学和教育科研,是促进产业、教学和科研相结合的有效途径。借助该项目开展的"项目式"教师培训措施主要包括完善兼职教师选聘制度、管理和保障制度以及鼓励参与特殊教育教学技能训练三方面。

第一,完善特殊职业院校兼职教师选聘制度。特殊职业院校可联合省特殊教育指导中心、省残联教育与就业部、有关行业协会和企业等成立兼职教

---

① 金欢阳,方益权.立地式研发:高职院校科技成果转移转化的破局之探[J].中国职业技术教育,2021(12):114-118.

师选聘小组,共同拟定特殊职业院校兼职教师选聘标准,如兼职教师需具有中级以上技术职称,具有特殊职能的能工巧匠除外;同时,兼职教师需具有特殊教育技能或一定的社会服务经历等。

第二,健全特殊职业院校兼职教师管理和保障制度。一是在与对口企业签订校企合作协议的基础上,与兼职教师签订合作协议,明确双方的权利、义务、工作职责和酬金待遇,此协议要广泛征求并尽量尊重企业兼职教师的意见①;二是建立健全优绩优酬的兼职教师激励评价制度,对表现优秀的兼职教师要给予相应的酬金和荣誉支撑;三是建立企业兼职教师参与校企合作的退出机制,通过企业兼职教师负面清单对兼职教师参与校企合作过程中的不按照规章制度履行职责的重大行为进行梳理,为兼职教师提供院校约束,对主动退出的兼职教师进行风险评估和规范退出,对于存在负面清单上的行为而被动退出的兼职教师要进行有效追责。

第三,鼓励企业兼职教师积极参与特殊教育教学技能训练。特殊职业教育兼职教师上岗前要进行模拟试讲,以考核其实际授课和实践指导的能力,并对其教学技能和教学素养进行岗前培训指导;同时,鼓励其积极参加学校组织的教学类学术讲座、特殊职业教育教学经验交流、信息化教学竞赛、优质教案比赛、评教评学等活动,提高其对教师身份的认同感和教育教学的使命感。

2."走出去":企业访学访工合作培养

让特殊职业院校教师"走出去",切身实地进入企业感知领会,实践体会产业、行业、企业中的生产和实践过程,及时更新教师自身的知识结构和实践技能,为残疾学生培养提供最贴合产业行业发展的知识和技能。借助该项目开展的"项目式"教师培训措施主要包括建立骨干"双师型"教师选拔制度、明确个人业务责任清单和规范考核评价机制三方面。

第一,建立校企合作培养特殊职业院校骨干"双师型"教师选拔制度。对送入企业进行实践锻炼的中青年教师进行选拔培养,将专业技能较强,具有较强的实践领悟能力、创新能力和培养潜力的中青年教师作为特殊职业院校骨干后备人才进行重点培养,让中青年骨干教师在参观调研和顶岗实践过程中了解自己所从事专业的生产、技术、工艺、设备等内容的现状和未来发展趋

---

① 杨京楼,申小军,陈新.关于高职院校兼职教师聘任及管理的几点思考[J].中国职业技术教育,2006(20):33-34.

势,在实践经验丰富的企业技术人员的帮助下了解产业行业前沿知识技能,提高新技术应用能力,促使其成为学科专业带头人。

第二,明确特殊职业教育教师在访工访学过程中的个人业务责任清单。清单主要包括以下四点:一是对特殊职业教育教师下企业访工访学过程进行明确的任务分工和权益保护,主要包括行业企业中残疾人才应用现状、技能需求趋势和校企合作意见征求的调研责任;二是与合作企业共同商讨特殊职业院校专业建设、课程建设、教材建设、教学模式改革等校企深度合作的对接责任;三是与合作企业进行横向课题申报、调研、思考和撰写的科研责任;四是进行相关专业领域前沿知识领会和技能实践体会的实践责任等。

第三,规范特殊职业教育教师专业技能考核评价机制。通过特殊职业教育教师自评、企业师傅评价、访工访学团队同行评价、学校职能部门评价、企业评价等的结合,对访工访学教师的实践态度、实践过程表现、实践任务完成、实践技能提升、科研创新效果等方面进行考核评价①,评定结果采用优秀、良好、中等、合格与不合格五级评分法,严格落实特殊职业教育教师企业实践考核要求。

第四节　本章小结

提高特殊职业教育教师专业素养是办好特殊职业教育的重要保障。当前,特殊职业教育正处于改革发展的关键时期,建设一支蕴含"双师双能"的特殊职业教育教师团队是特殊职业院校建设的基础性工作。本章基于特殊职业教育教师"特殊性与职业性、技术性与情感性"相结合的素养特征以及特殊职业院校"双师型"教师队伍高质量发展需求,将特殊职业院校教师专业素养划为特殊教育情怀、特殊教学技能、跨界融合创新三个方面,综合表现为师德践行能力、特教工匠底蕴、情感关怀技巧、心理健康调适,特殊沟通技能、辅具应用技能、双语教学技能、专业实践技能,普特协作教学、家校协同育人、产教融合育人、团队教学创新等 12 个素养要素,并采用"菜单式"技能培训、"项

---

①　张宏,方健华.职业院校专业教师企业实践效果评价与质量保障机制研究[J].中国职业技术教育,2016(2):83-87.

目式"团队培训、访学访工校企合作培养的模式提升教师个人、教师团队的整体素养水平,不断提高特殊职业教育质量,提高残疾学生受教育程度,助推残疾学生积极就业和充分参与社会生活。

第四章　特殊职业教育专业论

2017年,党的十九大提出"办好特殊教育"的重大决策,为今后中国特殊教育发展提供了重要思想指南和行动准则。各级政府将特殊教育工作摆在更加显要的位置,中国特殊教育事业发展取得了显著成效。其中,特殊职业教育的专业设置与专业建设关系到学校服务经济建设和社会发展的方向性和有效性,也关系到学校能否满足学生的就业需要,是特殊职业学校发展的主心骨之一。本章主要从三个部分探讨特殊职业教育专业建设,一是从基本要素与基本原则两个角度谈一谈特殊职业教育的专业建设内涵;二是描绘新时代特殊职业教育专业建设的基本路径与发展蓝图;三是从凝聚专业品牌、建设专业群、中高职本一体化、校企合作育人四大领域出发,探讨特殊职业教育专业建设的改革措施。

第一节　特殊职业教育专业建设内涵

在我国,特殊职业教育专业建设内涵的主体是各特殊教育职业院校。专业有广义和狭义两种理解:广义的专业是专门从事的某种学业或职业,狭义的专业是教育领域根据社会行业分工的需要培养专门人才的学业门类。本书取狭义概念。根据《辞海》解释,专业是"高等学院或中等专业学校根据社会分工,经济和社会发展需要以及学科发展与分类状况而划分的学业门类",各专业有相对独立课程与教学内容体系建设、实验(实训)条件建设、人才培养模式、师资队伍建设等,以体现该专业人才培养目标与规格。特殊职业教育领域的专业是面向特定的培养对象、确立特定的培养目标,根据特殊职业教育自身规律和学校的实际办学条件而设立的培养残疾人高素质技能人才的学业门类。专业是连接教育与经济的纽带,是适应社会要求、满足残疾学生身心发展特殊需求,保证人才培养"适销对路"的关键。专业设置、专业开发、专业建设事关职业院校的生存与发展,是特殊高等职业院校内涵建设的突破点与着力点,是学院做强做优的逻辑重心。

一、专业建设基本要素

新中国成立 70 余年,我国特殊职业教育发生了巨大的变化,特殊职业教育成为国家教育事业的重要组成部分。各特殊职业教育院校经历了快速发展和规模扩张之后,已把发展重心转移到加强专业内涵建设,提高特殊职业教育人才培养质量上来。一般而言,专业建设要素包括专业布局和规划、专业人才培养目标与模式、人才培养方案的制定、专业师资队伍组建与完善、课程与教材建设、实习实践教学、相关硬件资源配置与设施建设、专业管理体系建设等等,最终专业建设成果主要通过人才培养质量来体现。有学者指出,从项目管理角度看,专业建设可分为专业建设内外部环境分析、专业的论证与确立、专业特色培育以及专业评价与质量评价体系建设等环节。[①] 从人才培养的角度看,专业建设由输入环节(生源、师资、资源投入)、过程环节(人才培养模式、课程、教学模式、教学组织与管理)和输出环节(学生成就、就业率、与岗位的匹配度)三部分组成。[②] 可见,不论是静态的要素分析还是纵向的过程分析,其内核均指向专业设置规划、师资队伍建设、课程与教学内容体系建设、实验(训)条件建设等基本要素。因此,我们将特殊职业教育专业建设的基本要素纳入人才培养的"输入—过程—输出"过程,从而进一步分析其中所体现的特殊职业教育的特殊性。

(一)输入环节

1. 专业设置布局和规划

专业布局事关学校教育事业的可持续发展。良好的专业布局有利于特殊职业学校特色与优势的形成,其中包括增加与区域企业的多方面合作,提升特殊职业学校的底蕴与内涵,提高师资团队建设水平,从而进一步提高毕

---

① 侯立松.论高等学校特色专业建设的一般过程[J].辽宁教育研究,2005(12):56-58.

② 李元元.加强特色专业建设 提高人才培养质量[J].中国高等教育,2008(17):25-27.

业生就业质量。特殊职业院校的专业设置布局与规划,从"特殊"二字出发,主要考虑因素在于残疾学生的类型。目前,我国特殊职业院校主要招收肢体障碍、听觉障碍和视觉障碍三类残疾青年学生接受职业教育,由于这三类残疾学生存在不同的教育需求,因此为他们设置的专业也有所不同。基于视障学生的特殊性,针对视障学生的专业设置以触摸性强、实践性强、声音敏感为代表特征的专业,如针灸推拿、按摩专业,声乐表演、音乐学专业。基于听力障碍的学生的主要特点,一般招收听障学生的残疾人学校在专业设置方面充分考虑其特点设置一些实操性较强,对视觉感观要求较强的专业,主要是美术、视觉传达设计、计算机科学与技术、动画设计、服装设计、园艺设计、广告装潢设计等各类设计专业。① 轻度肢残学生可以选择的专业范围基本覆盖了听障学生的专业,另外还包括社区公共事务管理、园艺、传统工艺、农艺技术等专业。其中,病残程度较轻或可以进行正常日常生活的学生,通常建议他们进入普通教育体系进行融合教育,与正常学生一起在普通职业教育的专业体系中学习,这有利于肢体残疾学生的心理健康发展,也给予了肢体残疾学生与正常学生一样的未来就业和发展机会。从"职业"二字出发,主要考虑专业设置及区域经济发展与残疾学生个人发展意愿的契合程度,所培养的学生是否能够响应就业市场的人才需求,是否符合新时代的社会发展趋势,是否能让残疾学生有更多的自我认同感,从传统的盲生只能学习针灸推拿,聋生只能学习设计音律,拓展残疾学生的更多发展可能性,从"职业"二字出发考虑专业建设的目的在于促进残疾人身心健康、体面就业和全面发展。

2.物质条件与设施建设

从项目管理的角度出发,外部环境建设是特殊职业教育专业建设的重要部分,具体到操作层面则是完善物质条件与设施建设,要为残疾学生建立无障碍环境,这也是特殊职业教育学校与普通中高职在物质条件与设施建设方面的最显著区别。根据《无障碍环境建设"十三五"实施方案》《无障碍环境建设条例》《特殊教育学校建筑设计规范》等文件的内容和要求,根据特殊教育学校无障碍建设的个性化需求,新建或改建有利于补偿残疾儿童及青少年生理缺陷、康复身心健康,适合其德智体等诸方面发展的标准无障碍改造学校

---

① 左小娟,李元元.我国残疾人高等教育发展及其专业设置情况[J].湖北函授大学报,2016(10):38-40.

设施。无障碍可以被理解为"可及性",是指社会成员进入及从事社会生活的环境无障碍。"无障碍环境"是方便残疾人,消除残疾人在信息、移动和操作上的障碍的环境,强调残疾人在社会生活中同健全人平等参与的重要性。①无障碍作为残疾人最具体、最核心的权利之一,相关设施不只是为残疾学生提供便利,对于改善残疾学生的生存条件、提高残疾学生生活质量、维护残疾学生的人格尊严具有更重要的意义。

3.专业师资队伍建设

特殊职业教育专业建设既要符合特殊职业教育学生的实际情况,也要根据经济社会发展情况下的就业形势变化及时做出调整。特殊职业教育教师是专业建设的重要组成部分,教师是学生和社会之间的重要纽带,担负着从专业到就业的教育责任。由于特殊职业学校学生的特殊性,学校所培养的学生为当地经济社会发展提供的助力相对有限,教师应该认识到这一点,要根据学校的基本情况和发展方向、学生的现实情况和理想诉求开展教育教学活动,从全面发展残疾人、为残疾人提供更好生活的角度开展教学,为残疾人就业提供专业赋能,然后再考虑如何让残疾人更好地参与到经济社会建设中,从而提高残疾人的社会地位与影响力。一方面,从培养特殊职业教育教师素质的专业性和特殊性出发,特殊职业教育应是"职业教育＋特殊教育",而特殊教育是涉及教育学、医学、社会学、心理学的复杂性交叉学科。对特殊职业教师而言,不仅要具备深厚的专业理论知识和精湛的专业实操技术,还需要有一定的特教教育专业背景,具备特教资质。从残疾人高等职业教育的特殊性和残疾学生身心发展的特殊性来看,普及实施特教教师的准入机制,为特教教师的选拔设好关卡,是尤为重要的。另一方面,从特殊职业教育教师的职业生涯发展出发,每一位特殊教育教师都要发挥学科专长,在学校专业建设中做出自己的贡献。同时,要根据特殊职业岗位的专业特色,组建专业互助团队,如与合作企业单位的师傅形成教学搭档,与本校相近或互补专业的教师组成专业群教师团队,与友校形成定期交流和教学技能比赛的机制等等,对标本专业的人才培养目标矩阵,进一步明晰培养路径、培养方式和培养重点,提高教师教学水平与专业水平,成为残疾人学生全方位成长的引导者。

---

① 中国残疾人福利基金会.无障碍设施为残疾青少年搭起平等融入社会的桥梁[EB/OL].(2018-03-01)[2021-12-25].https://www.toutiao.com/i6527888863799542279/html.

4.专业多元资源整合

目前,特殊职业院校资源方面还存在着不足之处,包括资源来源渠道单一、资源利用效率不高、资金投入不合理等问题,绝大多数的职业院校主要将资金应用于学校的硬件升级和筹办热门专业等方面,缺乏对特殊职业教育实训基地建设的投入,也缺乏对特殊职业教育科研的投入,对整体专业建设发展所发挥的作用和效果并不理想。对特殊职业院校而言,多元资源来源包括政府部门、合作企业、社区、残疾人福利机构等,要用科学的手段合理协调教育资源,达到有效的配置,取得最佳的教育成果,才能推动特殊职业教育专业的可持续性建设和发展。尤其在教学资源支持方面,特殊职业院校要着力于建设和优化符合残疾学生特点的各类形式多样、内容丰富的网上教学资源,满足残疾人学生个性化的学习需求。

(二)过程环节

1.培养目标与培养方案建设

特殊职业教育的核心指向产教结合与残健融合,产教结合符合高等职业教育的内在要求,残健融合是特殊高等职业教育追求的最终目标,也就是让残疾人通过就业这一途径融入社会,与健全人一起平等参与共享社会发展文明成果。二者结合符合特殊职业教育人才培养规律。专业内涵式发展是提高学院核心竞争力的根本。专业内涵建设、专业人才培养特色的凝练应该是高职院校永恒追求的命题。特殊职业院校在设置专业培养目标和培养方案的时候,应保持需求导向、主动适应的思想,一方面满足残疾学生多样化学习需求,另一方面主动适应地方经济发展需要。

2.课程设置和教学体系建设

课程设置和教学体系建设是特殊职业院校专业建设的核心工作。第一,从政策导向和社会经济发展需要角度出发。当前,中国经济社会的飞速发展,就业形势与劳动力市场需求的变化也非常迅速,就业结构的变化引发了职业技术结构的变化,专业建设中的课程设置与教学体系建设有必要进行相应的调整。第二,从学校发展规划的角度出发,课程设置与教学体系建设是学校的重点工作,需要在其中体现学校本身的特色与优势,知名的精品课程与出色的教学团队是学校办学的金字招牌,课程与教学的发展情况也在很大程度上影响着学校未来发展的方向。第三,从教师教学工作开展的角度出发,学校相关教职员工,需要紧紧围绕特殊职业学校学生的身心特殊性,突出学校的办学特点和特色专业方向,不断拓展课程与教学的发展及创新阈值。从改进教学方法的角度出发考虑,可以充分利用智慧平台、数字设备、多媒体等现代手段,及时向学生公开培养方案、教学大纲与教学内容,让学生了解到在本专业的学习过程中能学会什么知识,技能应该达到什么水平,培养哪些素质等,提高学生主观能动的学习积极性。第四,从残疾人学生的特殊性角度出发,特殊职业课程建设需要基于特殊职业教育的学生情况,依据就业导向和技术导向开展课程结构、课程内容、课程实施模式、课程评价方法等研制工作。第五,从加强教材建设的角度出发,由于特殊职业教育的专业性强的实用教材相对缺乏,学校在专业建设的过程中,应对现有教材进行合理整改,并且加强校企合作,共同开设专业课程,研发实用性强且与企业实际相结合的教材,进而成为学校的品牌课程,使校企合作关系更加紧密、更有可持续性。第六,从课程和教学评价的角度出发,专业建设需要根据课程目标和教学目标,检视课程的落实情况,不断发现课程实施过程中存在的实际问题,及时进行调整与改进。

3. 专业建设管理体系

有效的管理是专业建设取得良好成效的基础,特殊职业院校建设专业管理体系,有利于进一步增强管理效率与质量,促使学校专业建设实现预期目标。专业建设管理通常包括专业课程管理、教学计划管理、实训实习管理、学生日常管理、教师团队管理等方面,继而形成一个互相沟通与互相合作的管理体系。近年来,《国家职业教育改革实施方案》《教育信息化2.0行动计划》等重大文件均在国家层面大力支持智慧教育建设。为响应国家教育数字改革战略,特殊职业教育学校也应当在专业建设管理方面开展数字化改革,建立新平台、新机制、新模式,以学校全域性数字化改革为总牵引,统筹推进数字技术与学校教育教学、教育管理的深度融合,利用数字化技术为残疾学生的事务办理、生活起居、毕业发展提供便捷,实现"可控时限、可见流程、可期结果、可溯责任"的专业建设管理体系。

4. 校企合作与实践实训

我国特殊高等职业教育的校企合作除了就业合作以外,企业还应深度参与育人过程合作。如在开发专业课程、共建双师型教师队伍、开展合作项目、推动教学内容改革、建设课程教材标准、同步更新企业技术、共建实训基地、理实一体化教学以及培养学生工匠精神等方面深入探索,挖掘适合残疾人的校企合作新模式。此外,我国特殊高等职业教育的实训基地建设发展和进步,需要注意以下四点:一是实训基地建设需要整体和统一规划,拓宽资金投入渠道和使用把关,避免资金高额投入却设备闲置;二是实训基地建设应加强社会服务意识,建立公共开放的实训中心,为社会在职的残疾人提供继续教育和再就业的服务;三是实训基地建设需要吸引企业积极参与,在实训基地训练学生的操作能力,归根结底要以企业需求为导向,企业是使用人才的主体,也应当参与实训基地的人才培养过程;四是实训基地需要培养合适的师资队伍,特殊职业教育的师资队伍不仅需要丰富的理论和实践知识,还需要掌握特殊教育心理学,包括手语、盲文等,尤其是来自企业的指导教师,通常缺乏对残疾人的教学经验,也对残疾人的认知特点缺乏了解,更加需要补充特殊教育相关的背景知识。

（三）输出环节

学生成就、就业率、岗位专业匹配度、就业满意度等作为专业建设的输出环节,是评价专业建设水平的重要量化指标,也是专业建设成果的具象化体现之一。若毕业学生在专业领域取得较大成就,且总体毕业生就业率、匹配度和满意度提升的情况下,对于专业建设本身,能起到拓展多方资源渠道、提高专业知名度、加深加强校企合作等积极作用。

1.学生成就、毕业生就业率

特殊职业院校在统计和观测学生成就和毕业生就业率的过程中,需要注意就业率,应多关注残疾人的自主就业率和就业稳定程度,由于残疾学生的特殊性,许多残疾毕业生的就业更多是由政府部门和相关组织提供安排、补贴和帮助,但残疾人自主就业的真实情况如何,往往不能从就业率数字反映出来。如云南特殊职业学院开放大学2020届的毕业数据,其就业率100%,但自主就业率不足50%,有一半的毕业生是由学校统一安排就业,这主要是由于社会对残疾人存在误解,对残疾人的劳动能力尚有怀疑,且在沟通方面存在障碍,社会对残疾毕业生的接纳意愿不强,导致毕业生在自主就业方面依旧存在困难。

2.岗位专业匹配度、就业满意度

由于残疾人的身体特殊情况,只能从事个别工作,专业可选择范围窄,学生通常只能学习按摩推拿、面点制作等专业,岗位选择范围十分有限,虽然这类专业岗位匹配度较高,但未必是学生心目中最理想的就业岗位。在特殊高等职业院校专业建设的过程中,作为专业建设成果和输出环节,观测学生的岗位匹配度和专业对口率的同时,还要关注学生的就业满意度和职业发展前景,重视学生高质量就业和全面发展,在专业建设的过程中重视提高学生的知识迁移能力与终身学习能力,为学生未来的多样性就业打下坚实基础。

二、专业建设基本原则

专业建设基本原则是根据专业建设目标,满足专业建设基本要素、基本环节与专业管理需求,用以指导专业建设发展方向的基本准则。特殊职业教育专业建设应遵循如下原则。

(一)准确定位

准确定位是特殊职业学校专业建设的基础,指在对专业外部环境和内部办学条件充分调查和深入分析的基础上,充分评估长期办学中积累的基础和优势,找准专业发展方向,确定专业布局,以形成可持续发展的专业结构。目前,国内独立设置的高等特殊职业教育院校由原残疾人中等职业学校转型升级而来,主要依托原有办学条件和依据生源类别设置专业,新办院校成立之初多仿效之前院校开设的成熟专业,续办同类专业,导致同一残疾类别专业设置同质化现象严重。有调查表明,面向聋生的艺术设计与面向盲生的针灸推拿专业约占其所学专业的80%。对就业市场和人才需求调整的动态更新反应滞后,存在着专业设置雷同、人才培养模式雷同、人才培养目标不够清晰等问题。[1]

(二)主动适应

如前所述,目前国内特殊高等职业教育专业口径过窄,专业建设水平不高,有广泛社会影响和鲜明办学特色的专业不多,与国外全纳教育理念下由残疾学生根据自身情况和就业意愿、宽口径的专业门类选择存在较大差距。主动适应原则指基于残疾人发展需求与就业市场用人需求形成专业结构,包括两层含义:一是从外部需求看,适时调整专业面向,满足经济社会发展对残

① 郭文斌,王芬萍,张琨.我国残疾人高等职业教育研究热点与发展趋势[J].海南师范大学学报(社会科学版),2019(2):111-117.

疾人职业技能的需求,调整专业结构,建立专业发展与区域产业结构调整链接匹配的体制机制;二是从残疾人自身发展的需求角度看,摒弃过于强调残疾人身体缺陷的问题视角,从挖掘残疾人自身潜能、发挥其人力资源优势的角度,加强就业转衔与职业康复力度,满足其学习需求,使其能更充分、更高质量就业。

(三)适当前瞻

一方面,适当前瞻原则要求特殊职业教育专业建设不仅要适应当前区域经济发展需求,还要在专业建设中准确预估未来劳动力市场对残疾人人力资源需求的变化,从经济社会转型升级的高度对专业发展方向做出动态研判。这就要求特殊高职院校加强对经济建设和行业需求论证和专业剖析,建立灵活的专业建设反应机制和人才需求预报机制,既要规划开设社会需求量大、符合行业发展趋势的新专业,也要适时重组或淘汰饱和专业,对专业体系进行全面系统的动态评估;另一方面,适当前瞻原则的另一重点体现在"适当"二字,不能一味迎合新时代、新趋势,盲目为残疾学生开设专业,比如一些经济欠发达地区的特殊教育职业学校开设的第三产业相关专业过多,但适应当地经济的第一产业和第二产业的专业却非常少。虽然我国总体上第三产业占国内生产总值比重超 50%,但是我国东西部经济发展不平衡,市场对于人才的需求也不相同,所以不同地区学校应结合当地市场经济情况调整专业结构,盲目设置超前的新兴专业反而会导致毕业生在本地难以就业,开设前瞻性的专业需要充分考量职业学校的办学实力、就业的用人缺口以及残疾学生的学习与接受能力。

(四)扬长避短

目前,在国内特殊职业教育专业设置趋同背景下,特色发展应该是专业内涵式发展和提高各特殊职业院校竞争力的重要任务。我国残疾人高等教育的专业设置和课程设置是基于理想化的取向,在定位于普通高等教育专业的基础上充分考虑残疾人大学生的特殊性和所需的环境而设定的。但是某些专业可能在考虑拓宽专业时,沿用普通高等教育的专业,未能很好地与残疾人大学生的特殊性融合,因而在专业及发展方面受到一定的阻碍。[①] 所谓特色发展就是在挖掘办学潜力上做文章,在"差别错位"发展上动脑筋,彰显出专业的特色,不求全而求尖、求特、求实。通过专业方向细分、专业优势凝练、专业品牌塑造等途径实现与同类专业错位发展,实现"人无我有、人有我优、人优我精"的特色发展目标。

第二节　特殊职业教育专业建设路径

专业建设是职业院校内涵建设的核心命题,是人才培养的基本依托单位。专业建设的成果决定着特殊职业院校的办学质量与办学水平,决定着残疾学生就业质量的高低。与普通职业教育相比,特殊职业教育的专业建设既要匹配产业发展,又要契合残疾学生的身心发展需求,人才培养方案要锚定残疾人高素质技能型目标,人才培养模式要坚持"双线并行"与"三因"立足点。此外,专业师资队伍与教学团队建设、专业课程改革和教材建设、教学硬件条件与实践教学建设等都是特殊职业教育专业建设的重要任务,是特殊职业院校内涵建设的突破点和着力点,是特殊职业院校做强做优的逻辑重心。

一、专业设置匹配产业发展

特殊职业教育的特殊性决定它需要根据残疾学生的身心特点开设适合他们学习的专业;特殊职业教育的职业属性又决定了它与其他类型的职业教育一样,是与经济社会最密切、服务最贴切、贡献最直接的教育,专业设置需要匹配产业发展,根据产业需求动态调整专业门类和方向。历经 20 多年的发展,我国特殊职业教育体系基本形成,但目前的专业设置还存在缺乏对就业市场和人才需求的调研与预测、相同残疾类别学生专业设置趋同或相近、专业重复开设现象严重等问题。[②] 特殊职业教育要由被动适应转变为主动服务于经济产业发展,深度融入当地产业链。

---

① 左小娟,李元元.我国残疾人高等教育发展及其专业设置情况[J].湖北函授大学报,2016(10):38-40.

② 王得义.我国残疾人高等教育专业设置趋同现象探析[J].现代特殊教育,2016(4):26-27.

(一)调整专业布局

提高残疾人的就业能力和社会融入度是残疾人职业教育的首要目标。残疾人职业教育的专业设置,应根据区域经济发展的重点,尤其是优势产业的人才需求,优先设置对口专业,大力发展与地方经济发展紧密结合的专业。新常态下产业结构不断优化,经济转型过程中市场对人才的需求发生了变化,东部沿海地区第三产业发展迅速,而在西部地区传统产业仍有一定的发展空间,所以不同地区的特殊教育职业学校应结合当地市场经济情况设置专业,根据市场需求调整专业方向。同时,加强校企合作,将企业的具体岗位和技能要求与专业设置的组织有效结合起来,利用学校和企业的资源与环境,发挥职业教育在残疾人技能培养方面的优势,形成贴合区域经济发展,针对性强、就业率高的优势专业布局,实现残疾学生就业与企业需求的无缝对接。

(二)优化资源配置

优化专业资源配置,推进传统专业的完善与新专业的建设。残疾人职业教育的传统专业具有成熟的课程内容、教学模式和评价体系,在专业设置的动态调控中应注重发挥其优势,统筹评估专业的发展潜力。如云南特殊教育职业学院在原来华夏中等职业学校基础上,依托云南当地的特色民族文化产业持续做强民族工艺品制作专业,既继承发展了传统手工艺术,又贴合聋生动手能力强的特点,培养了许多优秀的聋人民族手工艺传承者。对于具备发展潜力的专业,做好教学内容的更新,贴近企业工作的实际,有效利用现代科技手段,提升专业内涵,展现新的活力。如浙江特殊教育职业学院电子商务、数字媒体艺术设计等专业,根据企业用人需求,及时调整专业方向,依托阿里巴巴等平台鼓励残疾学生自主创业,削弱了身体行动不便和听力障碍对工作的影响,为残疾人开辟了新的就业领域。对于不适合产业发展的专业,在减退的时候,应形成资源平台,注重已有资源的合理利用,为新专业的设置提供参照,减少资源的浪费。在新专业的设置上,可考虑民间传统工艺的传承和区域特色技术的引进,既可以保存传统工艺,又可以打造区域特色,两全其美。

(三)构建专业信息化管理系统

专业设置滞后或超前于产业结构变化都会导致残疾学生结构性失业。专业设置滞后、专业门类同质化导致相同专业领域的残疾学生集中在某一个产业,客观上导致残疾学生难就业。而与当地产业需求脱节、盲目设置的新兴专业也会导致残疾学生很难在当地就业。因此,要科学布局调控,构建信息化管理系统,设置专业预警机制。根据国家和地方的长远发展战略,以残疾人全面发展、终身发展为目标,合理规划专业增减标准,做到动态地布局调控,定期审查和评估现有专业的适当性,做好专业的新设和减退工作。专业信息化管理系统可以及时调整和减退就业率低的专业,调减招生计划直至停招。对于就业率高的专业,需不断深化其内容和拓展其覆盖面,从而有序提高学校所设专业的吸引力和人才培养的质量。

二、明确特殊职业教育人才培养目标

人才培养目标是各专业建设的顶层设计,是专业建设的总纲。具体到某一个专业的建设路径,首先要明确该专业的人才培养目标,即解决某一特殊职业教育专业具体要"培养什么样的人"的问题。人才培养目标包括高职院校学生培养的基本方向定位,以及由此决定的学生在接受完高职教育之后在知识、能力和素质方面达到的规格要求。2019年1月,国务院《国家职业教育改革实施方案》在"总体要求和目标"中指出要"培养高素质劳动者和技术技能人才"[①],也就是要培养面向基层岗位和工作现场做实务、干实务、实践性很强的实用性人才。

(一)技术技能人才

从国内各特殊高职院校开设的专业来看,面向聋生的面点制作类、服装设计类、工艺美术品类、动漫设计类等专业,强调聋生动手能力的培养,通过教师示范、学生模仿、反复练习、项目实操、巩固强化等手段逐步提高聋生的实践技能,使他们扎实地掌握某一专业中的操作技法并臻于熟练。面向盲生的推拿按摩、钢琴调律等专业也相类似,它不以系统掌握某个领域的学科逻辑体系和系统的理论知识为目标,而是采用项目引入、任务驱动等方式,让盲生通过"做中学"的方式在触摸、感知、体验、操作、领悟等过程中习得相关技能。相较而言,技术装备的改造、技术的改革或创新、生产工艺的突破、新技术的研发等,这些技术的掌握需要以较为系统的学科理论知识做支撑,对听

---

① 国务院关于印发《国家职业教育改革实施方案》的通知(国发〔2019〕4号)[EB/OL].(2019-02-13)[2021-11-15].http://www.gov.cn/zhengce/content/2019-02/13/content_5365341.htm.

觉、视觉或肢体有障碍的残疾学生来说有一定的学习困难,与国内目前已开办的专业方向也有距离。

因此,特殊高职院校的人才培养目标定位于"技能型"更符合残疾学生的实际情况,以习得一技之长为主,理论够用即可,培养面向现代农业、现代制造业、现代服务业的基层一线残疾人技能型人才。在人才培养目标的定位上,要充分考虑残疾学生与普通学生身心发展的差异,更加注重瞄准岗位、熟悉企业,充分考虑残疾学生岗位适应性问题,努力使残疾学生首岗适应,把残疾学生培养成具有较强的操作和动手能力的应用型人才,实现从毕业到就业的无缝衔接。

(二)高素质人才

毋庸置疑,单一的技术技能型人才已经不能满足当今社会对人才的需求,人才培养需素质与技能并重,缺一不可。残疾大学生虽然身体残疾,但他们对自身精神发展的需求与健全人是一样的,他们渴望接受系统的职业教育,提升自己的职业素质和专业技能。那么,什么是素质呢?素质指平日的修习涵养,包括一个人的文化水平、个性品质、言行举止等,是思想道德、精神品质、人生信仰方面的综合。高素质人才培养目标对职业院校残疾学生人才培养提出了更高要求。近20年来,教育部多次出台关于加强和改进学生思想政治教育意见的指导性文件,要求加强思想政治教育,把社会主义核心价值体系融入职业教育人才培养的全过程。残疾大学生作为社会主义事业的建设者和接班人,同样要成为"德智体美劳"全面发展的高素质人才,特殊职业教育要高度重视残疾学生的职业道德品质和法治教育,重视培养残疾学生的诚信品质、敬业精神和责任感、遵纪守法意识。

但一段时期以来,受现代工具理性思想的影响,当代职业教育片面地强调对学生专业技能的训练,弱化了对残疾学生心理素养、人文素养、创新素养的培养。急功近利的社会风气也导致部分残疾学生内心滋长出庸俗化、物质化、"一夜暴富"的思想,进而丧失了职业信仰。[1][2]高度的职业认同是培育工

---

① 李楠.上海市残疾大学生就业心理及其相关因素研究[D].上海:华东师范大学,2012.

② 闫晶晶.影响残疾大学生就业的因素研究 —— 以上海市三所高校为例[D].上海:华东师范大学,2008.

匠精神的基础,但有部分残疾学生认为就读职业院校不过是为了学门技术、找个工作、能养活自己而已。毋庸否认,高素质人才的培育愿景与特殊高职院校的具体实践还存在非常大的距离。对残疾大学生而言,"高素质"的核心要义是坚定工匠精神、明确职业价值取向、锤炼职业道德、端正职业品质、塑造职业操守,把自己培养成具有爱岗敬业的职业道德、精益求精的职业品质、协作共进的团队精神、追求卓越的创新精神的高技能人才。

1. 工匠精神"三进"

工匠精神"三进"包括进课程、进教材、进课堂。第一,加强工匠精神课程开发与建设,可以设定学分,开设工匠精神德育选修课,让残疾大学生真正理解工匠精神的内涵,对自己将来要从事的职业产生高度的认同感和使命感,帮助他们化解对职业、未来的迷茫以及面对社会竞争压力的忧虑。对有一定建设基础的课程,可以采用"工匠精神+"的方法,将其与课程内容进行整合。第二,任何一门课程的建设都离不开教材建设,工匠精神的起源、现实意义、大国工匠、专业精品、工匠故事、成长案例、国外工匠大师等,这些教学内容都需要用教材形式固化下来,供老师们根据残疾大学生的实际情况选用。不仅如此,对需要提供手语、盲文等学习便利的残疾学生,教材编制时应充分考虑他们的需求,让教材成为他们喜闻乐见的学习读本。第三,工匠精神进课堂,需要所有的任课老师树立育人先行心的理念,不仅要传授好专业知识与技能,还要用融入、渗透的方法将工匠精神与残疾学生的专业学习有机结合,润物细无声地提升他们的职业道德与工匠素养。

2. 工匠精神"三融"

工匠精神"三融"包括融通识课程、融思政课程、融专业实践。除工匠精神德育选修课外,通识课程、思政课程、专业实践都是高等职业院校人才培养方案中的必修课程,是工匠精神教育融入的课程载体。第一,孔子、墨子、朱熹等中国古代先贤的思想中闪耀着"执事敬""事思敬""修己以敬"的光芒,《庄子》中记录的庖丁解牛、运斤成风的故事,赵州桥、都江堰、布达拉宫等历代伟大工程,这些都可以成为人文通识课程的内容,从代表人物、敬业思想、创新意识等角度进行讲授。第二,思想道德修养是对残疾大学生进行工匠精神教育的思政课程主渠道,对他们进行思想道德教育最忌空洞说教,多讲述一些身边的感人故事、多提供《大国工匠》类的短视频,可以在潜移默化中熏陶他们的职业价值观。第三,"纸上得来终觉浅,绝知此事要躬行",专业课程是让残疾大学生在实践中培养工匠精神的最佳载体,实践最易激发他们的参与感和认同度,专业老师需要以精益求精、不断创新的要求激励他们,指出他们的不足之处并提供示范。

三、构建特殊人才培养模式

人才培养模式构建是专业建设的根本任务,是专业内涵式发展的核心要素。1998 年,教育部召开第一次全国普通高校教学工作会议,会议文件《关于深化教学改革,培养适应 21 世纪需要的高质量人才的意见》指出:人才培养模式是学校为学生构建的知识、能力、素质结构,以及实现这种结构的方式,它从根本上规定了人才特征并集中体现了教育思想和教育观念。[①] 这是教育部第一次以文件形式对"人才培养模式"概念作出的明确表述。时任教育部副部长的周远清在这次会议讲话中,对"人才培养模式"这一概念又作了简明扼要的阐述:"所谓人才培养模式,实际上就是人才的培养目标、培养规格和基本培养方式。"[②]2010 年,《国家中长期教育改革和发展规划纲要(2010—2020年)》指出,要"把提高质量作为重点。以服务为宗旨,以就业为导向,推进教育教学改革。实行工学结合、校企合作、顶岗实习的人才培养模式"。人才培养模式构建是一项科学性、系统性、技术性很强的工作,需要从人才培养的全局出发,对人才培养活动各环节、各要素进行统筹考虑、科学谋划,将学院的办学理念、办学特色融合到各专业顶层设计之中,贯穿到人才培养方案规划、调研、起草、审定、整改的各个工作步骤之中。[③]

(一)"就业技能"、"社会融入"双线并行

特殊高职院校应采取"就业技能"与"社会融入"并行的思路进行人才培养模式的整体设计。成为一名职业人,残疾学生不仅要过"技能关",同时需要过"融入关",也就是解决如何顺利融入社会的问题。有大量调查表明,社会上长期形成的残障观念使得残疾人不能够正确、客观地看待自己。残疾人

---

① 关于印发《关于深化教学改革,培养适应 21 世纪需要的高质量人才的意见》等文件的通知(教高〔1998〕2 号)[EB/OL]. (1998-04-10)[2021-11-16]. http://www.moe.gov.cn/srcsite/A08/s7056/199804/t19980410_162625.html.
② 舒底清. 高等职业教育专业内涵建设[M]. 北京:高等教育出版社,2013:18.
③ 刘盈楠. 我国高等教育人才培养模式演进研究(1978—2020)[D]. 长春:东北师范大学,2020.

就业难不单因为技能的欠缺,还涉及社会因素和个体心理、情感、语言等因素,个体因素包括自我认同度低、抗挫折能力弱、沟通障碍、社交经验缺乏等。有些肢体残疾学生因为交通出行存在障碍、无障碍设施不足导致就业意愿缺乏;也有的盲生因为自身就业期望值过高很难找到适合的岗位。毋庸讳言,即使接受了高等教育,残疾学生来自自身心理的就业压力还是会比健全学生大很多。国外有研究者通过对特殊职业教育双语教学模式的研究发现,语言能力在很大程度上决定了残疾学生是否能顺利完成学业,大量学生的辍学是因为语言沟通的障碍。因此,应在特殊职业教育中开展有效的双语教学,让语言教师和职业教育教师合作完成特殊职业教育的教学活动。① 以聋生为例,聋生融入社会最大的问题来自语言障碍,如果能掌握娴熟的笔谈沟通技能,将大大有助于提升他们的求职成功率以及入职后的就业稳定率。

应高度重视残疾学生认知、情感、语言和社会适应性的发展,依据专业人才培养方案的知识、能力、素质要求,设计"社会融入"类课程与"职业技能"类并重的课程,构筑具有各自明确教学目标、教学任务、评价标准的课程框架。"社会融入"类课程方面,开设足够的心理健康类课程,帮助残疾学生树立正确看待自我的意识;树立自尊、自强、自信的人生观;开好思政教育类课程,"课程思政"与"思政课程"相结合,以"三全育人"为载体全面提升残疾学生的政治觉悟、法治观念、道德品质;结合专业开设职业规划类课程,帮助残疾学生发挥自身的优势和潜能,对职业领域形成明确认知,完善职业生涯规划设计;要针对聋生、盲生开设语言训练类课程,引导他们在与人沟通、交往中学会积极面对人生。总之,"社会融入"与"就业技能"双线并行的人才培养模式整体设计有助于残疾学生全面融入社会,为他们顺利就业打下坚实基础。

(二)因材施教、因地制宜、因势利导②

特殊高职院校各专业人才培养模式应基于以下三个立足点来构建:因材施教、因地制宜、因势利导。"因材施教"是从个体维度出发,对残疾学生在残疾类型、残疾程度、学习程度、个性特长等综合评估基础上,对他们实施分专

---

① Plate M, Jones P. Bilingual Vocational Education for Handicapped Students [J]. Exceptional Children, 1982(48):538-540.

② 黄宏伟,张帆.特殊教育高职院校人才培养方案修订理念与路径探索[J].绥化学院学报.2022(1):111-116.

业、分方向、分类分层教学，综合运用多种途径手段，将生理缺陷的影响降到最低，尽最大可能激发他们的学习潜能。方案设计过程中，在专业定位，职业岗位（群）知识、能力、素质方面的需求，课程体系的构建，教学进程的安排以及教学条件保障等各方面都要遵循因材施教原则，充分尊重残疾学生的实际情况和学习需求。

"因地制宜"是从社会维度出发，考虑当地区域经济发展对残疾人技能人才的需求，从企业的用人角度去设置专业。受残疾人身心发展受限的影响，目前国内各特殊高职院校专业设置趋同，面向盲生的以按摩针灸、声乐类为主，面向聋生的以视觉设计与传达类为主，面向肢残学生的以财会、电商专业为主。也有的特殊高职学院面向聋生零星开设了汽车维修、园林设计等专业，但从总体看，各特殊高职院校之间目前的专业集中度过高。每年大量同类专业的毕业生进入就业市场，这也在客观上导致残疾学生就业困难。各特殊高职院校应深入行业、企业开展调研，做足调研功夫，根据当地经济发展实际，找准专业定位。区域的优势产业是什么，哪些岗位（群）是本地市场、当地企业需求量最大的，是否适合残疾学生，都需要沉下去做细致的统计分析。例如，同样是视觉传达类专业，是偏向于传统的工艺美术品设计方向，还是侧重于年轻人市场的时尚饰品设计？是偏向室内的装潢艺术三维设计，还是侧重二维的平面广告设计？不同区域，产业背景不同，经济结构不同，企业对同类专业的岗位需求不一样，学院师资匹配度也不一样。总之，专业设置要把握"因地制宜"原则，对就业市场、人才需求、学院自身情况做出全面调研和精准研判。

"因势利导"是从时间维度出发，将残疾学生的实际情况与企业的用人需求相匹配，引导残疾学生努力提升个人技能水平，逐步契合社会对残疾人的职业技能需求。"因势利导"要求各特殊高职院校能顺应行业企业的发展变化，及时调整专业方向，人才培养目标要争取与职业岗位（群）动态对接。为此，应成立由行业企业专家、专业负责人、一线教师和残疾学生代表组成的特殊高职院校专业建设委员会，共同参与人才培养方案的制（修）订工作。各专业建设委员会应做好行业企业调研、毕业生跟踪调研和学情调研，动态分析产业发展趋势和行业企业人才需求，形成调研报告。推进产学融合、工学交替的教学模式，建好用好各类实训基地，推进跟岗实习、顶岗实习等多种实习方式，紧跟行业企业发展脉搏，稳步提升残疾学生职业技能水平。

四、建设具有时代特色的课程

（一）书证融通、课证融合

课程是人才培养活动的关键环节，是实现专业人才培养目标的载体，专业建设的最终落脚点在课程。高等特殊职业教育以培养残疾学生的职业能力为核心，基于职业导向的"课证融合"教学是职业教育人才培养改革的重要途径。1996年，《中华人民共和国职业教育法》提出："实施职业教育应当根据实际需要，同国家制定的职业分类和职业等级标准相适应，实行学历证书、培训证书和职业资格证书制度。"之后的《关于实施〈职业教育法〉加快发展职业教育的若干意见》（1998）、《国务院关于大力推进职业教育改革与发展的决定》（2002年）、《国家职业教育改革实施方案》（2019年）均强调职业教育要将专业设置与产业需求对接，课程内容与职业标准对接，教学过程与生产过程对接，毕业证书与职业资格证书对接，职业教育与终身学习对接。[1]

普通高职院校已经探索出了一套适合自身专业特点的书证融通、课证融合式的课程体系，高等特殊职业教育领域同样要根据岗位的实际要求、职业资格证书内容要求来设计专业课程内容，并以技能竞赛方式体现技能水平，真正实现课程设置与残疾学生实际岗位能力要求的对接。[2] 但目前高等特殊职业教育实施课证融合教学还存在一些现实问题。从内部原因看，专业定位与企业的实际岗位能力需求存在距离，部分专业人才培养方案设置主观性强，人才培养方案中所要求的残疾学生职业素质、职业能力与行业企业的需求存在偏差，"双师型"教师职业技能偏弱。从外部环境看，面向残疾人的职业岗位标准尚未开发，职业考证项目信效度低；发证机构缺乏权威性，残疾学生考证与将来实际从事的技术工作存在距离。书证融通、课证融合的试点和推广，将迫使特殊教育高等职业院校教师更加注重实践教学，倒逼学院重构专业教学内容、重塑人才培养过程，以考核评价环节作为教学改革的突破口。

---

① 国务院关于加快发展现代职业教育的决定（国发〔2014〕19号）[EB/OL].（2014-06-22）[2021-11-16]. http//www. gov. cn/zhengce/content/2014-06/22/content_8901. htm.

② 褚阳."理实结合、课证融通"的"仓储与配送管理实务"课程教学设计[J]. 职业教育研究,2014(1):132-134.

借鉴普通职业教育"课证融合"经验①②,结合特殊教育高职院校实际,本书提出面向残疾大学生的书证融通、课证融合式的课程体系开发步骤:首先,每个专业都应明确人才培养定位,也就是为某个特定职业岗位(群)培养人才;其次,在深入调研基础上厘清职业岗位(群)标准,将人才培养规格与职业岗位标准进行对接,用岗位职业能力来描述人才规格,重点关注残疾学生能做什么;再次,确立职业岗位(群)的职业考证项目,针对不同类别、不同残疾程度学生明确不同等级层次的考级要求,因材施教,满足不同行业用人需求的多层次性;接下来,融合技能证书与学历证书、课程学习与考级考证,把职业考证的职业素质、职业能力和专业知识要求融合到各专业课程教学中去。如对已有成熟职业资格考证体系的特殊高等职业教育专业,如面向聋人的工艺美术、食品烹饪,面向盲人的推拿按摩等,根据专业中的典型工作任务和职业能力标准,以及完成工作任务所必备的专业核心能力、专业知识、专业技能、职业素养等来进行课程整合;最后,以赛促教、以赛促学,将职业技能的培养贯穿教、学、训、赛全过程,增强残疾学生的社会适应性与首岗竞争力。

(二)"互联网+"教学

信息技术与教学深度融合是职业教育改革的趋势,也是教育现代化的必然需求。2015年3月,李克强总理在政府工作报告中明确提出了"互联网+"行动计划,"互联网+"发展成为国家的一个发展战略。③ 同年7月,国务院颁布了《关于积极推进"互联网+"行动的指导意见》(以下简称《意见》),国家从顶层规划了"互联网+"的宏伟蓝图,提出了明确的"互联网+"发展目标。针对教育领域,该《意见》提出要探索包括高职教育的新型教育服务供给方式,鼓励互联网企业与社会教育机构逐步探索网络化教育新模式,提供网络化教育服务,加快推动高等教育服务模式变革。④ "互联网+"新型教学形态正在给特殊高等职业教育带来一场全新的变革。

---

① 章安平,方华.基于职业导向的"课证融合"人才培养模式实践与思考[J].中国高教研究,2008(11):58-60.

② 李秀华.基于职业导向的"课证融合"人才培养模式的实践研究[J].职教通讯,2012(8):13-15.

③ 国务院.2015年政府工作报告[Z].2015-03-05.

④ 国务院关于积极推进"互联网+"行动的指导意见[Z].2015-07-01.

　　"互联网＋"教学符合残疾学生的认知特点和学习方式。聋生不擅长抽象思维和归纳式的学习方式,不习惯阅读长篇文字,喜欢图像刺激;而音频是盲生获取信息的主要载体。信息载体的多样化和碎片化,使得残疾学生的注意力持续时间短暂,不论是聋生、盲生还是肢残学生,与长久坐着听讲的学习方式相比,他们都更喜欢互动、研讨、操作等方式。互联网时代,手机、电脑等工具成为他们获取信息的主要媒介,学习环境不再局限于实体的教室,海量的网络课程成为他们可以随时随地参与的学习渠道。此外,传统课堂教学主要依靠老师讲授,大多停留在"理解＋记忆"的浅层次学习,缺乏问题分析与思辨,"互联网＋"教学改变传统课堂,为推动残疾学生知识探究和能力培养提供了新的教学范式。

　　特殊教育高职院校"互联网＋"教学创新行动计划具体可从课程建设创新、教学手段创新、教学管理革新、教学资源开发四个方面入手。第一,在课程建设创新方面,建设优质微课和优质资源共享课。从课程内容、教学资源、教学方法、教学风采、互动活动等方面,培育与建设示范微课,并组织校级微课竞赛;购置网络学习平台,以省、校级精品课程和工学结合课程为基础,重点培育与转型校级优质资源共享课,实施互联网线上教学。[①] 第二,在教学手段创新方面,一是重点探索行动导向教学、线上线下混合教学、分层分类教学、小班化教学、翻转课堂、课堂重建等教学方法创新,通过试点实践形成可借鉴、可推广的创新课堂课程。二是利用技术手段实现教学手段的无障碍,满足不同残疾类型学生的学习需求。如利用"音书""讯飞听见"等语音识别软件,将教师的语音同步转换为文字并投影到屏幕上,大大提高聋生在课堂的信息接受率与准确度,提高课堂教学效率。手语认知计算、机器翻译软件的开发,也将帮助来自行业企业的讲师与聋生展开无障碍交流,帮助聋生及时了解行业企业的科技发展动向。第三,在教学管理革新方面,信息技术与课堂教学的深入融合。传统的课堂已经向智慧课堂转变,信息技术与专业知识的不断融合,使课堂教学数据的采集与处理、学习过程的评价与反馈、课堂

---

　　① 陈丽婷.互联网＋时代的高职课堂教学创新实践——以台州职业技术学院为例[J].职教论坛,2016(30):72-73.

教学互动和课后的个性化辅导等均发生了重要变化。① 在混合式教学课程框架下，残疾学生选择权更大了，课程内容变得更丰富的同时对教师也造成了教学管理上的压力。作为整合教学平台的混合式教学方法，"微认证"技术在混合式教学的教师课程管理中发挥了较好作用。所谓"微认证"是当学生掌握某种技能、完成作业或达到课程计划中的相关要求时，就可以获得徽章，并作为一种便携式、可验证和无感知的学习证据。② 线上教学平台可以因时制宜，使用微认证勋章插件，记录学生学习轨迹与进度，以此助力模块化教学考核。③ 教师根据专业群学生特点提前在在线教学平台管理后台设定每个模块学生获取徽章的构成及量化指标（见表 4-1），在线教学平台自动统计并颁发模块徽章，徽章数量与线下课堂教学的评价指标相结合，构成本门课程是否通过的认证凭证。第四，在教学资源开发方面，顺应"互联网＋职业教育"的需求，积极投身信息化教学改革浪潮。一方面，应积极开发满足残疾学生个性化需求的学习资源；另一方面，可利用已经成熟的精品在线开放课程，把优质教学资源引入教学。利用信息技术拓展残疾学生的学习时空，使肢残学生突破学习场所的限制，随时随地都可利用碎片化的时间学习；让盲生反复播放、听读课堂教学内容；让聋生通过视频资源获取信息，温故知新。

表 4-1　人文素质通识课某模块徽章获取构成及量化指标

学习行为（20％）	学习活动（40％）	学习结果（40％）
按时签到≥20 次	视频完成度≥60％	测试平均分≥60％
互动交流跟、发帖≥10 次	非视频浏览度≥60％	
向老师发起提问≥5 次	作业次数≥5 次	作业平均分≥60％
在线学习时长≥5 小时	测验次数≥3 次	

五、打造特殊教育双师团队

师资队伍既是专业建设的重要内容，也是专业人才培养方案的具体实施

---

① 刘邦奇."互联网＋"时代智慧课堂教学设计与实施策略研究[J].中国电化教育，2016(10)：51-56.

② 汪维富，闫寒冰.面向开放学习成果的微认证：概念理解与运作体系[J].电化教育研究，2020(1)：60-66.

③ 窦菊花.公共英语课融入专业群建设路径及效果探析[J].中国职业技术教育，2021(5)：57-58.

者。师资队伍培育是专业建设的根本,2019年教育部、财政部发布的《关于实施中国特色高水平高职学校和专业建设计划的意见》指出,要建设中国特色高水平高职学校和专业群,应该把"打造高水平双师队伍"作为改革发展的重要任务之一。受办学历史短等现实因素制约,目前国内特殊教育高职院校教师存在来源单一、师资结构年轻化、实践能力与职场经验缺乏等问题。从教育属性维度看,特殊高等职业教育是一种特殊的教育类型,相应地,特殊高等职业教育教师的专业素质是一个复杂的结构,涉及特殊教育职业信念与道德、情感与态度、专业知识(特殊教育学和心理学知识、实践知识、职业教育理论知识、学科专业知识)、专业能力(教育教学能力、专业实践能力、课程开发能力、信息化能力、组织管理能力、科学研究能力)和专业服务社会能力。目前,特殊高等职业教育教师专业标准缺失,特殊高等职业教育教师专业发展制度不健全,认证、考核、评价制度缺失。面对这一现实情况,各高职院校迫切需要从实践层面入手,以本院专业建设规划为统领,组建一支满足特色专业、品牌专业、专业群建设发展需要且结构稳健的双师型教师队伍,确保人才培养质量。

（一）具备职业康复指导和评定能力

特殊教育高职院校教师教育对象为有特殊需要的学生,教师需要满足学生复杂的、多样性的教育需求,尊重学生的个体学习差异,从学生职业发展角度出发,创设学习环境、评估学习技能、制订个别化教学计划、采取针对性教学策略、检测学习效果等,应用各种有用措施以减轻残疾对学生造成的影响,最大限度地激发他们的职业潜能。残疾人教育法案大力倡导发展基于学校康复治疗的模式,将教育康复理念贯穿于特殊儿童整个教育过程,并将之看成是教育过程的一个部分。① 到了高等教育阶段,职业康复在特殊教育中仍占据重要地位,特殊职业教育教师需要具备对残疾学生的康复评定能力,对残疾学生的生理、心理、职业适应性状况以及目标岗位的要求等进行综合职业评定,对不同学生设定个别化职业康复目标,根据评定结合及设定的目标制订实施计划,开展相应的职业技能指导;并适时对他们的训练效果进行评

---

① 傅王倩,刘晶秋,肖非.我国特殊教育教师专业化发展的现状与展望[J].岭南师范学院学报,2017(4):49-55.

估反馈,根据反馈采取相应的干预措施或调整培训计划。[①]

(二)具备双师素质

"双师型"教师有双职称论、双证书论、双素质论几种理解。此处取双素质论,也就是兼具理论教学素质、实践教学的综合素质。特殊教育高职院校新晋专任教师上岗任教,理论素养扎实,但实践技能尚有欠缺。因此,新晋专任教师要具备把自己培养成双师的意识,积极参与企业实践。通过下企业锻炼提高实践动手能力,将生产工作过程的知识进行开发转换,运用于教学过程,把自己培养成行业骨干、技术能手,成为素质过硬的"双师型"教师。人类学家莱夫认为,学习应该是从参与实际活动的过程中获得知识,学习的历程是由周边开始后渐进地向核心推进,不断深入甚至沉到参与真实活动中的过程。[②] 建构主义学习论也认为,知识的意义是学习者根据自己头脑中的经验建构起来的。作为一位新晋教师,必须多行动,通过实践和经验才能掌握该行业领域的知识、实践与技能,丰富实践智慧。

(三)引进行业人才

2019 年教育部、财政部发布的《关于实施中国特色高水平高职学校和专业建设计划的意见》指出,建设中国特色高水平专业群,应"以'四有'标准打造数量充足、专兼结合、结构合理的高水平双师队伍。培育引进一批行业有权威、国际有影响的专业群建设带头人⋯⋯聘请行业企业领军人才、大师名匠兼职任教。"要通过引进来自企业的高技术人才,推动企业与高校教师的双向流动,打造一支专业化、高水平的专业教学团队。每个专业(群)形成一支由校内专任教师和行业兼职教师结合的教师团队,形成结构稳健的双师型教师队伍。扩大来自企业行业的兼职教师队伍,聘请行业企业领军人才、大师名匠、技术能手作为兼职教师,建立适应高水平专业(群)发展需求的兼职教师资源库,把业内已经成熟的新技术、新工艺、新规程及时更新到

---

① 徐添喜,雷江华. 残疾人职业康复实施模式探析[J]. 现代特殊教育,2010(2):13-16.

② J. 莱夫,等. 情境学习:合法的边缘性参与[M]. 王文静,译. 上海:华东师范大学出版社,2004:1-2.

课程内容中来。① 建立"双向流动、兼职兼薪"的双师型教师团队,分工协作、术业专攻,实施分工协作模块化教学,使残疾学生具有更高的实践操作技能和应用水平。② 加快科技成果转化、技术改造、技术革新,服务于企业,掌握企业的最新科技动态,提高自身的科技开放动力和创新能力,更新知识,使理论密切联系实际。

第三节　特殊职业教育专业建设改革趋势

特殊高等职业教育经历了从 20 世纪 90 年代的起步发展到 21 世纪的规模扩展之后,发展战略开始逐步转向内涵建设。服务产业发展、聚焦专业内涵建设是特殊职业教育专业建设改革的使命所在。2005 年,我国开始推进产业结构优化升级,提出逐步形成农业为基础、高新技术产业为先导、基础产业和制造业为支撑、服务业全面发展的产业格局。2019 年《国家职业教育改革实施方案》指出,"我国职业教育还存在着体系建设不够完善、职业技能实训基地建设有待加强、制度标准不够健全、企业参与办学的动力不足、有利于技术技能人才成长的配套政策尚待完善、办学和人才培养质量水平参差不齐等问题"③。对于特殊职业教育,同样也要合理调整专业结构、提炼专业品牌特色,面向产业转型推进特殊职业教育专业群建设,畅通中高职本一体化发展通道,深入推进校企合作、双元育人,提高残疾学生的社会适应性和职场竞争力。

一、凝聚专业品牌特色

从生态学角度看,特殊职业教育专业建设改革是一种优化专业内部生态环境的过程。生态学的观念认为:"系统必须有优势品种和拳头产品为主

---

① 秦华伟,陈光."双高计划"实施背景下"三教"改革[J].中国职业技术教育,2019(33):35-58.

② 左彦鹏.高职院校"双师型"教师专业素质研究[M].广州:暨南大学出版社,2017:156-157.

③ 国务院关于印发国家职业教育改革实施方案的通知(国发〔2019〕4 号)[EB/OL].(2019-02-13)[2021-12-05]. http://www. gov. cn/zhengce/content/2019-02/13/content_5365341. htm.

导,才会有发展的实力;必须有多元化的结构和多样性的产品为基础,才能分散风险,增强稳定性。主导性和多样的合理匹配是实现持续发展的前提。"①目前,国内各特殊职业院校的专业结构属于一个或几个具备传统优势专业带动若干个特色专业的发展格局。这种专业布局既较好地发挥了品牌专业的优势,也有利于开办面向新兴行业与区域经济需要的新专业。但从学校长远发展角度看,多科院校全面发展往往会失去特点,全面发展容易导致特色褪色,特殊职业院校必须坚守专业定位,加强品牌专业建设,凝聚专业品牌特色,才能发挥品牌专业的优势效应和辐射效应,更好地带动新设专业的发展。

(一)强化专业品牌和特色创建

近年来,国内特殊职业教育不断优化、调整专业结构,新增专业发展速度较快。据统计,辽宁特殊教育职业学院在 2019 年已有的 11 个专业基础上,2020 年起新增家政服务与管理、美容美体、老年保健与管理三个专业;山东特殊教育职业学院 2020 年新增言语听觉康复技术、中医康复技术、文物修复与保护三个专业。处理好新设专业与已有专业之间的关系成为特殊职业教育专业建设亟须解决的问题。要把保持特色、强化特色、创新特色作为专业建设工作的突破口,做强做大品牌专业,提升专业素质和核心竞争力,这样才能形成在全国同类院校中优势明显的品牌专业,达到扶强带弱的目的。② 资源配置要向有优势的专业适当倾斜,采取领先发展、重点发展的方式加强重点专业建设,锤炼积淀形成专业特色。

(二)突出优势、差异发展

为避免特殊高等职业院校已设专业同质化发展和低水平重复问题,应采取差异化竞争策略,紧贴当地产业与企业要求,制定有特色和个性化的人才培养方案,实现错位发展。以浙江特殊教育职业学院为例,作为国内第一所独立设置的特殊高职院校,该院始终坚持就业创业导向,在实践中逐步凝练形成了残健融合、协同共培的人才培养理念,对接浙江省对旅游工艺品、

---

① 周建松.高等职业教育的逻辑[M].杭州:浙江大学出版社,2011:84.
② 李元元.加强特色专业建设 提高人才培养质量[J].中国高等教育,2008(17):25-26.

生活服务业和电商产业的市场需求,把工艺美术品设计、中西面点工艺、电子商务等专业建成培养残疾人高素质技能人才的品牌专业,品牌优势不断彰显,办学知名度逐步扩大,为当地输送了大量残疾人应用型人才。工艺美术品专业是国内各特殊职业院校面向聋生开设的传统专业,各特殊职业院校应挖掘当地工艺美术品资源优势,主动对接工艺美术品企业,以传承当地特色非遗手工技艺为目标,培养具备传承当地特色手工技艺的高素质技能人才。各特殊职业院校应在差别错位发展上动脑筋,努力建设具有行业特色、区域优势、满足残疾学生发展需求的特色专业,做到"人有我优""人优我新"。

二、推进专业群建设

《关于实施中国特色高水平高职学校和专业建设计划的意见》(教职成〔2019〕5 号)明确提出了中国特色高水平高职学校和专业建设的总体要求、任务内容与保障措施,目的在于提高高职教育质量和水平。《国家职业教育改革实施方案》强调,到 2022 年,国家要建设 150 个骨干专业(群)。特殊高等职业教育是残疾人教育的重要部分,目前高职教育发展又迎来前所未有的改革与发展机遇,探索建立特殊职业教育的专业群,合理规划专业布局,是特殊高等职业院校专业发展的必经之路。专业群是一组结构有序、优势互补、资源共享的专业或专业方向的集合,专业群的内在组成决定了专业外在的服务形式或服务面向。要结合产业发展、学校办学特色、学生发展,科学合理设计专业群结构。①

然而,特殊高等职业教育无法直接照搬挪用普通高职的专业群组群逻辑和建设路径,学生群体的特殊性,决定了特殊高等职业教育在对接区域经济发展方面具有一定的局限性。因此,组建特殊职业教育专业群的出发点,应是努力推进专业之间的协同培养,走内涵发展之路,促进办学效益最大化。在达成为残疾人提供质量更好的职业教育目标的基础上,再考虑如何让特殊职业教育进一步服务区域经济发展战略。

---

①　孙毅颖.高职专业群建设的基本问题解析[J].中国大学教学,2011(1):36-38.

（一）特殊职业教育专业群组群逻辑

特殊高职教育专业群建设必然引发现有专业结构的解构与重构,目前许多特殊高职院校通过"学科联系"组建专业群,实际上更适合培养学科型人才,并不合适培养技能型人才,如果要通过组建高职专业群来提高特殊职业教育的质量和残疾人的就业竞争能力,专业群组建的逻辑起点和现实依据应当是"职业联系"①,本书认为,针对"职业联系"建立的残疾人专业群,其本质应当凸显"适合"二字,不能为了组群而组群,而应当依据区位特点和发展特色组建适合残疾人特殊性的专业群。

基于适合残疾人就业的本地区域传统特色产业组建专业群。学校可以深度挖掘本地区适合残疾人就业的传统特色产业,围绕发展该传统产业进行专业组群,比如在民族地区的学校,可以依托当地的特色民族文化产业,形成集合民族工艺品设计、制作、营销等专业的专业群,囊括不同类型的残疾学生,既继承和发展了传统手工艺术,又贴合残疾人自身特点,培养优秀的民族工艺的传承者,助推当地文旅产业的发展。在现实案例中,如浙江特殊教育职业学校以听障生为对象,面向非物质文化遗产保护,以工艺美术品设计专业为核心,以中西面点工艺、数字媒体艺术设计为支撑,以茶艺与茶叶营销、民族传统技艺等专业为延伸,探索组建旨在非遗保护传承的非遗手工技艺专业群。

基于适合残疾人就业的本地区现代产业发展布局组建专业群。职业教育对经济发展的重大作用在于培养推动现代产业发展的技术技能型人才,虽然残疾人由于生理原因无法支持相当一部分产业发展,但是在一个城市多元化的现代产业布局中,依然有残疾人可以发光发热的领域。以云南特殊教育职业学校为例,该校根据区域经济社会发展与云南省现代产业发展布局,重点围绕云南三张牌之一的"健康生活目的地"的大健康产业,针对八大产业中的生物医药和大健康产业、旅游文化产业、信息产业、物流产业优化设置专业,具体专业群和产业对接情况如表4-2所示。

---

① 沈建根,石伟平.高职教育专业群建设:概念、内涵与机制[J].中国高教研究,2011(11):78-80.

表 4-2　云南特殊教育职业学校专业群建设情况

专业群名称	所含专业	对接区域产业
经济信息专业群	电子商务、会计、移动应用开发	信息产业、物流产业
特殊教育与公共服务专业群	社区康复、特殊教育、家政服务与管理、网络舆情监测	生物医药和大健康产业
艺术专业群	艺术设计、民族传统技艺、美容美体艺术、工艺美术品设计	旅游文化产业

资料来源：上海市教育科学研究院,麦可思研究院.2019 年高等职业教育质量年度报告[Z].2019-06-20.

基于适合残疾人就业的某行业中的岗位群组建专业群。适合残疾人的行业通常特色鲜明,基于行业内的岗位群组建专业群(案例见表 4-3),可以将相同残疾类型的学生聚集在一处学习,培养其合作沟通的能力,并且为学生打下该行业的坚实基础,在基础知识上再进行分支学习,从而拓宽学生未来在该行业内的就业渠道。

表 4-3　基于行业的岗位群组建专业群

工作场域	涉及专业
表演艺术行业	舞蹈表演、舞美设计、视觉传达、摄影摄像
服装行业	服装设计、服装制作、服装营销、广告设计
医疗行业	针灸推拿、康复治疗、护理、中药学、中医学、中医骨伤
计算机行业	计算机及应用、数字媒体设计与制作、网络舆情监控、电子商务、移动应用开发
管理服务行业	社会工作、家政服务与管理、社区服务与管理、工商管理、会计

（二）特殊职业教育专业群发展路径

1.集成发展,强化优势:建立以课程组织为基础的特职专业群组织机构

从相近专业资源集聚到培养模式改革,最终体现在群内专业间相互关联的课程组织,与职业发展阶段相对应的不同课程门类是构成专业群课程师资团队的基础。特殊职业教育学校中最有实力的专业是学校专业群建设的领导者,该专业协调着专业群设置与资源分配,把握着整体专业群未来的发展路径,还组织着专业群内不同专业之间的任务明晰、责任分配、课程衔接和实习联系。以强势实力专业为首的课程团队是专业群发展的主要力量,依据产

业发展和市场需求,持续更新课程内涵,引导学生进入发展方向,并将其带入更高的职业发展阶段是其职责。专业群之间的资源并非完全独立,以资源联系为纽带的教学管理组织单位(分院、系)需要协调群间资源的共享,并为学生选择专业学习方向提供服务,为专业群内生发展提供良好环境。

2.适应需求,综合改革:建立以残疾人生活质量为评价重点的动态调整机制

特殊职业教育专业群建设的目的是提高人才培养的质量,而最终目标是提高残疾人的生活质量,其中就业质量是影响残疾人生活质量的重中之重,也是满足经济社会发展需要和残疾人接受职业教育需要的结合点。当前,由第三方专业调研机构提供的社会需求和就业质量跟踪服务对高职教育建立专业评价机制有较高的价值。以专业就业质量数据为基础,学校可对专业群的主要指标进行连续跟踪和分析比较,从而找出区域产业发展的变化趋势,并对人才培养质量做出定量和定性的研判,为动态调整专业结构、柔性设置专业方向提供重要依据[1];以调控群内专业数量和招生规模为重点,推动群内专业的资源集聚和结构优化,促进专业群自我发展、约束和调整机制的建立。

3.协同创新,共同发展:建立福利机构、政府部门、企业行业三者协同的校企合作机制

"政府主导、行业指导、企业参与"已成为国家职业教育的发展战略。在特殊职业教育校企合作发展的过程中,残疾人的特殊性使得社会福利机构成为该机制中的重要角色。当前,企业参与职业教育的国家制度还不健全,组织职业教育集团(联盟)对接区域经济社会发展还处于起步和尝试的阶段,但是特殊职业教育的专业群建设,最终必须落脚到专业群与具体产业的对接。以服务残疾人、为残疾人提供便利与保障的社会福利机构,可以在校企合作的体系中扮演信息核心与合作联结的纽带的角色,通过社会福利机构收集残疾人的相关信息与数据,分析残疾人的诉求与需要,再与企业的岗位需求进行匹配对接,能够很好地参与制定专业群课程规划,为产业企业参与特殊职业教育奠定基础。通过社会福利机构和政府部门合作,建立稳定的职业训练和员工培训场所,从而较好地解决特殊职业教育的师资、场所等教育教学资

---

① 沈建根,石伟平.高职教育专业群建设:概念、内涵与机制[J].中国高教研究,2011(11):78-80.

源匮乏问题。因此,建立并发挥福利机构、政府部门、企业行业三者协同的校企合作机制是当前特殊职业教育专业群建设的一大重点。

三、中高职本一体化发展

特殊职业教育整体呈现出逐步发展、螺旋上升的趋势,特殊中等职业教育、特殊高等职业教育和特殊本科层次教育之间能否顺利衔接和有效贯通,继而形成一体化的协同发展之势,直接影响特殊职业教育的发展进程。

(一)中高职本衔接的现存问题

1.不同层次特殊职业教育的专业设置缺乏统一性和规范性

中等特殊职业学校在专业设置上呈现出专业多而杂、细而小的特点,往往主要考虑残疾人的特点和当地经济发展的特点;高等特殊职业学校和本科层次特殊职业学校在专业设置中呈现出专业少、高度集中的特点,往往受高等教育的影响采用学科中心的方式设置专业,与现行的产业结构或是职业岗位有所脱节。残疾人中等职业教育发展时间较长,在以就业为导向的理论指导下,随着地区经济和产业结构的不断变化,专业覆盖面也变得越来越广,而与之相对的高等职业教育发展时间短,专业覆盖面窄,形成中高衔接的"匝道",无法实现课程的连续性、顺序性和整合性,高职和本科的课程根本无法与中职形成真正意义上的对接,导致的结果就是残疾人中高职本的专业分类、专业名称、专业范围的拟定随意性较大,宽窄不一。基于未来中高职本进行一体化和系统性专业建设的需要,应对不同层次的特殊职业教育专业设置进行统一和规范。

2.特殊职业教育的不同衔接模式各有其发展的局限性

目前,不同层次特殊职业教育的衔接模式主要有三种:"3+2"模式、五年一贯制和对口单招。"3+2"模式是在特定的中等职业院校与高职院校之间,通过共同研究、相互协调,设计分阶段专业目标和课程,该模式在普通中高职以及国外中高职教育领域不乏成功的经验,但在特殊职业教育领域其局限性是显见的,主要原因在于特殊职业教育对象的残疾类型不同,针对各类残疾学生设置的专业和课程千差万别,不具备推广的基础。五年一贯制模式则更缺少推广的基础和价值,这主要是因为无论是从师资配备还是从硬件建设方面来讲,都非常复杂,具有独立建制资质的特殊职业院校屈指可数。另外,五年一贯制的课程设置不利于保持中高等职业教育的相对完整性。如果部分残疾学生因为自身学习取向或学习能力等原因不能升入高职继续学习,这种线性的按递进顺序进行的一体化设计的课程显然无法保证这部分学生所受教育的完整性。在对口单招模式的实际操作中,由于中职教育相对于普通高中而言更强调其职业性,而对口单招考试缺乏职业性,导致中职生在入学考试环节及进入高职后都处于劣势,表现出严重的适应不良。事实上是因为中高职教育彼此并不理解对方的培养目标和课程标准,实践中出现文化基础课程脱节、专业课程重复倒挂等课程衔接效率低下的情况,目前这种模式仅仅实现了特殊中高职两种学制上的接轨,但未实现二者课程的衔接。现有各种衔接模式的局限性在较大程度上影响了中高职本一体化专业建设的进程,特殊职业教育不能直接移植普通职业院校的衔接模式,需要为特殊职业教育的特殊情况设计新的衔接模式。

3.缺乏国家层面的专业课程教学标准体系和残疾人职业测评体系

专业课程标准体系是专业建设中课程与教学体系建设的指挥棒。然而,我国还没有在国家层面建立起一套科学、严谨、规范的专业课程教学标准体系,也没有形成开发专业教学标准的有效支持体系,开发针对不同残疾类型的高水平的职业教育课程的专业团队也尚未建立。与此同时,对残疾学生进行有效的职业能力测评也是专业建设的重要支撑条件之一,通过测评掌握残疾学生的职业能力水平,能为专业建设成效评价、专业建设发展规划和专业建设方式调整提供参考。但是,目前国内尚没有设计出适合国情的残疾人职业测评体系,而构建这一测评体系需要有掌握相关技术的专业化、职业化的团队来操作实施。凡此种种,都需要教育部及其职教司、中残联等相关机构尽快组织解决,只有这些问题得到真正的解决,才能有效开展残疾人中高职本教育的有效衔接,为中高职本专业的一体化和系统性建设铺平道路。

(二)特殊中高职本一体化发展的对策

1.教育部门:通过制度规范确保专业目录的编制和专业标准的建设

特殊职业教育的衔接工作要求进一步整合统一的、适合残疾人的专业目录,专业划分应能较好地体现出专业和行业的关系、专业与职业的关联,努力实现专业对接行业,专业链接职业岗位,凸显残疾人职业的引领性和拓展性。只有当专业目录之间有了衔接性和连贯性,特殊职业教育的衔接才有一定的依据,中高职本教育之间的对话、合作才能成为可能,人才培养目标的定位才有据可依。目前,特殊职业教育"同名专业异质"或"异名专业类似"现象时有发生,特殊职业教育的专业目录修订各自为政的局面需要打破,需要教育主管部门加强残疾人职业教育专业设置的标准建设和专业目录的编制,从而规范特殊职业教育衔接各专业大类的名称和可衔接专业的名称,让中高职本衔接有章可循、有据可依。

2.地方政府:统筹管理、调整和引导新专业设置符合经济发展需要

特殊职业教育中高职本一体化建设需要加强政府统筹和政策导向,需要做好学校布局、专业布局、招生等方面的统筹,需要打通学校外部管理壁垒,对中高职本衔接在内容、形式、路径上进行统一合理规划,积极开展中高职本衔接招生制度改革,统筹制定人才培养方案,构建无缝衔接贯通体系。此外,国家和地方都需要出台相关的政策和文件,引导各特殊职业教育学校科学地开展新专业设置,强调时效性,不仅需要考虑残疾人的身心特点,还需要考虑与当地经济产业特点相结合,并且建立根据当地的经济发展、产业特色、人才需求所开设专业的调适机制和退出机制,使特殊职业教育能有效服务于社会、延展于未来。

3.多元主体:评估中高职本一体化发展的递升关系紧密性

特殊中职学校在积极开拓具有区域特色的专业的同时,也要以特殊高等职业教育学校专业设置为导向,合理开设专业课,以实现中职专业与高职专业基本对应,中职阶段的文化课要有较扎实的基础,要培养一定的专业意识,掌握一定的专业基础知识,否则进入高职难以跟进专业学习。[①] 此外,特殊高职学校要充分利用中职学校的专业资源,在中职院校的基础上设置新专业、新课程,以解决部分专业的中职生升学难问题,高职阶段的专业设置必须高于中职的专业设置,以便残疾学生根据自身特长和兴趣自主选择;课程设置应结合职业资格证考证内容来整合,并对中职教育内容进行拓展和延伸,否则会抑制学生学习积极性,降低高职的吸引力。在中高职的不同阶段,实训实践教学应统筹设置,文化基础课和技能学习均应体现出逐级上升、不断拓展的趋势。为达到双方良好衔接,需要高职统筹人才培养方案的制定与落实,要联系教育主管部门、残疾学生家长代表、企业代表来检查与评估,确保

---

① 许保生,张帆.浙江省残疾人中等职业教育办学现状及对策[J].绥化学院学报,2015(4):117-121.

一体化培养能促进残疾学生综合素质的提升。

4.课程建设:依托国家职业标准,在职业分析的基础上构建课程体系

目前,由于中高职本的课程开发在各个不同层面独立展开,不能协同各个层级的人才培养目标,相同专业的相同课程缺乏统一的课程标准,因而不能形成有机的课程体系。如何确保各个层级课程衔接的前瞻性和科学性,实现无缝对接,职业分析工作责无旁贷。所谓职业分析是指对特定职业和职业群进行系统分析,以明确该职业对从业者必备知识和能力的具体要求。研究人员在课程开发之初,通过专业调研掌握人才结构现状、专业发展趋势、人才需求状况,归纳出职业群中每个职业或多数职业都需要的能力、技能、知识,寻找贴近职业、贴近不同残疾学生的起点水平、接受能力、可用学时等因素,制定适宜的课程目标,编制适合的课程标准,开发特需的课程模块和评价标准。根据职业岗位的工作内容要求,全面统筹中高职本教育内容,保证知识的连贯性和整体性,构建由文化课、专业课、专业选修课、公共选修课、实训课等共同组成的衔接课程体系。① 这样从宏观层面不仅能确保不同层级的特殊职业教育在培养人才的方向是一致的,同时又能保证课程之间的发展性和连续性。

5.能力评估:健全残疾人职业能力测评体系,实现课程的弹性衔接

要保障特殊职业教育质量能够在较高水平上达到统一和衔接,必须有全国统一的职业标准、评价原则和认证要求。这就需要统一的经过认证的可全国通用的能力标准职业资格证书。持有能力资格认证的学生能够在不同的中高等职业院校之间学习和移动,这样不仅拓宽了残疾学生的选择余地,在某种程度上也改善了残疾学生专业单一的问题,而非半强制性地把这些学生简单归入有限的几个专业,有效贯通了中职生的升学路径。此外,有了统一的能力标准,资格持有者可以将修好的积累学分绩点,寄存在中高职院校的教务管理个人学分银行系统档案里,待一定时间内累积到规定学分绩点后可申请获得毕业证书或保留学籍、先工作后上学或在职考学或工学交替。通过校际间学分的设定与转换,学生可以根据自己的实际情况制订和实施个性化学习计划,保障职教生课程不同层面能够有效衔接起来。这种不受时间限

---

① 许保生,张帆.浙江省残疾人中等职业教育办学现状及对策[J].绥化学院学报,2015(4):117-121.

定,不受课程束缚的具灵活性、自主性的管理制度,最大限度满足了中职生弹性学习的诉求。

四、校企双元育人

校企合作、工学结合是职业教育作为一种教育类型的特征所在。2021年10月,中共中央办公厅、国务院办公厅发文强调,要把"坚持产教融合、校企合作,推动形成产教良性互动、校企优势互补的发展格局"[①]作为推动现代职业教育高质量发展的总体工作要求。特殊职业院校要实现培养高素质技能型人才的基本目标,其教育教学过程必须以"工"与"学"的深度结合为逻辑主线,在教学目标设定、课程与教材开发、课程实施与评价、师资培养以及教学管理方面不断加强企业参与程度。但是,校企合作一直是特殊高等职业教育人才培养过程中的薄弱环节。一方面,政府的全额投资、相对封闭的教学管理以及长期担负福利功能使得特殊高职院校主动服务社会的意识不强[②];另一方面,受残疾学生培养难度大、培养周期长、回报率不高等因素影响,企业与特殊教育高职院校合作意愿明显偏低。

(一)制度化保障

为推动优质企业资源与学院合作,带动学院实践教学整体水平提高,特殊职业院校要主动转变观念,走合作、开放办学之路,积极创设条件,出台《校企合作促进办法》和《校企合作紧密型基地建设管理办法》,激励企业履行实施职业教育的义务,鼓励企业利用资本、技术、知识、设施、设备和管理等要素参与校企合作,同时为企业提供所需的课程、场地等资源,为残疾学生专业学习提供基本保障。[③] 如浙江特殊教育职业学院就出台相关制度,开展校企合作紧密型基地、"校企合作先进个人"推荐评选,深度合作的企业确定为学院校企合作紧密型基地。据统计,2018—2019学年,该院校外实训基地65个,

---

① 中共中央办公厅、国务院办公厅印发了《关于推动现代职业教育高质量发展的意见》[EB/OL].(2021-10-12)[2022-11-12]. http://www.gov.cn/zhengce/2021/10/12/content_5642120.htm.

② 陈瑞英.残疾人高职院校校企共建校内实训基地的策略思考[J].实验室研究与探索,2017(6):245-248.

③ 石伟平,郝天聪.产教深度融合 校企双元育人——《国家职业教育改革实施方案》解读[J].中国职业技术教育,2019(7):93-97.

实际接待学生 14304 人次,基地使用时间 9588 天。[①] 同时,该院各专业聘请校外专家来校开展讲学、讲座,安排教师到企业参加社会实践,提高实践技能,做到教学做合一,校企深度合作。

(二)共建实训基地

特殊职业院校要深化校企协同育人机制,努力寻找校企利益结合点,吸引更多的行业、企业专家参与到人才培养方案设计、专业教学标准开发、师资队伍建设以及实训基地建设中来。针对部分学生残疾程度较重、出行不便,企业的无障碍设施或管理细节上无法匹配残疾学生的实训需求等现实问题,特殊职业院校应在与企业共建实训基地上下功夫,通过"校中厂"、引企入校或共建校内实训基地等方式,把企业工作情境通过典型任务或真实项目引入学校,让残疾学生在校内完成实训,实现向"职场人"的过渡。以浙江特殊教育职业学院为例,该院数字媒体艺术设计专业与浙江佳丽摄影有限公司开展订单合作培养,选拔符合摄影后期处理条件的学生进行定向培养,以"校企共建企业共管专业工作室—共同制定人才培养方案—共同选拔订单班学生(企业进行职业能力测试)—本校教师传授基础知识—企业导师传授职业核心技术—顶岗实战,学生和员工角色转换"的合作流程开展订单式合作,保障残疾学生毕业即就业。特殊职业院校实训基地的建设只有紧紧依托行业,加强与产业的合作,按照"真设备操作、真项目训练、真环境育人"的"三真"要求建设校内学训一体实训室,并积极探索校企共建型、教学工厂型和校办企业型等多种生产性实训基地建设模式,才能在教学过程中做到校企互动、产教对接、学做合一。[②] 在此基础上,构建长效的校企合作机制,有效解决残疾大学生工学结合、顶岗实习难的问题,实现学校、用人单位、残疾学生之间的"三赢"。

(三)加强实习过程管理

要加强实习过程管理,改变现有的教学管理模式,围绕校企"双主体"育人和残疾学生"学徒"双重身份管理进行重点突破,按照合作企业的生产与工作过程灵活确立开课次序,允许根据不同残疾程度学生的需求适当拉开实训

---

① 上海市教育科学研究院,麦可思研究院.2019 年高等职业教育质量年度报告[Z]. 2019-06-20.

② 刘晓.论高职院校的内涵建设:从课程建设到专业建设[J].河北师范大学学报(教育科学版),2011(11):89-92.

进度,构建梯度明显、逐层提高的实践教学体系。对残疾程度较重的学生,专业负责人应提前与企业沟通无障碍操作环境,为残疾学生实习提供合理便利。对部分出行有困难的残疾学生,应为其提供住宿场所,方便残疾学生起居。要建立残疾学生实习档案,准确、及时了解残疾学生实习情况。要健全实习管理队伍,组成由职业院校心理辅导员、企业管理人员、专业指导老师、班主任为成员的专业管理队伍,运用专业化方法为残疾学生适时提供生理康复、心理辅导、就业评估、就业咨询。要实行实习绩效评估,确保残疾学生实习率和实习质量的稳步提升。

第四节　本章小结

专业建设是发展特殊职业教育的前提条件,研究特殊职业教育的专业设置与专业发展,能够提升特殊职业教育在经济发展和社会服务中的意义,也能够拓宽提高残疾人的发展空间,提高残疾人的个人价值与自我认同,助力残疾人获得幸福美满的人生。本章主要探讨了特殊职业教育专业建设的基本内涵、建设路径和改革措施,由于面向残疾人的职业教育发展时间较短,在促进残疾人全面发展和终身教育的策略方面仍处于探索阶段,如专业趋同、专业口径狭窄、专业调整预警机制不成熟、各层次学校专业设置缺乏衔接等问题仍然突出。我们认为,特殊职业教育的专业建设只有对社会、学校、残疾人多方面的需求做出灵活反应,坚持就业导向,优化专业配置,建立预警机制,合理调整更新专业设置,形成优势专业布局,打通各层级教育衔接的壁垒和屏障,才能更好地吸引生源,提高毕业生就业竞争力,促进特殊职业教育学校可持续性健康发展,为残疾学生提供体面就业、终身发展的可能性和幸福生活。

第五章 特殊职业教育课程论

　　课程是教学的中心，是联结教与学之间的纽带。当前，特殊职业教育课程在课程内容、课程评价等方面仍存在很大的进步空间。若想使特殊职业教育课程发挥其育人功能，为社会主义建设培养更多的优秀接班人和建设者，就应对特殊职业教育课程特征、课程实施等进行宏观设计，并有针对性地对特殊职业教育课程提出改革方向与建议。

第一节 特殊职业教育的课程特征

　　对于社会来说，积极开展特殊职业教育有利于减轻社会负担、有利于实现建成富强民主文明和谐的社会主义现代化国家的奋斗目标；对于个人来说，接受特殊职业教育有利于实现其自我价值，有利于使特殊学生成为一个心理健康、阳光开朗、对社会有用的人。特殊职业教育需要通过具体课程教学和学习来实现对残疾人职业教育人才的培养，课程是基础和根本，本节将以视力、听力、智力和肢体障碍学生的特殊职业教育为重心，围绕特殊职业教育的课程目标、门类、内容和评价四个方面来谈一谈特殊职业教育的主要课程特征。

一、特殊职业教育的课程目标

　　课程目标是实现教育目的的手段，而教育目的则是教育活动的出发点和最终归宿。要想实现教育目的，必须以课程目标为中介。根据特殊职业教育人才培养目标的职能结构，通常把课程目标锁定在职业知识、职业技能、职业道德和情感素养四个方面。课程目标强调人的知识、能力、思维的培养，这是具有共性的、普遍适用于不同类型教育课程目标框架下任何动手操作的背后都必须有思维的支撑和助力,尤其是那些高技能的岗位更是如此,特殊职业教育课程也是如此。如聋人的工艺设计、盲人的中医推拿等,需要不断强化对聋盲等特殊学生思维能力、创新能力的培养。特殊职业教育要培养懂工艺、精操作、能维修、会管理的残疾人特殊人才,才能不被社会所淘汰。职业教育的课程目标重构还应当根据不同残疾类别、不同专业、不同课程进行针对性制定和设计。

特殊职业教育既是职业教育,也是特殊教育,但是更侧重于职业教育——让有特殊学习需要的受教育者获得从事某种职业或劳动所需要懂得的知识和技能从而可以胜任相应的教育类型。与此同时,因为受教育人群是特殊的,是残疾人,所以课程目标除了使他们获得劳动技能之外,还应当加入特殊教育的目标——帮助残疾人获得生活能力,克服心理障碍,更好地融入社会,像健全人一样生活,自食其力,感受世界的美好,享受生活的快乐。"残疾人"的范围很广,包括了智力、听力、视力、肢体残疾等。

根据美国著名教育学家布卢姆依据教育目标的完整性提出的教育目标分类系统,教育目标被分为三个维度:第一维度是知识与技能目标,第二维度是过程与方法目标,第三维度是情感态度与价值观目标。由于特殊职业教育对象的特殊性,将情感态度与价值观目标分为生活能力目标和社会适应目标。

知识与技能目标包括四个部分:了解、理解、掌握和运用,它们代表了对知识由浅到深的四种认知上的程度。过程与方法目标主要包括经历(感受)、体验和探索,通过实现过程上的目标达到对知识更加完整的学习,对技能更加扎实的掌握。① 生活能力目标是使特殊的受教育者提高日常生活所必须具备的自理生活能力,使他们可以尽可能地少依赖看护者,甚至一些残疾程度相对较轻者可以独立生活。社会适应目标是指使特殊的受教育者更好地融入社会,适应社会。在设立具体目标之前,特殊职业教育学校还应当对授课对象作一个评估。评估的内容主要有:特殊学生的残疾类型、残疾程度以及最重要的他们现在已有的文化基础程度,例如和常模比较,该生的知识水平相当于什么年龄层次? 是小学三年级、六年级还是初中一年级? 然后根据评估

---

① 施良方.课程理论:课程的基础、原理和问题[M].北京:教育科学出版社,1996:83.

结果分层分类,根据实际需要,制定适合的目标。

聋生往往逻辑思维能力比较欠缺但模仿能力较强。因此,在针对聋生设立课程目标的时候,应适当降低在知识理解上的要求,而把重点放在让聋生学会操作性任务;盲生和聋生相反,盲生普遍的理解能力较强,但由于视力上的局限,因此对于盲生应当设立较低的技能型目标和相对较高的知识性目标;智力残疾学生就更加复杂,对他们的目标设定需根据残疾等级来制定。轻度智障学生可以教会他们一些简单的手工劳动,例如咖啡装袋、缝扣子等工作,以便今后可以自食其力,而中度智力障碍学生则通过训练使他们拥有自理生活能力,比如个人的内务整理、自己坐公交等,重度智障一般不会到特殊职业教育学校就读,在此不予讨论。

二、特殊职业教育的课程门类和内容

特殊职业教育课程门类又称特殊职业教育的课程分类,是指通过某种标准把特殊职业教育课程分为几类。本书根据特殊职业教育的授课内容和教学目标,将特殊职业教育的课程门类分为基础教育课、专业实践课和为提高特殊学生生活和社会适应能力的课程。

特殊职业教育课程内容指的是特殊职业教育的各门课程中所传授的知识、希望教会学生的技能、传达的观点等。选择和组织特殊职业教育的课程内容是在编制特殊职业教育课程的过程中一项基本的工作。除了和特殊职业教育的课程目标保持一致之外,也要考虑课程内容的科学性和有效性,它们对学生和对社会的实际意义是什么,能否被学生接受,是否与特殊职业学校的教育目标相符。

（一）门类

1. 基础课

基础课是指与专业课相对的,学校根据培养目标而开设的有关自然科学和社会人文科学的基本理论课程。

基础教育课的内容对视障、听障和肢体障碍学生来说在目标实施上有所区别。目标上的区别主要有:视障学生没有视力或者视力很差,但是他们的其他感官例如听觉、触觉很好,而且逻辑思维也比较强,所以在培养时要避开需要用到眼睛的那些专业,应充分利用他们的其他感知觉,比如按摩。听障学生的逻辑思维能力和理解力较弱,动手能力和模仿能力较强,应当将聋生培养成为技能操作型人才。肢体障碍学生行动不便,但是智力是正常的,感官也是齐全的,应当将肢体障碍学生往脑力劳动方向培养。而对于智力障碍学生来说,授课内容依旧需要参照残疾等级评定的结果。轻度智障学生可以教他们认识一些简单的字,如教授十以内的加减法以便于日常生活。实施上的区别将会在课程实施部分详细讨论。

因此,教师在制定教学目标时应当顺应时代的需求,全面考虑学生的学习能力、需求和差异等采取分层教学,包括教学对象与教学目标分层、课题提问和作业分层,实现个性化教学。在分层教学的同时需注意兼顾学生间的合作学习和采取隐形分层的方式,以此更加全面地促进学生的进步、提高课堂效率和保护学生的自尊心。个性化特殊职业教育教学主张受孔子提出的"因材施教"思想的影响,充分体现了现代特殊职业教育"以生为本"的主张,让每一个学生拥有适合自己的独特的学习过程,形成独特的知识结构和思维方式,以适应时代对新型残疾人职业技术人才的要求。①

从特殊教育的角度来讲,不同的残疾学生有不同的特点,在基础教育课程的实施过程中需要考虑这些特点,从中入手实现个性化。例如,聋人因为听不见声音,比起常人缺少听觉这一感官通道,因此其逻辑思维不如健全人,文字表达能力也比较弱。所以,针对聋人的基础教育课程部分的内容就可设计得相对简单一些,好理解一些。课堂任务,特别是在跟文字表达有关的任务中应相对降低难度和要求。盲人在逻辑思维和文字表达这一块就比聋人好得多,但是他们看不见。因此,在专业课教学中无法使用可视化的材料,例如图片、PPT等,在给视障学生授课时应当尽可能使用听觉材料,例如录音、触觉材料,视障学生也不能使用普通的教材,应当为他们特别定制盲文教材。肢体障碍者则需看障碍的严重程度。一般的肢体障碍学生可以去普通学校上课,借助假肢、轮椅等辅助器械辅助课程学习。如果肢体障碍已经严重到在有辅助器械的情况下都无法在普通学校跟班上课,则需要到特殊学校就读,那么就要根据肢体障碍学生的具体情况作出相应对策。

2.专业课程

专业课包括了专业技术和专业理论,开设的主要目的是让受教育者掌握

---

① 宋小燕.新时期中职英语课程的分层教学策略[J].现代职业教育,2018(28):91.

未来所从事职业的必备知识和技能。

专业课也是根据特殊学生的类型和残疾程度来设立的。一般适合聋生的专业课有中西点制作、美术设计、电子商务(网店设计方向)等,适合盲生的专业课程一般有中医按摩等,而为轻度智障学生开设的专业课程一般是一些较为简单机械的手工劳动。

职业教育的专业课分为理论课和实践课,知识理论课主要介绍学生所学专业必备的理论知识,比如西点制作专业的聋人学生需要学习面包原料的鉴别与选用课程,或者按摩推拿专业的视障学生需要学习中医的人体穴位课程等。

专业课的知识理论课部分在实施上跟基础教育区别不大,主要是根据各类残疾学生不同的残疾特点进行个性化的因材施教。专业实践课部分偏重实际操作和训练。学习职业技术,光靠理论知识肯定不够,更重要的是动手操练。首先,特殊教育学校必须合理设置课程目标,在设置某专业的课程之前,需要对本地区该专业市场的人才需求情况进行调研,充分了解本地对该专业领域的支持政策和实际需求;其次,特殊教育学校应全面地分析该专业的知识与技能要求,从就业市场的具体状况出发,有目的、有计划地培养专业人才;最后,在相关专业职业教育课程目标设置方面,特殊教育学校应从学生实际情况出发,把握实际、实用、实效三个基本原则,将残疾学生可以胜任相关工作岗位作为主要课程目标。

以视障学生中医按摩特殊职业教育为例,特殊教育学校如果想为视障学生开设中医按摩课程,那么学校首先需要调研保健按摩市场的人才需求情况,本地政府对保健按摩这个领域以及相关领域有哪些支持政策;然后,全面分析中医按摩职业的知识和技能要点,并且认识到中医保健按摩市场对专业理论与技能的实际要求,有目的、有计划地培养中医保健按摩人才;同时,在设置视障中医按摩职业教育课程目标时也不能忘了从学生实际情况出发,在三个原则的基础上把视障学生培养成符合需求的中医保健按摩人才。①

此外,由于专业实践课的操练需要一定的场地和设备。因此,学校要提供专业设备和技术上的支持,例如面点操作台、按摩床等;学校应当根据学生

---

① 韩彬.特殊教育学校视障中医按摩职业教育课程实施困境及对策研究[J].中国校外教育,2020(5):71,73.

的残疾类型和程度对教学方法进行调整,例如在西点操作房中给聋生播放有字幕的教学视频并让学生们一边看一边反复操练。

3. 特殊教育课

特殊学生在生理、心理上和社会适应上都有一定的困难。所以,特殊职业教育学校应当针对特殊学生的实际学习需要开设特殊教育课程,以便于学生们生活得更加方便,更好地适应社会。例如,针对聋生的手语课,给他们开设诸如"聋人与社会"这样的课程;针对盲生,教盲生如何运用优于常人的听力删掉优势;针对肢体障碍学生,教肢体障碍学生如何使用健康的肢体去代替失去的或有障碍肢体的功能,例如用脚写字等。

此外,很多特殊学生都会因为自己的残疾有自卑情绪,这样的情绪会导致他们产生一系列的心理问题,如焦虑、抑郁等,严重者还可能出现精神分裂。特殊职业教育学校除了开设心理健康课之外,还需要配备专职的心理治疗师对这些问题及时地发现和干预。

(二)课程内容

在课程内容方面,所有的职业教育都应侧重于三部分内容:理论技术、创造性智力技能和专业理论。

1. 理论技术

理论技术是随着工业革命以后产品的复杂性的提升、精确度的提高和产量的增加应运而生的。由于生产现场必须以科学原理来进行产品的制造和生产管理,所以技术必须科学化,而不能仅仅靠经验技术。当然,经验技术和理论技术是不能分家的。

2. 创造性智力技能

技能可以被分为智力技能和动作技能。英国教育学家罗米索斯基(Romiswski)以一种创新的角度将技能又分为再生性技能和创造性技能。

再生性技能是指某些具有重复性质的、机械的、在各种情境中运用时没有较大变化的技能,体现出一种固定的程序或运行的方式,例如洗车、打字、开车等。

创造性技能是指某些具有相当灵活性和变通性、在运用其执行任务时需要制定计划、根据某种理论进行设计的技能,例如美术设计、茶艺与茶文化、电子商务等。

当今社会随着科学技术的发展和提高,再生性的技能已经被许多高科技产品替代,比如机械手、传送机、计算机等。因此,再生性技能的价值不断下降已是不可逆转的发展趋势。而人类的创造性智力技能无法被科技所取代,甚至可以说技术越是发展,创造性技能就越重要,因为高科技的产生和应用都离不开创造性智力技能。

特殊职业教育所针对的技能岗位中,创造性技能占的比重较少,以艺术设计类为主。在高职特殊职业课程中应当更加重视创造性智力技能的培养,削减再生性技能训练的比重。例如,在实训课上应当强调创造性的技能训练,削减按固定模式操作的实验;同时,也应体现在毕业设计中。

3.专业理论

专业理论是在基础理论之上,对相应专业领域中的扩展和延伸。例如,推拿专业的生理学、病理学是基础理论,腧穴学等就是专业理论。

职业教育的课程内容包括专业理论的原因有三:第一,专业理论统一了对职业教育人才的针对性要求和适应性要求。它既能够让学生具备相应岗位所需要的专业知识,又能在工作上具有较高的适应性。第二,发展和学习相应的专业技术必须以专业理论为基础,否则在没有理论支撑的前提下学习技术就是只知其然而不知其所以然,这样的人才不符合特殊职业教育培养目标。第三,专业理论具有足够的稳定性。

新时代国家对职业教育文化课的定位是"在保障学生技术技能培养质量的基础上,加强文化基础教育,实现就业有能力、升学有基础"[①]。所以,特殊职业教育的实施应当基于课程标准,不能光凭教师的个人经验或完全依赖教材。以课程标准为依据进行课程实施更加有助于培养符合社会要求的人才,但特殊职业学校的教师需要充分理解和把握残疾学生对应的课程标准,面向不同残疾类别学生授课的课程标准是不尽相同的,要充分地分析任教对象的学情,在这个基础上进行课程设计和实施教学,再根据课程标准的规定来进行确定教学目标、组织教学内容、评价学生学习、改进教学等一系列教学活动。为促进基于课程标准的教学实施,积极解决在具体实施的时候可能会遇

---

① 国务院关于加快发展现代职业教育的决定(国发〔2014〕19 号)[EB/OL].(2014-05-02)[2021-11-16]. http://www.gov.cn/zhengce/content/2014-06/22/content_8901.htm.

到的困难,学校应当花大力气去提高教师的课程执行力、提供多方面的专业支持、开发适合特殊学生的教学资源和完善课程标准体系。

（三）完善课程评价体系

1.评价的目标

由于特殊职业教育课程缺少统一标准,课程评价是作为检验课程教学实施效果的主要方法和手段的重要指标。课程评价是特殊职业教育课程改革与建设中不可或缺的环节,是教学质量的保障。学校需要构建一套科学严谨的课程评价体系,对课程的教学大纲、教学方案、设计、实施、管理与效果进行全面的系统的评价,为课程的决策、改革、建设和实施提供反馈和监控。

2.评价的内容

特殊职业教育课程的教学内容非常广泛,从基础知识到各种实践技能,从知识的学习到世界观、人生观和价值观的塑造。因此,评价的内容必须多维化。课程评价的内容除了用纸笔考试来考查学生对知识的掌握情况之外,还应当进行技能实操方面的考试,比如制作面包、茶艺表演等。实践是认识的最终目的,在技能学习中,如果实操技术不行,理论知识掌握得再好也是事倍功半。

3.评价的过程

课程评价不仅是针对学生学习情况的评价,还有对课程本身的评价。评价时应当包括让学生对课程进行评价,比如他们喜不喜欢这门课,对这门课的感觉是什么,有哪些喜欢的地方和不喜欢的地方,不喜欢的地方可以怎么样改进,对这门课的授课教师有什么样的感觉,如果有选择的机会,他们还愿不愿意学习这门课或者愿不愿意上这个老师的课等等。

除了学习结果之外,特殊职业教育课程评价还应当对整个课程的过程进行全面的系统的评价:从课程本身到其指导思想、从课程的基本内容到其呈现方式,以保证课程内容的科学性、课程定位的适切性,确保课程实施是可监控的,课程的实施方式是合理的。课程目标的落实程度与目标的合理性及课程管理的规范性也需纳入评价范围,才能达到全面而又客观的评价效果。

在特殊职业教育的课程评价中,也要注意在评价形式上根据学生的残疾特点进行一定的调整,比如盲生在进行基础理论考试的时候应使用盲文试卷或者用说话代替笔试。

特殊职业教育课程重视对学生综合能力的培养,学习本身就是一个长期的过程。因此,在课程评价中不能局限于结果,也要重视学习的过程,达到过程与结果的统一。

4. 评价的形式

特殊职业教育课程评价应当采用形成性评价、发展性评价和终结性评价相结合的形式。在新形势下,特殊职业教育的课程评价不能仅限于课堂实施层面,应在课程实施前、实施中和实施后整体体现。在学校信息化程度日益提高的情况下,聋盲学生都可以应用数据平台开展教学评价,需要注意的是,面向聋生的评价简单直接,盲生的评价不能用图片进行反馈。

课程评价最主要的功能有监控、激励和反馈。监控教学实施,通过评价提高教师教学和学生学习的积极性,以及反馈课程实施的效果。并根据课程的目标定位和学生学习的实际目标,做到将量化评价和质性描述相结合。①

5. 评价体系与标准

在制定特殊职业教育的课程评价体系与标准的时候,首先要确定评价指标体系的组成部分,包括学生、教师、课程实施和课程管理。学生在课程评价中的重要性体现为学生是教学活动实施的主要对象,教学活动的质量最终会体现在学生的学业成绩、专业素养、对该门课的情感态度等各方面。教师是实施各类教学活动的主体,在教学活动中起着主导作用,是影响课程质量的关键因素之一。

对于教师而言,他们需要建立课程意识与评价意识,从课程理念的先进性、课程内容的合理性、课程实施条件以及课程资源等方面展开积极的反思和研究,对课程进行评价和改革。对于特殊职业教育学校来说,教师自身的专业水平、教学水平、素质能力等在课程质量上有着举足轻重的作用。因此,对师资素质进行评价也是非常重要的。课程评价时也需要对课程管理科学性进行评价。对课程管理的评价内容主要有课程大纲的制定与实行、学业水平的考核情况、教学科研、教学管理等。

特殊职业教育课程目标是以学生的发展为本,坚持多维度、多样化的原

---

① 国务院关于加快发展现代职业教育的决定(国发〔2014〕19 号)[EB/OL].(2014-05-02)[2021-11-16]. http://www.gov.cn/zhengce/content/2014-06/22/content_8901.htm.

则。因此,在制定课程评价指标体系时要坚持量化评价和质性评价的统一。量化评价可以保证评价结果的客观与公正,通过制定量化评价表,主要评价学生的知识技能掌握情况、综合运用能力等;质性评价则有利于实现课程评价"以人为本、发展为纲"理念的实践。

6.评价注意事项

特殊职业教育学校对于职业教育实践课程的评价方式不应拘泥于简单的考试。评价的形式需要多样化,特殊职业教育学校应当鼓励学生参加各种技能大赛、行业交流活动等,把在参加这些活动时学生的各种表现纳入到评价考核范围内。这样既能够为残疾学生单调乏味的生活增光添彩,又能让他们在各种实践活动中增强自身的专业能力,进一步激发残疾学生学习与实践的热情。

除了评价方式之外,对于职业课程的评价主体除了专业教师之外,特殊职业教育学校也应当把客户、用人单位以及毕业生都纳入评价主体之中,用人单位可根据毕业生的质量来考核课程的质量,从而将课程评价信息与社会实际需要结合到一起,为企业提供直观实用的人才信息。

第二节　特殊职业教育的课程实施

课程是特殊职业教育的基础,知识、能力、素养都需要依靠课程来实现,课程也是服务于残疾学生发展和就业的根本,适合残疾学生成长成才的优质课程能够为残疾学生未来谋生赋能奠基,使他们获得立世生存、谋职就业的基础本领和能力。特殊职业教育不一定能够培养社会精英,但却以极大的社会担当接受普通职业教育无法接纳的群体,通过特殊职业教育课程,为这些特殊群体奠定社会化的素养基石和"谋生之准备"的生存本领。特殊职业教育课程的实施必须尊重学生的生理和心理特点,是真正的公平教育和"兜底"教育。

一、特殊职业教育课程存在的问题

(一)课程定位不清晰

特殊教育学校肩负着对不同缺陷的残障学生进行针对性教育,促使其掌握一技之长,顺利地进入社会、参与社会生产活动的历史使命。① 特殊职业教育是提高残障学生综合素质和职业技能的重要途径,它旨在培养实用技术型人才,让残障学生学会技能以及掌握本领,能够自强、自立,平等地参与社会生活,解决生计问题,进而能够为社会服务,实现个人价值。特殊职业教育是对有特殊需要的群体的教育,除了要做好基础教育之外,还应做好融合教育和职业教育。然而,对于任何一门课程而言,若课程定位不明晰、不具体、不恰当,缺乏可操作性,就势必会导致课程实施、课程评价、教材建设等各个环节出现连带性的不理想状况,进而影响课程教学质量。特殊职业教育课程的目标定位,不仅关系着残障学生未来的就业能力,更关系着职业教育课程设置的具体内容和开展方式。因此,只有将特殊职业教育课程定位清晰,才能更好地实施课程。但是,如今学校对课程目标没有一个明确的定位,因为这个定位是多方面、多角度的。从经济角度来说,职业教学课程设置必须适应如今社会对人才的需求;从教学角度来说,职业教学课程必须将理论知识与教学实践相结合,来增加学生的经验积累;从就业角度来说,职业教学课程必须做到培养残疾学生使其达到就业标准。

(二)课程目标缺乏政策支持

职业技能与就业能力的提升是核心,对特殊学生毕业以后的顺利就业、融入社会、提升整体生活水平都极具现实意义。② 在目前的特殊中等职业教育课程建设中,国家与学校层面也意识到职业技能与就业能力的提升是重点,但是在国家层面推进特殊职业教育政策的进程却并不尽如人意。从 2010年《国家中长期教育改革和发展规划纲要(2010—2020 年)》提出要"加快发展残疾人高中阶段教育,大力推进残疾人职业教育""加强残疾学生职业技能和就业能力培养"③,到 2018 年 7 月教育部等四部门发布的《关于加快发展残疾人职业教育的若干意见》再次指出要"以中等职业教育为重点不断扩大残疾人接受职业教育的机会",这一系列的政策、文件虽然立足于特殊教育的发

---

① 朴永馨. 特殊教育辞典[M]. 北京:华夏出版社,1996.

② 张晨琛. 特殊学校听障生中等职业教育课程建设研究——以 N 校为例[D]. 西安:陕西师范大学,2019.

③ 郭文斌,何溪. 特殊教育职业教育课程设置现状及对策研究[J]. 现代特殊教育,2018(13):63-69.

展,指出了我国残疾人职业教育的主要教育目标和办学方向,但自始至终未能对残疾人职业教育的课程标准和培养目标进行详细可行的实际规划和统筹安排。国家尚未出台统一的培养目标和课程标准,各个特殊学校的课程建设大体都是仿照普通中职学校和高职学校的课程体系与培养方案,再结合学生的能力、特点与当地产业特色,适当地做一些删减和调整。对国家和学校来说,浪费了人力物力财力;对特殊学生来说,不利于专业能力的培养。

（三）课程目标难以兼顾个体差异

在我国,特殊中等职业教育还没有相对明确且规范的教育目标,在综合考量了国家对中等职业教育和对残疾人的教育目标之后,把特殊职业教育目标的重点放在了职业技能和就业能力的培养上。就课程目标而言,多数教师主观上更倾向于自己的学生未来能通过从事专业技能类工作做到自食其力,顺利融入社会,过有尊严的生活,所以学校课程的重点也一直是专业课学习。但在毕业后的选择上,很多特殊学校只有一部分学生会选择工作,另一部分则在未来选择继续上学,所以实际上出现了“一套课程,两类目标”的矛盾现状,在近年来的教育实践中,这一矛盾局面一直存在,目前还未能得到有效解决。除此之外,现在进入特校学习的中职学生个体差异较大。据了解,前些年特殊职业学校生源较多,而且学校名额有限,基本上都是择优录取,学生之间差异较小,教师教起来也相对容易很多。但当前特殊职业教育学校扩大了招收学生的范围,不仅有生理障碍等级上的差异,而且在智力、情绪、行为等方面也存在差异,随之带来的教育背景、文化素养、专业能力的差异也难以兼顾。不管是义务教育阶段还是中职阶段或高职阶段,学生基本都住校,生活圈子狭窄、与外界接触少、社会经验缺乏,对自己的未来往往缺少规划。特殊学生的这些差异和特点,在不同程度上给课程目标的制定加大了难度,使得学校在课程目标制定的过程中往往难以兼顾,也造成了一定程度上资源的浪费。

（四）课程针对性不强

1.课程没有针对特殊学生群体特征

当前,特殊职业教育课程设置中一味模仿或照搬普通职业教育的做法,缺少与职业的融合,普教色彩较浓,不能体现特殊职业教育的特色,忽略了职业教育的功能,这种做法是对课程设置缺乏深度分析和思考的表现。特殊教育学校职业教育仿照普通职业教育学校的课程设置,对残障学生开设众多知识理论性课程或者复杂且难度较大的课程,不仅是对特殊教育学校培养熟练技术人才目标的背离,还是对学生时间和精力的浪费,更是对教师以及学校资源的浪费。最终可能导致的不仅是教学效果不明显,而且还会打击残障学生的学习积极性和自信心。比如,在对比残疾人高职教育计算机应用专业和普通高职计算机应用专业的课程设置时就会发现,除了在残疾人高职教育中增加了公关礼仪、艺术赏析等选修课程外,二者的课程设置几乎一模一样。有些课程及其教学内容过于抽象,比如数据结构、软件工程等,不太符合残疾学生的学习特点和发展要求,听障高职学生在学习的过程中难度很大。所以,要加强残疾人职业教育课程设置的研究,加强课程设置的科学性。残疾人职业教育是针对特殊学生的职业教育,这种特殊性主要表现在教育对象上。因此,在残疾人高职教育课程设置过程中,应当根据残疾学生的身心特点来进行。

2. 课程没有针对特殊学生个体差异性

尊重特殊学生个体间的差异性有利于学生个性化发展、增强自信、实现自我价值。当前,相当数量的特殊教育学校在进行职业教育课程设置时,不仅没有充分考虑不同残障学生个体的身心特点、发展水平、就业意愿与需求,也没有适应残障学生个体多样化及个性化的发展需求。目前,各个特殊教育学校的职业教育主要针对视觉障碍、听觉障碍和智力障碍等传统三类残障学生进行教学,按照他们的身心特点与需求设置相应的职业教育课程,往往将孤独症与智力障碍学生一起划入启智班共同接受职业教育。然而,随着特殊教育学校入学的智力障碍学生和孤独症学生数量的不断增加,其职业教育的需求与日俱增。虽然智力障碍学生与孤独症学生存在一定的相似点,但二者在认知方式、智力水平、学习能力等方面存在较大的差异。特殊教育学校仅仅根据学生的种类进行简单的划分,以班级制集中授课为主,进行职业教育,不能满足智力障碍学生和孤独症学生的个别化发展需要。虽然部分特殊教育学校将智力障碍学生与孤独症学生分开教育,但同类特殊学生间的认知、能力与发展水平依然存在较大的差异,将不同程度的学生进行统一的职业教育,不利于教师及时了解学生职业技能的掌握程度,也不利于教师及时调整课程设置及教学方法。

3. 课程没有明确的市场定位

课程明确的市场定位有利于学生毕业后顺利就业,迅速融入对口专业的企业,为社会作出贡献,实现自我价值。而缺乏市场影响、就业导向的课程设置,不仅会影响残障学生的就业能力,而且会影响特殊学校职业教育的健康发展。现实中部分特殊教育学校不能够及时掌握市场需要的变化,课程调整速度明显滞后于社会需求和市场发展需求,导致残障学生学习和掌握的专业技能无法满足市场对技能人才的需求;还有大部分特殊教育学校由于未能及时了解毕业生的就业情况,也没有重视学生所学专业和从事职业的一致性,致使随后制定和调整课程设置时,也缺乏真实新鲜的一手信息。例如,在江苏苏北地区,传统的美容美发、种植养殖、服装制作等专业的教学标准未能紧跟当前经济发展、技术进步和产业升级现状,教学中采用的生产工艺与技术落后,造成培养出的学生所生产出的产品质量严重滞后,给残障学生的就业带来不利影响。这一状况在中西部地区显得尤为突出,相当一部分接受职业教育的残障毕业生无法就业,即便就业的残障学生,其大多数也未从事与所学专业对接的职业。

（五）课程标准缺乏

课程标准是规定某一学科的课程性质、课程目标、内容目标、实施建议的教学指导性文件,是教材编写、教学、评估和考试命题的依据,是国家管理和评价课程的基础。课程标准体现国家对不同阶段的学生在知识与技能、过程与方法、情感态度与价值观等方面的基本要求,规定各门课程的性质、目标及内容框架。在特殊职业教育学校,开展的是对不同残疾类别学生的专业教学活动,专业教学活动需要专业课程标准指引,才能使各类特教学生的教学更符合学生的身心特点和成长规律,有的放矢,做好学生专业技能培养、创业就业能力提高工作,促进他们全面发展、更好融入社会。因此,专业课程标准对特殊职业教育学校教学的作用不言而喻。然而,当下特殊职业教育缺乏专业课程标准指导,在中等职业教育方面,教育部修订了中职专业目录,印发了中等职业学校设置标准、教师和校长专业标准、专业教学标准、课程标准、专业仪器设备装备规范、数字校园建设规范等。在特殊教育方面,教育部在 2012 年出台了《特殊教育学校建设标准》,以及在 2016 年制定了盲校、聋校、培智学校三类特殊教育学校义务教育课程标准。[①]

---

① 刘萌. 构建特殊职业教育专业课程标准的思考——以陕西省城市经济学校为例 [J]. 科教导刊,2018(14):18-19.

(六)课程评价不足

1.评价方法单一

我国特殊职业教育课程评价在实施过程中采用的方法比较单一,主要以量化评价为主。据某项研究表明,特殊职业教育学校的教师在选取课程评价方法时,采用最多的方法是测试法、观察法和访谈法,评价方法较为单一。[1]从实际情况来看,第一,大多数职业学校将考试成绩作为学校测评学生学业的主要评判依据,尽管特殊职业教育课程评价融入了质性的评价,如采用观察记录的方式或问卷调查的形式,但是其他形式的评价所占比例甚小。第二,大多数中等职业学校将评价标准或评价内容进行量化赋值,而学生态度、情感、德育及综合能力等无法用数字进行衡量,使得课程评价的功能没有完全利用。由此可见,目前特殊职业教育课程评价缺乏将量化评价与质性评价进行有机融合,而课程评价方法的单一和质性评价的缺乏直接导致特殊职业教育课程评价有待进一步改革。

2.评价标准单一

随着信息技术飞速发展和"互联网＋"技术不断发展与成熟,世界各国在课程评价方面的主流趋势是以学生的全面发展为核心,在评价中更加侧重学生积极性和创造性地发挥,注重学生综合素质和职业能力的养成,为学生的综合发展甚至终身发展奠定坚实的基础。然而,当前特殊职业教育法的评价内容往往集中于学生的"就业率""获奖数"等,都是以学业成绩作为评价标准,只注重知识的掌握,不注重技能、素质的提升,忽视了学生全面发展的教育理念、学生综合素质的提升和创新能力的培养。这种以学生文化知识是否掌握为标准的评价方式,就会不自觉地忽视学生心理健康、忽视学生的个性差异,压制学生的各项才能的发挥和学生个性化发展,进而造就只会死读书的人,这与社会所需要的人才、与教育目的和培养目标相背离,进而导致特殊学生更难融入、参与社会。当学生以考试作为学习唯一动力,课程评价的功能和目的也偏离了其最初的意愿,忽视学生在非智力因素方面的特长和努力,对课程的建设和发展没有起到真正的促进作用。

---

① 郭文斌,何溪.特殊教育职业教育课程设置现状及对策研究[J].现代特殊教育,2018(13):63-69.

3.评价主体缺乏参与的深度和广度

从理论上说,多元主体评价的本质应是多元主体利益与价值在教育上的碰撞,它必须以多元主体共同参与职业教育管理的治理机制为前提,课程评价主体应以教师和学生为主,结合来自不同阶层的利益相关者,比如课程专家、教育行政人员、教师、学生和家长等主体共同参与、共同讨论、共同评价,不同主体的不同教育观、质量观、人才观、利益观聚焦于职业教育发展和德育课程质量。然而,在我国现行的特殊职业学校课程评价中,教师和学生很多时候处于被动地位,更多时候是扮演着被评价对象的角色,很少能够亲身参与到课程评价中。学生作为课程实施的主要参与者,理应同样成为课程评价的主体,但在实际的评价中,依然只是教师评价学生,学生的主体作用并没有得到发挥,更多时候是作为被评价的对象,没有机会参与到课程评价中。在当前仍为集中式的教育管理体制之下,课程评价的管理权和决策权还没有下放到教师、学生或社会人士的手中,还没有形成以教师、学生为评价主体的氛围。

(七)评估标准缺失

随着特殊教育向更高质量发展,特殊学生的评估工作越来越受到重视,上至国家、下至地方都出台了相关文件,将特殊学生评估列为特殊教育的重要工作内容。特殊学生评估贯穿学生接受特殊教育的全过程,从入学入园到随班就读认定,再到个别化教育计划制订和实施,以及转衔服务,全部渗透着评估的痕迹。特殊学生首先在医院进行一定的检测,对学生的智力、自理能力进行一定的测评与分级,学生在进校之后也会通过量表测量每个人的能力,根据其智力与每个人各方面的特点进行分班分层教学,而分班分层后每个班的教学内容仅仅凭借每个老师的教学经验来决定,或者比普通教育的教学内容低几个等级去进行教学,国家没有出台一定的标准去决定不同层次学生的教学内容与教学标准,这与维果斯基的"最近发展区理论"相违背,不利于学生在他的潜能范围内获得最佳发展。

二、课程实施路径

(一)考虑特殊学情,开展多样化课程教学

当下特殊职业教育课程改革创新模式有姜大源先生提出的工作过程系统化课程改革创新模式、华东师范大学徐国庆教授提出的项目化课程改革模式和北京师范大学赵志群教授提出的工学结合一体化课程改革模式。这些模式在普通职业教育课程改革实践中普遍推行,作为同性质的特殊职业教育课程也同样适用,但必须充分考虑不同残疾类别学生的特点,在基于特殊学生学情基础上开展项目化、工学结合等多样化课程教学,通过"产教融合、校企合作、工学结合、知行合一"使课程衔接专业、融通产业,在课程教学实践中探索适合残疾学生的课程教学实施路径和创新策略。比如采集一些残疾人的励志案例,开展同类优秀面点专业、工艺美术专业毕业生的作品分享,在案例中挖掘他们顽强拼搏、不怕困难的精神,让学生了解同类残疾人成功的影响因素,学习他们勤奋、敬业的品格,使学生学有榜样,砥砺自我,成才出彩。

(二)结合特殊学生特点,阶段性调整更新教材

教材和课程内容应体现时代性,课程教材应该紧跟国家创新发展步伐,需要结合本校人才培养模式,将最前沿教育理念、最新政策、最权威的专业行业分析数据编撰进教材。结合教材录制生动形象的视频课程,加入同类残疾毕业生典型人物等案例内容,让学生扫码即可看(聋)可听(盲),让文字知识变成生动的视觉和听觉体验,使教材"实用、管用、够用"。基于现有国内特殊职业院校数量较少教材开发不足的情况,可以进行院校协作,各个特殊院校分别牵头,结合残疾学生的生理心理特点,完成教材和课程资源的开发和课程资源的交流共享。

(三)自编或选用适用教材,设置模块化教学内容

特殊职业人才培养中,课程使用的教材发挥着关键作用,教材在体现教学理念的同时,也全面展现了教学内容和教学要求,不同类别学生生理特点不同,学习方法和学习能力差异大。因此,在教学改革中,应将课程教材建设作为重点,编制可以适用于对应特殊残疾群体教学的教材和参考书。专业教师需认真学习与教材建设理论相关的文件,不仅要参考其他普通职业院校基础教材,更要研究总结归纳教研室团队教师前期积累的有效教学经验,进行广泛调研论证,然后根据教学目标,编写适合本校残疾学生学习的教材。教材的内容应具有较强的独创性、实用性、适用性,突出教学的重点,列举多个特殊学生身边或者所见所闻的实例,将项目学习与能力测试有机结合起来,高度满足学生职业能力培养及学校教育教学发展要求。课程是职业教育教学中的重要内容,要培养学生的职业能力,必须高度关注教学内容的创造性

和先进性。同时，要全面考虑学生学习能力和学习基础的差异，不同类别残疾学生的兴趣爱好和接受能力也有所不同，在教学实践中构建分层分类教学模式，以提高学时安排的科学性，创新教学内容，教师在教学期间应全面考虑学生的个体差异，并以此建立完善的模块化教学体系，充分展现技术、知识、思维和职业能力的培养体系，采取渐进式的教学任务设置模式，体现因材施教的教学原则，创建多模块分层教学模式。此外，做好基础课程、专业理论课程、专业核心课程教学内容之间的相互衔接。尤其在设置专业衔接模块时，需要全面体现职业能力培养和专业服务的理念及要求，基于企业对学生职业能力需求设置教学内容。

（四）创设真实情境，强调产教深度融合

在课程改革中，学校和教师应严格遵循成果导向原则，根据特殊职业院校学生的认知规律，创建教学目标时紧紧围绕聋、盲、重度肢残学生的特点，结合实际，设计教学内容。比如特殊职业教育的专业大多数是与生产某类产品相关，这里的产品不是狭义的、看得见摸得着的具体的产品，而是包括了有形的产品和无形的服务，例如聋人制作的面点和盲人的中医按摩服务。既然是产品，那么就需要营销。因此，特殊职业教育学校应当在实践课的课程实施中为学生打造真实的情境，促进制作与营销融合。特殊职业教育学校可在校园中设置售卖点，让大家在课余时间去按照自己的喜好购买聋生制作的西点小吃、智力残疾学生制作的简单手工艺产品，或者享受视障学生提供的按摩服务，这不仅可以提高学习的趣味性、激发学生的学习热情，促进学生与学生之间、老师与学生之间的人际关系，更能让学生们在售卖、营销、核算、整理、反思中拥有完整的职业就业体验，提高学生的职业能力，最终走上创业的道路。

另外，也可以由学校和企业双向打造课堂模式，提升特殊学生的"知、行、创、用"的能力。在校企合作模式下，除了学校导师设计教学任务外，企业导师可结合企业的实际情况，通过网络平台对学生进行在线指导。面向聋生的授课，特殊学校的教师需要现场翻译和补充说明，以保障在线指导的实效性。导师和特殊学校的教师要同步引导学生积极参与项目，运用所学知识完成学习和实践任务。与此同时，学校教师和企业导师保持良好的沟通和交流，对学生的整体情况采取双向点评，这种实时互动、线上线下的机制能够及时为学生解决各种困惑,有利于积累成果孵化经验。此外,充分利用学校和企业这两个学习场所,促进学生、教师和企业导师的多元流动。学校可与企业共同打造平台,该平台既作为教学平台又作为企业内部平台,具有实训场景,便于学生直接操作,比如采取游戏化测验或闯关的方法,设计时要考虑聋人的理解认知能力、盲人的触摸感知能力,能够通过教学平台完成各个阶段的学习任务,集资源、培训、考核及评测为一体,为学生提供实践教学资源,以弥补校企咨询的不足。通过创建企业培训平台,教师、学生、企业导师可进行多元互动,线上线下全程参与,为学生获得专业岗位资质提供丰富的理论与实践知识支持。对于校企双师来说,应充分运用企业培训平台,发挥平台数据分析功能,跟进每一位特殊学生的学习转化进程,使课程改革目标实现量化、成果化、情景化、任务化和市场化。

(五)改进常规教学方法,应用信息技术提升课堂质量

特殊职业教育学校在职业教育的实践过程中既要不遗余力地积极探索具体的教学方法和教学模式,也应当进一步探寻改革课程教学方法的有效途径。推进诸如音书、讯飞等教学辅助软件在特殊学生课堂的应用,挖掘符合残疾学生学习能力和特点的"慕课"资源,或者开发配备手语(聋生课程)和语音(盲生)课程,开展"线上+线下"混合式一流课程建设改革,实现传授基础理论知识的翻转。课前充分利用测评系统、问卷星等信息化工具软件进行测评与调查,了解学生的需求,指导学生"碎片式"线上学习10分钟左右的"微课程",将课堂留给学生进行职业体验、模拟实践、团队合作等内容。按不同类别和层次开展小班化教学,侧重个体的个性化指导,让每一个学生都能够在课堂上得到模拟演练、实践互动体验、自我展示和自我提升的机会。

特殊职业教育学校应当以残疾学生的就业为基本导向、提升残疾学生的职业幸福感为基本思路,不断加强建设师资队伍,大力培养能够自力更生甚至自主创业的职业人才,充分满足市场需求,把残疾人从"社会的负担"变成为真正有益于社会、能够为建设中国特色社会主义现代化强国做贡献的人才。

(六)融入课程思政,落实立德树人

特殊学生享受党和政府的关爱。因此,特殊职业教育课程中不仅要教育引导学生树立远大理想,增强学生的中国特色社会主义道路自信、理论自信、制度自信、文化自信,使他们立志肩负起民族复兴的时代重任,对残疾学生更

应加强感恩思想和自信自强精神的教育,引导学生对社会有客观正确的认识,使之具有较高的政治觉悟、道德品质,成为德才兼备、符合社会发展需求的残疾人特殊技能人才。无论是公共基础课程还是专业课程,都要把德育教育放在首位。同时,加强学生在思想道德、人文素养、职业素养等方面的教育。

第三节　特殊职业教育的课程改革

特殊职业教育课程改革是学校教育教学改革的核心,是实现人才培养的重要依托。随着社会的不断发展,各领域、各行业都提高了对人才素质及数量的需求,这就要求特殊职业教育要根据社会的需求,进行课程改革。但目前特殊职业教育课程存在课程定位不清晰、课程目标不明确、课程针对性不强、课程标准缺乏、课程评价不足的困境。只有解决了课程问题,才能增强教师的教学效果、培养出具有个性化和社会化特点的、适应市场需求的特殊人才。

一、特殊职业教育课程改革理念

特殊职业教育作为教育的重要组成部分,特殊职业教育课程改革必然会受到教育课程改革理念的影响和感召。同时,特殊职业教育作为为特殊学生提供职业教育的学校,它又有着自身独特的教育理念。特殊职业教育课程改革以"三个面向"为指导,紧密联系特殊职业学生的需要与身心发展特点、紧密联系市场需求、理论与实践相结合,这样才能有可能推动职业教育不断适应学生、适应社会、适应未来,才能建设面向未来的特殊职业教育。

（一）树立"以人为本"的特殊职业教育理念

被誉为"人本主义心理学之父"的美国心理学家卡尔·罗杰斯在20世纪五六十年代提出人本主义教育理论,其教育理论的核心是以人为本,即强调人的价值、发挥人的潜能、尊重人的个性、强调人的感受,使学生主动愉快地学习,始终充满自信感和成就感,不断涌现新思想和创造力。在特殊职业教育课程建设中,需要将人本理论渗透其中。首先,以残疾学生为中心,从残疾学生自身出发,尊重差异,课程从残疾学生的经验出发,构建不同于普通教育的、适合残疾学生特点和需要的课程体系。其次,以发展残疾学生的积极性为目的,重视其主体地位和作用,强调学生的主动性和创造性。在特殊教育课程中要重视残疾高职学生的天赋,激发学习的积极性,充分发挥残疾高职学生的主体作用,释放其最大潜能。最后,重视人与社会之间的关系。由于残疾高职学生的社会适应能力低,在感知和理解事物上存在一定困难,因此特殊高等职业学校在实施课程的过程中,应突出内容的生活化,通过课程的学习使学生获得相应的生活技能和交往技能,并能将学校所学的知识经验应用于现实生活。

(二)树立体现多元智能理论的特殊职业教育理念

哈佛大学教育学院著名心理学家、教育学家霍华德·加德纳(Howard Gardner)教授于1983年提出多元智能理论,他认为人的智能是多元的,有如下八种:语言智能、数理逻辑智能、音乐智能、空间智能、身体运动智能、人际交往智能、自我认识智能、认识自然智能。

首先,我们应了解残疾学生除了自身生理缺陷以外,还拥有其他几种智能,甚至存在优势智能领域,在多元智能理论指导之下,每一位残疾学生都可以通过教育得到发展。其次,特殊职业教育在课程设计中,应充分考虑每一种残疾类型学生的智能情况,针对不同残疾学生的智能特点,开设适合的课程,开发多元智能,运用多种教学方法因材施教,使课程与智能特点紧密结合,促进学生的潜能得到最优的发展,实现个人价值。

(三)树立以市场需求为导向的教育理念

职业院校最终的目标就是服务企业,特殊职业院校也不例外,残疾人没有特殊的岗位,也没有因为残疾的原因设立单独的行业标准。聋人制作的面点只有符合顾客的口味才能赢得市场,盲人的推拿服务只有满足顾客缓解病痛和放松需要才能在市场立足。市场需求也是特殊学校专业设置的依据,相关专业的培养目标设定要以行业、企业为背景,以职业化标准为依据,广泛进行有针对性的社会调查,主动适应市场需要,使得特殊职业学校培养的学生具有时代特征、企业特色、职业特点,树立市场导向的理念,不断根据市场需求调整专业和课程设置,实现特殊人才培养与企业需求对接,提升服务社会的能力。

(四)落实"长善救失"的课程理念

"长善救失"指的是在特殊职业教育课程中注重对残疾职业学生的缺陷补偿及潜能开发,根据不同残疾类型、不同残疾程度的残疾学生开发缺陷补偿式课程。例如,对于听力损伤的残疾学生来说,他们可能拥有一双灵活的双手,那么在课程中应充分考虑这一特殊性,进行课程内容的规划与设计,最大限度地发挥手的潜能。同时,做到对弱势机能——听觉的补偿。在特殊职业教育课程中挖掘损伤机能可能存在的残余能力,并寻找出可能的替代方案,为缺陷功能提供辅助性的支持系统。与此同时,应将更多的关注从发现缺陷功能转移到进行潜能开发上来,在分析障碍时看到潜在能力,在了解弱势时发掘优势。所以说"长善与救失"并不矛盾,二者相辅相成,共同促进残疾职业学生全面和谐发展。

二、特殊职业教育课程改革方向

(一)课程改革要针对特殊学生群体特征

特殊教育学校应该清楚地意识到职业教育的主体是特殊学生,开设职业教育课程的目的是让学生掌握职业技能,按需供教、按能施教,强调坚持尊重差异、多元发展,加强特殊教育的针对性,特殊职业教育要针对职业。[①] 从事特殊高等职业教育的教师应以残疾职生为主体,在残疾职生可接受的范围内进行教学计划设计,有些看似科学合理的课程建设,实则存在不可忽视的弊端。首先,残疾职生可接受的范围很难界定,学生个体身心发展的特点以及其学习能力参差不齐,具体的差异性是很难被教师准确把握的;其次,残疾职生身心发展具有特殊性,不具备较强的自主学习能力,教师在教学中占主导地位,如果将教学的主动权交给残障学生,那么可能导致他们学习效果较差,很难提高其专业能力和综合素质。虽然教学任务和教学效果都达到了,但是残疾高职生的整体素质并没有得到提高。这就需要特殊高等职业学校从学生特点出发,编写适合特殊职业教育的专业教材,并通过专家论证、校际交流等形式,不断完善特殊高等职业教育教材体系,促进特殊高等职业教育科学健康发展。

(二)课程要针对特殊学生个体特征

特殊教育学校要给不同残障学生制定差异化职业教育方案,拒绝"一刀切"的课程目标设置模式。在设置职业教育目标时,各个特殊教育学校要综

[①] 吴升刚,刘文斌,刘锡冬.高职院校创新、创业型人才培养模式探索与实践[J].中国职业技术教育,2014(18):88-90.

合考虑学生的特点、家庭及社会各方面因素,提高残障学生职业教育课程目标的适应性,提升职业教育的质量。① 例如,为视力障碍学生定位职业教育目标时,应在他们的认知水平与能力评估的基础上,根据个体的兴趣、爱好及专长,将他们的课程目标定位多元化。比如,听力健全的视力障碍学生的职业课程目标可以设置为掌握钢琴校音技术、音响设备调试技术等。特殊教育学校职业课程目标的设置既要结合学校的实际情况,又要考虑地方经济发展的需求,还要兼顾残障学生的身心发展特点。在经济快速发展的当下,特殊教育学校在职业教育目标设定上,关注应该以就业为导向,又要注重残障学生的创新精神和创业意识的培养。

（三）课程改革要针对社会需求

设置课程目标前,首先,要了解当地的经济和人才需求状况,了解政府发展的重点产业和支持产业,了解当地紧缺或急需人才的岗位需求情况。在充分分析职业所需的知识与技能并对工作的态度进行归类后,形成对职业文化基础、专业基础、专业技能要求的认识。根据就业市场的实际情况,培养有用人才。其次,课程目标设置上,要立足区域实际,要接地气,根据当地的地理、经济特点和优势产业,坚持实际、实用、实效的三原则,因地制宜,将残障学生能够胜任的生产劳动实用技能设置为课程目标。例如,福建靠近武夷山景区的闽北地区,物产丰富,被称为我国的竹子和锥栗之乡,其盛产的武夷岩茶、北苑贡茶名扬海外。在该地区进行残障学生职业课程目标设置时,应该根据他们能够胜任的三种职业种类确定目标:一是制作串珠、烙画等旅游纪念品;二是制作风味糕点和当地小吃等烹调和家政服务;三是果蔬种植和茶树养护。②

三、特殊职业教育课程改革内容

（一）明确课程定位,促进课程顺利实施

现阶段,虽然国家对残疾人职业教育与就业加大了帮扶力度,特殊学生也初步实现了一部分的稳定就业,但是在相关政策的制定和执行中各部门、

---

① 黎倩仪.特殊教育学校职业教育课程现状分析及优化对策[J].传播力研究,2019(11):204.

② 郭文斌,何溪.特殊教育职业教育课程设置现状及对策研究[J].现代特殊教育,2018(13):63-69.

机构过于依赖政府指令,彼此的协调性和执行力度不够,行业企业的参与度不高,导致很多有一定职业能力的学生还是难以获得合适的工作岗位。课程定位明确的要求是政府进行主导,各方要积极参与,这样才能促进课程标准更好地实施。首先,要发挥政府的主导作用,由国家和政府明确特殊职业教育的教育目标,以确保其在课程建设的过程中有明确的目标定位,有了清晰准确的目标定位,才能有针对性地对其培养目标和课程目标起到引领和导向作用。其次,需要残联、劳动、教育、财政等部门加大对残疾人职业教育的投入,还需要有关负责部门进一步细化政策文件的内容,调动各种资源,为特殊学生提供人才培养、资质认定、培训服务、经费投入等从事专业工作方面的政策保障,在此基础上,积极推动学校、企业等培养单位的深入合作,切实促进学生的职业技能与职业能力提升,为其职业生涯做更充分的准备。

（二）提高课程针对性,增强学生就业能力

特殊教育学校开展职业教育,首要问题是回答职业教育要培养什么样的人才,其次才是回答职业教育教什么和如何教。特殊教育学校职业课程设置是否有明确的针对性,不仅关系着残障学生未来的就业能力,更关系着特殊职业教育课程设置的具体内容和开展方式。鉴于上述提出的课程针对性不强的问题,特殊教育学校在制定职业教育课程目标时,要着重考虑特殊学生的群体特征、个体差异以及市场需求等。

（三）强化政策推进,统一制定课程目标

应针对特殊职业教育学生的特点,制定统一的、切实可行的残疾人职业教育的课程标准和培养目标。除此之外,残疾学生的残疾程度和残疾部位均存在差异,国家要制定有差异性的培养目标。对于特殊学生就业的需求,政策应当提出"依据学生差异性,对学生进行更高层次的职业教育,使其在毕业之后可以拿到从业资格证书"的要求;对于学生的升学需求,应当建立完善的特殊职业教育政策,帮助特殊学生进行更高层次的学习,以促进技能的再次提升。

（四）实施目标分层,尊重个体差异

随着特殊职业学校的招生范围扩大,招收的学生间的个体差异也在不断扩大,能力水平相差较多,要想兼顾不同学生在教育背景、智力水平上的差异,特殊职业教育就需要对课程目标进行更加具体明确的分层,使得残疾学生能够扬长补短,发挥自身优势,顺利地融入社会、参与社会;此外,考虑到残疾学生因不同的升学或者就业的需求而出现的"一套课程,两类目标"的矛盾还未有效解决,这也要求对特殊学生的班级进行划分,不同目标的学生要有不同的课程目标以及实施方案,保证能够满足不同学生的需求。这样不仅可以兼顾不同学生的需求,也给课程目标的制定减轻难度,使得学校在课程目标的制定上兼顾不同学生的差异化需求,减少教学资源的浪费,在一定程度上实现教育公平。

(五)创新课程评价机制,推动人才培养质量

课程评价是课程建设过程中不可或缺的一个环节,参与课程建设的各方均应该给予足够的重视。课程建设者应清醒地认识到,课程评价机制的建立和完善不应仅仅局限于对学生、教师的评价,还应涵盖诊断与改进课程。这不仅为学校及时改进调整课程目标提供参考与依据,也为课程建设的动态发展提供更多实践支撑。评价机制的完善不仅可以有效推动学校人才培养质量的提升,为课程的持续向前发展提供助力,也能为全国范围内的特殊职业教育的课程建设提供可以参考的有益经验与发展思路。

关于课程评价的方式,应本着方式多样化、注重过程的原则,采用学业成绩与成长记录相结合的方式对学生进行综合评价。具体可以通过观察、交流、测验、实际操作、作品展示、自评与互评等方法,为学生建立动态发展的综合成长记录档案,力求全面地反映特殊学生的学习成长发展。比如,有些特殊职业学校鼓励并组织学生参加学校的技能大赛、行业的交流活动以及省市级比赛等,学生在这些活动、比赛中的表现都纳入评价体系,这样的活动在充实学生学校生活的同时,能较快促进学生专业技能的提升。学生的相关表现正式纳入学校评价体系之后不仅可以记录学生专业成长的过程,更能发挥它们对学生的正向激励作用。

(六)建立评估标准,促进学生潜能发展

在根据量表准确地评估学生的生理能力、智力水平之后,教师教学内容、教学方法的选择要遵循一定的、适应学生智力与需要等要求的标准,教师教的内容在学生的最近发展区内,这样学生才能在知识、能力与技能方面得到最优发展。因此,国家应该根据医院对特殊学生的测评结果、学校量表的测评结果,建立不同等级、不同程度学生的学习内容的标准;建立相关标准,让

特殊职业教育老师的教学内容、学生的学习内容都有章可循,而不是仅仅凭经验进行教学内容水平的选择,这样不仅可以更加精确地选择适合不同程度特殊学生的教学内容,而且可以更好地增进教师的教学效果,促进学生潜能发展。

第四节　本章小结

综上所述,特殊职业教育是通过具体课程教学和学习来实现残疾人职业教育的人才培养,课程是人才培养的重要载体,"特殊职业教育"具有职业教育和特殊教育的双重属性,但是更侧重于职业教育。本章特殊学生的职业教育为重心,从特殊职业教育的课程目标、门类、内容和课程评价这四个方面来说明特殊职业教育的主要课程特征。其中,课程目标除了使他们获得劳动技能之外,还应当加入特殊教育的目标,即帮助残疾人获得生活能力,克服心理障碍,更好地融入社会,像健全人一样生活,自食其力,感受世界的美好,享受生活的快乐;特殊职业教育的课程门类分为基础教育课、专业实践课和为提高特殊学生生活和社会适应能力的课程;课程内容为理论技术、创造性智力技能和专业理论。特殊职业教育的知识、能力、素养都要依靠课程来实现,课程的实施是服务于残疾学生的发展、就业和自我实现的,特殊职业教育课程的实施必须尊重学生的生理心理特点,是真正的公平教育和"兜底"教育。然而,当下特殊院校在实施课程内容方面存在一定的困境,如课程教学资源开发有限、课程教学设计不足、课程教学理念滞后等,这极大地阻碍了特殊群体顺利融入社会。最后,本章根据一定的教育教学理念,如人本主义理念、多元智能理论,对当下课程实施过程中所遇到的困境,提出了一系列有针对性的措施,如以政府为主导,各方积极参与特殊职业教育课程定位、提高课程的针对性,增强学生就业能力等,这样就能增进课程实施的效果、促进特殊群体更好地融入社会、体面劳动,进而帮助残疾学生实现人生价值。

第六章　特殊职业教育教学论

特殊职业教育教学是残疾人发展和掌握就业、创业技能的关键环节,是落实特殊职业教育培养目标的实践载体。广义的特殊职业教育面向残疾人和服务残疾人事业两个方面的群体,包括残疾学生、健全学生。狭义的特殊职业教育仅面向残疾人,本章以面向残疾学生的高等特殊职业教育教学为阐述重点。特殊职业教育教师在教学过程中应依据特殊职业教育教学的内涵、特征、原则及残健学生的身心发展规律、特点与需要,采取适合学生的教学模式、方法和实践路径,帮助学生在已有水平上取得更大的发展空间。

第一节　特殊职业教育教学的内涵、特征、原则

特殊职业教育教学,作为培养具有特殊教育需求的技术技能型人才的中心环节,引导具有特殊教育需求的学生学习,帮助其获得并掌握从事某种特定职业所必备的专业知识和技能。梳理和总结特殊职业教育教学内涵、特征及原则,能够帮助我们更加清楚地认识特殊职业教育教学的本质,进而更好地实施教学。

一、特殊职业教育教学的内涵

特殊职业教育作为职业教育的组成部分,是特殊义务教育的继续和深化。无论是特殊职业教育,还是特殊义务教育,或是职业教育,都是教育的一种基本类型。厘清特殊职业教育教学的内涵,首先需要认清教学的概念和本质。

（一）教学的概念和本质

在教育学范畴中，教学是指在国家教育目的规范下，由教师的"教"和学生的"学"共同组成的一种社会性的教育活动。[①] 从教学的概念中可以看出教学的本质。

1.教学要遵从国家教育目的的规范，有目的、有计划、有组织地进行

教学这一教育活动的重要前提和基础是根据国家对人才培养的规格和要求确定教育教学目标。学生通过教师有目的、有计划、有组织的引导和培养，主动掌握系统的文化科学知识和技能，进而促进学生自身全面发展。

2.教学是满足社会对人才及个人发展需要的重要手段

从社会需要上看，社会的发展需要人凭借所学知识、经验和技能去客观认识和改造世界。从人的发展需要上看，虽然个体之间在禀赋、资质、能力方面存在差异，但都可以通过受教育，接受并掌握前人所积累的知识、经验和技能，进而获得客观认识和改造社会的能力。

3.通过教学传递知识和经验是学校教育培养人才的基本途径

学校培养学生的途径包括课外活动、社区服务、生产劳动、春游、班会等，其中，以学科为基础的课程教学是学校教育培养人、塑造人的最基本途径。教学活动系统地传递知识经验，内容全面、丰富，是学生发展的重要载体，也是学校教育培养德、智、体、美、劳全面发展的人的基本途径。

（二）特殊职业教育教学的概念和核心意蕴

在厘清教学的基本概念和本质的基础上，定义特殊职业教育教学的概念更为准确。狭义的特殊职业教育教学是指在国家教育目的规范下，以教授面向残疾学生的职业教育课程内容为载体，教师有目的、有计划、有组织地进行教学，学生主动地学习知识和训练技能，进而形成职业能力的双边活动。其核心意蕴包含如下三点。

1.以残疾学生为特殊职业教育的教学主体

一方面，特殊职业教育教学过程应凸显残疾学生自主学习的重要性，教学设计应以残疾学生的特殊学习需要为中心，在学习过程中充分调动残疾学生的主动性，设置不同学习情境，为他们提供更多场景，让残疾学生将他们所

[①]　雎文龙，廖时人，朱新春.教育学[M].北京：人民教育出版社，1994：213.

学的知识"外化",并经过训练,形成一技之长。这一过程强调残疾学生在整个教学过程中按照要求完成教学任务,边做边学,再由特殊职业教育教师、专业技术人员现场评定和考核。另一方面,在教学过程中,特殊职业教育教师是学习过程的组织者和控制者,负责按照教学任务提供学习资料以及编制任务,为残疾学生提供咨询、解答、专业实操技能演示等帮助,及时评定学生教学目标的达成度,并给予支持和鼓励,不断培养和发展残疾学生的自立性和自学能力,充分发挥特殊职业教育教师在整个教学过程中的主导作用。

2.教学过程贯穿在"职业定向—就业后职业指导"的闭环过程中

首先,特殊职业教育教学应确定特殊学生身体受到损伤的性质和程度以及智力和心理的特点,这对于确定该学生适合的职业类型及发掘个人兴趣爱好非常重要。

其次,为保障残疾学生毕业后在现代市场条件下顺利就业或创业,需要按照劳动力市场最为紧缺的专业进行教学,如理发师、按摩师、修鞋工匠、园艺师、家政人员等。此外,还要通过工作过程的引导,开展特殊职业教育教学,将特殊职业课程的理论教学、实践教学、生产融为一体,可将教学场所设置在职业场所、实训车间或工厂。

最后,特殊职业教育教学主要解决"残疾学生社会适应性"的问题。由于残疾学生的特殊性,除了特殊职业教育教学本身,残疾学生需要得到更多的教学后职业帮扶和指导措施,以支持其就业和创业。因此,特殊职业教育教学应以"提升残疾学生职业适应能力"为核心,将职业定向、学校教学、康复训练、就业安置和就业后职业指导结合在一起,帮助残疾学生在毕业后顺利就业或创业。

3.特殊职业教育教学应以掌握过程性知识为主要内容

特殊职业教育的专业教学内容随着社会经济发展、科技进步、产业结构、劳动力市场实际需求等因素不断发生变化。因此,行业和企业代表应参与到特殊职业教育的课程设计和教学过程中,根据残疾学生的不同学习需求和企业规模大小、类型、需求,在教学过程中,使残疾学生兼顾掌握专业技能和关键技能,实现专业实践与专业理论相结合,提升自身综合职业素养。此外,以实践为导向的特殊职业教育教学应以"怎样做""怎样做好""怎么做得更好""怎样做得最好"的过程性知识为主,以"是什么""为什么"此类概念性、原理性陈述性知识为辅,以帮助残疾学生获得更良好的实践效果。

二、特殊职业教育教学的特征

（一）教学目的的职业性

我国近代职业教育家黄炎培先生认为,职业教育的目的是"使无业者有业,有业者乐业"[①]。可见,无论普通职业教育还是特殊职业教育,其根本目的都在于"业",即职业。特殊职业教育是为适应职业而开展的一种定向教育,职业性是特殊职业教育的本质特征,职业决定着特殊职业教育产生及演变的过程,特殊职业教育的教学目的、方式的选择都必须坚持以职业岗位的实际需求为导向进行教学。现今社会,多元化的职业类型决定了特殊职业教育的多元化教学内容,特殊职业教育依赖并服务于不同职业的发展。特殊职业教育教学需要根据残疾学生自身的特殊需要及未来职业的需要进行定向培养,教学设计、计划、内容、过程、方法、组织形式等各个教学环节均应反映特定的职业特色和风格,带有明显的"职业"特征。教学从"未来工作"需要出发,注重知识的实际应用,重视与生产过程相衔接。

（二）教学本身的特殊性

特殊职业教育面向残疾人,由于残疾人的分类不同及其特殊性,特殊职业教育教学本身也同样具有特殊性。如何兼顾残疾人职业教育就业创业与升学、特殊职业技能教育与特殊职业资格证书、不同的教学层次与重点、特殊职业教育的整体性与衔接性是特殊职业教育教师在教育教学过程中需要不断进行反思并给予解答的关键问题。现今社会,失业率高、劳动力市场竞争激烈等社会问题在一定程度上增加了残疾人就业与创业的难度,要求残疾学生在接受特殊职业教育教学之前,需要根据自身的情况和兴趣爱好做好职业定向,这也是特殊职业教育教学本身特殊性的表现形式之一。如听障学生,教学中可充分利用 AI 等现代教育技术,使其通过教育生产工厂、职业学校、特殊教育学校、义务教育阶段的残疾人（职业）教育机构学习,或直接在行业、企业中学习,获得专业技能。目前,针对听障学生进行职业教育的门类主要集中在工程技术方面,在艺术、体育、医学方面的职业教育涉及较少,这也是

---

① 刘明,尹凡,张玉霞.法治社会下的职业教育公平机制研究[M].长春:吉林人民出版社,2014:7.

特殊职业教育的特殊性、局限性体现之一。①

（三）教学设计的社会适应性

现代科技的更迭必然带来产业结构的调整，从而变更职业种类、改变职业规模。特殊职业教育的适应性即特殊职业教育能够依据职业变更改变自身特性和发展方式的能力，这种能力既包括特殊职业教育能够自主适应经济与社会发展过程中的职业波动，也包括特殊职业教育对产业结构和生产技术更新换代的提前预测。此外，特殊职业教育的教学规模、结构和速度乃至残疾学生培养的规格都必须符合社会经济发展的需要，特殊职业教育与社会经济发展和生产服务实践紧密相连，是一种社会驱动的"类型教育"。因此，特殊职业教育教学设计必须紧密结合社会经济发展和生产服务实践，及时与社会经济结构和产业结构的调整相适应，积极鼓励企业行业代表参与教学设计，使特殊职业教育教学从源头上保障社会适应性，同时贯彻教学过程的始终。

（四）教学活动的实践性

特殊职业教育教学通过让残疾学生参加职业实践活动，即通过实际操作掌握某种职业的知识和技能，着重培养残疾学生的动手能力，特殊职业教育教学的过程就是实践的过程。一方面，特殊职业教育在课程安排上着重将教学实践体系放在首位，即专业课教学在先，理论原理类教学体系，即基础文化课教学在后，采取"先做后学""做中学"的教学方法。另一方面，特殊职业教育教学采用工学结合、产教结合的教学模式，将特殊职业院校的教学实训与行业、企业中的实习交叉在一起进行，保证了教学活动的实践性，也使特殊职业教育更贴近劳动力市场对残疾学生的技能要求。

（五）教学内容的实用性

现代特殊职业教育的功能离不开为区域经济及社会发展服务，离不开行业和企业的生产、经营活动。特殊职业教育教学内容只有贴近区域经济、行业、企业发展的需要，为其提供适合的人才、技术和社会服务，才能增强特殊职业教育的吸引力，进而得到当地企业行业的支持和重视，促使企业行业愿意为残疾学生提供更多的职业体验和就业、创业机会。与此同时，在特殊职

---

① 娜·米·纳扎洛娃.特殊教育学[M].朴永馨,银春铭,等译.北京:北京师范大学出版社,2011:202.

业教育教学过程中,与文化课相比,残疾学生更关注职业课程教学对今后就业是否有帮助。因此,特殊职业教育教学更加注重教学的实用性,以增加职业课程对残疾学生就业的帮助。

(六)教学过程的教育性

特殊职业教育教学培养的是"人",而非"工具"。特殊职业教育教学以培养有劳动能力的"残疾人"为根本目的,它不仅仅是一种"职业技能训练","教育性"更是其本质属性。特殊职业教育作为一种培养技术、技能型"残疾人"的"教育类型",要面向有需要的"残疾人",面向社会,着力培养残疾学生的职业道德、职业技能和就业创业能力。此外,教育教学工作作为特殊职业教育的本职工作,教育旨在"育德",而教学旨在"育能",通过特殊职业教育,帮助残疾学生获得一定的技术、技能,最终形成一技之长,获得特定领域的职业资格,为其未来就业或继续深造做好准备。

三、特殊职业教育的教学原则

特殊职业教育是为特殊需求个体提供的职业教育与培训,其主要教育目标是以能力为本,着力培养残疾学生掌握从事某种职业或生产劳动需要的知识和技能,解决他们就业自立的问题,使之将来能够适应社会、立足社会。由于残疾学生的特殊性,针对具有特殊学习需要的学生,教育也应遵循特殊的职业教学原则。

(一)缺陷补偿与潜能开发相结合原则

特殊职业教育不仅针对残疾学生进行潜能开发和缺陷补偿,为其走向社会打好基础,还能提高残疾学生的综合素质,培养他们积极面对人生、全面融入社会的意识和自尊、自信、自立精神。缺陷补偿原则是指特殊职业教育教师在教学过程中应针对残疾学生现有的认知水平、伤残程度、行为、语言障碍等缺陷,运用补偿其缺陷的适合其身心发展的、特殊的教学内容和方法进行专业训练。潜能开发是指特殊职业教育教师根据残疾学生的兴趣、喜好和特长,积极引导和鼓励他们具备一技之长。将缺陷补偿与潜能开发相结合的教学原则要求特殊职业教育教师通过各种教学途径,在不同程度和范围开发残疾学生机体潜能以弥补、代替补偿其组织和器官的功能,实现教育最优化的过程。在这里,需要强调的是,在特殊职业教育教学过程中,补偿缺陷与开发潜能同等重要,二者相互影响,互相促进,相辅相成。一方面,补偿缺陷是开发潜能的前提和基础;另一方面,开发潜能能够更好地补偿残疾学生的自身缺陷。

(二)功能性与实用性相结合原则

功能性原则是指特殊职业教育教师将适应生活环境所必需的、最重要的知识和技能通过教学教给残疾学生,并帮助他们在具体生活环境中加以运用,以便最终形成顺利参与社会生活所需的素质。实用性原则是指特殊职业教育教学必须注意结合不同阶段残疾学生的认知特点、兴趣爱好和其毕业后可能从事职业的实际,选择残疾学生应具备的基本知识和技能进行教授和训练。功能性原则和实用性原则既有相同之处,又有不同之处。相同之处是它们都强调"根据残疾学生身心发展规律、特点和兴趣爱好实际"和"根据残疾学生毕业后可能从事职业的实际"选择适合他们身心发展的特殊职业教育教学内容,不同之处在于功能性原则和实用性原则的侧重点不同,在特殊职业教育教学过程中的具体运用也不同。功能性原则强调教学过程中对知识和技能的"用",即"特殊职业教育教师帮助残疾学生在具体生活环境中运用特殊职业教育教学中所学到的适应生活环境所必需的、最重要的知识和技能",而实用性原则强调的是教学内容的"有用性",即"选择残疾学生应具备的基本知识和技能进行教授和训练"。功能性与实用性相结合的教学原则要求特殊职业教育教师既要考虑教授学科知识的逻辑性和知识、技能在具体生活环境中的运用,包括运用方式和效果,同时还要将教学内容及时更新,使教学内容具有与时俱进的"时效性"。

(三)个别化与多样化相结合原则

个别化教学原则是指在特殊职业教育教学过程中针对残疾学生的个别差异性,为每一个残疾学生设计他们所能达到的基本学习量[①],而后采取因材施教的教学方法促进其发展的特殊职业教育教学原则。个别化教学原则是基于残疾学生特殊的教学需要而提出的,特殊职业教育教师必须根据不同年龄阶段残疾学生身心发展特点制定适合其发展的教学目标、计划、内容、手段和方法。因特殊职业教育教学遵循个别化教学原则,其教学内容和方法也应

---

① 甘昭良.从隔离到全纳:特殊教育发展的理论与实践[M].厦门:厦门大学出版社,2012:145.

呈现多样化特征。在教学内容上,特殊职业教育应充分适应每个残疾学生的兴趣爱好、性格特质,教授他们所希望从事职业的知识和技能。在教学方法上,由于残疾学生致残原因不同、残障种类不同,特殊职业教育教师在教学过程中应充分将多种特殊职业教育教学方法相结合以实现教育的最佳效果。值得一提的是,多重感官训练法,即特殊职业教育教师在教学中同时提供多种感官刺激,充分发挥多模态(包括视觉、触觉、嗅觉、味觉、听觉等)作用,以帮助残疾学生通过感官发展认知能力,获得关于事物和职业较为完整的知识和技能。

（四）充分练习与适应社会相结合原则

充分练习教学原则是指特殊职业教育教师在教学过程中引导残疾学生在充分理解所学内容的基础上,通过有效记忆策略和动作技能等反复训练等方法将所学的知识和技能加以内化且长久保持在大脑中,并在工作需要时精准再现、还原、正确操作和使用。适应社会教学原则是指特殊职业教育教学既要培养残疾学生参与社会生活必备的知识、技能的能力,同时,又要培养他们生活自理、与人沟通、合作、友好相处的能力,在学会劳动技能的同时,养成劳动习惯,成为自信、自强、自立、自尊、自爱、独立的劳动者。可见,充分练习是帮助残疾学生掌握一技之长、适应社会的前提条件,而适应社会是特殊职业教育教学通过充分练习达到的最终目的,二者相互依存,不可分割。

第二节　多维特殊职业教育教学设计

教学是特殊职业教育实现教育目的、完成教育任务的基本途径和载体。教学设计(Instructional Design)是 20 世纪 60 年代以解决教学问题为宗旨形成和发展起来的一门实践性很强的应用科学。教学设计被定义为是运用系统方法将学习和教学理论转换成对教学目标、条件、方法、评价等教学环节进行具体计划的系统化过程。[①] 特殊职业教育教学设计的过程实际上就是为教

---

① 马庆发,唐林伟,宋磊.中国职业教育研究新进展 2007［M］.上海:华东师范大学出版社,2008:48.

学活动制定活动纲领的过程,特殊职业教育教师通过教学设计的制定可以对教学活动的基本过程有一个整体的把握和规划。可以说,好的特殊职业教育教学设计是保证残疾学生教学活动顺利进行,教学质量得以提升的重要条件。多维特殊职业教育教学设计从培养目标、教学主体、内容、模式等四个维度指导特殊职业教育活动的规划与展开。

一、培养目标

特殊职业教育是职业教育的重要组成部分。2018年教育部等四部门印发的《关于加快发展残疾人职业教育的若干意见》指出,"要落实立德树人根本任务,遵循职业教育规律和残疾学生身心特点,把培育和践行社会主义核心价值观融入教育教学全过程,加强残疾学生思想道德教育和职业精神的培育。"新时代职业教育发展背景下,特殊职业教育的培养目标既要以就业创业为导向,培养残疾学生的社会适应性和技术技能,又要具有良好的职业道德和职业精神。换句话说,特殊职业教育既要满足社会对技术技能型人才的需求,使残疾学生毕业后在社会上独立生存,又要满足残疾学生个体特殊职业学习的需求,使其得到长足发展,以实现特殊职业教育的功能性与人本性目标的辩证统一。

二、教学主体

由于特殊职业教育学生的特殊性,现代教学过程强调教学设计的原则是为残疾人提供更多个性化的、适合的教育,以满足不同残疾学生特殊的教育需要。因此,残疾学生是学习过程的主体,残疾学生通过行动去体验教学过程,并在不同情境下应用他们所学的知识和技能,将其内化成包含职业信仰、精神和道德的综合职业素质,培养残疾学生的学习能力。教师是教学过程的指导者、组织者,通过实施个别化教学,面向不同残疾类型学生实施教学,提升特殊职业教育的质量。

三、教学内容

(一)生活技能

对于残疾人来说,其生活能力受到不同程度的降低,通过特殊职业教育中的生活技能训练,能使残疾人在不同程度上提升生活能力,这对于残疾人独立生活、自力更生非常重要。生活技能教学包括日常生活技能和功能生活技能教学。一方面,日常生活技能,即"独立生存技能",包括衣、食、住、行、个人卫生和与人际交往的能力,是一个人维持正常生活所必需的基本技能,还包括自我意识、工作态度和决策技能等就业能力技能。对于特殊学生而言,日常生活技能教学属于康复教育中的一项重要内容,日常生活技能教学的目的是帮助残疾学生获得自理、生活和职业适应能力。另一方面,功能性生活技能指在社会或残疾人工作中取得成功所必备的普通文化知识和其他技能,这些技能包括独立生存技能、社会交往技能、与人交流及合作技能、休闲娱乐技能等。① 其中,功能性生活技能最为重要,其作为特殊职业教育教学内容的重要内容之一,旨在帮助残疾学生获得个人与社会进行交往,兼顾日常生活与职业适应所需的技能,满足残疾学生在学校、家庭和社会环境中独立生存的实际需要。功能性生活技能教学包括专注力和自控力、换位思考能力、沟通能力、建立联系能力、批判性思维能力、接受挑战能力、自主学习能力的培养。② 可见,功能性生活技能教学旨在提高残疾学生的心理素质、增强社会适应和心理社会能力。不难看出,无论是日常生活技能还是功能性生活技能,教学都是辅助残疾学生获得核心业务技能和特定部门技能不可或缺的重要组成部分。

（二）职业知识和技能

特殊职业教育知识和技能是指残疾人从事各种职业或工种所必须具备的专业知识和技能。职业技能是特殊职业教育的核心内容,这是残疾人之所以能够从事某种特定职业的必备素养。职业知识是残疾人从事某种职业所需的理论基本知识,包括与该职业密切相关的基础理论知识,缺乏职业基础理论知识,职业实践就是无源之水、无本之木。职业专门技术技能也称"专业训练",职业专门技术技能是通过实验、实习、见习、实际操作训练等实践而获得的某一种工作岗位专业的技术、技能,这种技术、技能往往是通过动手实践的教学活动进行传授的。新时代背景下,特殊职业教育教学内容应围绕国家重大战略,紧密对接产业升级和技术变革趋势,优先开发与学前、康养、家政、

---

① 多恩·布罗林,罗伯特·洛依德.生涯发展与衔接教育[M].张顺生,等译.南京:江苏教育出版社,2009:47.

② 艾伦·加林斯基.孩子必备的七种生存技能[M].王爱英,译.北京:现代出版社,2018:5-10.

现代农业、数字经济等产业相关的特殊职业教育教学内容,培养市场紧缺的、符合市场需求的人才。如听障学生通过学习手语和唇语,视障学生通过学习盲文,从事钢琴调律、园艺修剪、老年康复、残疾人之家专职服务等热门职业。

(三)职业指导

除生活技能和职业技能外,特殊职业教育教学内容还应包括以工作分析、职业场景模拟、职业体验等形式为主的职业指导。首先,工作分析是残疾学生了解职业、具体工作和兴趣领域的有效途径,能帮助残疾学生了解该项工作为什么需要员工这么做、做什么、如何做以及从事该项工作需要掌握什么技能。对残疾学生来说,工作分析是启发其职业意识的开端,通过工作分析使残疾学生意识到各类工作的主要特点和要求,进而帮助残疾学生选择与自身条件和兴趣爱好相匹配的职业类型进行学习,调动其学习的积极性和主动性,更好地帮助其就业或创业。其次,在特殊职业教育学校内外建立全真职业场景,可以为残疾学生提供全真体验工作的机会,对其就业准备具有很大的帮助,有利于他们更好地了解工作的性质和内涵。最后,职业体验是指引导残疾学生参观各种工作场景,直接或间接的参与体验有利于残疾学生观察并进一步了解、确认自己今后所从事的职业类型。

(四)职业预备技能

职业预备技能主要针对中小学、中职阶段的残疾学生,特殊职业教育教师从职业预备方面着手教学,通过为不同年龄阶段的残疾学生分派任务,如制作卡片、学习种植、手工艺、剪纸、贴画、制作木制品、皮具、出演话剧等职业预备活动,帮助不同年龄阶段的残疾学生锻炼操作手工技能、工作习惯和行为,发展他们与特定职业相关的兴趣爱好,进而为更高层次的职业教育训练做好准备。

四、基于行动导向的特殊职业教育教学模式

(一)关于职业的特殊职业教育教学目标制定的构建理论

传统普通教育的学习目标往往指向知识存储,课程关注学科理论知识的获取,其学习目标的陈述,是依据其抽象程度,遵循纵向的"由外围到核心、由整体到局部、由一般到具体"的梯级路径进行的。现代职业教育的学习目标则更指向知识应用、关注课程和教学职业行动能力的习得。特殊职业教育的

内容既要按照其抽象程度,遵循纵向的历时性的梯级路径,又要根据职业教育的普适程度,遵循横向的共时性的"内容目标—方法目标—社会目标—情感目标"循序渐进的拓展路径进行。所以说,特殊职业教育学习目标制定的构建理论,其视野是"跨界"的。

1. 特殊职业教育学习目标制定的语境构建

学习目标的制定,其纵向梯级的陈述,可以按照知识、技能、认知和价值四个语境进行。不同语境的学习目标梯级的陈述,所使用的行为动词不同,它由教学论的重心决定并具有层次递增的特征。

(1)知识语境范畴

教学论的重心是信息的占有,一般采用知道、理解、熟悉这三级递进的行为动词。以面向听障学生的中西面点工艺专业为例,该专业的知识语境表述为:"系统掌握中西面点工艺理论知识、膳食营养、食品加工、食品科学等中西面点领域基础理论知识,了解中西面点发展动向;掌握常用面点原料的分类、性质、品质鉴定和保管方法;掌握中西式面点工艺基础知识,并能运用理论知识指导实践;掌握中西面点设施设备的安全使用及保养知识;掌握中西面点安全生产和食品安全知识;掌握中式面点或西式面点线上和线下店铺开设基本知识,掌握开办实体门店和网店开办流程。"①

(2)技能语境范畴

教学论的重心是操作的实施,一般采用能够、掌握、应用这三级递进的行为动词。以面向听障学生的中西面点工艺专业为例,该专业的技能语境表述为:"具有较通畅文字沟通能力及基本的成本核算能力;具有中西面点产品介绍能力,能正确解读产品配料单和生产计划单;具有鉴别和运用中西面点原料的能力,并控制中西面点加工过程中质量与安全的能力,会运用正确方法保管中西面点原料;具备中式面点制作技能、地方风味小吃制作技能、西饼制作技能、面包制作技能和蛋糕制作技能等;具有基础的中西面点门店开店、网店开店和运营能力,包括与顾客沟通技巧、提供优质服务能力、店铺产品计划

---

① 本书"以中西面点工艺、电子商务、数字媒体艺术专业为例"相关内容,分别引自《浙江特殊教育职业学院 2021 级中西面点工艺人才培养方案》《浙江特殊教育职业学院 2021 级电子商务人才培养方案》《浙江特殊教育职业学院 2021 级数字媒体艺术人才培养方案》(内部资料,2021 年 8 月)。

制订和生产能力、成本核算能力、产品创新能力等；具有较好的岗位适应能力及融入社会能力。"

（3）认知语境范畴

教学论的重心是问题的探究，一般采用分析、归纳、处理这三级递进的行为动词。以面向听障学生的中西面点工艺专业为例，该专业的认知语境表述为：根据听障学生的特点，以及适合该类群体就业的岗位群的典型工作任务与职业能力分析，依据高职教育教学规律和听障学生认知发展规律，设置课程体系。

（4）价值语境范畴

教学论的重心是价值的形成，一般采用与情感有关的认可、关注、热爱等，以及与行动有关的倾向、准备、决断等递进的行为动词。以面向听障学生的中西面点工艺专业为例，该专业的价值语境表述为："结合高职层次听障学生特点，培养思想政治坚定、德技并修、自强自信、全面发展，适应现代中西面点行业发展需要，具有良好的职业道德和较好的中西面点岗位素质，熟悉中西面点店铺创业知识，掌握中西面点制作的基础知识和基本技能，面向酒店餐饮业、社会餐饮业、食品加工企业、食品连锁企业从事中式面点制作、西饼制作、蛋糕制作、面包制作等的中西面点技术技能人才。"

2.特殊职业教育学习目标制定的领域构建

学习目标的制定，其横向拓展的陈述，可以按照"内容—专业""方法—问题""社会—交流""情感—伦理"四大领域展开。这是一种从被动的内容和手段的学习领域，向主动的社会与伦理的学习领域的拓展，强调能力获取与内化。

"内容—专业"领域里的目标，指向特殊职业教育专业相关的功能性和结构性知识。以面向肢体残疾和听障学生的电子商务专业为例，人才培养方案中提出的与"1＋X"数字创意建模、"1＋X"数字影像处理、"1＋X"文创产品数字化设计、国际商业美术设计师、ACAA平面设计师、ACAA室内设计师、ACAA商业插画师、NACG数字艺术平面设计师、NACG数字艺术室内设计师等职业资格相关的技能和知识的内容，属于专业能力范畴。

"方法—问题"领域里的目标，指向与特殊职业教育专业专门的方法和过程，即与学习和工作相关的解决问题、进行实验、完成任务和独立学习与工作的行动，属于方法能力范畴。以面向肢体残疾和听障学生的数字媒体艺术设计专业为例,专业的课程体系主要包括数字平面设计方向、三维虚拟表现方向,结合高职肢体残疾、听障学生的身心特点和接受信息的能力,基于缺陷补偿原则,将专业知识结构分为必修课和选修课。必修课分为公共必修课程、专业必修课程,选修课分为专业方向课程、专业选修拓展选修课程、人文素质选修课程,以保障高职听力言语障碍学生、肢体障碍学生具备必要的基础理论知识、人文知识和专业知识。专业模块课程分别设置以数字平面设计模块、三维虚拟表现模块这两个专业模块的课程,学生依据专业平台课程的学习能力、学习兴趣,在上述两个模块中任选其一作为主线进行学习,以满足特殊学生缺陷补偿和个性发展,以适应行业岗位的工作需求。

"社会—交流"领域里的目标,指向与职业情境和生活情境相关的合作与交流的技术,即团队工作、冲突管理、演讲演示、讨论辩论、互动谈话和即兴发言等活动,属于社会能力范畴。

"情感—伦理"领域里的目标,指向与职业和生活情境相关的价值观念与行动准则,即与智力、审美、情感、道德、政治、社会、经济、生命、宗教和形式相关的价值,属于人格能力范畴。

(二)关于职业教育的教学方法

伴随着特殊职业教育教学方法论研究的日益深入,特殊职业教育教学实践的重心也出现了两大变化:一是教学目标重心的迁移,即从理论知识的存储转向理论知识应用的职业能力的培养,由此导致教学方法逐渐从"教"法向"学"法转移,实现基于"学"的"教"。二是教学活动重心的迁移,即从师生间的单向行为转向师生、生生间的双向行为,从而导致教学方法逐渐从"传授"法向"互动"法转移,实现基于"互动"的"传授"。与之相应,特殊职业教育教学方法的范畴也扩展至教学方法和协调方法两大领域。

教学方法,是建立在连续的规则系统基础之上的教师传授学习内容以及学生实现学习目标的学习组织措施。关于教学方法的这一普适性定义表明,教学方法涉及一系列的教与学的行动模式、组织形式和实施方式。因此,尽管很难给予教学方法一个普适性的分类,但一般来说,教学方法包括教师的"教"法和学生的"学"法。

1."教"法

"教"法是基于教师"传授"视野的学习组织结构。其目标是建立一种学习安排，使得学生的接受式学习更有规律并更加容易。就特殊职业教育而言，由于其教学对象的特殊性，教学方法首先应突出"分类教学"的特点。由于残疾时间不同、障碍程度不同、残疾家庭教育背景不同等诸多因素的影响，残疾学生之间存在着较大的个别差异，其差异程度要高于健全学生。据调查，健全学生的智力水平呈现常态分布的现象，而残疾生的智力水平却出现了"两头多、中间一般"的现象，如在视觉障碍学生中，表现得特别聪明或特别愚笨的人数几乎差不多。面对学生之间的巨大差异，特殊教育应该特别重视对学生进行个性化的教育。无论是教学内容、教学进度还是教学方法、教学手段，都要强调针对性，采取分类教学的教学模式，针对学生的实际状况进行教育教学活动，以保证学生受到适合其发展水平的教育，这是当前特殊职业教育教学改革应该抓住的一个重要环节。

长期以来，不少特殊教育学校的教学采取"一刀切"的办法，视障学生教学使用盲文，听障学生教学使用手语。此类教学方法，忽视了其教育对象有着不同残疾类别、不同残疾程度，忽视了一部分残疾学生经过训练，其残疾状况可以得到不同程度的康复这一实际，进而与特殊教育学校教学工作任务相违背。例如一些低视力学生借助仪器设备可以学习印刷体文字，经过训练，还可以掌握使用和保护残余视力的方法，这将有利于学生的学习和生活。若在教学过程中不加区别，则不利于这些学生的成长和今后的发展。要根据学生的残疾状况、补偿程度（例如听障学生佩戴助听器后听力状况的改善程度）及其他方面的差异，采取分班或分组以及个别指导的办法，进行教育和训练，使其缺陷得到一定程度的补偿，并受到适合自身需要的教育。

"教"法的上位概念是教学处置，包括尝试导向的教学处置、问题导向的教学处置和项目导向的教学处置；其下位概念为教学形式，包括授课教学形式、社会教学形式和课堂教学形式。

作为上位概念的教学处置，指的是职业教育教学过程中对典型运行阶段实施的实践性教学策略。这些策略是对单一教学方法在时空上的综合运用，具有特定的学习效果和教学范畴。行动导向的教学处置，特别是对特殊职业教育类专业的教学处置，主要有以下三种。一是尝试导向的教学处置，主要指关于技术问题的处置策略，包括三个阶段："尝试"的准备，即针对教学内容提出问题及其相关假设；"尝试"的实施，即在独立制定和设计的实验秩序中对假设予以证真或证伪；"尝试"的检查，即对定量和定性的结果予以阐述和探讨。二是问题导向的教学处置,主要是关于技术思维的处置策略,包括四个阶段:提出问题,即通过思考直面问题情境并确定问题;解释问题,即辨识问题并对解决问题的原则予以阐述;解决问题,即独立解决问题并对解决问题的方案予以评价;应用转换,即应用解决问题的方案并在类似情境中予以转换。三是项目导向的教学处置,主要是关于技术设计的处置策略,包括五个方面——从技术、生态、经济、政治(社会)和精神(规范)五个不同视角,采取项目教学方式,让学生能在社会技术学的层面,主动参与技术的设计,从而整体地把握技术发展的趋势与结果。以面向肢体残疾、听障学生的电子商务专业为例,"客户服务与管理"课程推行项目导向、任务驱动、教学做一体、学校与企业交替的教学模式,灵活运用情境教学、案例分析、讨论、头脑风暴、角色扮演等教学方法,使学生熟练掌握客户服务技能,在客服岗位上完成受理客户接待、订单处理、售后服务等工作,能够同时胜任平台客服和网店客服岗位工作。

作为下位概念的教学形式,同样强调基于行动导向的教学组织,主要包括如下三种:一是传授教学形式,指的是学习过程中对学生实施逻辑的思维引导方式,主要有两种:认识论的处理,它由一个从属于外部认知过程的规则系统构成,主要指向算法逻辑思维的操作,如"分析—综合"处理、"归纳—演绎"处理和历史化处理;心理学的处理,它由一个从属于内部认知过程的规则系统构成,主要指向心理决策要素的转换,如抽象性处理、遗传性处理和研究性处理。二是社会教学形式,指的是学习过程中合作的显性组织方式,主要有四种:正面教学,传统的教师讲、学生听,教师通过介绍、解释或加工知识元素,使学生接受这些知识;个体工作,即学生个人独立制订、实施和检查工作计划;小组合作,即两个学生合作制订、实施和检查工作计划;小组工作,即由3～6名学生组成小组。小组成员共同制订、实施和检查工作计划,各组可完成相同任务(可比性),也可完成不同任务(差异性)。三是课堂教学形式,指的是学习过程中师生或生生互动的主体定位方式,主要有三种:基于报告、示范或指示等描述性教学(教师中心);基于引出问题、激发动机或委托任务等行动性教学(教师主导—学生主体);基于派对式的生生合作、探究式的学生中心或对话式的经验交流等发现性教学(学生中心)。

教学形式的确定在教师备课中发挥着非常重要的作用。在"教"的过程中,上述这些形式之间的转换并没有严格的界限,应根据专业能力、方法能力和社会能力培养的需要，采用与之相应的高效率方式。

2."学"法

"学"法是基于学生"习得"视野的学习组织结构。其目标是建立一种学习秩序，使得学生的主动生成性学习更有规律、更有效果。"学"法既要高质量地掌握学习内容，又要高效率地掌握学习方法。它涉及三种重要的学习技术。

自学性技术，指能主动性地占有、使用信息的方法，包括：自主性地获取信息的技术，例如，阅读、倾听以及熟悉目录、关键词、文稿、书籍、索引、图书、多媒体和互联网等；生成性地加工信息的技术，例如，记录、摘抄、标示、绘制（墙报、表格、简图、广告等）、音像制作、方案制定等；指向性地阐释信息的技术，例如，撰写报告、阐述理由、演讲总结、评论展示、公众辩论、评审发表以及进行电话联系、发送电子邮件。

交流性技术，指能建构性地多边互动学习的方法，包括：沟通的技术，例如，即时反思（如 Blitzlicht）、核心讨论（如 Kugellager）、正反方辩论、全员会议（如 Fish-bowling）、分组讨论（如 Binenkorb）、小组专家游戏等；合作的技术，例如，小组活动、角色扮演、计划演练、项目方法、多重辩论、情景刷剧、教学微信群等。

创新性技术，指能构思性地寻求解决方案的方法，包括：创意设计导向的创新性学法，例如，图像处理、抽象拼贴（Collage）、创意绘画、哑剧编导（Pantomime）、创意写作等；媒介催化导向的创新性学法，例如：创意旅行、隐性策划（Metaphor Meditation）、暗示启迪（Enlightenment）等；问题解决导向的创造性学法，例如，德尔斐法（Delphi-Methode）、趋势分析法、功能分析法（将总任务按功能层次分解获得子任务）、抽象法（从现象中概括本质）、黑箱法（抽象法变种：忽略内部结构，只关注输入和输出）、结构树法（功能分析法的树形图分解，或称思维导图法）、画廊法（第一阶段为联想阶段，草拟解决方案并以画廊形式展示；第二阶段为形成阶段，相互介绍各种解决方案并予以归纳；第三阶段为评价阶段，采取全员会议评价不同方案并予以优化）、刺激法（通过看似无关的话语，借助直觉反应获得解决问题的方案即陌生效应）、"635"法（头脑风暴法变种：针对一个问题，由六名小组成员提出三个方案，时间限制为五分钟）、解构法（Morphologie，借助矩阵将总问题分解为子问题）、逆向思维法（批判性或反思性的设疑或否定）等。

（三）课程与教材

1. 课程的内涵：从单义到集成

教育学对课程内涵及其实质的现代解读，普遍认为由于哲学的、价值的、实践的指向不同，对课程内涵的理解也就具有各自独特的视野，从而呈现多元的现象。因此，从现代意义的课程概念出发，关于课程的界定，确实是多义性和发展性的。

在英文中，课程 Curriculum 一词源自拉丁文词源 Currere。Currere 的名词形式是"跑道"，重点是"道"；Currere 的动词形式是"奔跑"，重点是"跑"。基于此，名词意义的课程表明应重视对不同智力类型的学生和不同教育类型的教育设计适宜的教学途径，重在教学内容"跑道"材料的选择；动词意义的课程则侧重对不同智力类型的学生和不同教育类型的教育在实现目标的教学途径上促进其经验的积累、反思并升华的教学过程，重在教学过程——"奔跑"序列的建构。

因此，从教育学角度阐释，如果说课程是指"在某一学习阶段，按照某种顺序展开的教和学（内容）的全部""课程即有计划的、系统的学习内容"，那么，应该坚决摒弃要么是"跑"——过程，要么是"道"——内容，即只从一个侧面对课程加以理解与实施的观念。因此，特殊职业教育的课程应该是根据"残健融合、协同共培"的教育目标，将职业和职业岗位（群）工作任务的内容，根据学习主体的心理特点和智力特点，按照工作过程进行基于教学论的组合和序化而构成的教学内容体系，是主体进行学习活动的根本依据。对于旨在获取完整的职业能力的特殊职业教育来说，这样一个基于企业与学校两个学习地点的跨界的教育类型，其课程开发应该注重学生职业技能、知识与素养集成，或者说是专业、方法、社会能力的集成。因此，特殊职业教育的课程是职业发展的载体，涉及教师、学生、情境的互动，是流动的，是生成的。残健融合的学生群体在空间、活动、课程等不同维度上融合发展，促进特殊职业教育的课程内涵由单一走向集成。

2. 教材的形式：从封闭到开放

教育学对教材内涵及其形式的现代解读，普遍认为由于技术的、时空的、应用的指向不同，具有各自专有的表述方式。因此，基于现代意义的教材概念，对教材的界定同样也是多义性和发展性的。

　　根据承载媒体不同的教材类型划分,特殊职业教育教材包括狭义范畴的教材,专指文字或纯文本形态的教学材料。广义范畴的教材,涵盖视听或多媒体形态的教学材料,如课本、练习册、活动册、故事书、补充练习、辅导资料、自学手册、录音带、录像带、计算机光盘、复印材料、报纸杂志、广播电视节目、幻灯片、照片、卡片、教学实物,以及教师自己编写的资料或设计的教具、计算机和互联网络上使用的学习材料,包括互联网时代的慕课(Mossive Open Online Course,简称 MOOC)、微课等。

　　基于使用主体不同的教材,包括旨在使教师的教学过程更加清晰的教师教学材料,如教师手册、教学软件、教学参考资料等,此时指称为"教材";旨在使学生的学习过程更加主动的学生学习材料,如工作页、练习册、学习软件等,此时指称为"学材"。

　　基于装帧形式不同的教材,包括封闭式的教材、正式出版、装订成册、页码"固化"的"刚性"纸质书本;半封闭、半开放式的教材,如活页教材,以及近年来正式出版、页码可抽出、更换的"柔性"的纸质书本;开放式的教材,如由教师自行编写的、具有教师个性特色的教案,组成教案的引导文、任务单等。

　　综观相关教材的解读,其所凸显的都只是实现教育和教学的实体性物化的一个手段,只是对教育和教学的目标及内容的载体选择。实际上,从基本的教育功能和作用出发,教材更应该指教学资源,甚至"教材"一词应被"教学资源"一词所取代。基于对教材这一传统认识的驱动,为使特殊职业教育的相关教科书更好地服务于课程,除为之配备相应的学生用书和教师用书以外,还需建立特殊教育资源中心,以相关特殊教育院校资源中心为机构支持,以专业性研究人员为功能主体,形成集图书资料、教辅工具、康复器材、学习用具、辅助技术、资源教师、志愿服务为一体的资源支持中心(数字化平台)。

　　(四)组织与实践

　　1.教学组织的内涵

　　广义地讲,教学组织指的是为完成一定的课程目标和学习任务,围绕一定的教育内容或学习经验,建构一定的时空环境,采取一定的方法,应用一定的媒介,而形成的教师与学生之间的相互作用的方式、结构与程序;狭义地说,教学组织指的是为完成特定的教学任务,教师和学生按一定要求组合起来进行活动的结构形式。在这里,后者常被称为教学的社会组织,而前者则应称为教学的整体组织,可简称为教学组织。显然,教学的社会组织形式只是教学的整体组织形式的一部分。

2. 教学组织原则

关于行动导向的教学组织原则,无论是行动导向的学校教学组织,还是行动导向的企业教学组织,在针对不同职业的生产性工作任务或学习性工作任务及其工作和学习过程实施教学时,必须坚持辩证思维,在确定和构建教学组织形式时,遵循以下原则。

一是应用性与思维性结合的原则:既要关注观察训练和操作训练,又要关注思维训练和表述训练。

二是资格、能力与动机结合的原则:既要关注内容维度的资格结构,又要关注行为维度的能力结构,还要关注个性维度的动机结构。

三是功利性与人本性结合的原则:既要关注成本核算、质量保障、市场销售等需求性、功利性的内容,又要关注审美效果、循环再生、社会伦理、职业道德等社会性、人本性的内容。

四是学习、行动与人格结合的原则:既要关注独立获取信息的学习模式,又要关注独立进行决策的行动模式,还要关注独立承担责任的人格模式。

更为重要的是,企业与学校是特殊职业教育不可或缺且不可分割的学习地点。因此,必须在合作设置专业、合作开发课程、合作实施教学、合作评价质量的整体合作的框架下,实现教学过程与工作过程对接,进而实现合作培养职业人才的目标。学校与企业在物理空间位置上的分离,可以凸显各自教育功能的分工,从而在教学组织形式上有所不同。然而,尽管由于物理原因而存在着教育组织形式上的区别,但在教学空间上则是跨界的,在教育功能上却是互补的。无论是在学校进行的教学组织还是在企业进行的教学组织,本质上是在共同的教学目标导引下的教与学的过程。

3. 基于行动导向的特殊职业教育教学组织

建立在行动导向教学思想基础之上的特殊职业教育教学组织,目标是培养面向残疾人和服务残疾人的学生的职业行动能力,以使其在未来的职业生涯和社会生活中,能进行旨在解决问题的思考并实施勇于承担相关责任的行动。所以,一般来说,从现时的起点到彼时的终点,人类的行动是一个目标定向的过程、一个设计建构的过程、一个操作序化的过程、一个检查比对的过程。

以面向视障人士开设的康复治疗技术专业(推拿方向)为例,在教学组织中,实行"三阶段"实践体系:大一阶段进行基本教学校内实训,由教师进行手把手示范教学,学生互相练习,达到一定的基本功要求;大二阶段进行应用教学校内外实践,通过临床一线医师教学,模拟、实际医疗场景教学,锻炼学生初步推拿临床诊疗能力;大三阶段进行综合应用校外实践,通过跟岗实习和顶岗实习,培养学生独立临床诊断和治疗的能力。教学全过程旨在培养思想政治坚定、德技并修、全面发展、具有健全人格,适应经济转型和社会进步的知识型、应用型和创新型人才;培养具有中西医基本医学素质,掌握一定的康复推拿专业理论基础知识和技能,面向基层医疗推拿保健专科、私营性医疗机构推拿保健专科、私营性非医疗机构保健推拿、康复护理院、疗养院、养老院、老年福利院、居家养老服务中心等各类领域,能体面就业、服务社会的高素质技术技能人才。以面向服务残疾人开设的特殊教育(师范)专业为例,在教学组织中,通过校企(政)合作,工学融合,要求学生运用合适的评估工具和评估方法,综合评估学龄前到小学低年级学生的身心发展水平和特殊教育需要。能严格依据《育婴员国家职业标准》《幼儿园教育指导纲要(试行)》《3~6岁儿童学习与发展指南》,按照特殊儿童身心发展规律和学习特点,合理安排每日活动,促进教育教学、康复训练与生活实践紧密结合。具有熟练地观察、记录、评估、分析特殊儿童发展的能力,并提出针对特殊学习需要学生的个性化调整建议。具有在特殊教育学校学前部、特殊儿童康复机构独立实施教学活动的能力。评价特殊儿童在幼儿园、康复中心等机构教育活动的能力,呈现出"传授、掌握、实践"的教学组织过程。

（五）评价与督导

1. 特殊职业教育改革评价与督导的主体构成

（1）主体自治:构建职业学校内部质量保证体系

特殊职业学校是办学质量的直接责任主体、实施主体和评价主体,建立健全内部质量保证体系是切实提升办学水平、管理能力和教育教学质量的有效手段,也是深化新时代特殊职业教育评价改革的核心基点。

（2）行业参与:建立行业企业广泛参与的职业教育评价机制

普通高等教育、基础教育的评价主要以同行评价为主,教育同行是具有明显优势的评价主体。但职业教育是具有跨界属性的类型教育,与普通教育不同的是,行业企业的参与是职业教育评价的重要特点。在职业教育治理体系和治理能力现代化进程中,从同行评价为主到行业企业深度参与是职业教育评价改革的发展方向。

(3)政府监管:深化新时代职业教育督导体制机制改革

现阶段,特殊职业教育监督组织、体制、机制,对特殊职业教育改革发展的督导主体、目标、内容、方法与结果等方面缺乏科学的规划与设计,对地方特殊职业教育发展战略制定与实施缺乏有效的监督、指导与评价。部分省区市至今尚未建立特殊教育教学指导中心、特殊教育专家委员会、特殊教育资源中心、特殊儿童诊断与评估中心等专业性团队、组织与机构及特殊职业教育质量评价体系。积极推进特殊职业教育领域全面深化综合改革,要通过完善政府履行特殊职业教育职责评价督导评估工作机制,在督导评估中凸显职业教育的类型特色,按照"残健融合、协同共培"的育人理念,设计督导评价指标体系,重点关注残疾人和服务残疾人行业企业参与办学情况和学生职业素质、生涯发展。

(4)社会监督:完善与职业教育发展相适应的社会评价制度

社会作为职业教育的利益相关方,在评价中的话语权一直较低,社会评价作为职业教育评价改革中的关键一环,其功能还未能充分发挥,能力和水准还有待进一步提升。新时代深化职业教育评价改革,应进一步扩大社会公众的知情权、参与权与评价权,通过积极引导家长和社会公众有序参与职业教育监督评价,健全国家、省、校三级职业教育质量年报制度,支持专业机构和社会组织规范开展职业教育评价等形式,加快完善与职业教育发展相适应的社会评价制度。

2.特殊职业教育评价改革的成效表征

(1)评价主体多元化,利益相关方满意度持续提升

职业教育的生态环境决定了其生存与发展必须关注与之发生各种关系的利益相关者,必须回应政府、行业企业、学校、学生、教师、社会组织等多元利益相关者的利益诉求,从而决定了职业教育评价主体的多元性。尤其是就特殊职业教育而言,其社会评价相较其他类型的职业教育更为重要,且评价主体从政府一元控制转向了多元主体参与评价。在特殊职业教育领域,要形成残联等政府部门、特殊职业教育学校、残疾人集中就业企业行业、协会等社会组织、用人单位等主要利益相关者共同参与的多元评价运行机制,构建起政府管理、学校办学和行业企业第三方评价的职业教育评价共同体,打破行

政主导职业教育评价的传统格局,为特殊职业教育注入更多的行业要素和市场要素,使各方诉求得到满足,激发职业教育的办学活力。

(2)评价标准特色化,类型教育特征进一步彰显

评价标准是实施教育评价的核心要素,反映出教育教学活动中应当重视什么、忽视什么,具有引导被评价者向何处努力的作用。特殊职业教育的评价标准,应进一步建立健全特殊职业教育学校、课程、教师与学生质量评价标准体系,构建"层级贯通""普职融通""医教康结合"的全纳特殊职业教育质量评价体系,提升特殊职业教育质量评价的针对性,加快特殊职业教育质量评价监测专家团队与专业机构建设,加强对地方特殊职业教育质量评价标准建设与实施过程的监督与指导,确保特殊职业教育发展战略的有效实施,推动特殊职业教育"由参照普通教育办学模式向企业社会参与、专业特色鲜明的类型教育转变"。

(3)评价手段现代化,精准决策进一步优化

教育信息化驱动教育评价手段现代化。我国以往开展的职业教育评价以传统评价为主,现代化评价方法和技术使用不足。新时代深化特殊职业教育评价改革,要充分利用人工智能、大数据等现代信息技术,探索更科学、更先进的手段、方法和工具,包括特殊儿童心理教育 6E 沙盘、特殊儿童语言与言语康复听觉评估导航仪、Peabody 运动发育系统 PDMS-2、儿童发育监测系统 CDMS-V1.0、言语评估教学平台 CJ-YY-003 等,建立并完善校本人才培养工作状态数据管理系统,开展学生各年级学习情况全过程纵向评价、德智体美劳全要素横向评价,从"一考定终身"的终结性评价转向重视教育教学全过程的形成性评价。同时,要完善评价结果运用,将评价结果反馈到人才培养过程,形成人才培养改革创新的良性机制。评价手段的现代化驱动职业教育改革在精准决策上更加优化,推动特殊职业教育评价在新技术引领与深度融合下不断向专业化水平发展。

(4)评价导向科学化,社会吸引力显著增强

科学的评价导向是特殊职业教育改革发展的重要方向引领。只有确立和坚持正确的特殊职业教育评价导向,才能形成科学的特殊职业教育发展观、人才成长观、选人用人观。新时代特殊职业教育评价改革的实效,就应体现在对"五唯"顽瘴痼疾的克服,通过破立并举,改变简单以就业率评价学校办学绩效和水平的导向和做法,遵循残疾学生和健全学生的技术技能人才成

长规律,以学生成长成才为导向,促进学生全面而有个性地发展。同时,健全技术技能人才的评价激励制度,营造人人皆可成才、人人尽展其才的良好环境,努力让每个人都有人生出彩的机会。

第三节　特殊职业教育教学改革的实施路径

我国正处在建立社会主义市场经济体制和实现现代化建设战略目标的关键时期,综合国力的强弱越来越取决于劳动者的素质,取决于各类人才的质量和数量。特殊职业教育作为国民教育体系和人力资源开发的重要组成部分,担负着培养多样化残疾人才、传承技术技能、促进就业创业的历史重任,是全面推进素质教育、提高国民素质、增强综合国力的重要力量。本节从特殊教育中高职一体化、特殊职业教育的课程与教材、特殊职业教育的组织、构建多层次特殊职业教育评价体系四个方面来谈特殊职业教育教学改革的实施路径。

一、职业教育的本质驳辩:从层次到类型

2019 年,国务院印发的《国家职业教育改革实施方案》明确指出"职业教育与普通教育是两种不同教育类型,具有同等重要地位"。这是国家首次在政策文件中明确定位职业教育是一种教育类型,同时也意味着职业教育的发展建设要开始从"层次观"转变为"类型观"。学界对职业教育的类型与层次的驳辩主要见于姜大源、赵志群的相关文献。类型,是具有共同特征的事物所形成的种类;层次,则更多地表现为具有相属关系的事物的次序,如重叠、高低、递进和表里等结构形态,是相属事物组成的系统内部结构不同等级的范畴。[①] 强调教育层次中的教育类型,是不同的教育赖以生存的基础。教育类型不同的第一标志在于培养目标不同,中职教育、高职教育的培养目标指向一致,即融职业性的社会需求与教育性的个性需求于一体。教育类型不同的第二标志在于课程内涵不同,职业教育的规律集中体现在课程结构的特征之中。1997 年,联合国教科文组织推出的《国际教育标准分类》将普通高等教

---

① 姜大源.职业教育要义[M].北京:北京师范大学出版社,2017:142.

育和高等职业教育以课程为依据分类,其中定义高等职业教育的课程定位是面向"实际的、技术的、职业的"。

而强调教育类型中的教育层次,是同一类型的教育赖以发展的空间。在我国已初步构建了一个涵盖中等和高等职业教育的系统。教育层次不同的第一标志在于教育功能的差别,高等职业教育的教育功能比中等职业教育"高",集中体现在工作岗位的综合、全面程度及其所显现的责任、功能价值,二者本质上是真实职业活动功能层次的本源性映射。教育层次不同的第二标志在于教育内容的差别,高等职业教育毕业生要有能力驾驭策略层面的工作过程,而中等职业教育的毕业生一般只需有能力把握经验层面的工作过程,二者本质上是真实职业活动内容层次的整合型迁移。

强调教育层次中的教育类型是凸显教育的生存权,中等、高等职业教育都姓"职";强调教育类型中教育层次凸显的则是教育的发展权,层次结构的有序性、差别性,又处于统一的类型特征之中。厘清教育类型和层次的关系是中高职一体化改革的重要理论基础。目前,我国中高职一体化改革处于起步阶段,类型教育视角下,特殊教育中高职一体化探索作为一个典型,有助于从点上推动中高职一体化的整面发展,有助于构建适应残疾人终身发展需求的职业教育体系。

二、特殊职业教育的课程与教材

(一)以课程设置为核心的特殊教育中高职一体化改革

1. 特殊教育中高职一体化的构成要素和特点

中高职一体化改革在我国的部分省区市已有相关探索。2018 年,由青岛职业技术学院牵头成立了国内首个中高职贯通培养新模式的职教集团——青岛中高职一体化培养职教集团,探索职业教育系统内校企合作新模式、新体系。2021 年 6 月,浙江省印发《浙江省中高职一体化课程改革方案》,主要围绕改革的核心"课程",提出五大改革任务。依据相关中高职一体化机构改革方案,中高职一体化改革的主要构成要素主要包括:招生制度与管理制度、培养计划与培养目标、专业建设与课程设计、教学实施与实训实习、质量评价与就业升学、教师资源与教学资源。特殊教育中高职一体化主要体现出以下三大特点。

（1）贯通性

特殊职业教育要求结合产业人才需求与残疾人生源地教育需求，提供多层次、高质量的职业教育，保证各层次间进路通畅、衔接紧密，形成独立的职业教育体系。以浙江省特殊职业教育学院为例，通过前期调研发现：视障学生、听障学生在中高职一体化上存在学制和专业设置不合理、不对接，课程重复与断档并存，技能倒挂，教学方法雷同等问题。中职与高职教育系统按各自目标运行，两个系统基本割裂，尚未形成合力。且在特殊职业教育类专业中，中高职一体化的试点专业较少。

（2）归属性

中职学校归属教育部门主管；特殊职业教育高职学校的行政职能归属残联部门，教育职能归属教育部门。相较于普通中高职一体化，特殊教育中高职一体化人才培养过程中因业务隶属、体制机制等原因，系统内外部有效沟通不足，需要提升跨界属性，打通残联部门与教育部门之间的培养衔接过程。

（3）应用性

职业教育区别于普通教育的本质属性是应用型，特殊教育中高职一体化改革过程中，要遵循职业教育的规律，促进不同培养阶段螺旋式职业能力的提升，实现残疾人升学需求与教育供给的均衡化。总体而言，基于类型教育视角，亟须针对特殊教育中高职一体化进行现状分析，总结归纳衔接维度、运行机制，以推动特殊教育中高职一体化人才培养模式的良性发展。

2.特殊教育中高职一体化的实践路径

（1）制定一体化人才培养标准、方案

组建特殊教育中高职一体化专业协作组。由特殊职业教育高职学院牵头，会同省域中职特殊教育学校以及行业企业，组建特殊教育中高职一体化专业教研大组，做好残疾学生人才需求调研。制定一体化人才培养标准。明确适合残疾学生可持续发展的长学制培养专业所对应岗位的工作任务和职业能力，对接职业能力标准，清晰界定不同层次特殊职业教育人才培养目标，并据此制定一体化专业教学标准、一体化核心课程标准、一体化实训条件建设标准和一体化顶岗实习标准。制定一体化人才培养方案，实行"一年一修订"。

（2）动态化调整一体化专业设置

按照"分层分类、梯级发展"的思路，在特殊职业教育院校做强特殊教育专业群。发挥地区地域性特色的相关专业优势,培育地方特色专业群,进一步优化专业结构,科学设置和申报与残疾人事业发展、区域经济发展紧密结合的非遗手工技艺、音乐表演、社会体育等新专业。全面构建"残健融合、协同共培"的育人体系。探索衔接"3+2"中高职一体化、"3+2"专升本、中高本硕一体化等贯通培养模式,完善残疾人创业学院运行模式,建立布局合理、学段衔接、医康教结合、普职融通的残疾人培养体系。

(3)加强一体化教学管理

一是全面搭建一体化教学平台,引导建立中高职一体化教学过程管理平台,包括教学计划管理、教学组织管理、教学质量管理。二是共建共享在线精品课程,加快数字化、无障碍教学支持环境建设,不断完善满足残疾学生多样化需求的课程资源。三是共同研发一体化教材,根据一体化核心课程标准,中高职会同企业共同研发和编写一体化课程教材,及时将面向残疾人就业的新技术、新工艺、新规范纳入教学内容。四是深化一体化"学分制"管理,积极推进中高职一体化教学管理和学生学业评价制度改革,以"残健融合"为基石,实行评价机制的阶梯式递进,探索残疾学生中高职升段考核模式,科学、有效评价中职阶段教学质量。五是共建一体化专业实训基地,以现有"3+2"中高职一体化试点专业为基础,按照教学实训要求,中高职错位共建共享实训基地。

(二)不同残疾类型的学生与教材(教学资源)相匹配

就特殊职业教育而言,教材可泛化为特殊教学资源这一概念。在特殊学校,包括基础教育阶段、高等教育阶段均建设有特殊资源中心,以支撑不同类型的残疾学生的教学资源。

从教材的支持形式来看,以浙江特殊教育职业学院为例,特殊资源中心包括专业课程学习资源库、基础课程学习资源库、拓展课程学习资源库。根据不同学生的残疾类型编写校本类的新型活页式、工作手册式等新形态教材,如《国家通用手语教程》,这一教材配备二维码和 VR 技术;为残疾学生特殊需求进行评估和支持、盲文点字试卷翻译与刻印、普通教材转译为盲文读物或者有声读物;提供整理加工各种类型无障碍学习资源、收集残疾学生专业和社会服务信息等数字化服务;共享国家通用手语省级推广研究中心、职业院校残疾人康复人才培养改革试点、残疾人职业能力测评点等资源,为需要支持的融合教育院校提供指导服务。

从教材的内容创新来看,体现高职教育和特殊教育的教学特色,紧密结合学院专业建设、课程改革实际,将教材、课堂、教学资源三者融合,实现线上或线上线下结合的教材出版新模式,并做好教材开发建设、使用培训、审核审定及跟踪监测。

三、特殊职业教育的组织

(一)学校教学组织

基于学校学习地点的职业教育教学组织,需要针对学生在学校完成学习性工作任务并获得工作成果的整个学习和工作过程所应解决的问题来开展相关教学工作,从教学论、方法论、过程论和互动论四个维度予以通盘考虑。[①]

1. 根据工作任务的性质定位来确定教学组织的重点

对于功能应用层面的工作任务,教学重点在于整体系统功能的实现;对于方案开发层面的工作任务,教学重点在于适用实施方案的开发;对于结构设计层面的工作任务,教学重点在于科学原理规则的应用;对于制造加工层面的工作任务,教学重点在于合理工艺流程的习得;对于维修保养层面的工作任务,教学重点在于熟练排障技术的掌握。

2. 根据工作任务的目标指向来确定教学组织的处置

对于解决具体技术问题层面的工作任务,宜采取尝试导向的教学组织形式进行处置;对于培养完整技术思维层面的工作任务,宜采取问题导向的教学组织形式进行处置;对于掌握系统技术设计层面的工作任务,宜采取项目导向的教学组织形式进行处置。

3. 根据工作任务的完成过程来确定教学组织的过程

通过对完成具体的工作任务必须关注的六个要素(工作对象、工作内容、工作手段、工作组织、工作产品和工作环境)整体把握的基础上,培养学生对普适性工作过程的六个步骤,即资讯(获取信息)、决策(做出决定)、计划(制订方案)、实施(进行操作)、检查(审视过程)和评价(总结反馈)掌握的能力。

① Ott B. Grundlagen des beruflichen Lernens und Lehrens[M]. Berlin: Cornelsen Verlag,2000:82,165-179.

4. 根据工作任务的组织结构来确定教学组织的形式

首先，应确立教学中互动主体的存在形式，着重考虑基于个人、基于小组、基于主题和基于环境的功能定位；其次，应扩展教学中互动空间的形式，着重考虑物理的、过程的、决策的和形式的活动疆域；最后，应选择教学中互动层次的形式，着重考虑内容层面（任务、问题等）、关系层面（资讯、反馈等）和规则层面（分工、观察等）的互动运作模式。

（二）企业教学组织

基于企业学习地点的职业教育教学组织，需要针对学生在企业完成生产性工作任务并获得工作成果的整个学习和工作过程所应解决的问题开展教学工作，应从企业教学论和工作（劳动）教学论的角度就学习地点和学习方式两个维度予以考虑。

基于学习地点的教学组织①，旨在根据学习地点的功能定位来确定教学组织的重点：一是在企业教学车间（如企业培训中心）这一学习地点的教学组织重点，主要是通过课堂教学和项目教学的形式来获取与专业内容相关的职业技能；二是在企业教学工厂这一学习地点的教学组织重点，主要是通过团队学习和教学任务的形式来培养与工作过程相关的职业能力；三是在企业工作岗位这一学习地点的教学组织重点，主要是通过顶岗实习和真实任务的形式来熟悉与未来职业相关的工作环境；四是在仿真式学习岛（Lerninsel）这一学习地点的教学组织重点，主要是通过真实工作合同和团队集体合作且独立完成任务的形式来掌握与实际生产相关的工作过程。以浙江特殊教育职业学院面向听障学生开设的电子商务"校中部"教学组织为例，"校中部"即校企融合共建育人平台，是指通过校企合作共建的方式，在校内成立生产性实践场所，基于真实的项目和实际工作过程，按照实际工作的相关任务和基本流程来组织教学内容，既有利于培养学生的创新能力、实践能力，也有利于培养学生独立分析问题和解决问题的能力及协作精神，实现学校与企业之间的"无缝对接"，为今后的学生就业奠定良好的基础。"校中部"的有效实施基于"三共同"原则：共同建设——企业与学校是实践教学体系建设的两个主体；

---

① Ott B. Grundlagen des beruflichen Lernens und Lehrens [M]. Berlin: Cornelsen Verlag, Berlin: Cormelen Verlag, 2000: 83, 190-191.

共同育人——共同系统设计校内生产性实训、共同开发项目化课程和实训教学资源、共同制定学生学业考核标准；共同受益——企业通过在校内设立电子商务客服、美工部门。在为企业完成真实业务创造效益的同时，为学生提供了真实的业务操作实践平台，提升学生的就业竞争力，实现了在互利合作基础上的双赢。根据听障学生的职业成长规律，突出听障学生的主体地位，围绕"校中部"企业对人才培养的要求，构建以"校中部"为核心的四环递进的实践教学体系，实现将课堂实践教学、集中仿真实训、"校中部"实践、专业实习、顶岗实习等实践形式通过循序渐进的方式融入实践教学过程中，最终实现"三模式、五合一"。"三模式"即"全真业务"实践教学模式、"双元主体"实训管理模式、"工学交替"教学运行模式。"五合一"即实训场所与工作场所合一、学生与员工合一、教师与专家合一、教学内容与工作任务合一、作业与"产品"合一。

基于学习方式的教学组织，旨在根据学习形式的功能定位来确定教学组织的重点，以培养学生掌握适用于所有职业的，包括资讯、决策、计划、实施、检查和评价六个步骤的普适性的工作过程为目标，可根据需要采取不同学习方式的教学组织来实现，其包括：一是自我计划的独立作业方式，要求学生以自我承担责任的意识独立地制订计划并实施与检查计划，重在强化学生独立工作的能力；二是小组计划的独立作业方式，要求学生以团队协商讨论的形式共同制订计划但独立地实施与检查计划，重在强化学生交流学习的能力；三是小组计划的分步作业方式，要求学生以团队协同合作的形式共同制订计划并按照各自分工独立实施各自计划，再共同检查计划的结果，重在强化学生团队合作的能力。

四、构建多层次特殊职业教育评价体系

构建多层次特殊职业教育评价新体系，是特殊职业教育在新时期创新发展、发挥"特教之特"的重要举措。如何立足高等特殊职业教育的跨界属性，以"残健融合"为基石，通过评价机制的阶梯式递进，促成普通高等职业教育人才评价与残障学生职业生涯发展的有机结合，实现残障学生技能增值与自我价值提升的双丰收成为一道新课题。

（一）基础阶梯：残健融合的根本性评价全覆盖

平等尊重，引导评价新视角。突破"弱势群体"的固定思维，将残障学生

视为和健全学生同等的独立自主个体,课程教学过程不降低要求、技能水平操作不降低标准、素养品质评判不降低基点。将高要求、严规定贯穿人才培养的始终,给予残障学生充分尊重基础上的平等评价。

特殊关爱,提升评价新温度。依托专业特点面向不同残疾类别学生开设电商校园网红赛、数媒设计云平台、工美创意加油站、推拿技能体验室、面点商铺工作站等多个覆盖全体残障学生的校园职业竞技场,将职业劳动融入学生职场评价之中,以赛促教、以优促评,扭转"唯分数"的评价指标。

残健融合,营造评价新环境。搭建生产性校内实训基地,面向残障学生和健全学生开展适合专业发展的同类技能实操训练,搭建以技能比拼为主流的竞技平台,为残障学生和健全学生打造共育、共学、共享、共促的学习平台,切实营造残健融合共育新环境。

(二)增长阶梯:长短融合的发展性评价全延伸

取长补短,促进自我激励点。突出小班化管理优势,为每一个残障学生分列个体"长处清单"与"短板清单",构建"观察趋势、关注个体、改进教学"的心智模型,在统筹普适性评价之外,增设分层、分类、分阶段的个性化评测及指导,促使残障学生激励自我、适应学习、自主提升。

孕长于短,促育发展增长点。根据不同残障类别学生的个体差异性,立足学生职业知识与技能获取的整个过程,构建"个性化学业质量分析系统",既稳抓残障学生个体发展短板与长处综合评价,又关注残障学生短期测评与长期规划的结合,实现评价角度由短及长新融合。

论短定长,促成发展评价点。在学生短期测评清单基础上,通过"审视学业发展趋势""欣赏学业发展优势""期许学业发展目标"的引导路径,为每一个残障学生设定个体远期发展目标测评和职业生涯长期发展规划,以积极、温暖、个性化的测评鼓励残障学生个体发展。

(三)目标阶梯:内外融合的价值性评价全突破

社会资源与校内培育的内外融合。依托社会、行业、企业的爱心助学红利,针对残障学生学习与就业的特殊性,深化产教融合、校企合作,不断促进以"训"代"考"、以"练"代"测"的评价模式,进一步创新评价要素与专业人才需求、智力资源与企业优势、学生发展与社会融合的多方结合机制,真正实现评价主体从单一学校到行业、企业、产业多元覆盖的大跨步。

社会需求与个体技能的内外结合。打破以普惠性方式兜底特殊职业教育传统模式,探索与应用型本科院校开展盲人康复治疗学、聋人视觉传达设计 3+2 合作,根据残疾类型、行业区域,研究制定职业岗位能力的分级标准,关注残障学生个体职业技能展示与评价,实现残障学生从"弱势群体"到"有用之才"的大转变。

社会尊重与个人自强的内外聚合。既注重针对不同残障学生的身体特点进行个别化技能指导,确保每一个残障学生都能获得独立生活的"一技之长",更注重培养残障学生融入社会的健全心态,全面营造"助推残疾人共同富裕 共建共享美好生活"的评价环境,进一步激发残障学生用技能改变生活、成就梦想的奋斗热情。

第四节　本章小结

特殊职业教育教学作为实现以就业创业为导向,培养残疾学生社会适应性和技术技能与良好的职业道德人才培养目标的重要实践载体,因其教学对象的个体差异,特殊职业教育教师在教学过程中应依据特殊职业教育教学的内涵、特征、原则及特殊学生的身心发展规律、特点与需要选择适合他们的多维特殊职业教育教学设计,从培养目标、教学主体、内容、模式等四个维度,整体把握和规划其特殊职业教育教学活动,保证教学效果,提升教学质量。与此同时,特殊职业教育教师还应从特殊教育中高职一体化、特殊职业教育的课程与教材、特殊职业教育的组织、构建多层次特殊职业教育评价体系四种实施路径不断推动和落实特殊职业教育教学改革,以便更好地帮助残疾学生在现有水平上获得最大的发展空间,更好地适应、融入社会生活,为社会发展做出自身的贡献。

第七章 特殊职业教育学生论

特殊职业教育是特殊教育的延伸,是特殊教育的职业化。从狭义的角度来看,特殊教育的对象是指生理或心理发展上有缺陷的残疾儿童。[①] 而特殊职业教育的学生,一般有以下几点特征:第一,从残疾类型来看,具有相对稳定的残疾类型和程度,方便教师采用特定的教学方法和教学措施;第二,从智力水平来看,应是有能力学习并能够完成中高等职业技术教育的残疾学生;第三,从生活自理能力方面来看,残疾的类型和程度不会影响残疾学生正常的学习和生活;第四,从社会适应能力方面来看,学生的残疾类型和程度不能影响其与教师和同学间的正常交流与协作,也不影响其与其他社会成员的基本交流。一般而言,特殊职业教育学校的学生一般分为三个类别,分别为视障、听障与肢残学生。本章从对特殊职业教育学校学生身心特征、认知问题、学习特征的分析出发,深入探讨特殊职业教育学校学生发展的目标与需求及师生关系,从而进行特殊职业教育学生的职业素养教育。

第一节 特殊职业教育学校学生群体特征

特殊职业教育学校的教育对象是 16—18 岁、处于青春期的青少年,特殊职业教育的学生是一个特殊的群体,由于其生理缺陷,导致其在身心特征、认知问题、学习特征等方面较正常学生表现出很大的不同。本节分别从视障学生、听障学生及肢残学生的身心特征与认知特点进行分析。

---

① 刘春玲,江琴娣.特殊教育概论[M].上海:华东师范大学出版社,2008.

一、特殊职业教育学校学生的身心特征

（一）视障学生的身心特征

1.动作反应

视障学生的动作反应较为迟缓。一般而言,刚出生的视障婴幼儿与视力正常的婴幼儿在运动技能方面无明显差异。但随着个体的不断成长,二者的差异会愈加明显。出现这种现象的原因是,视力正常的幼儿会有一定程度的目的性行为,如伸手抓握他们所看到的物体,这种行为在增强肌力的同时,提高了协调性,从而有效地增强其运动技能的发展。但不同程度的视障会使幼儿降低其移动的活动性欲望,在一定程度上限制了视障幼儿与外界接触的欲望,长此以往导致视障幼儿成年后的各项动作反应速度迟缓。

2.障碍感觉

人们很早就注意到大多数盲人行走时可不碰撞前方较大的障碍物,可以及时避开障碍,以保证行走的安全。研究者把盲人及时察觉障碍物的能力叫做"障碍感觉"。研究证明,盲人对前进道路上障碍物的准确感知不是单一感觉功能活动的结果,而是感觉器官间的系统性联系发生作用的结果。近代多国心理学家的实验研究证实,在障碍感觉中起主导作用的是听觉,盲人常用听觉区分音频、音强、音色的细微变化,感受声源或回声所提供的不为普通人注意的障碍物的信息。当然,并非每个盲人的定向行走都是听觉在起主导作用。对于后天性盲人,起主导作用的应该是视觉和听觉联系及其他带有视觉因素的联系;对于先天性盲人,起主导作用的应是听觉、动觉、触觉及其他联系。

3.人际交往

视障学生对于人际交流具有迫切需求,但在人际交往方面却往往较为自闭。视障学生的心理特征是焦虑、自卑、敏感,但绝大多数的视障学生内心是渴望交朋友的,在与他们接触的过程中,他们总是特别愿意与人交谈。与此同时,他们也很愿意和同伴分享彼此的情感。因此,他们对人际交流具有迫切的需求。然而,由于自身缺陷会使他们在生活和学习上遇到更多的挫折,这些都会导致他们自闭,不愿与人交往,有意远离人群,把自己边缘化。另外,视觉障碍学生由于行动能力与经验的限制,以及无法看到行为的结果,多会变得被动、依赖与无助。无法通过视觉获得信息来进行有效的模仿、学习,只能通过身体语言跟别人沟通,大大地影响其正常人际关系的发展。

4.个性特征

由于视力障碍、行动不便,部分视障学生长时间缺乏与外界的广泛交流,往往会造成性格孤僻、胆小懦弱,对生活和学习态度消极,对未来感到不同程度的绝望等。并不是所有的视觉障碍学生都有个性和社会问题,但是由于视觉障碍导致他们的活动受到限制,得到的经验非常有限,一些视觉障碍学生甚至表现出被动和依赖的状态。有关研究表明,视觉障碍儿童对失明能做出良好的心理调整,能正确对待自己的局限性,表现出积极向上的精神。他们的情绪、情感的深刻性较好,通过教育能形成较好的理智感,即从深刻的认识活动中培养起一种比较稳定的、深刻的情绪体验。但是,视觉障碍学生的情绪倾向于消极,容易有自卑心理,并产生消极的生活态度,继而对前途失去信心。视觉障碍学生的独立意向较差,自制力较好。在与人交往方面,他们一般不主动和别人交往,显得比较孤独。视障学生不健康的个性心理也与其生活的环境有关。良好的教育与环境的熏陶,同样可以使他们克服不良的心理个性,形成乐观、开朗的性格。[①]

(二)听障学生的身心特征

1.感性认识

听障学生听不到或听不懂人们的语言交往,就难以理解他人行为及意图,更难以借鉴他人积累的知识与社会经验,社会对他们的影响多半停留于事物的表面。听障学生较健听学生思想单纯,做事情比较直接,他们的思维水平停留在具象思维阶段,抽象思维发展缓慢,动作思维仍起辅助作用。对父母和听障伙伴十分信任和依恋,在学校喜爱自己信任的老师,比健全学生更抵触他不喜欢的老师,厌烦刻板教条,喜欢灵活的教学形式,独立意识较强。性格外向的学生善于表现,内向的学生则孤独、不善于交流,想要有自己的独立空间。

2.生理代偿

生理代偿是指生理残缺的生命个体使用其他感官进行功能性补偿甚至替代,以使生命个体能够进行正常的日常活动、具备基本的生存能力。由于听觉的丧失,听觉障碍儿童更多地借助视觉、触觉和动觉等感官来认识世界,

---

① 朴永馨.特殊教育学[M].福州:福建教育出版社,2007.

并进行语言理解和交流。这些感官在听觉障碍儿童的生活中具有重要的作用,特别是视觉,很多人用"以目代耳"来强调视觉的缺陷补偿作用。但值得注意的是,视觉及其他感觉通道对听觉缺陷的补偿作用是有限的,不能完全取代听觉。对于听障学生而言,视觉代偿的心理慰藉功效满足学生心理代偿的需求,也成为听障教育中集生理代偿与心理代偿于一体的培养途径。另外,听障学生的视觉能力超乎常人,有较强的动手操作和独创能力,充分利用视觉、触觉等感觉对听觉进行生理代偿,对直观、简单、机械的动作记忆好,对复杂、灵活、多变的动作记忆差。这些异于健听人的特点为听障学生学习计算机课程、机械原理、艺术设计、服装制作等提供了良好的视觉补偿优势。

3.人际交往

听障学生由于听力障碍与语言发展缓慢,因此,在社会交往的发展上也比正常儿童迟缓,主要表现为他们的社会性发展也较为迟缓,他们往往社会交往经验欠缺、社会常识贫乏、社会适应性差。大多数听障学生由于听觉损伤而失去模仿学习的能力。由于听觉障碍,语言发展迟缓,听障学生难以与正常儿童正常交往,导致他们与同伴交往的机会较少。另外,家长的过度保护可能导致听障学生自卑而胆怯,不愿意自己单独接触社会。听障学生社会交往欠缺,是因为他们的语言理解能力欠缺,社会接触面太窄,导致社会经验太少,无法掌握基本的社会常识和道德规范。

4.个性特征

同周围人们的正常社会交往,是学生个性健康发展及顺利适应社会环境的首要前提。语言是人们社会交往的最重要手段。听障学生缺少语言,难以同人们正常地交流,不能理解别人用语言表达的思想和情感需求,听障学生容易对他人产生误解和猜疑;不能用语言表达自己的愿望和想法,他们就走不出"哑巴吃黄连,有苦难言"的困境,容易产生同周围人们的对立情绪。在这种情况下,他们希望被人承认和接纳的基本情感需要就得不到满足,从而诱发一定的情感和行为问题,如自制力差、猜疑、攻击性、自我中心,或者焦虑、胆怯、退缩、自我封闭等。听觉障碍患者倾向于在彼此间交朋友,形成自己的"聋人小天地",这主要由于交往及接纳的需要在起作用,因为只有在同类中,他们才能找回交往时的自在和方便,从而得到充分理解和承认。

(三)肢残学生的身心特征

1. 心理障碍

肢体障碍儿童由于生理上的缺陷,行动不便,可能会产生不同程度的心理障碍。比较严重的肢体障碍儿童多缺乏生活自理能力,饮食起居都需要他人的帮助,因此,容易产生自卑心理和依赖感。大多数肢体障碍儿童从小就受到过挫折。对挫折心理的研究表明,遭受挫折者一般多采取下列几种不同的方法来维护自尊:一是退缩行为,畏避公开的场合,习惯于孤僻独居,在幻想中寻找精神上的满足;二是对抗行为,以攻击他人泄愤;三是防卫森严,唯恐自我贬值,靠扭曲现实来自欺欺人,严防别人察知自己生理与心理上的虚弱之处;四是补偿行为,竭尽全力克服障碍,为达到某种成功,不惜付出最大的代价。①

2. 人际交往

肢体障碍的学生可能会因缺乏对异性的吸引力以及不能表现自己的各种能力而使他们的自尊心受损,他们会觉得自己低人一等或认为是社会对他们不公,并以此作为脱离社会的借口。甚至那些曾经能与同性伙伴相处得很好的肢体障碍学生也会由于青春期的到来而与社会隔离,转而退缩到接纳他们并被他们看作是安全地带的家庭或医院中去。此外,肢体障碍学生还可能因为对自身残疾的不满,以及对缺乏自我保护能力的恐惧和无法有助于他人而产生羞怯和窘迫的心态,形成内心无名的怒火,不能控制地向外发泄,继而导致出格和攻击行为。

二、特殊职业教育学校学生的认知特点

(一)视障学生的认知特点

1. 语言与思维

专家认为,视障学生的语言习得主要是依靠听觉,他们与视力正常学生在语言发展上并没有较大差异,仅说话时的姿势、体态等次要方面表现出有所不同。视障学生与视力正常学生在口头表达方面虽无明显差异,但视障学生的语言表达还是存在一定的不足,最突出的表现是,视障学生由于缺乏视觉表象,单靠听、触觉获得空洞的词汇,在没能准确把握词语内涵的前提下,容易造成词语与形象脱节的现象,这种现象被称为"语意不合的表达"。视觉

---

① 刘新学. 特殊儿童发展与学习[M]. 北京:高等教育出版社,2015.

障碍学生的词汇会很丰富,但往往是照搬和模仿,因为这些现象并不是本人的"目睹",只是"耳闻"而已,也就是客观事物作为第一信号与语言这一第二信号之间存在脱节的现象。另外,视障学生不懂也不会用表情、手势和动作帮助语言的表达。

概念不完整、不准确以及思维活动发展落后是视障学生的另一特征。视觉障碍学生形成空间概念更为困难,空间概念反映物体内各部分的位置、物体之间的相互位置及其联系等。认识这类空间现象是触知觉的最大弱点。这就使视障学生在掌握空间概念方面明显比明眼学生差很多。同时,视障学生的思维活动发展较为迟缓,但视障学生的语言及思维发展特点不是固定不变的,通过合理的教育干预,完全可以使他们对事物表象感知得到丰富,语言质量和概念都得到提高,思维发展滞后状况得到扭转。充分发挥视障学生听觉、触觉等感知功能的代偿作用,从不同方面增加视障学生的感性认识和经验,并在其感知过程中加上准确、丰富、生动的语言描绘,可以帮助他们在头脑中形成对事物的整体感,以形成准确的概念和正确的分析、综合、推理过程,发展形象思维和逻辑思维能力。语言是思维的基础,视障学生能掌握有声语言,语言参与思维活动的全过程,使其逻辑思维能力的发展具备了最关键的基本条件。丰富的有感性基础的词和词组,使视障学生形成准确的概念,有利于其思维的发展。

2. 定向行走

定向行走是视障学生克服视功能障碍、实现顺利行走,达到生活自立、重返社会的最基本的需求之一。定向是视障学生应用除视功能以外的各种感觉功能获得信息,确定自身在外界环境中的位置,进而确定自身与周围环境中其他事物之间的关系、其他物体与物体之间的关系,并反映到大脑中进行思维的过程。行走是视障学生在学会定向的前提下利用无运动障碍的下肢运动,在周围环境中从一个地方移动到另一个地方的空间位置移动变化的过程。定向和行走是密切相关的,行走的基础是定向,定向是视障学生行走的方向性、准确性的根本保证,而行走是定向的目的,只学会行走而无定向,则很难顺利到达目的地,二者是相辅相成的。定向行走训练是盲教的一项重要内容。目标是使学生能在各种环境中进行有目的、安全、有效、独立、自如的行动,以增强盲生的自信心和独立性。定向行走是盲人一生中不可或缺的一项技能,它使盲人能够更好地接受教育、融入社会、被社会所接纳。视障残疾人通过感觉训练可以利用除了视觉以外的听觉、触觉、嗅觉、平衡觉、运动觉或仅有的微弱视觉等感触自身的位置而进行定向。他们在掌握与定向行走有关的基本概念的基础上,做好行走前的各项准备,然后进行随行技巧、独行技巧和使用盲杖的训练,从而实现在各种环境中都能安全、自如、独立和有效地行走。视力障碍学生只有掌握定向行走的技能,才能克服视力障碍而生活自立,并参与社会生活。

3.感知活动

视障学生的视觉感知渠道完全堵塞或者严重受阻,难以获得有关外界事物的视觉信息。他们的认识活动主要依靠听觉、触觉、味觉、嗅觉等感觉功能。听觉在认识事物方面只能提供声音信息,而声音只能作为物体的补充特征,难以使视障学生了解物体的具体形象。视障学生由于视觉损伤,听觉和触觉成为他们感知客观事物的主要途径。不同程度的视觉损伤会对视障学生的听、触觉造成影响。主要有以下两种不同的观点:一是感觉补偿说。这一观点认为某一感觉器官受损,其他感觉器官经过训练后功能会逐渐增强。即盲人听觉和触觉均比正常人灵敏。视觉障碍学生一般利用声音辨别方向,并通过听觉熟悉周围环境,从而进行空间定位。此外,敏锐的触觉对于盲人对物体或词语等形成正确的概念,及其逻辑思维的发展起到重要的作用。通过长期的训练,盲人会快速摸读盲文,并通过触觉"认识"物体的形状、大小等。研究表明,盲人所谓的超出常人的技能并非与生俱来,而是靠后天不断的训练和实践所得。二是阻碍或损伤说。这一观点认为某一感觉器官受损,会对其他感觉器官造成消极影响,也就是说会阻碍其他感官的正常发展。此外,盲童与低视力儿童在物体的形状知觉、空间知觉与动作的统合等方面较视力正常儿童困难得多。

4.注意与记忆

注意是一种积极的心理活动,具有指向性和集中性。一般来说,视力障碍并没有降低视障学生对事物的整体注意力。这是因为不同程度的视障造成视觉注意的减少或消失的同时,视障学生会将注意转向其他器官,如听觉、触觉、嗅觉和运动觉等。经过长时间的训练,会使这些感官的注意得以加强。视觉障碍学生在认知发展上虽有一定滞后,但注意方面却表现很好。视觉障碍学生只能根据其他感官,如触觉、听觉、嗅觉等来获取信息。因此,需要大量有意注意。为此,视觉障碍学生需要不断加强有意注意的能力,有意注意便得到不断强化,并得以发展。加之视觉障碍学生来自视觉通道的干扰很少或全无,故视觉障碍学生比视力正常学生在听觉注意方面有较大优势。例如,和视觉正常的人不同,盲人对声音刺激的定向反应增强了,并且长时间内不消退,声音对盲人有不同于视觉正常的人的信号意义。另外,主要凭借听觉和触觉获取信息的视觉障碍学生获取的信息往往是不全面、不完整的。视觉经验的匮乏,视觉表象的难以形成,致使低年级视觉障碍学生表现出以机械记忆为主的特点。进一步研究发现,视觉障碍学生单纯依靠触摸,对物体进行再认的成绩远低于明眼学生。但视觉障碍学生有较强的听力记忆。视障学生的记忆,尤其是内隐记忆优于常人。①

（二）听障学生的认知特点

1. 语言与思维

对于听障学生的认知行为,最不利的影响之一就是妨碍了他们语言的形成和发展。听力障碍学生的语言形成过程与健听生的不同。听障学生由于缺少听觉的帮助,不能适时形成口语,一方面会读不清字词句,另一方面不能正确、灵活地运用已学过的字词去表达课堂上没教过的而自己想表达的事情。听力障碍学生往往不明白话应该怎么说才是通顺的,句子应该怎么写才是完整的。加上手势语表达上的一些影响,他们的口语和书面语表达经常是不通顺、不完整的。听障学生在生活中见得多,但表达得却很少,直观刺激物的第一信号与表达直观刺激物的第二信号之间存在严重的脱节现象。在交流中需要智力和语言,听觉障碍学生的智力发展不断增长,但语言发展却无法跟上,满足不了交际的需要。

听障学生难以保持知觉和语言及思维的统一。听觉障碍学生的语言及语言思维发展严重迟滞,在长时间内无法将感知和思维统一起来。在缺少词汇及概念的情况下,听障学生只能借助于听觉以外的感官活动获得表象形象,借助于手势及动作进行思维。这种思维只能是感知动作思维和具体形象思维。正常人的思维发展经历三个阶段,即动作思维、形象思维和抽象思维。听障学生由于语言发展迟缓,其思维的发展停留在第二阶段的时间较长,即

---

① 内隐记忆,是在不需对过去的特定经验进行有意识或外显回忆的测试中,表现出来的对先前获得信息的无意识提取。

表现出更多的具体形象性。他们主要是依据头脑中的表象或表象的联想来思考的。他们能够掌握具体事物的概念，却不易掌握抽象的概念。另外，听障学生在掌握概念方面的一个显著特点是概念的扩大与缩小。会将概念进行扩大或缩小，是因为听障学生在分别事物时不是按照事物的本质，而是依据感知的特点、生活的情感或物体的功用。具体形象思维阶段，在人的思维发展整个历程中，属于初级阶段。听障学生在思维的深度和广度上都与健全学生有一定的差距。但是，听力障碍学生的抽象思维能力也是能够提高的。只要从丰富他们的感知经验和提高语言水平入手，就能促进他们的思维水平更快地向抽象思维的高级阶段发展。[1]

2. 手语呈现

听力障碍学生除学习口语、书面语外，还要学习和运用特殊的交际工具——手语。手语是用手的动作和面部表情以及身体姿势来表达思想感情。手语包括手指语和手势语两部分。平常，听力残疾学生相互交际主要是运用手势语，单纯用手指语的几乎没有。手势语表示的是词和某种表情姿态，具有形象、生动的特点。另外，听障学生在感受口语的过程中还要使用看话的方式。看话，也叫看口、唇读。它是通过看他人说话时口形的变化、面部的表情，并结合讲话的上下文背景和头脑中贮存的语词表象，来推断和理解讲话人说话的内容。这是一种特殊的，也是一种比较难掌握的感知和理解口语的方式。

3. 感知觉特点

感知觉是人最基本的心理活动。其中，听觉是获取信息最重要的途径之一。听觉障碍学生由于听不到或听不清周围世界的声音，他们对外界事物的感知和认识受到一定程度的影响。听觉障碍学生在感知事物时的特点主要包括：一是知觉信息加工不完整。感觉是知觉的基础，知觉的完整性取决于感觉材料的丰富性。由于听觉刺激的缺损，听觉障碍学生对复杂的事物和环境感知不完整，缺乏听觉信息加工过程。听觉障碍学生的知觉信息更多地依赖视觉、触觉和动觉获得，不易形成视听结合的综合信息。二是视觉的优势地位。在一定条件下，各种感觉器官的机能状态都有可能发生相互影响、相互作用。当听觉丧失后，视觉在一定程度上处于感知活动中的优势地位。听

---

① 方俊明. 特殊教育学[M]. 北京：人民教育出版社，2005：459.

觉障碍学生进入学校后,一方面,由于长期对视觉的依赖和使用,视知觉经验丰富;另一方面,通过专门的训练,他们的视觉补偿能力有了较大的发展。三是听力损失限制了听障学生感知觉活动的范围和深度。听力障碍学生的感知觉活动缺乏语言活动的参与,虽然每天也接触到很多事物,但是反映事物性质的声音信号和表达这些事物的语词往往未能同时感受到。如此状态下,他们的感知觉活动与学习语言的活动就没有同步进行,第一信号系统(客观事物)与第二信号系统(语言)出现脱节,造成他们接触的东西不少,但会说的不多。①

4.注意与记忆

由于听觉障碍和语言发展迟缓,与正常儿童相比,听觉障碍学生的无意注意和有意注意的形成和发展都比较缓慢。听觉障碍学生的有意注意的稳定性较差,需要活动来支持和吸引,从而使他们处于积极的活动状态。

听觉障碍学生感知觉的特点,决定了他们头脑中留下的视觉、触觉和动觉表象比听觉表象要多。直观形象的东西,他们记得快,保持得好,也容易回忆出来,但对语言材料则不太容易记,再现也不完整。因此,听觉障碍学生的形象记忆优于语词记忆。另外,听觉障碍学生的无意记忆占优势,有意记忆的发展依赖于对记忆任务的意识、记忆的动机与情绪以及多种感官的参与。听力障碍学生感知觉的特点决定了他们头脑中视觉、触觉、运动觉的表象较多,他们对直观形象的东西记得快、保持得也较好,并容易再现出来。同时,听力障碍学生记忆活动的另一个特点是,他们有一种特殊的记忆方法——手语记忆。手语既是他们的交际工具,又是帮助他们学习有声语言的辅助手段。我国心理学工作者研究发现,对语言材料,手语识记方式记得快,靠学习语音来记的口语识记方式记得慢,但在保持和再现方面,手语识记方式不如口语识记方式记得长久和准确。

三、特殊职业教育学校学生的学习特征

(一)视障学生的学习特征

1.学习内容

以往的盲教经验表明,传统的适合视觉障碍人群的职业有按摩师、钢琴

---

① 　方俊明.特殊教育学[M].北京:人民教育出版社,2005:459.

调音师、电话接线员、编织等,但随着科学技术的发展,导盲设备的改进,给视觉障碍人群的生活和工作提供了更多的帮助,一些受过良好教育和训练的视障人士也可以从事计算机、秘书、管理等其他职业。换言之,视障人士能从事的职业范围有所拓宽。视觉障碍学生的职业教育分为两类:一类是普通职业教育,另一类是专门职业教育。普通职业教育着重介绍普通职业的知识、基础理论和就业的基本要求。专门职业教育根据不同的专业进行安排。一般来讲,专门职业教育又可以进一步分为三大块:一是普通基础课程,二是专业基础理论课程,三是不同职业的专业课程。

2.学习问题

视觉是人类获得知识和经验的主要渠道,视觉伤残和缺陷势必使学习能力受到一定的影响,但影响的程度却是因人而异的。视觉障碍学生在概念形成方面往往存在较大困难,因为无论具体概念还是抽象概念,明眼学生都是通过辨别事物正反例子的特征,逐步概括出事物的共同特征,从而达到概念的形成。然而,失去视觉的学生,他们没有具体事物的视觉经验,也就很难建立视觉表象,更不能像明眼学生那样借助事物的表象,通过比较,达到对事物本质属性的认识。虽然他们能依靠听觉和触觉感知到一些事物的特征,但往往不完全、不连贯,甚至不正确。

(二)听障学生的学习特征

1.学习内容

计算机和信息产业的发展为听觉障碍人群的职业技术教育开辟了新的途径。无论是听觉障碍青少年的初等或中等职业技术教育,还是高等职业技术教育,其发展职业技术教育的基本思路是充分考虑到听觉障碍青少年的身心特点和社会需要,强调基础知识与基本技能相结合。中高等职业技术教育的内容也分为两类:一类是普通职业教育,另一类是专门职业教育。普通职业教育着重介绍普通职业的知识、基础理论和就业的基本要求。专门职业教育则要充分体现以职业为导向的专业设置特点,又可以进一步分为普通基础课程、专业基础理论课程和专业课程。听觉障碍学生高等职业技术教育的内容也要充分体现其自身的特点,根据社会需要来确定在新的技术条件下听觉障碍学生的专业和课程设置。

2.学习问题

听障学生通过直接经历获得的知识有限,不能进行语言交往,丧失了通过语言获得信息的机会。他们到入学时尚不具备学习活动所必需的丰富事物表象及必要的认知活动能力。同时,他们与人交往很困难,不能保证师生之间的相互理解。所有这些都影响到听障学生的学习接受能力及学业成绩。

第二节　特殊职业教育学校学生发展分析

职业教育是现代教育体系的一个重要环节,是一种培养以理论学习为辅、以实际操作能力为主的教育类型。特殊职业教育学校的学生求学目标非常明确,即掌握一技之长,将来在融入社会时能胜任岗位,能有一席之地,能够自食其力,能体现自身的价值。本节对特殊职业教育学校学生发展的总体目标与一般需求进行分析,特殊职业教育发展的总体目标包括职业教育、职业成长、就业技能、职业态度、职业适应,特殊学生发展的一般需求包括提供全程服务、满足发展需求,实施医教结合、促进内涵发展,优化办学条件、建立保障机制。同时,对特殊职业教育学校的师生关系进行分析,从师生交往的意义与原则方面提出建立良好师生关系的认识基础与实践策略。

一、特殊职业教育学校学生发展的目标与需求

(一)特殊职业教育学生个人发展的总体目标

特殊职业教育秉持尊重生命、理解生命和成全生命的价值理念,引导特殊学生独立生活、适应社会、平等融入社会,使其成为"不抱怨、不自弃、不索取"的自尊、自信、自强、自立的社会公民。

1.学会自我照顾,全面融入社会

通过基础的生活能力培训和生活常识学习,特殊学生可以回归家庭,实现自我照顾,力所能及地服务家庭、社区,减轻家庭和社会的负担。通过特殊职业学校的生活与学习,提高特殊教育学生的自理能力,使其能够适应于社会、立足于社会。

2.以就业为导向,学习一技之长

特殊教育是帮助特殊学生更好融入社会的基本途径。特殊学生的人生

观、价值观还处于形成阶段,受到认知能力和知识水平的限制,对于自身的特点和发展目标还并不完全清晰。在特殊职业教育学习过程中,通过学校教育促使学生认识自己、找到目标的同时,给予学生更多选择专业和课程的机会,使得学校教育与个人的特点和意愿相适应。学校有义务为每个有就业能力和就业意愿的学生提供职业指导服务,帮助学生全面地认识自己的劳动能力和兴趣特长,确定就业方向,为选择专业和求职意向打下基础。

3.提升职业素养,积极服务社会

在特殊教育学校的教育过程中,培养学生积极、正确的职业态度,是必不可少的一项根本性任务。学校教育要提升特殊职业学校学生的职业态度,包括提高职业活动的接受能力、忍耐能力和适应能力,能够推动学生主动掌握技能、钻研技术,最终达到提高工作效率的目的。通过专业理论学习和专业技能培训,特殊职业教育学校的毕业生可以考取高等院校继续深造,并在获得专业资格证书后走上技能型工作岗位,成为具有职业竞争力的自强模范和岗位标兵,从而为社会积极贡献自己的一份力量。[①]

(二)特殊学生发展的一般需求

1.提供全程服务,满足发展需求

特殊教育关系到特殊学生的终身发展和幸福,接受从学前教育到高等教育的全程教育是特殊学生发展的需求,也是残疾学生享有的权利。因此,关注特殊学生各年龄阶段的发展需求,提供相应的教育,是政府应尽的责任,也是实现教育公平的重要举措。

2.实施医教结合,促进内涵发展

提高特殊教育质量,促进特殊学生全面发展,是实现特殊教育内涵发展的终极目标。要达到这一目标,必须提高教育的针对性和有效性。特殊教育实施医教结合旨在采用多学科合作的方式,根据特殊学生身心发展规律和实际需求,对特殊学生实施有针对性的教育与康复,开发其潜能,使每一个特殊学生的身心得到全面发展。实施医教结合是实现特殊教育内涵发展、创新教育机制的必由之路。[②]

---

① 王玉明.职业素养[M].北京:中国劳动社会保障出版社,2019.
② 尹后庆.推进医教结合,提高特殊教育水平[J].上海教育科研,2014(8):22-26.

3.优化办学条件,建立保障机制

特殊教育内涵发展对特殊教育的资源配置提出了新的要求。其资源配置不仅要满足日常教育教学和特殊学生的生活需要,还要满足各种特殊学生的康复需要。加大对特殊教育的投入,并且动员社会各方面共同关心和支持特殊教育事业发展,形成有利于特殊学生成长的良好氛围。

二、特殊职业教育学校的师生关系

(一)师生交往的意义与原则

1.特殊职业教育师生交往的意义

第一,有利于了解特殊学生的基本情况,促进特殊教育工作的顺利开展。掌握特殊学生的基本情况是开展特殊学生预防、诊断和评估以及教育训练工作的前提条件。但是,要想对特殊学生有科学客观的评价,仅凭家长描述和一些医学、心理学的诊断是不够的。因为家长的描述较具主观性,出于一些个人原因,还会有意隐瞒一些事实;医学和心理学的诊断也不足以判定特殊学生的身心缺陷。而且,一些学者对心理学测验还存在一些争议。所以,最理想的方法,就是在询问家长、医学和心理诊断的同时,与特殊学生多接触,通过交往、通过观察获取最有说服力的材料,进而对他们进行判断和评价,开展相应的特殊教育工作。[①]

第二,有利于特殊学生身心健康发展,尽快融入社会。特殊教育教师是特殊学生心目中最具权威的人物,他们与特殊学生交往,能使特殊学生获得安全感、信任感,促进特殊学生身心健康发展。特殊学生能够通过与教师的交往,在他们的指导下,学习到一些交往的技巧和原则,有利于发展社会性,为融入社会打下良好的基础。[②]

2.特殊职业教育师生交往的原则

特殊教育教师与特殊学生交往要有同理心。这种感受可以诱发出彼此充满体谅和关心爱护的交往氛围。特殊教育教师应从特殊学生的角度出发,真正地"蹲下来"体味特殊学生的心理需求和感受。所以,特殊教育教师在与

---

① 温颂.特殊教育教师与特殊儿童交往的伦理意义、问题及原则[J].科学咨询(教育科研),2018(9):33-34.

② 温颂.特殊教育教师与特殊儿童交往的伦理意义、问题及原则[J].科学咨询(教育科研),2018(9):33-34.

特殊学生交往时,应该遵守以下原则。

第一,真诚、尊重与接纳。真诚、尊重与接纳是对特殊教育教师交往态度的要求。首先,特殊教育教师要用真诚唤起特殊学生的信任感。特殊教育教师要努力提高自己表达真诚的能力,如在恰当的地点和时间,用恰当的方式承认自己不是一个完美无瑕的人;能向特殊学生表达真诚的自我体验;让特殊学生感受到特殊教育教师的自信与自我接纳等等。其次,特殊教育教师要用尊重与接纳的态度促进特殊学生的个性发展,帮助特殊学生形成良好的心理品质。一是学会平视。学会平视特殊学生实际上就是要学会"换位",平等地对待特殊学生,即学会"蹲下来"接近。当特殊教育教师能用特殊学生的思维去看问题时,就会取得他们的信任,特殊教育教师的要求也就容易转化为特殊学生的需要,特殊教育的影响会更深远。二是学会赏识。任何学生都需要赏识和夸赞,特殊学生身上也有闪光点,他们更需要肯定。肯定特殊学生的优点和成绩是尊重特殊学生的体现,通过肯定和夸赞,特殊学生会获得心理上的满足,增强自信。三是学会宽容。特殊教育教师要想与特殊学生建立良好的交往关系,就要具有一颗宽容之心。特殊学生也许没有普通学生聪明伶俐,但也有自己的可爱之处。特殊教育教师要善于发现,用真诚的态度去接纳他们。

第二,风趣、委婉与沉默。风趣、委婉与沉默是对特殊教育教师交往语言的要求。语言风趣能体现出特殊教育教师的智慧、教养,是特殊教育教师道德上的优良表现。风趣的语言能拉近与特殊学生的距离,能放松特殊学生的紧张情绪,有利于交往的顺利进行。在与特殊学生的交往中,还可以寓教育、批评于幽默之中。这样的语言具有易为人所接受的感化作用。沉默对特殊学生来讲是一种有效的批评方式。当特殊学生不配合特殊教育教师的工作或出现一些不良行为时,在反复劝说仍不能有效制止的情况下,沉默是最好的解决方式。沉默能表示出特殊教育教师的自信心和力量感,并能引起特殊学生的有意注意,引导正确注意的方向。

第三,微笑与抚触。微笑、抚触与保持距离是对特殊教育教师交往的肢体语言的要求。笑容可以缩短特殊教育教师与特殊学生之间的心理距离,使特殊学生产生信任感,容易被特殊学生接受,为深入沟通与交往创造温馨和谐的氛围。抚触对特殊学生有重要作用。一些特殊学生,如孤独症学生、脑瘫学生,通过抚触可以降低其压力荷尔蒙水平,缓解紧张情绪。通过抚触,特殊学生在精细动作机能上的表现明显提高,四肢肌肉张力过低的情况大为缓解。所以,特殊教育教师在与特殊学生交往时,要适当运用抚触策略,促进其康复和发展。

(二)如何建立良好的师生关系

1.建设良好师生关系的认识基础

师生关系是一种特殊的人际关系,是学校各种关系中最基本的组成部分。它制约着学生对教育的接受程度,影响着教育过程,在很大程度上决定着教育的质量和效果。因此,其在学校教育中具有重要的地位。

一方面,由于政策原因,目前大多数学生是独生子女,家长难免会过分地宠爱,以致学生并未适应学校的角色,从而将其在家的行为或者理念带入学校,对老师的谆谆教诲不以为然。另一方面,特殊教育在社会中并未得到足够的重视,许多青年教师由于经验不足,对于学生的叛逆行为不能进行及时的纠正,甚至主动放弃该学生,这也是导致师生关系恶化的一个重要原因。良好的师生关系是学生学习过程中的重要因素,当和教师关系良好时,学生会感到对外部环境的信任,形成健康的心理状态,产生足够的自尊和自信,从而以积极的态度学习。然而在传统的教学过程中,教师是知识的载体,是教学活动的主宰,学生只是被动的知识接受者,教师如何讲,学生就如何学。学生掌握了老师讲的知识,就算达到了教学目的。这样的教学方法代代相传,形成了"老师死教,学生死学"的学习模式。在这种模式中,教师和学生有很强的"对立性",对立的双方很难交流,老师对学生最为关注的是学习成绩,而对学生的身心发展及心理健康则很少考虑。因此,师生关系较为疏远,甚至关系紧张,学生很难向老师敞开心扉、畅所欲言,老师也就很难成为真正的良师益友。那么,身为教师,应在教学中与学生进行情感交流,彼此信赖,创建一种师生共赢的新型师生关系。

2.建设良好师生关系的实践策略

第一,班主任要做好特殊学生的心理辅导工作。一是学习辅导。帮助特殊学生克服学习上的心理障碍,了解自己的学习潜能,改进学习方法和形成良好的学习习惯,提高其学习自觉性、兴趣和成就动机,进行考试辅导、得失归因分析。二是生活辅导。帮助特殊学生情绪宣泄和自我调控,正视自身生理缺陷,面对现实,增强生活自信心和克服困难的勇气。帮助其学会如何改善与家长、老师及同辈们的人际关系,怎样面对青春发育,学习与异性相处的方式,正确对待婚恋,如何安排自己的课余生活、充实自己,合理消费,如何认识现在的社会大环境。三是性格修养辅导。帮助学生自我认识、自我接纳和完善自我形象,增强竞争意识,关爱他人,矫正不良行为习惯。

第二,任课教师要与学生心理相容。心理学家罗杰斯认为,良好的教学气氛是保证有效地进行教学的主要条件。在良好的人际关系中进行教学,师生之间彼此真诚地接纳对方,能心理相容,努力与学生建立"亦亲、亦师、亦友"的和谐、共通的师生关系,学生学习热情才会高涨,教学目标才会容易实现。一是在人格上尊重学生。学生也是人,是有灵性的活生生的人,他们也有自己的人格和尊严。老师如果经常在课堂上辱骂学生,学生虽然不敢当面顶撞,但是教师的话会深深地伤害学生的自尊心,学生会产生与教师相抵触的情绪。学生的情绪不好,自然会影响到教师的教学。因此,尊重学生的人格,是教师进行教学的首要条件,是与学生和谐相处的前提。二是在语言上尊重学生。语言是教师实现教育目的的媒介。教师一句鼓励的话,可以使学生精神振奋,让学生勇往直前,并牢记恩师;如果老师批评不当,给学生一句尖刻的话,可能使学生对前途失望或绝望。因此,教师要树立正确的学生观,既要面向全体,又要因材施教。每一位学生,不管他有什么样的生理缺陷,不管他表现出什么程度的人格缺失,教师都要客观、平等地对待。如面对智障的学生,有时他在课堂上会突然冒出答非所问的话,不要打断他,耐心倾听,适时给予语言安慰、鼓励,你会发现他会很开心,接下来也会安静许多。再如,在和学生的接触中,会经常发现,聋生们会手舞足蹈地提出这样那样的问题。教师应尽最大努力回答他们,不要吝啬自己的语言,帮助他们发现问题,正确对待问题。三是让学生体验成功。事实证明,让学生产生满足感、振奋感,给学生成功的体验是激励学生的最好方法。四是教师要用稳定的情绪影响学生。学生都不喜欢喜怒无常的教师。教师在课堂上要善于控制自己的情绪。一方面,不要把自身的消极情绪带到课堂;另一方面,对课堂内的偶发事件,既要能使自己不动怒,又要控制局面不乱套。教师有好的情绪上课,学生听课也会精神振奋,课堂气氛就会非常活跃。五是要用宽容的精神对待学生。宽容包括态度上的宽容、时间上的宽限、处理上的宽待。学生犯错误,教师要先了解情况,帮助学生查找原因,不要一概批评。学生的思维能力有限,对事情的好坏分不清,偶尔犯一些错误,这是可以理解的。在对待学生的态度方面应做到宽容,较之于普教,聋校教师对学生要有更多体贴和关心,聋生们犯了错误后经常态度不好,出现顶撞老师、破坏东西、自残等行为。作为教师,一定要控制情绪,不要对其火冒三丈,虽然学生的过错伤了教师的心,甚至大大出乎教师的意料,教师也一定要克制、冷静,耐心处理。特殊职业教育教师应体现宽容之心,如上课出现问题,尽可能在课后处理,公开场合发生的情况,尽可能在个别场合解决,充分保护学生的自尊心。六是教师要加强自身的理论修养和师德修养。教师理论修养的提高能够更好地进行情绪管理,有利于建立良好的师生关系。如此,学生在课堂上就会敞开自己的心扉,积极与同学和教师讨论问题。

第三,正确处理、协调生生之间的关系。每个学生在这个群体中有自己的人际圈,与同学相处的效果影响着每个学生的心理状态,关系到学生在学校生活的心理舒适程度,进而影响与老师沟通交往的心情和方式。因此,协调学生之间关系是构建和谐师生关系的一个重要方面。一是抓常规训练。正确的、良好的常规与行为习惯是协调学生关系的有效措施,主要学习《中小学生日常行为规范》和学校制定的有关规定等。二是增加学生间相互理解、包容的机会。在日常学习生活中,创造学生相互了解和交往的条件,如开班会、班级值周活动、做好事活动、给生病同学送温暖活动等,在活动中促进学生间的交流和学习。三是即时正确处理矛盾。教师应对学生间的矛盾及时处理,而且尽量客观公正,方法得当。矛盾拖延时间越长,小纠葛越会变成大心结,难于排解,处理不当还会激化矛盾,造成学生间更大的冲突和对老师的失望。四是建立良好的班风。同学间良好关系的建立也依赖于班级的风气和氛围,一个学生置身于温暖、友爱的班级当中,他就有了归属感、亲近感,以置身于这个集体而自豪。这样的集体有利于学生学习,形成有利于同学间交往的学习氛围。如果班主任驾驭不好一个班级,班级问题突出,同学间互不信任,动辄打架,各自为"政",学生怎么能与同学友好相处?又有何热情投身于集体?又怎会主动与老师倾诉?很显然,学生间的问题处理不好,会潜移默化地影响师生间的关系。

第四,教师要与家长建立和谐的人际关系。特教学生的家庭教育是不可或缺的。然而,由于大部分学生来自农村,且以留守学生居多,家长常年在外地务工,很少能有机会到学校来与老师见面、沟通、了解孩子的在校情况。面对这样的特殊环境,特教教师更要注重与家长沟通的方式,切实承担与家长沟通的责任。由爷爷、奶奶（姥姥、姥爷）监护的，可定期随访，了解学生在家中的基本情况及在家中的行为表现，并告知学生在校的情况。同时，一学期中，教师要主动增加给常年在外务工的学生父母打电话的次数，了解父母的养育态度及对孩子的希望，向家长介绍学校的教学内容、个别学生的训练方法与建议。

社会在前进，学生在成长。如何在当前形势下构建特殊教育学校的良好师生关系，如何切实做到与学生"亦亲、亦师、亦友"，如何达到民主、平等、和谐的境界，不是空洞的说教，不是高深的理论，而是一个建立在理解基础上，依托于对师生主体精神理解，扎根于日常教育教学实践，不断进行探索的过程。特教的教育对象极具特殊性，每一位特教人要不懈奋斗，努力寻求与学生交往的更好方式，为残疾人能够全面地回归社会，适应主流生活而努力。

第三节　特殊职业教育学校学生职业素养教育

职业素养指人在社会实践活动中需要遵守的相关行为规范和内在要求，是人们在职业过程中表现出来的综合品质。国内学者从不同角度对职业素养的概念提出了自己的观点。文峥嵘认为，职业素养由职业意识、信息素养、学习能力、沟通能力、写作能力、礼仪修养等要素构成。[①] 许琼林认为，职业素养由诚信、专业、积极、谨慎等要素构成。[②] 杨志强、刘润民认为，职业素养由职业道德、职业技能、职业行为、职业作风及职业意识等要素构成。[③] 概括来看，特殊职业教育职业素养包括职业道德、职业意识、职业行为习惯、职业技能等方面，具体表现为吃苦耐劳、爱岗敬业、责任心强、守时、耐心等。职业道德、职业意识、职业行为习惯属于隐性素养，职业技能属于显性素养。残疾学生由于生理缺陷，造成信息接收不全面，在职业过程中容易出现眼高手低、好高骛远、持久性差、"等、要、靠"等问题。因此，本节将结合残疾学生实际，围

---

① 文峥嵘.基本职业素养移动学习平台设计初探[J].教育现代化,2017(35):295-297.

② 许琼林.挖掘职业素养红利担起更大历史责任[J].中国机电工业,2016(9):94-95.

③ 杨志强,刘润民.高职院校学生职业素养研究综述[J].内蒙古教育,2017(6):10-11.

绕残疾学生更需具备的自立自强、感恩之心、诚实守信等几个方面展开探讨。

一、特殊职业教育学校学生职业素养

（一）拥有自立自强信念

1.何谓自立自强

荀子说："锲而舍之，朽木不折；锲而不舍，金石可镂。"何谓自立自强？自立自强是一种良好的品质、一种可贵的精神。自立是靠自己的劳动生活，不依赖别人，是一种执着追求的信念；自强是不安于现状，勤奋，进取，依靠自己的努力向上，在思想上有不断进取的精神，在行动上有拼搏力争的劲头。任何一个成功的人，其背后都有着他们拼搏进取、坚毅奋斗的历程。残疾学生更需具备自立自强的心理品质，这样走上工作岗位后才能独立思考、勇于创新。目前，国家对于残疾大学生在就业政策上给予了极大的支持，从中国残联到地方残联，要求建立一人一策，残联干部包干到人，帮扶残疾大学生就业。在此过程，滋生了残疾学生"等、要、靠"的就业心理，个别学生对推荐岗位出现挑三拣四、眼高手低的现象。因此，培养残疾学生自立自强的良好品质显得尤为重要。

2.如何自立自强

一方面，特殊职业教育教师应学会赏识教育。要让每一位残疾学生树立自立自强的信念，让他们明白，虽然上帝关上一扇门，但同时也为你打开了一扇窗。每个人身上都有自己的闪光点，学会悦纳自己，挖掘潜质，扬长避短，发挥优势。如听障学生虽然听不到，但是他们内心安静，模仿能力强，适合手工类专业，如工艺美术品设计、中西面点工艺等，用人单位常反馈，他们做事细致，不易被打扰。视障学生具有听觉敏锐、善于思考、情感细腻等特点，他们可从事推拿专业，善于与顾客交流与沟通。因此，在日常的教育教学过程中，教师要善于发现残疾学生闪光点，帮助他们重拾信心，为树立自立自强信念打下基础。

另一方面，特殊职业教育教师应拥有精湛技术。专业技术过硬，自身就强大。要让每一位残疾学生明白，自身虽然有残缺，但只要技术在身，到哪都不怕。教师可通过残疾人典型案例，比如海伦凯勒、张海迪等名人，邀请历届优秀毕业生、行业专家来校面对面交流，分享学习、工作经验，从而潜移默化地影响残疾学生的价值观、人生观、世界观，鼓励他们在校期间脚踏实地、持

之以恒地学好专业,掌握技能。通过技能竞赛、专业大比武等活动,形成追求技能精益求精的良好学习氛围,不断提高专业技能。将"学一技之长,做生活强者"的理念,传递给每一位残疾学生,真正让残疾学生摆脱"等、要、靠"的心理,树立自立自强的信念。

(二)常怀感恩之心

1.感恩教育的必要性

孔子曰:"仁者爱人。"只有懂得爱的人才会懂得珍惜,才会善待自己和他人。残疾学生的成长离不开政府、社会、学校的帮扶与政策倾斜,离不开父母不离不弃的培养与教育。在此过程中,如果不正确引导学生懂得知恩感恩,会让他们觉得自己所得的一切都是理所当然,毫不珍惜。残疾大学生在校期间所有的学杂费全免,国家助学金全覆盖,康恩贝奖学金、省政府奖学金、国家励志奖学金、就业补助金等都对残疾大学生给予政策倾斜,如果教育不走心,引导不到位,会让残疾大学生变得冷漠,且坐等别人帮扶的心理会更加严重,以至于让社会寒心。因此,让残疾学生懂得知恩感恩,让他们明白,只有通过自己的努力,社会才会心甘情愿地继续关心和帮助他们。特殊教育是一个艰难的发展过程,需要社会的支持,更需要残疾学生自身不懈的努力。

残疾学生感恩之心还表现在就业机会上。感恩是一种生活态度,也是一种美德,是每个人应该有的基本道德准则,是做人的起码修养,也是人之常情。残疾学生只有常怀一颗感恩之心,才会更加珍惜就业岗位,才会脚踏实地,用心工作,将自己的专业技能发挥得更好。目前,部分残疾学生在就业过程中,靠着用人单位不安置残疾人就业需要缴纳残疾人就业保障金等政策,滋生"用人单位录用我,我可以帮你减税、不用交就业保障金"等心理,在就业求职过程中,出现挑三拣四,对专业教师、辅导员推荐的工作不珍惜,这山望着那山高等现象。因此,通过感恩教育,能使残疾学生把来自政府、社会的关爱当成动力,激励他们不断提高自己的专业技能,赢得社会的尊重,珍惜就业机会,进而形成良好的助残、扶残的社会氛围。

2.如何感恩

一方面,特殊职业教育教师应言传身教。中国历来有"滴水之恩,当涌泉相报""羊有跪乳之恩,鸦有反哺之义""百善孝为先"等传统,由此可见,感恩教育历来备受重视。作为教育者的父母与老师的一言一行无疑是残疾学生的学习榜样,潜移默化中影响着他们言行举止。首先,父母亲在日常生活中要以身示范,尊老爱幼、知恩图报,懂礼貌,懂感恩。比如节假日带上子女看望父母,感受一家人其乐融融的氛围。邻里间互帮互助,礼尚往来,形成良好的邻里关系。在这样的氛围中,自然而然养成了良好的知恩、感恩的美德。其次,要充分发挥教师的示范性作用。俗话说"德高为师,身正为范"。教师往往是学生的崇拜对象,教师在教学中要关心关爱每一位学生,不歧视弱者;要尊重老教师,关爱新教师;孝顺父母、言行一致,成为学生学习的榜样。

另一方面,特殊职业教育教师应融入德育。感恩教育不是一朝一夕就可以实现的,感恩的心愿更不是一蹴而就的,需要通过长期的熏陶和积累才能形成。特殊职业教育学校要将感恩教育纳入德育工作日程中,形成系统工程。首先,定期开展主题班会,采用形式多样的方式,让残疾学生真正懂得何谓感恩、为何感恩、如何感恩。其次,通过各类节日开展感恩主题教育,如母亲节、父亲节给父母亲一封信,帮父母亲完成一个心愿等。巧用节日,参与关爱活动,如重阳节,组织残疾学生去敬老院开展志愿服务活动;七一建党节,参观博物馆,感恩革命先烈。利用助残日、残疾日、聋人节、盲人节了解国家对残疾人的帮扶政策,感恩社会,感恩国家。

(三)具备诚实守信品质

1.诚实守信的必要性

孔子曰:"人而无信,不知其可也。"这句话的意思是,一个人如果不讲信用,不知道他何如去做人立世。诚实,即忠诚老实,就是忠于事物的本来面貌,不隐瞒自己的真实思想,不掩饰自己的真实感情,不说谎,不作假,不为不可告人的目的而欺瞒别人。守信,就是讲信用,讲信誉,信守承诺,忠实于自己承担的义务,答应了别人的事一定要做。诚实守信是最基本的职业素养,是每一个人应该具有的品质。诚实可信对于残疾学生来说尤为重要。残疾学生接受信息的渠道由于身体原因而受限,如聋生到了工作岗位会出现不守时、没有时间观念的问题;容易会被社会不良分子所诱惑,聋人小偷的案例常出现在街头巷尾,给社会造成不良影响。因此,对残疾学生进行诚信教育是必不可少的,在校期间帮助残疾学生掌握专业技能的同时要强化诚信教育,从生活的点点滴滴做起,为他们今后的成功打下扎实的基础。

残疾学生要得到社会的认可,在具备过硬自身技术的同时必须具备具有自身特质的人格魅力。诚信就是残疾学生获取社会认可的必备品质。残疾学生走上社会能做到言而有信、言出必行，定能赢得社会的尊重。曾经有一位数字媒体艺术设计专业的听障毕业生走上工作岗位后，领导交给他一个任务，就是每天早上在公司人员未到单位前到单位开门，这位学生没有半点推托，并且每天早上坚持提早到公司为同事们开门，这件事深深打动了领导，提拔他为项目经理。因为他，领导特地来学校招聘他的学弟学妹们，领导说："打动他的不仅仅是过硬的专业技术能力，更重要的是他言而有信的品质，比健全人更值得信任。"虽说残疾学生要获得社会的尊重，必定要比健全人付出更多，但诚信是必不可少的品质，是打开社会大门的金钥匙。

2.诚实守信的培养途径

第一，要营造良好的诚信氛围。诚信教育要从培养诚信意识入手，学校积极开展形式多样的诚信教育，营造良好的诚信氛围。结合残疾学生特点，因材施教，贴近学生生活，比如开展辩论、演讲、专题讲座、有奖竞答等活动，提升学生诚信意识。需要结合残疾学生特点，进行诚信教育，营造诚信氛围，有助于学生成长成才。

第二，要建立诚信档案。对残疾学生进行诚信教育，教师可结合残疾学生特点建立诚信档案，建立诚信约束机制与失信惩罚机制，是十分有效的途径。有事实依据支撑，学生心服口服。在校学生的诚信更多的是体现在学业、成绩、与同学相处等方面。辅导员或班主任给每位学生建立诚信档案，成立班级诚信评定小组，让每一个学生在日常学习中有约束。诚信档案可以根据学生学习、生活、人际交往、就业等诚信状况分类，对不诚信学生的行为，如考试作弊，借同学钱不还，不履行就业合同等进行记录，与学生的综合评定、奖助学金评定、入党条件考察等挂钩。由此，培养学生具备良好的诚实守信品质是十分重要的。

二、特殊职业教育学校学生工匠精神

习近平总书记强调，职业教育工作要坚持党的领导，坚持正确办学方向，坚持立德树人，优化职业教育类型定位，深化产教融合、校企合作，深入推进育人方式、办学模式、管理体制、保障机制改革，稳步发展职业本科教育，建设一批高水平职业院校和专业，推动职普融通，增强职业教育适应性，加快构建现代职业教育体系,培养更多高素质技术技能人才、能工巧匠、大国工匠。[①]特殊职业教育是职业教育的重要组成部分,是保障残疾人更公平地共享社会发展成果、共同迈入小康社会的重要保障和必要条件。因此,特殊职业教育学校更要以坚持立德树人、培育工匠精神为指导思想,以"残疾学生为中心"开展职业素养教育,挖掘残疾学生优势,使他们主动融入社会,走上工作岗位,体面就业,成就出彩人生。

(一)工匠精神内涵

1.工匠精神的概念

在《现代汉语词典》中,工匠的解释是"手艺工人"。传统意义上的工匠可理解为"手艺人",即具有专门技艺特长的手工业劳动者。《韩非子·定法》说:"夫匠者,手巧也……"可见,手艺精巧是工匠的基本特征之一。现在对工匠的理解除了手艺人之外,还包括技术工人或普通熟练工人。《天工开物》中有"治之以精,而以求其精也"的说法,可以看出我国古代对工匠精神的推崇。工匠精神是劳动者在劳动时间过程当中展现出的一种敬业精神、专注精神,是一种深厚的人文精神的展现。[②] 一般认为,工匠精神包括高超的技艺和精湛的技能,严谨细致、专注负责的工作态度,精雕细琢、精益求精的工作理念,以及对职业的认同感、责任感。

2.工匠精神的特点

(1)德善

中国古代历来崇尚"学艺先做人",现代更倡导"先学做人、后学做事""以德为先"的价值观。德是指品德,善是指善良,德与善是工匠精神两种最重要的素质。特殊职业教育要培养有理想信念、道德高尚、心地仁爱、品质淳厚的残疾人高素质技术技能人才,始终把"立德树人"作为特殊职业教育的立身之本,贯穿于职业教育的各个环节。

---

① 新华社.习近平对职业教育工作作出重要指示强调加快构建现代职业教育体系 培养更多高素质技术技能人才能工巧匠大国工匠 李克强作出批示[EB/OL].(2021-04-13)[2022-11-12]. http://www. moe. cn/jyb＿xwfb/s6052/moe＿838/202104/t20210413＿526123.html.

② 何洲,强春华.新时代职业教育中工匠精神培育探析[J].科教论坛,2021(9):79-80.

（2）敬业

敬业是中国人的传统美德，早在春秋时期，孔子就主张人在一生中始终要"执事敬""事思敬""修己以敬"。宋代大思想家朱熹将敬业解释为"专心致志，以事其业"。敬业是从业者对职业的敬畏与热爱而产生的一种全身心投入的职业精神状态，是工匠精神的重要外在表现。

（3）专注

《庄子》里的"庖丁解牛"，《核舟记》中记载的奇巧人王叔远，欧阳修的《卖油翁》里油不沾铜钱的卖油翁，都是专注于事的典型，很好地诠释了精益求精、熟能生巧、专注的工匠精神。专注就是内心笃定而着眼于细节的耐心、执着、坚持的精神，这是工匠精神的内在特质，意味着一种执着，即一种几十年如一日的坚持与韧性。

（4）创新

创新意味着创造新的样式、规则和规范，意味着对传统及既有的超越态度。"工匠精神"既强调执着、坚持、专注，又追求突破、追求革新的创新内蕴。其不仅是工匠们极致的态度，对产品精雕细琢、精益求精、追求完美的精神理念，又是在不断雕琢产品，不断改善工艺，让产品在手中升华。改革开放以来，"汉字激光照排系统之父"王选、"中国第一、全球第二的充电电池制造商"王传福、从事高铁研制生产的铁路工人和从事特高压、智能电网研究运行的电力工人等都是"工匠精神"的优秀传承者，他们让中国创新重新影响了世界。

（二）特殊职业教育学校学生工匠精神的培育

1. 工匠精神培育的意义

一方面，工匠精神的培育是弘扬社会主义核心价值观的需要。习近平总书记在与北京大学师生座谈时指出："要把立德树人的成效作为检验学校一切工作的根本标准，真正做到以文化人、以德育人，不断提高学生思想水平、政治觉悟、道德品质、文化素养，做到明大德、守公德、严私德。"①特殊教育职业教育也不例外，始终要围绕习近平总书记提出的"为谁培养人，培养什么人，怎样培养人"这一根本问题开展职业教育。工匠精神是一种职业精神，在

---

① 习近平. 在北京大学师生座谈会上的讲话[EB/OL]. (2018-05-02)[2022-11-12]. http://www.moe.gov.cn/jyb_xwfb/moe_176/201805/t20180503_334882.html.

本质上与社会主义核心价值观高度契合,尤其是其中的"敬业""诚信""友善"。因此,特殊职业教育学校学生工匠精神的培育是弘扬社会主义核心价值观的需要,是立德树人的必由之路。

另一方面,工匠精神的培育是残疾学生自身发展的需要。残疾学生职业教育过程更需要培育工匠精神,残疾学生要取得好成绩,获得更高的技艺,往往需要付出比常人更多的努力与汗水,更需要执着、坚持、不怕吃苦、脚踏实地、持之以恒的专注与敬业精神。工匠精神的培育可以让残疾学生在实践过程中为他们提供强大的智力支持和精神动力,能够鞭策他们不断努力,精心学习,克服自身存在的问题与短板,挖掘优势,扬长避短,提高专业技术能力。因此,特殊职业教育学校学生工匠精神的培育是残疾学生自身发展的需要,使他们成为德智体美劳全面发展的社会所需的技术人才。

2.工匠精神的培育途径

第一,要将工匠精神渗透到教育全过程。将工匠精神贯穿特殊职业教育技能人才培养全过程,"工匠精神"是深层次的文化形态,是职业坚守与创新精神,不是一朝一夕就能养成的,需要经过长期的文化熏陶与激励。首先,要渗透在各专业人才培养方案中,体现在课程设置上,真正使教学过程具有人文性、思想性和价值性。完善教学内容,努力将工匠精神与专业课程在内容上进行衔接,渗透职业素养,深化残疾学生对奉献精神、敬业精神等工匠精神的理解,使他们在潜移默化中感受"工匠精神"。其次,要让特殊职业教育教师树立培养学生的"工匠精神"的理念,在课堂教学中、实践指导过程中、课外活动中要有意识地培养学生"工匠精神",结合残疾学生认知行为特点,把"事、时、势"灵活运用,从日常的点点滴滴做起,用人文的关怀、科学的方法、真理的力量,教会学生诚实守信、敬业爱岗、持之以恒、专注的良好品质,教会他们做人做事,帮助他们树立正确的择业观、就业观和价值观。再次,要营造良好的校园文化氛围,通过文化走廊、实训室布置、宣传橱窗、视频放映等方式向残疾学生大力宣传各专业工匠大师的优秀事迹,帮助学生感受大师高超的技艺和精湛的技能及严谨细致、专注负责、精雕细琢、精益求精的工作态度。通过始业教育、实践教学定期邀请行业专家、优秀校友来校与学生面对面交流,让残疾学生切身体会什么是"工匠精神"。最后,要建立校企联合培养制度,提升校企合作深度,打造系统化的校企合作人才培养体系,健全实践教学环节的组织、实施、评价,使"工匠精神"培育真正落到实处,为企业、社会培养有用的技术人才。

第二,要实行以师带徒。师徒制是工匠精神得到延续和传承的重要途径。在特殊职业院校中,专业教师是带领残疾学生入行,帮助其学习专业技能的启蒙师傅。打造一支高素质、双师型专业教师团队是师带徒传承工匠精神的关键。首先,要让专业教师承担传授专业技能的职责。同时,还要让残疾学生形成良好的道德品质理念。专业教师要从专业知识点中挖掘工匠元素;通过失败的案例、警示性的问题,进行分析判断,提高学生明辨是非的能力和责任意识;和学生一起对社会热点问题进行讨论,作为工匠精神教育的切入点;从专业课的发展史、教师的个人经历、大师的成长道路对残疾学生进行价值引领。总之,教师要抓住教学中的一切机会对学生进行工匠精神的培育。其次,学校要为专业教师搭建平台,创设条件,鼓励教师定期参加双师型教师培训,赴行业、企业学习专业所需的新技术、新方法、新工艺以及职业素质要求,使他们具备职业实践能力和工匠精神品质,在教学过程中以身作则,发扬工匠精神,帮助学生理解、认同并自觉地践行爱岗敬业、专注执着、勇于创新的工匠精神,发挥专业教师师带徒、传帮带的作用。此外,特殊职业教育要充分发挥社会力量,让社会各行各业名家助力特殊教育,形成师带徒的现代学徒制。学校可结合专业需求、专业特色邀请行业名家进校,将其聘为客座教授,成为特殊职业教育的一员,为学生的专业和梦想答疑解惑,以自己的见闻和经历为残疾学生加油鼓劲。学校与名家企业建立校企合作关系,组织学生走进他们的企业,走进他们工作室,与大师零距离接触、面对面交流,为残疾学生提供更高质量的教学,提供更多平等就业的机会。

第三,帮助残疾学生确定职业生涯规划。职业生涯规划是指个人和组织相结合,在对个人职业生涯的主客观条件进行测定、分析、总结的基础上,对自己的兴趣、爱好、能力、特点进行综合分析与权衡,结合社会的需求,根据自己的职业倾向,确定最佳的职业奋斗目标,并为实现这一目标做出行之有效的安排。[①] 职业生涯规划能让残疾学生正确评价自己、分析自己的优缺点,树立职业意识,树立合理的职业目标与理想,能在学习和求职过程中掌握技巧和调整心态。因此,特殊职业教育学校要充分发挥职业生涯规划的作用,将

---

① 郑芝鸿,翁琳.职业生涯规划与就业创业指导[M].成都:电子科技大学出版社,2019:3.

工匠精神的培育渗透在学生的职业生涯规划课程中。首先,要构建基于工匠精神的职业生涯规划课程体系,推进课程教学改革,修订课程标准,完善教学内容,教学目标的制定要激发学生职业生涯发展的自主意识,能把个人发展与社会发展、国家需要相结合,培养自我管理、自我发展的信心,并能为个人职业生涯付诸行动,在此过程中培养学生的责任意识、敬业精神、团队合作、创新的素质。其次,要将传统上以知识传授为主的教学形式与课程模式,转变以学生为主体、学生乐于接受、形式多样的理论与实践教学形式,比如情景教学法、案例教学法、现场教学等,激发学生学习动力,唤醒主体意识,发挥主观能动性,在教师创设的教育情景中培育学生工匠精神。再次,残疾学生的职业生涯规划教育要与专业课程、实践教学有机地结合起来,融入工匠精神培养学生的职业素养。职业生涯规划教育要融入日常教育教学过程中、思想政治教育中,打破各自为政的单打独斗的局面,充分发挥各个学科、各个领域的优势,针对残疾学生特点,分层分类、因材施教,真正以生为本,使职业生涯规划教育取得良好的教育效果。最后,要积极鼓励学生参加各级各类职业生涯规划大赛,通过比赛开阔学生视野,激发学生学习的动力,使学生能运用自己的专业知识,学以致用,成长成才。通过比赛,让学生提前感受社会竞争的紧迫感和危机感,激发他们的创新意识,培养创新思维,内生创新活力,磨炼他们的意志,在此过程中培养他们创新、专注等工匠精神。

第四节　本章小结

　　本章不仅对视障学生、听障学生及肢残学生的身心特征与认知特点进行分析,也对视障学生与听障学生学习内容与学习问题进行学习特征的分析。

　　特殊职业教育学校学生的总体目标主要有:一是学会自我照顾,全面融入社会;二是以就业为导向,学习一技之长;三是提升职业素养,积极服务社会。特殊学生发展的一般需求有:提供全程服务,满足发展需求;实施医教结合,促进内涵发展;优化办学条件,建立保障机制。良好的特殊职业教育学校的师生关系有利于了解特殊学生的基本情况,促进特殊教育工作的顺利开展;有利于特殊学生身心健康发展,尽快融入社会。特殊教育教师是特殊学生心目中最具权威的人物,班主任应做好特殊学生的心理辅导工作,正确处理、协调生生之间的关系并与家长建立和谐的人际关系。

为了提高职业教育学校学生的职业素养教育,特殊职业教育学校的学生要拥有自立自强的信念、要常怀感恩之心、要具备诚实守信的品质。特殊职业教育教师通过将工匠精神渗透到教育全过程、实行师徒制、帮助残疾学生确定职业生涯规划,通过三条途径培育他们专注、精益求精的工匠精神。

第八章　特殊职业教育实践论

新中国成立以来,我国的残疾人事业取得长足进步和发展,残疾人获得感、幸福感不断提升。习近平总书记曾指出,全面建成小康社会,残疾人一个也不能少。[①] 这是新时代党对全国残疾人作出的庄严承诺,也是党中央和政府对实现共同富裕的动人诠释。目前,我国残疾人就业仍存在就业率低、就业范围狭窄、专业性不强等问题。通过相关研究发现,职业能力弱是残疾人就业困难的主要原因。其中,职业能力是残疾人从事某种职业的多种综合能力,是残疾人胜任职业岗位的必要条件。因此,加强残疾人职业能力培养,让其拥有一技之长是特殊职业教育的首要目标。而实践教学作为特殊职业教育体系中的重要部分,体现了行动为导向的教育思想,遵循"以学生为中心,以能力为本位"的原则,强调提升残疾学生的行动能力,增进残疾学生的专业能力发展,提升残疾学生的职业能力与职业素质,可以有效改善残疾学生的生存质量,保障其基本权益的实现,促进其适应社会、融入社会、顺利就业,对实现教育公平、教育现代化和促进和谐社会发展具有重大意义。

第一节　特殊职业教育实践教学的内涵与特点

特殊职业教育是以培养能够适应生产岗位需求,具有较高素质、精湛技艺和一定创新能力的高技能残障人才为培养目标,为加强特殊群体职业技能

---

① 霍晓丽,薛惠娟,汤润清,等.总书记和我们在一起——习近平总书记视察唐山回访[EB/OL].(2016-08-01)[2022-11-12]. https://hebei. hebnews. cn/2016/08/01/content_5701718. htm.

教育,提高特殊群体就业竞争力,满足特殊群体的技能习得需求,促进现代服务业发展而培养高技术应用型残障人才,是我国高等教育中不可或缺的重要组成部分。对于职业院校来说,实践教学是人才培养过程中的中心与重心,对人才培养的质量起着举足轻重的决定性作用。由于教育对象的特殊性,特殊职业教育实践教学也有其特殊性。

一、特殊职业教育实践教学的内涵

特殊职业教育实践教学是指特殊职业院校根据不同专业的培养目标,按照工学结合的人才培养模式,制订相应的课程学习计划,并且借助一定的项目训练机会,有计划、有针对性地调整教学内容,鼓励引导残障学生进行主动学习、主动思考、主动探究,以提升残障学生专业实践能力和业务水平的一种教学形式。

特殊职业教育实践包括实验、实训、实习等教学活动。实验是科学研究的基本方法之一,通常为了验证或检验某种假设而人为进行的活动,突出主要因素并利用一些专门的仪器设备。实训是职业技能实际训练的简称,是指在学校控制状态下,按照人才培养规律与目标,对学生进行职业技术应用能力训练的教学过程。从时空上分,有校内实训和校外实训,包括教学见习、教学实训和生产实训;从形式上分,有技能鉴定达标实训和岗位素质达标实训,包括通用技能实训和专项技能实训;从内容上分,有动手操作技能实训和心智技能实训,包括综合素质要求(创业和就业能力统称跨岗位能力)实训。实习指在实践中学习;在经过一段时间的学习或学习告一段落后,为了解学生的所学并引导学生将所学应用于实践的需要而组织进行的实践活动。知识源于实践,归于实践,所以要付诸实践来检验所学。实习一般包括大学里学生的精工实习和公司里安排员工实习。

二、特殊职业教育实践教学的意义

现代职业社会提出了职业准入的制度要求,职业准入制度要求职业教育所培养的学生能够取得相应的资格证书,获得从事该职业的资格。职业资格的取得要求学生不仅需要掌握一定的理论知识,更要有扎实的职业实践经验与能力。因此,实践教学成为残障技术人才培养过程中具有重要意义的关键环。

(一)特殊职业教育实践教学是促进特殊职业教育教学改革的利刃

自科举制度出现以来,受考试制度影响,我国教育体系中各层次各类型学校多偏重理论知识的传授,忽视了对学生未来就业更为重要的专业技能、综合技能和职业素养等方面的培养。然而面对 21 世纪经济增长方式的变化——粗放型向集中型、数量型向质量型,我国劳动力市场逐渐出现就业难和招聘难的问题,大量高校毕业生缺乏灵活性和岗位技能。特殊职业教育实践教学的目标是为残障学生提供多机会多层次的实训,培养学生自身的基本技能、专业技能、综合技能以及创新精神,进而提高职业素养和职业道德,提高残障学生就业竞争力,为社会培养一批虽然生理上有缺陷但仍有较高职业技能水平的服务性人才。

(二)特殊职业教育实践教学是特殊高等职业教育特征的体现

特殊职业教育除了在课程设置和知识体系上都与岗位职业和技术能力有关,同时还考虑到了残障学生的生理特点,设置了适合他们学习并能够掌握的专业与课程,如西点、盲人按摩等,鉴于教育对象生理上的特点,实践在特殊职业教育中具有重要的地位。与此同时,特殊职业教育在实习的内容、形式和所占课程比例上更加丰富多样、更能体现特殊职业教育的特色。

(三)特殊职业教育实践教学是衡量特殊职业教育质量的标尺

学校所培养的人才最终都旨在为社会发展服务,人才质量取决于岗位适应性和职业技能发挥程度,是由企业来评判的。因此学生若想取得良好评价,则应在学习过程中贯彻实践教学,将理论知识融入实践教学中,知行合一、学以致用,让自己尽早地适应工作环境,为就业做准备。特殊职业院校若想脱颖而出并使学生质量受到更高的社会认同度,需完善自身实践教学体系,突出院校专业特色。

三、特殊职业教育实践的特点

职业教育体系中专门针对特殊残疾人群的实践活动,与普通职业教育实践相比,有什么不同?具有什么特点与规律?在开展实践活动的过程中需要坚持哪些原则?明晰这些问题,对于顺利开展特殊职业教育实践活动具有重要意义。

(一)学生的特点

1.生理特点

与普通学校不同,特殊职业教育学校的教育对象主要面向各类有特殊教育需要的残疾学生,主要包括视障、听障和肢体残疾等学生,他们在生理发展上有一定缺陷。其中,视障学生在视觉上有缺陷,对事物的视觉表象认识比较贫乏,空间知觉困难,但听觉和触觉是盲童认知物体、感知世界的重要途径,因此其比较灵敏。听障学生在听觉上存在缺陷,听不到或听不清周围环境的声音,对外界的声音难以做出反应,对事物的感知不全面、不完整,主要靠视觉、肤觉、味觉、嗅觉等途径感知外界事物,听觉不起或仅起较小的作用,其感知觉活动的范围和深度受到很大限制。肢残学生在肢体方面存在残疾,或者四肢和躯干麻痹、畸形,运动系统存在不同程度的功能丧失或功能障碍[①],其身体活动受到限制,不能正常地进行学习和生活。

2.语言与思维特点

因为生理上存在一定缺陷,残疾学生在语言和思维发展等方面也呈现出相应的一些特点和变化。视障学生没有智力方面的缺陷,听觉敏锐,其语言能力发展的速度与生理年龄的增长同步,视障学生的语言水平完全可以达到同龄正常儿童的水平,但由于缺乏具体表象的感性认识,视障学生的语言缺乏视觉表象作为基础,其语言容易与实物脱节,因此视障学生的语言词汇可以很丰富,但往往是照搬和模仿,且他们不会借助表情、手势和动作等身体语言来进行表达,在概念的形成、理解、分析和推理等方面容易出错,形象思维能力差,抽象思维能力发展缓慢。听障学生由于在听力方面存在缺陷,缺乏听觉经验和口语的支持,妨碍了其语言的形成和发展,在字句诵读、口语通顺表达等方面存在一定问题,除学习口语、书面语,还需学习手语和看话。听力损伤同样也影响听障学生思维能力的发展,由于语言能力受限,听障学生的思维发展多停留在具体形象思维的阶段,抽象思维的发展受到限制,与健全学生的思维发展存在一定差距。而肢残学生在语言和思维发展方面与正常学生没有什么不同。

3.心理特点

由于生理上存在缺陷,导致残疾学生在成长过程中的心理发展受到一定影响。视障学生由于视觉上存在一些残疾,与外界交往少,性格较内向,不易与他人融洽相处,且可能因为自己的生理缺陷而产生自卑心理,对自己的缺

---

① 叶立群,朴永馨.特殊教育学[M].4版.福州:福建教育出版社,2019:231-233.

陷感到敏感,在乎他人的评价和看法。听障学生脾气倔强,容易冲动,对外界事物充满好奇。而肢残学生因为肢体上存在缺陷,行动不便,也会产生不同程度的心理障碍。较严重的肢体残疾学生多缺乏生活自理能力,需要家长帮助,因此很容易产生自卑和依赖心理,也会对自己的肢体残疾非常敏感,十分在乎他人的看法。

（二）实践的原则与要求

1. 视觉障碍学生实践的原则

（1）具体、形象化与多感官利用原则

视觉障碍学生由于在视觉上存在缺陷,缺乏对具体事物的表象认识,但听觉、触觉、味觉、嗅觉等感官发展较灵敏。因此,在职业教育实践活动的过程中,要充分利用盲生除视觉以外的感官作用。比如,在实践过程中,让盲生用手触摸、用耳朵听、用鼻子嗅、用口品尝等,帮助其形成具体的触觉形象、听觉形象、嗅觉形象和味觉形象等,使盲生对实践内容与过程的认识尽可能建立在较丰富的感官认识基础上,从而补偿其视觉方面的缺乏。

（2）手脑并用,加强动手能力的训练原则

职业教育是知识传授、人格塑造和行为实践训练的教育活动,对于视觉障碍学生来说,生活和劳动技能的训练是视觉障碍学生职业教育的重要内容,而反复训练是习得动作技能的重要方式。因此,在视觉障碍学生的职业教育实践活动中,除了充分利用盲生听觉、触觉、嗅觉等感官的作用以外,还需增加他们实际操作的次数和机会,让其手脑并用,加强动手能力,通过实际操作来获得劳动知识与技能。

（3）重视教师的语言指导原则

由于缺乏对具体事物的视觉表象认识,视觉障碍学生的感知经验比较零散,对事物的认识停滞在感觉和知觉阶段,形象和抽象思维较差,需要教师的言语指导来帮助其形成对事物的形象认识。因此,教师在实践教学过程中,要善于运用准确、生动、形象的语言介绍劳动知识与劳动技能的要领。

（4）实践过程与补偿盲生视觉缺陷相统一的原则

相关研究表明,可以通过对盲生的听觉、触觉和味觉等知觉进行发展性训练来补偿盲生的视觉缺陷。因此,在视觉障碍学生的职业教育实践过程中,教师要有针对性地训练盲生听觉、触觉等感官功能,根据补偿性原则来选择安排实践教学内容。

2.听觉障碍学生实践的原则

(1)实践过程与补偿听障生听觉缺陷相统一的原则

听障生由于听觉上存在残疾,听不见外界的各种声音,生活在一个无声环境下,一切有声教学对于听障生来说,发挥不了其应有的效果。因此,根据补偿性原则,教师在实践教学过程中,要充分发展训练听障生除听觉以外的感官功能,根据听障生的实践特点来安排实践内容。

(2)多种语言形式综合运用的原则

听觉上的缺陷,很大程度上影响了听障生语言能力的形成和发展,听障生在口语表达方面存在较大的问题。因此,在实践教学过程中,教师必须基于学生的接受能力和知识基础,综合运用口语、书面语、手指语、手势语以及读话等多种语言形式来促进实践教学。

(3)充分利用现代信息技术教学原则

大部分听障生处于一个无声世界中,教师的言语指导对其来说基本上是无用的,根据听障学生接受知识的特点,教师可以充分利用现代信息技术来进行实践教学,采取图文并茂的方式向聋生展示实践操作与注意事项,再让聋生模仿实践练习,在反复的实践训练中促使其掌握劳动技能。

(4)集体教学与个人教学相结合的原则

目前,我国聋校主要采取班级教学的授课方式,能够满足班级里大部分学生的教育需求,但是不同的听障生在听觉残疾程度方面有所差异,对于一些重听生而言,则需要教师的个别指导教学。因此,教师在开展实践教学的过程中,要坚持集体教学与个体教学相结合的原则,尽可能满足每一位学生的需要。

3.肢体残疾学生实践的原则

(1)差异性与灵活性原则

由于肢残学生的残疾程度与残疾部位不同,因此其实践教学也是具有差异性的。要根据不同肢残学生的特点和行动能力,充分考虑肢残学生的兴趣爱好,制定专门的职业教学实践方案,并视肢残学生的实际情况进行灵活调整,体现差异性与灵活性原则。

(2)缺陷补偿原则

肢残学生肢体上存在一定缺陷,行动不便。因此,在实践教学中,教师要充分考虑肢残学生的特点,根据缺陷补偿原则和学生的兴趣爱好,选择合适的实践内容,促进其掌握一定劳动技能,增强肢残学生的活力,使他们更好地学习、工作与生活。

(3)实践教学与身体康复相结合原则

肢体残疾学生不仅是教育的对象,也是医疗康复的对象。因此,在开展专门针对肢体残疾学生的实践教学过程中,要坚持实践教学与身体康复相结合的原则,学校可以面向肢残学生设置促进其身心康复的相关专业,如康复治疗技术、残疾人康复、心理咨询等,帮助肢残学生在获得劳动技能的同时,身心也得到一定的康复。

四、特殊职业教育实践的分类

特殊职业教育主要面向特殊学生人群开展职业教育活动,帮助其掌握一定劳动技能与职业技能,实践性是其主要特点。与普通职业教育相同,特殊职业教育实践也可以分为实习和实训两种实践形式。

(一)实习

维基百科中对"实习"这一概念的定义为"在实践中学习",而《职业学校学生实习管理规定》中的"职业学校学生实习"是指,实施全日制学历教育的各类职业学校按照专业培养目标和人才培养方案,由职业学校安排或批准自行到实习单位进行专业技能培养的实践性教育教学活动,包括认识实习、跟岗实习和顶岗实习等,特殊职业教育实习同样也包括这三种形式。

1.认识实习

认识实习是特殊职业教育实践教学的基础阶段,指特殊学生由职业学校组织到实习单位参观、观摩和体验,或者职业学校邀请行业专家和优秀校友走进课堂进行专业教育,促进学生建立对行业岗位的基本认知,形成相关工作岗位的基本职业素养。

2.跟岗实习

跟岗实习指不具有独立操作能力、不能完全适应实习岗位要求的学生,由职业学校组织到实习单位的相应岗位,在专业人员指导下参与部分实际辅导工作的活动。特殊职业教育学校开设的专业大部分为康复治疗技术、中西面点工艺、工艺美术品设计、数字媒体艺术设计等方向,在学生经历扎实的理论学习和技能模拟训练后,学校组织特殊学生到相关实习单位进行跟岗实习,校内导师、企业导师和校友导师协同指导,通过跟岗实习,增强特殊学生理论联系实际的能力,为其后续的职业发展奠定良好的基础。

3.顶岗实习

《职业学校学生实习管理规定》将"顶岗实习"定义为初步具备实践岗位独立工作能力的学生,到相应实习岗位,相对独立参与实际工作的活动。而特殊职业教育学校的学生群体主要为残疾学生,因此,在开展顶岗实习的过程中,学校要充分考虑残疾学生的行动能力与实习安全,合理安排或由学生自主选择实习单位、规定顶岗实习时间,深入推进产教融合与校企合作,不断挖掘有合作潜力的企业开展订单式培养,进一步发挥订单培养在推动特殊学生优质就业方面的重要作用。

(二)实训

实训是职业技能实际训练的简称,即"实习(践)"加"培训",指职业学校根据人才培养规律与培养目标,模拟实际工作环境,采用来自真实工作项目的实际案例,对学生进行职业技术应用能力训练的教学过程,更强调学生的参与式学习,促使学生在专业技能、实践经验、工作方法和团队合作等方面的能力得到提升。与普通职业学校的职业实训一样,根据实训场所的标准进行划分,特殊职业教育学校的职业实训可以分为校内实训与校外实训两种实训方式。

1.校内实训

特殊职业学校的校内实训指学生在学习完课程理论知识以后,根据岗位职业能力要求,在校内实训基地开展实践,模拟工作环境进行职业技能训练的活动,主要培养特殊学生的理论知识应用能力和专业技能,也可称为"课程实训"。特殊职业学校校内实训过程中,学校专业教师与企业兼职教师共同授课,可采取"双导师授课、双课堂实施、双证书考核、多赛事提升"等教学方式,校内实训与校外实训基地共同承担实训教学任务,实训课程考核与行业资格鉴定相结合,以赛代考,检验课程实训效果。①

---

① 姜海涛,王艳丽.高等职业教育校企协同实践教学体系创新研究——基于内蒙古农业大学职业技术学院"三习两训"实例[J].教育学术月刊,2020(9):106-111.

2.校外实训

特殊职业学校的校外实训指在学校的统一组织与安排下,特殊学生前往校外实训基地进行实践练习,体验真实工作环境,锻炼职业技能的过程。校外实训基地为特殊学校与相关企业共建,共同管理,是对校内实训基地设备、场所和功能缺陷的有效补充。特殊学校以校外基地为依托,与企业共同培养学生,积极探索工学结合、产教融合与校企合作的人才培养模式。在校外实训过程中,特殊学生可与职业技术岗位"零距离"接触,巩固理论知识,训练职业技能,全面提高劳动素质,从而解决残疾学生的就业问题。

第二节　特殊职业教育实践的开展

特殊职业教育实践作为特殊职业教育体系的重要组成部分,是引导残疾学生独立生活、适应与平等融入社会、获得一定劳动技能、实现就业的重要途径,因此,对于特殊职业教育实践如何开展以及实践的过程,我们需要给予充分重视。

一、特殊职业教育实践的培养目标与课程内容

（一）培养目标

培养目标是各级各类教育教学活动的逻辑起点,是特殊职业教育实践体系的核心。因此,确立科学合理的培养目标,对于有效指导特殊职业教育实践活动的开展具有重要意义。特殊职业教育实践的培养目标可以从实践能力、职业素质、创新能力与资格证书等四个方面来进行制定。

1.实践能力

特殊职业教育学校主要面向残疾学生开展职业教育实践活动,需要充分考虑残疾学生的身心特点和兴趣爱好,帮助残疾学生发现与实现自我。因此,根据残疾学生的残障程度,关于实践能力方面的培养目标可以分为三个方面:一是通过生活常识学习和基本生活能力培训,帮助残疾程度较重的学生回归家庭,实现生活自理,减轻家庭负担。同时,重度残疾学生可以在家长陪伴下,进行职业技能体验,这能有效提高其生活自理能力,还提高家庭生活的幸福感。二是通过公共基础知识学习和实用技术培训,残疾程度一般的特

殊学生可以在家长的协助下实现自主就业,或在民政、残联和就业等相关部门的帮助下实现辅助性、庇护性就业。三是通过专业理论学习和专业技能培训,残疾程度较轻的特殊学生在理论联系实际、职业技能和独立进行工作、适应社会等方面的能力可得到明显提升,从而适应社会、融入社会与顺利就业。

2. 职业素质

《特殊教育提升计划(2017—2020年)》提出"使每一个残疾孩子都能接受合适的教育"的教育目标。特殊职业教育以立德树人为根本,通过培养特殊学生的职业素质和职业精神,教他们学会适应社会,学会与人共处。开展素质教育,是促进教育公平与教育现代化的重要体现。因此,特殊职业教育实践不只要关注残疾学生工作经验的积累和职业技能的提升,也要注重培养残疾学生良好的沟通交往能力,团队协作能力,吃苦耐劳、爱岗敬业的职业精神与敬业精神的培养。特殊职业教育可通过文化素质教育、思政教育、社会实践、社团活动、志愿服务等教育形式提升特殊学生的职业素养与综合素质,这对残疾学生的就业质量和中长期职业发展有积极作用。

3. 创新能力

随着科学技术与工业革命的发展,企业与职业岗位对劳动者提出了更高的要求,要求劳动者具有一定的创新创造能力。提升残疾学生的创新能力,对于促进他们实现更好就业、更灵活从容地应对工作中的变化具有重要的意义,为其中长期职业与未来职业发展奠定基础。对于残疾学生而言,其创新能力的内涵主要包括获取知识的能力、处理信息的能力、分析判断的能力、批判思维的能力、语言表达的能力、协作的能力与坚忍不拔的毅力等方面,因此,在特殊职业教育实践的开展过程中,教师要注重对残疾学生创新能力的培养,促进其职业技能的全面提升,帮助其实现更高质量、更体面的就业。

4. 资格证书

国家职业资格证书是国家证书制度的组成部分之一,表明劳动者具有从事某一职业所必备的学识与技能,是职业标准在社会劳动者身上的体现和定位。《职业技能鉴定规定》指出,未经过相关培训或培训未取得相关职业资格证的人员,不得在国家规定就业准入工种(职业)范围内就业,职业介绍单位和用人单位不得介绍和招用。由此可知,将职业资格证书纳入特殊职业教育实践的培养目标中是最基本的要求。特殊职业教育学校要充分发挥校内外实训基地对于残疾学生在校职业资格技能鉴定的培训和考核作用,积极推进

"双证融通"，帮助残疾学生在获得学历证书的同时，也获得国家或者行业企业颁发的职业资格证书，更好满足企事业单位的招聘要求。除此之外，以赛代练、以赛代考、以赛促教，可以更好地检验学生的职业技能，提高其职业能力。

（二）课程内容

课程是人才培养模式的物质承担者，是培养目标的重要实现形式。特殊职业教育作为职业教育体系中专门面向残疾学生的一种教育，以帮助残疾学生适应社会、融入社会与顺利就业为教育目的。因此，特殊职业教育实践课程既要体现职业教育的特征，又要考虑残疾学生的特殊性。特殊职业教育实践课程的开发与设计要遵循以下几个原则。

第一，以"实现残疾学生顺利就业导向"为原则，建立起完善的实践课程体系。根据残疾学生的职业需求和学校办学能力，在巩固传统专业的基础上积极开发新兴专业，建设好重点专业，基于学校办学特色开发校本实践教材，提高专业教育资源的利用率。同时，遵循特殊职业教育人才培养规律，密切对接行业企业的职业能力需求，以能力为本位，以实践教学为切入点，在校企协同理念的指导下，构建认识实习—校内实训（课程实训）—跟岗实习—综合实训（校外实训）—顶岗实习这一层级递进的实践教学内容体系，积极开发理论教学和实践教学并重的课程模式，增强课程的系统性、职业性、适应性和实践性。

第二，实践课程的设计要遵循工作过程的逻辑。职业教育的一个重要特征就是以职业能力的提升为逻辑起点，遵循工作过程的逻辑。因此，特殊职业教育实践课程的开发与设计要以相关职业的工作过程逻辑为基础，按照企业的工作任务特点开发"工作过程系统化"的项目课程，遵循工作流程来设计实践课程的每一个环节，促进残疾学生职业能力的真正提升，更好地实现其职业的发展。

第三，实践课程的开发要遵循教育的理性逻辑。马克思关于人的全面发展理论提出，职业技术教育对于学生能力的开发应该是多元化、复合型的，课程设计不应该出现泛职业化倾向,仅仅考虑单一技能的掌握和就业率①,针对残疾学生的职业技术教育也同样如此。残疾学生本就在生理上存在一定缺陷,容易产生自卑心理,不易融入社会,只是简单地掌握某项技能并不能促进残疾学生职业的中长期发展。因此,特殊职业教育实践课程不仅要关注残疾学生职业技能的提升,也要重视其乐观自信性格、吃苦耐劳能力、爱岗敬业精神的塑造与培养,促进残疾学生的全面发展,培养既有匠艺、匠能,更有匠心、匠魂的复合型职业人,实现特殊职业教育工具理性和价值理性的有机统一。

通过特殊职业教育实践课程,残疾学生可以形成基本的思想道德与职业道德修养,掌握从事某一职业所需的文化知识素养、专业技术知识与技能,具备适应职业变化的能力,从而实现其身心缺陷得到补偿的培养目标。

二、特殊职业教育实践教师培养

师资队伍是保障人才培养质量的核心要素,推进特殊职业教育师资队伍建设是我国特殊职业教育实现内涵式发展、促进教育公平与现代化教育的内在要求。因此,特殊职业教育学校要从教师选聘、教师培训、教师激励机制、教师考核与评价等方面加强师资队伍的培养与建设。

(一)教师选聘

特殊职业教育主要面向残疾学生进行教学,决定了从事特殊职业教育的教师要比普通教育和普通职业教育的教师有更强的专业性,其不仅要具备一般教师所需的基本条件,还要具备从事特殊职业教育工作所必备的专业知识、教育教学能力和职业道德,做到"普职特"三者有机融合。而目前,我国特殊职业教育学校的职教教师来源比较广泛,主要来源于普通师范、特殊教育师范、普通高校、高职毕业生、企业技术人员、兼职教师等,但由于缺乏规范的准入程序,教师准入制度、准入标准不健全,特殊职业学校的师资队伍质量水平难以保证。且在校企合作环境下,企业教师、兼职教师比例较小,"双师型"队伍建设成果不明显。因此,特殊职业教育学校要完善职教师资的选聘制度,规范准入程序与标准,完善兼职教师引进管理机制,提升特殊职业教育师资队伍的专业化水平。

---

① 马蕾.工具理性与价值理性张力何以衡平? ——职业教育加强职业技能和人文精神综合培养的理论机理与实践探微[J].职业技术教育,2018(33):42-47.

（二）教师培训

由于特殊职业教育教师的职后培训涉及普通教育、特殊教育、职业教育等多个领域，因此，教育行政部门、残疾人管理部门和特殊职业教育学校应发挥积极的引导作用。同时，在了解特殊职业学校现状与企业职业能力需求的基础上，建立省、市（县）、校三级特殊职业教育教师的职后培训运行体系，加强各级专业培训基地建设，分层次、分类型、分主题、分阶段对特殊职业教师进行专题培训[①]，并在形式上从"基地实践"走向"合作研修"。同时，特殊职业教育学校要深化校企合作，以提升教师专业化水平为导向，与企业积极探索"培—研—用"一体化的特殊职业教师培养基地建设模式，不断开发新领域的职业技能培训模块，积极吸收企业的先进设备与技术及一线优秀技术人员加入到师资培训资源的建设中来，落实教师定期到企业实践制度，建立校企人员双向流动机制，从而建设一支熟悉残疾学生身心发展特点、专业素养高、职业技术技能过硬的特殊职业教育"双师型"队伍。

（三）教师激励机制

特殊职业教育实践教学模式下的教师往往需要往返于学校与企业，需要花费大量的时间与精力。而从企业引进的兼职教师除了完成自己正常的工作任务之外，还承担一定的教学与指导任务。因此，对于实践教学教师的辛苦付出，学校应建立正向激励机制，对实践教学教师的付出给予充分肯定与激励，以调动其教学的积极性和主动性。对于专职教师，学校要建立教师职称评审、职务晋升与相应待遇挂钩的机制，引导专职教师在工作中努力实现自己的专业化发展；除此之外，还可以逐步建立教师竞争上课制度，允许学生自主选课，以此来激励专职教师不断改进实践教学水平与提高实践教学质量。对于企业兼职教师，在选聘过程中可设立具有激励性质的选聘条件，探索建立"签约教师"制度，通过与不同层次、不同类型的兼职教师签订更加细致、规范的"个性化合同"，实行项目工资制或协议工资制[②]，以此来提高兼职教师的教学责任感与教学表现。除此之外，学校还可以适当增设职称岗位，

① 郑中原.残疾人中等职业教育师资职后培训的现状分析及对策[J].江苏教育研究,2014(18):21-24.

② 王屹,逯长春.职业教育"双师型"教师队伍的顶层设计探析[J].职教论坛,2016(15):38-42.

适当将兼职教师的发明专利质量、实践指导水平、学生就业质量、参与教学标准和人才培养方案成果等作为职称评定条件,激发兼职教师积极性。

（四）教师考核与评价

特殊职业教育学校的实践教学教师主要分为专职教师与兼职教师两种,由于这两种教师的聘用关系和所承担的教学任务存在不同,学校应对这两种教师采取差异化的考核与评价方式。对于专职实践教师,其主要任务为实践教学,所承担的科研任务较少,在专职实践教师的考核评价上,学校要基于改变"唯论文、唯项目"倾向的基础,设计分类（文化课、专业理论课、实习指导课）分段（新入职教师、成熟教师、资深教师等）的多元化职称评定体系,并采取多元主体（学校、学生、企业等）和多样评价方式（如说课试讲、专业知识答辩、现场技能操作等）对实践专职教师进行综合考核与评价。而对于企业兼职教师,学校应将其实践教学指导水平、学生反馈、指导学生就业质量、参与实训基地建设等要素纳入考核评价体系。

三、特殊职业教育实践教学的组织管理与动力机制

（一）组织管理

校内实训基地与校外实训基地是特殊职业教育学校开展实践活动的主要场所,为了保证残疾学生实践活动的安全开展与规范进行,学校要建立完善的实践教学组织管理机制,对实践教学进行统一规范的组织管理。

首先,在对校内实训基地的管理上,特殊职业学校应对全校共用实训基地实行统一管理,其他二级学院或系部的实训基地则由相关的二级学院或系部进行管理,强化二级学院或系部的主体作用。同时,制定相关规章制度,对校内实训基地的人员进出、设备使用等进行规范管理。

其次,在对校外实训基地的管理上,特殊职业学校应加强校企合作。由于校企合作培养人才的教学过程具有职业性、开放性和实践性的特点,这就要求职业学校的实践教学管理体制向开放式转变,管理组织也必须由单一管理向多方支持转变。因此,特殊职业学校应充分整合学校和企业的管理资源,建立校级校企合作组织机构,严格落实校级校企合作组织机构的各项管理职能。在学校层面设立教务处及校企合作或产学研结合办公室两个教学职能管理部门,宏观调控学校层面的实践教学建设与规划,避免各二级学院或系部实践教学的重复设置,提高实践教学资源的利用率。各二级学院或系

部设立实训教学管理中心,负责二级学院或系部各专业校内外实训基地的管理与建设,督导每个实践教学环节的具体实施。

最后,建立健全各类规章制度,规范校内外实践教学活动的开展,为专门面向残疾学生的实践教学体系提供制度保障。特殊职业学校制定的关于实践教学过程的制度可分为三类:第一类为实习管理制度,学校根据残疾学生的人才培养目标和实习实训特点,与企业协同制定《学生专业实习管理制度》,主要包括实习协议书、实习日志、实习行为规范、实习鉴定意见等一系列文本,并将其应用于学生实习实训的全过程,最大限度保障残疾学生和企业的权益;第二类为实习考核制度,为保证实践教学的质量,学校应制定完善的《实习教学考核标准》;第三类为实训(实习)基地管理制度,学校应设立专门的实践教学管理部门对校内外实训(实习)基地进行统一管理,并且制定完善的实训(实习)基地管理制度,对基地的遴选与建设、设备建设、人员出入等进行规范与有效管理。

（二）动力机制

提高残疾学生的职业能力,促进其适应社会、融入社会、顺利就业是特殊职业教学实践教学的首要目标。因此,在校企协同合作理念的指导下,实践教学必须以服务残疾学生为中心,围绕残疾学生的职业需求与兴趣爱好来开展,建立实践教学的动力机制。首先,特殊职业学校可以设置奖励制度,对于实践能力较强、职业能力较突出的学生,职业学校可以优先向用人单位与合作企业推荐其就业。其次,特殊职业学校可以创建学生、学校与企业"多方共赢"机制,通过有效实践教学,残疾学生可以顺利就业;通过校企合作,学校更加了解企业的职业能力需求,从而调整培养目标和进行教学改革;企业可以优先获得最佳的人力资源,为相关工作岗位注入新的活力。最后,特殊职业学校应积极探索校企合作的新模式,可以通过"相互挂牌实训(培训)基地、师资互兼互聘、学生订单培养、科研课题"等方式全面深化校企合作,提高残疾学生的就业质量。

四、特殊职业教育实践教学的监控评价与信息反馈

（一）监控评价

与普通教育教学管理相比,职业教育主要表现出两大主要特点,即在教学监控方面具有动态性与在评价机制方面具有多元性,特殊职业教育也同样具有这两大特点。相对于一般理论教学,学生实习实践不限于同一时间、同一地点或同一老师,表现出很大的分散性和流动性。因此,在特殊职业教育实践教学的监控机制方面,基于校企合作环境,特殊职业学校要制定完善的听课制度、教学检查制度、督导制度和学生评价制度等,将师生出勤率与学生职业技能考核通过率作为实践教学监控的重要指标。

而在实践教学的评价机制方面,学校应秉持多元化的评价原则,构建分项目、多阶段、多主体的实践教学评价体系。实践教学由认识实习、课程实训(校内实训)、跟岗实习、综合实训(校外实训)、顶岗实习等项目内容组成,学校在考核评价中要依据不同项目内容的特点进行评价体系设计,改变传统的以考试为主的考核方式,采取阶段性评价、开放型考试评价、竞赛式评价及综合评价方式;同时,采取多元主体评价的方式对实践教学成果进行评价,主要包括教师评价、学生自评、校友导师评价和企业导师评价等,从实践教学内容掌握度、岗位技能熟练度、岗位适应性与灵活性等方面对学生进行综合评价,学生则对自身参与的各类实践活动、专业教师的指导、实训基地的质量以及合作企业的实践条件等方面进行评价并反馈。

(二)信息反馈

在特殊职业教育实践教学的过程中,及时的信息反馈有利于帮助学校及时调整实践教学规划,更好地服务于残疾学生职业技能的提升。因此各特殊职业教育学校要建立完善的实践教学信息反馈机制。首先,在信息收集与反馈机构的设置方面,可由特殊职业教育校级校企合作组织机构、二级学院或系部实践教学管理中心以及特殊职业教育校外实训基地等组成实践教学的信息收集与反馈机构,收集并反馈特殊学生实践教学过程中的重要信息。其次,在收集的实践教学信息方面,可包括实践教学大纲的实施、实践环节的设计、实践教学内容、师资水平、实训基地的实践条件、实践教学考核与评价方式、学生顶岗实习率、优秀就业率等方面。最后,在信息反馈的渠道与方式方面,特殊职业学校要充分利用现代信息手段,建立多渠道的信息收集与反馈机制。例如,建立资源库信息系统,通过对往届毕业生就业信息与企业对本校毕业生质量反馈意见的定期调查,了解用人单位对毕业生职业能力的要求,从而调整学校的人才培养目标,制定科学的人才培养规划,提高毕业生的就业质量。

第三节　特殊职业教育实训基地建设

特殊职业教育实训基地是进行特殊职业教育实训教学过程的实践训练场所,还包括学生接触受训所需要的各种技术、人员与设备等。特殊职业教育实训基地是特殊职业教育人才培养过程中必不可少的一环,是对残障学生实施职业技能训练和职业素质培养的必备物质条件,也是特殊职业院校想要办出特色并实现人才培养目标的基础。实训基地的建设是实现教育培养目标的重要条件,其教学基础设施与工作情况直接反映了相关院校该专业的教学质量与教学水平。2019 年 2 月,国务院印发的《国家职业教育改革实施方案》(以下简称《方案》)指出,"带动各级政府、企业和职业院校建设一批资源共享,集实践教学、社会培训、企业真实生产和社会技术服务于一体的高水平职业教育实训基地",《方案》在国家层面上提出要建设一批高水平实训基地,要求政府、企业、学校共同合作,融合多方面的力量和资源,实现实训基地共建共享,促进职业院校实践教学改革,提升人才质量,服务区域经济发展,促进产教融合深度发展。

一、特殊职业教育实训基地建设的原则与方法

（一）特殊职业教育实训基地建设的原则

1.真实性

特殊职业教育实训基地的建设要根据该职业生产实际要求来设计实训中心,例如模仿岗位的空间布局,采用真实或仿真设备、仪器,陈列各类产品等,应注重细节,尽量逼真,以创设企业内部真实环境。若有条件,应尽可能地贴近技术、生产、服务、管理一线,模拟真实的工作环境,让学生按照自身专业所面向的未来职业执业要求,以得到实际操作训练和综合职业素质的发展,严格按照企业生产流程组织实践教学,才能有效实现以工作任务为主要教学内容来组织教学的课程目标。

2.有效性

实训基地建设需投入大量资金,但资金总是有限的。因此,应提升资金投入的有效性,使实训基地效能最大化合理利用资金。如何使投入的资金均

能获得所期望的成效,实现效益最大化是需要考虑的现实问题。有效开展绩效评估对实训基地高效运转能起到监管作用,有助充分利用有限的资源,最大限度节约资金。建设实训基地时,院校、企业、政府应充分考虑已有的可利用资源,因地制宜,引导师生共同参与建设,这样既能减少经费投入,建设带有自身特色的实训基地,又有利于提高教师"双师素质",对学生适当进行"职业素质训导"。

3.先进性

在科技不断发展创新的现在,特殊职业教育实训基地的建设应跟紧时代发展潮流,实训设备和仪器的引进要注重是否居本专业领域的前沿,避免学生在实训基地所学与实际企业中所用的设备相脱节。实训基地建设投入资金有限,因此资金的投入须有前瞻性和持久性,保证学生所学习的技术、工艺等在领域内处于先进水平。只有这样,才能保证学生在实训后所掌握的技能能够满足企业要求,能适应社会需要,并推动学校课程建设和教师业务水平不断发展。

4.开放性

为促进实训基地效能最大化,特殊职业教育实训基地的设计要体现对社会的开放性,即不仅能为校内师生服务,也能成为校外有培训需求的企业、组织等的职业技能培训基地,主动承担为社会服务的任务,并通过这种开放的良性互动增强院校和企业之间的联系,加强校企合作,了解行业最新技术动态,为学生的就业和学校创收提供服务,成为学校和社会沟通的桥梁、交流的窗户。

5.关爱性

关爱性是指在实训基地设计过程中要综合考虑使用对象生理、心理等方面情况,在已有的基本功能和性能设计基础上,对基地进行优化,使使用对象的体验过程更加舒适、便捷,满足其生理与心理需求,充分体现人文关怀。特殊职业教育的实训基地应有别于普通职业教育实训基地,需考虑到残障学生的生理特点、心理状态、行为习惯、思维方式等方面的特殊性,体现对残障学生的关爱性,进行人性化设计。实训基地的关爱性原则旨在为残障学生提供有温度的实训基地,为师生建立和谐温暖、互尊互爱的实践环境,提高实训质量。

针对听障学生的实训基地可以视觉设计为导向,如对实训基地标语的设计上,可从色彩心理和图形设计两方面入手。在色彩心理上可使用鲜艳的颜色如红色强调其危险性与重要性;在图形设计上可采用清晰、简单又能准确表达特定信息的图形以便于学生快速识别。针对视障的学生应在实训基地安装智能语音对讲机,在学生进入实训室后可给予学生语音提示,方便学生了解并使用实训设备。针对肢残的学生应注重实训室位置的设计,通过无障碍和自由组合的位置设计,减少学生在移动过程中的困难和操作中可能遇到的障碍,让坐轮椅的学生实现移动自由,体现人性化设计。

（二）特殊职业教育实训基地建设的方法

特殊职业教育实训基地建设是促进特殊职业教育发展,提高残障学生技术、应用能力,培养适应现代化建设需要的专门人才的关键。应积极创新实训基地建设方法,采取多元投资与合作方式,使学院入园区、企业进学校。加强校企合作、产教结合、工学一体化,取得优良办学效益。不断探索通过搭建校内校外实训基地,实施"工学结合"人才培养模式,提高学生岗位技能并全面提升残障学生的职业综合素质和职业道德。依托实训基地来发挥实训基地的产品生产功能、学生实训功能、应用研发功能、技能鉴定功能、社会培训功能、基地辐射功能。

1.以领域发展趋势为导向,健全校内实训基地

紧密联系领域内行业发展趋势,有针对性地建设、健全校内实训基地。特殊职业院校应从自身实际情况出发,统筹利用校内校外各种资源,根据"实训基地建设企业化"和"实践教学生产化"的原则,在校内设立相应的实训基地。校内实训基地建设应与劳动力市场和行业需求相一致,探索课堂教学和实训技能训练的一体化,使学生"学中做""做中学",实现教学与实践生产的互动,以培养适应企业一线和当地经济建设需要的高层次技能人才。以能力为本位,就业为导向,服务为宗旨,针对行业需求,面向市场和社会,为学生职业生涯发展奠定坚实基础,造就为各行各业服务的技能型人才。

2.以校内实训基地为基础,构建特色实践课程体系

特殊职业教育也应体现"能力素质本位"的教育要求,利用校内实训基地来构建"工学结合"人才培养模式。从岗位实际需求出发,重视学生能力素质的培养,一步步构建适应工作过程的实践课程体系。首先,实践课程体系应充分体现既重视理论教学和实践教学又兼顾学生创新型培养的三位一体教

学模式,以掌握优化的整体知识结构为基础,培养学生自学能力和创新能力,以形成符合新时代需求的课程体系。其次,还应增加教学计划的灵活性与柔性选择,尽可能做到因材施教,发展学生独特个性,促进全面发展。最后,需根据劳动力市场和用人单位实际需求,创建与市场相接轨的课程体系。

为构建特色实践课程体系,应在教学计划中适当增加实训时数并合理安排实训内容,体现"课堂与实训点合一"。课程体系借鉴国家劳动部门最新颁布的行业(职业)标准,达到课程设置与行业标准接轨。为实现教学实训的互动,落实行业岗位技能实训,要求实训课程教学大纲与企业内岗位培训考试大纲和职业资格证书要求相一致,体现"工学结合""做学合一"。

3. 以实训教学改革为推手,促"学做合一"教学模式

为形成"学做合一"的教学模式,需对实训教学进行改革,将理论与实践相结合,交叉培养,设计实训与生产相结合的岗位技能培训。改革传统实训教学方法和手段,改进评价方式和方法,强调安全教育,加强岗前培训,提高教学质量。

特殊职业教育以培养残障学生的职业能力为目的,因此课程教学要求从学科系统化走向工作系统化。采取项目课程的方法,以该课程所涉及的工作任务群为分析依据,依据工作任务逻辑关系设计实践课程,建立仿真实训基地,使学生在接近真实的工作环境中学习。以行动为导向,注重为了行动而学习。从传统教师中心的课堂转变为学生中心的课堂,让学生自己动手实操,教师仅在学生有问题时提供帮助,培养学生自学能力与解决问题能力。适当采用小组合作方式让学生在同龄人中互相学习,形成合作意识和奉献精神。学生只有在仿真的环境中多次练习和实践,掌握特定实训任务,锻炼动手能力,激发创新精神和职业灵活性,毕业后才能更好地适应岗位要求。

4. 以教师队伍综合实践技能为基石提高创新水平

实训基地的建设和经营,实训制度制定和教材编写都离不开实训教师队伍的参与,要求优化教师队伍结构,提高教师教育教学能力,强调教师对残障学生生理和心理特殊情况的敏感性与关怀。实训基地要想发挥最大效益,需教师队伍有专业的职业实践技能,引导学生"做中学"。同时,实训基地还是教师重要的科研平台,教师利用实训基地改进实施设备、改革课程、改革教学、研发课题、提高实操能力等。

实训基地的教师队伍应包含不同年龄、专业、职称、学历结构的教师,同

时培养和引进"双师型"教师。"双师型"教师既有较强的学术能力,能够参与行业内的项目和课题研发又有扎实的实践教学能力,促进项目课程改革和实训项目开发,成为实训基地建设的顶梁柱。除了学校专职教师外,还应聘请行业内高技能骨干和高层管理人员担任实训基地兼职教师或教学委员会委员,加强校内校外结合,学习和职业结合。

5.以实训基地为中心,共享资源,发挥辐射示范作用

学校实训基地有一定的公共性,特殊职业教育的实训基地建设应融合专业教学、职业培训、技能鉴定、技术服务于一体,注重拓展办学功能,开辟校内外、境内外、国内外合作。通过多方合作共同建设实训基地,密切校企合作,实现深层次、多方位的实质性资源共享。与此同时,职业技能鉴定依靠学校实训基地建设,学校可通过完善实训基地建设,扩大职业技能鉴定规模。提高校内仿真模拟实训室对师生开放程度,提高设备利用率,减少资源浪费;部分实训室对外承担社会职业技能培训,使校内实训基地与区域内经济发展相衔接,增加残障学生与社会接触、适应社会的机会,提高办学效率。

特殊职业教育实训基地还应与部分本科院校、普通高职院校等不同层次的院校共享实训基地,了解、学习相同或不同类型层次学校的人才培养模式与实践教学特色,相互学习,实现资源共享。以互惠互利的发展原则与社会企事业合作以实现"共赢",共建融学生实训、社会职业培训和职业技能鉴定为一体的生产性实训基地,实现校内实训、校外实习有机融通。促进实训基地工学结合是有利于理论知识学习和实践能力培养紧密联合、师生与行业一线技术人员紧密结合、院校教学和行业实际紧密交往的有效途径。建设开放共享型的实训基地可为院校自身特色发展服务,为人才培养提供教学资源,为企业提供应用技术研发服务,为社会输送残障人才,同时,能够反向提升实训基地自身建设水平与层级。

二、特殊职业教育校内外实训基地

(一)校内实训基地

特殊职业教育校内实训基地建设要实现高水平专业化需把握四个核心概念,即高水平、专业化、产教融合和人性化。产教融合和专业化是高职院校校内实训基地的重要构成要素,要求实训基地对接国家或区域重点产业,集教学、培训和服务社会化功能于一体,引导企业和社会爱心力量与特殊职业

院校共建校内实训基地,提升学生实践技能和企业能力资源水平。高水平是实训基地的水平标准,要求实训基地定位高端,对接并支撑高端产业和产业高端发展,体现产教融合深度发展,形成校企命运共同体。人性化是特殊职业教育对实训基地的特殊要求,由于特殊职业教育对象的特殊性,要求学校和企业在建设校内实训基地时考虑残障学生的特殊需求,体现人文关怀,提高学生实践实训效率与能力。

校内实训基地建设水平是衡量职业院校为区域经济和社会发展所提供服务的重要标准之一。特殊职业教育校内实训基地建设规范有以下几点。

1. 精准定位,彰显特色

第一,高水平、专业化、产教融合、人性化的实训基地服务区域内重点且适合残障学生学习的产业,促进产业高质量发展,提高残障技术人才质量。特殊职业教育的教育对象主要为听障、视障、肢残的学生。因此,可重点面向西点、动漫设计、汽车维修、盲人按摩等专业开展实训基地建设与布局。第二,结合经济结构升级转型需求和院校自身办学资源优势,建设具有突出特色的实训基地,支撑区域内经济高质量发展。

2. 共建共享,产教融合

校内实训基地建设主体主要为学校、政府、企业和其他社会力量,只有多方力量共同参与建设,统筹多方资源才能建成较高水平的校内实训基地。以学校为主体时,学校可发挥自身设备、技术、专业师资等优势吸引爱心企业等投入部分资金、输入管理模式等满足学校残障生实训需求。同时,学校承担部分企业产品生产研发工作。以企业为主体时,企业可提供当前行业内领先的设备、技术,学校提供场地和人员投入,学校师生共同参与到企业项目中去,达到既满足企业生产需要又提高师生专业化实践能力的双赢。

3. 资源共享,绩效导向

校内实训基地应具有资源共享性。实训设备的购置往往需要投入大量的资金,因此为提高其利用价值,可加强校企、校际等之间的互享互用。与此同时,统筹管理人才、技术、设备、资本等有限资源,校企共建高质量校内实训基地。应注意的是要尽量避免低水平、低层次的无效性投资,切实提高实训基地资源使用频率和效益。

校内实训基地要注重绩效导向。应构建实训基地项目建设、实训基地运行及资金使用的绩效评价体系;科学合理安排实训基地教学、生产、社会培训、职业技能鉴定等日常功用,促进实训基地建设投入资金的回收;建立健全实训基地安全规范、资产管理、人力资源管理制度,保障实训基地安全高效运行,实现有章可循,各人员职责明确、规范科学。

(二)校外实训基地建设

高职院校专业发展应紧紧依托区域内领先行业,加强学校和企业之间的合作互助,建立一定数量且稳定的校外实训基地,促进产教融合,指明高职院校保持生命活力的方向。校外实训基地为学生提供与职业技术岗位"零距离"接触的平台,将课堂上学习到的理论知识和实操技能运用于真实职业岗位,训练职业能力、提高综合素质。

实训基地建设需投入大量资金,受地区经济、院校自身资源、企业资源、社会资源等影响,特殊职业院校校外实训基地建设模式按受资金投入主体不同主要有以下四种。

1.院校注资型校外实训基地

院校注资型校外实训基地是指学校向企业投入一定资金或购买一定股份,企业在生产过程中为院校学生提供校外实训基地,达成企业盈利、学校实现人才培养目标的双赢。但缺点在学校属于事业单位,企业属于非事业单位,学校对企业的可控性相对较差,存在一定风险,运行也存在一定难度。

2.货币支付型校外实训基地

货币支付型校外实训基地是指学校为满足某个时间段的校外实训需求,按照实训内容、学生人数、实训时间向提供校外实训基地的企业以货币购买的方式支付费用,从而获得实训服务的模式。该校外实训模式通常费用较高,需大量实训成本,导致经济实力较薄弱的院校难以承担。

3.校企互助型校外实训基地

校企互补型校外实训基地是指院校和企业之间通过优势互补、资源互补、声誉共享来共建校外实训基地,是院校校外实训基地建设最常用的模式之一。通过该模式,企业可借助院校科研、技术开发优势来促进企业技术革新,提高企业生产力。企业还可借助特殊职业院校的学生特点,提升企业正面社会形象和影响力,对产品进行相应包装,增加销量。学校则可利用企业生产车间与生产资源完成人才培养所需的实践教学。

4.服务置换型校外实训基地

服务置换型校外实训基地是指企业由于员工培训需要,请院校专职教师到企业对其员工进行职工培训,学校为企业提供技术支持、人力资源支持,帮助企业解决生产过程中的技术问题而建立起来的校外实训基地。该类型校外实训基地实际是由学校师资提供的技术服务置换而来,院校提供技术支持,作为回报,企业提供实训基地服务,从而实现校企双赢。这种模式要求院校要有一流的师资队伍,教师要有较高技术和教学能力。

(三)实训基地运行管理

校外实训基地投入使用过程中需注重对基地运行的管理,部分院校仅仅将校外实训基地的建设作为任务完成,重建设、轻管理,造成实训基地资源浪费,未能充分发挥实训基地的实践价值。特殊职业教育学校是面向残疾人开展的中高等职业教育学校,由于教育对象的特殊性,学校立足当地产业经济特点和学生身心特点及专业发展前景开设相应的专业,建设相应的校内实训基地,以满足实践教学需要。为充分发挥校内实训基地的作用,避免一流设备仅带来一般运行效果,对实训基地的管理可以从以下几个方面入手。

1.管理主体"三方共管",实现校内实训基地开放管理

管理主体学生、上课教师、基地管理人员共同管理实训基地,实行"使用者负责原则",保证实训基地在使用中均有人管理。实践教学期间由上课教师管理;采用登记准入制度,课余期间由进入实训室练习的学生管理;基地管理人员负责日常设备维护工作,保证日常实训顺利进行。通过"三方共管"保证实训基地开放力度,提高实训基地利用率,最大限度发挥实训基地在实训教学中的作用。特殊职业教育校内实训基地应注意了解特殊学生特点,特别强调安全教育、加强安全防范措施、完善突发危险处理方案;具体问题具体分析,根据专业实际需求情况制定开放管理制度,做到有章可循;健全实训大纲建设,增加实训前培训课程,加强实训流程和操作规范教育。

2.实训基地管理智能化,实现管理信息共享

随着计算机信息技术的发展,可利用信息技术将实训基地运行管理信息化,使实训基地管理信息让基地管理者、授课教师、课程安排者、使用者共享,构建智能化基地管理系统,提高管理工作的高效性和准确性。此外,还可利用信息化对实训基地内设备仪器进行编码,通过计算机运行监控设备仪器的

使用、损坏情况以提醒管理者及时维护。学生、任课教师和管理人员还应实行刷校园卡进实训室和启动、使用设备,对实训室的使用进行信息登记与管理,将实训基地的管理职责落实到使用者身上,减少不必要的设备损坏和实训室管理混乱。

3.提高实训基地管理相关人员管理素质,保障实训基地日常运行

为提高管理队伍管理水平,可为教师和专职实训基地管理人员提供校内或校外组织的培训进修机会,提高管理素养,优化管理队伍建设。利用校企合作契机深入到企业学习企业管理方法和一线先进专业技术,为校内实训基地管理提供参考并合理转化成适合校内实训基地的相应管理模式,同时巩固提高管理人员实践水平和技能综合运用能力。在管理和技能学习之外,鼓励管理人员在学历上自我提升,增强自身综合素质,以学促教,学以致用,为特殊职业教育教学实践和管理提供更优服务。

（四）实训基地质量保障体系建设

实训基地保障体系的建设可从建立质量控制体系、实施质量监控方法、构建实训基地相关组织的保障体系、完善实训基地教学后勤部门保障体系以及实施评教评学这几方面进行。

1.建立质量控制体系

首先,设定教学质量标准。教学质量标准是监管教学工作系统的重要部分,分为教学条件标准、教学运行标准、教学管理标准和教学效果标准。教学条件标准主要针对师资、基础设施、教学经费等进行评价;教学运行标准主要对课堂设计、教师实践教学水平、职业技能训练水平等进行评价;教学管理标准主要对监管队伍的结构标准和质量控制标准进行监督;教学效果标准主要对受教育者的职业能力、岗位技能、理论知识、职业素养等进行评价。

其次,完善质量评价体系。课堂质量直接影响学生技能习得情况,为提升实训基地教学质量,营造良好学习氛围,实训基地可采取以下措施:对于学生,可制作相关宣传板粘贴在基地内,向学生发出"打造高效课堂"倡议;对于授课教师,要求其认真备课,革新教学方法,保证课堂效率前提下增加课堂吸引力,避免照本宣科;加强教师和学生课后的联系,通过网络形式及时为学生解答疑惑、沟通交流等。

最后,搭建反馈调控平台。反馈调控系统的建立是有效控制教学质量的

保障措施,通过对实训教学过程中各环节问题、实训教学目标达成状况等的反馈,进行有针对性的改进,以此增强教学质量监控保障系统的反应能力和自我完善能力。同时,对实训教学各过程进行及时检验和反馈及改进,以确保教学质量监控体系实施的科学性和合理性。

2.实施质量监控办法

第一是对培养目标的监控。对培养目标的监控是对教学质量的直接监管。对实训教学大纲、训练计划、训练任务等进行有效监控可使实训目标更易于达成。第二是对教学环节的监控,如实训前对实训室准备情况的监控、实训中对师生上课情况的监控、实训后对实训室环境的监控等。

3.构建实训基地相关组织的保障体系

首先,成立专门的教学质量监督组织,确保相关组织的质量监控符合质量监控总体要求。专门的教学质量监督组织负责指导实训教学和督导的职责,开展日常教学质量监管工作。其次,其他职能部门要负责校外实训基地合作单位和代理机构的教学质量检查,搜集合作单位和代理机构的实训教学信息,若有问题应及时通报、警示和处理。最后,由合作单位和代理机构负责执行具体环节的质量监控工作。只有以上部门组织做好对人才培养模式和工作过程的监督检查,才能保证质量监管工作的有效性。

4.完善校外实训基地教学后勤部门的保障体系

首先,实训教学后勤部门是物质资源,要保证物质资源符合实训教学要求并能够实现其最大价值。其次,后勤部门要加强对教学质量软件的保障,确保质量管理的硬件和软件都能达到实训教学总体要求。最后,对后勤保障中出现的问题的处理要求具有较强的反应能力和规范解决思路以实现化险为夷。

5.实施评教评学,教师和学生互评

特殊教育实训基地的教师需要有较强的爱心和较高的教学能力以保证实训教学有效顺利进行。实训结束后,教师应根据每个学生自身特点对学生予以客观评价,促进学生个性、全面发展,同时学生也对教师师德和教学质量进行评价,促进教师提升业务水平,增进教师和学生之间的良性互动。

(五)实训基地绩效评价体系建设

绩效评价对资金的投入产出进行系统和客观评价,自上而下引起重视,形成绩效意识,清晰绩效评价的指标体系和评价方法,督促业务部门以目标为导向挖掘体现项目建设核心绩效的指标,形成准确反映项目建设真实绩效水平的指标体系。

1.成立绩效评价委员会,培养专业绩效评价人员

相较于成立绩效部门,专门招聘既懂业务又懂财务的人员,成立预算绩效管理委员会更能节省成本。对于特殊职业院校来说,绩效不仅涉及实训基地建设,还涉及信息化、改造维修、创新创业等多种业务,一个人不可能做到面面俱到。财务人员往往只注重资金的执行和规范,基地建设的核心绩效应该由委员会来完成,委员会负责研究绩效评价指标设置的合理性与有效性。

2.教育、财政部门应积极引导,建立有效的评价体系

教育、财政部门应根据校外实训基地建设有关文件对较小指标体系的交涉加以引导,并对其合理性与有效性进行评价。院校可借助国家、省培养的各领域专家库,对建设项目进行分类,匹配相应领域专家,在指标完成的难易程度、是否准确反映项目建设绩效、权重设置合理性等方面进行评价。这样做,一是可以倒逼院校重视并合理制定指标体系,二是经评价后可以同学科基地建设形成较为统一的指标体系指引,三是进行事后评价,设置打分系数,最后形成科学的评价结果,为决策提供可靠依据。

3.对基地建设进行可持续评价,突出成本投入产出的持续性效益

基地建设在成本方面存在的问题为投入产出不成正比、资源利用率不高、持续效益不明显等。若要对其进行可持续性评价,可先对重大项目进行筛选,纳入评价项目库,对其着重评价,接着借助信息化条件对该基地建设的连续性投入产出进行跟踪,在自评的基础上进行审计评价,形成投入产出画像,成本和效益曲线应该先同步上升,再交叉分离。

三、特殊职业教育公共实训基地的建设

(一)公共实训基地的内涵及类型

2018 年,发展改革委印发的《公共实训基地建设中央预算内投资专项管理办法》指出,我国公共实训基地是"由政府主导建设、向城乡各类劳动者以及职业院校、职业培训机构、企业等提供技能训练、技能竞赛、技能鉴定、创业孵化、师资培训、课程研发等服务的公共性、公益性、示范性、综合性职业技能实训场所"。公共实训基地按照建设主体身份可分为三类,分别为政府主导

型、学校主导型和企业主导型。政府主导型公共实训基地是指基地建设资金来自政府,在某个城市设立,主要由政府管理,面向区域内特殊职业院校学生、企业残障工人和社会残疾人免费开放的实训、培训基地,具有公益性。学校主导型公共实训基地是指由政府和学校共同投资,将实训基地设于学校内,学校承担管理职责的公共实训基地,面向当地特殊职业院校、研发机构、企事业单位和社会残疾人开放,开展实习实训。企业主导型公共实训基地是指由企业单独投资,将基地设立在企业内部,由企业管理,面向企业内、行业内中小型企业和社会培训机构,开展企业职工转岗培训、节能提高培训等,有利于提升企业形象与企业核心竞争力,推动企业变革。

(二)公共实训基地建设路径

特殊职业教育公共实训基地是集公益性、服务性、导向性、示范性和无障碍性于一体的,面向全社会残障人士开放的高技能残障人才培养平台。我国特殊职业教育公共实训基地建设尚处在起步阶段,为促进公共实训基地建设稳步发展,推进创新型公共实训基地设立,培养具有工匠精神、技能高超、数量充足的残障人才队伍,可从以下三个方面对公共实训基地的建设进行推进。

1.根据产业发展,建设完善基地

特殊职业教育公共实训基地建设需要根据当地支柱型产业、现代服务业和高新技术产业发展的实际情况及未来前景,本着与周边地区建设的公共实训基地形成统一体系的目标,进一步优化布局、统筹规划。①

首先,对于已有的实训基地,需根据当地产业发展状况,做好新旧实训基地之间的衔接或旧基地的转型,统筹规划实训基地,科学布局。其次,要吸引各类社会资本用于旧基地的升级和新基地的新建,加大基地运行、改善投入。对于社会认可度高的实训基地应给予一定建设补贴作为鼓励并激励其余实训基地发挥社会服务功能。最后,对区域产业基础和市场需求进行调研,了解社会对公共实训基地的内部需求和外部需求。内部需求是指实训中心内部资金、管理人员、设备、资源、残疾人特殊生理需求等。外部需求是指国家经济发展和区域产业经济发展对公共实训基地提出的需求。通过调研了解

---

① 李树岭.我国公共实训基地建设的基本状况、突出问题与推进路径[J].教育与职业,2021(11):27-34.

本区域产业及市场当前发展状况、产业发展前景以及人才需求状况,从而更好对症下药,建设当下所需。

2.整合区域资源,引领品牌实训基地

特殊职业教育公共实训基地建设不是单一行为,而是多方力量成体系的协同合作。基地建设需整合各地区多种资源,如院校自身资源、教师资源、企业实习资源、实训设备资源、场地资源、劳动力市场资源等,通过多方资源共享互通完善职业技能素质培养方案。

首先,由于我国区域间产业布局发展不平衡导致实训基地发展布局不平衡,因此要求地方政府灵活调用当地各类资源,协调各部门支持实训基地的建设。同时对区域内较薄弱的产业也应设置部分示范公共实训基地,供有需要的残障人士使用。其次,在已有公共实训基地的基础上,积累课程、师资、设备等优质资源,打造具有地方特色的公共实训基地品牌,引领其他公共实训基地发展。最后,为建成具有自身特色、设施完备的示范实训基地,核心在对资源的建设和管理,重心在技能人才培养质量。优质人才资源、课程资源、设备资源、管理资源等是保证基地平稳运行的基础,人才培养质量是基地长久运行的关键。公共实训基地高质量运行,培养高质量残障应用型人才对于缩小区域间经济发展差距有重要的现实作用与意义。

3.深化科学管理,完善资源共享机制

公共实训基地是提高社会残障劳动力职业技能素质、增强残障劳动力就业竞争力的关键环节。为保证公共实训基地长期高质量运行,需完善实训基地各类资源共享机制,优化实训基地科学管理制度。

第一,通过激发市场活力,改革传统管理模式。2015 年,国务院办公厅转发了财政部、发展改革委、人民银行发布的《关于在改革服务领域推广政府和社会资本合作模式指导意见》,该意见鼓励通过向社会购买的方式获得公共服务。公共实训基地可发挥自身社会服务的特质,吸引社会资本注入,对社会资本起到宣传作用,以释放市场活力,减轻政府财政负担。同时,政府应加强对实训基地的监督,创新管理模式,加强社会合作,整合多方资源,以提高基地运行效率和公共服务能力。第二,利用互联网扩大服务面,打破时间和空间界限。随着智能信息化发展,资源不仅仅只局限于线下基地,政府应统筹优质线上资源,进行线上资源共享,做好公共实训基地线上服务,提供电子实训资源供残障人群随时下载使用。在网站设置上应便于残障人群使用,注重残疾人在使用过程中的评价和反馈,进行网上监管,推动公共实训基地服务质量稳步提升。

(三)公共实训基地运行管理办法

1.公共实训准入制度

各级各类特殊学校、特殊人群职业技能培训机构、企业和社会特殊团体等若有实训需求,可向公共实训基地申请公共实训资格。申请程序包括准入申请和审核批准。申请批准过后即获得实训资格。申请对象应提供办学许可证、营业执照等有效证件复印件并填写《准入单位申请表》递交给基地管理部分申请准入。基地收到申请后在规定时间内对申请对象递交的资料进行核实,通过后与申请对象签订《实训协议书》。申请对象签订《实训协议书》后获得实训资格,与基地预约具体实训时间。

2.按计划安排实训

申请对象应提前五个工作日向基地递交《实训预约表》和《实训学员明细表》,基地管理部门对递交的材料明细进行审核并在预约时间前两个工作日回复预约情况,根据基地实际实训安排情况回复预约结果,提醒申请对象完成《实训注意事项》,完成后再安排实训资源和实训室。若申请对象因故需变更实训计划,应提早三个工作日向基地管理部门提出申请,基地管理部门根据申请调整实训时间。若实训基地因技能大赛、技能培训等原因需对申请对象的实训计划进行调整时,可由基地管理部门向申请对象发送《实训变更通知书》进行通知。

3.加强实训运行管理

加强实训师资管理。为了确保实训效果和实训设备安全高效运行,进入实训基地从事实训教学的教师必须是经过实训基地认证,并获得实训指导师资的人员。[1] 若有困难,可从实训基地临时选聘实训教师并支付授课费用,标准参照《实训指导教师授课费标准》。

做好实训资源维修保护。承接实训基地设备设施维修单位应定期对基地内设备设施进行检查维修,确保基地平稳顺利运行,做好实训过程服务工作。

---

[1] 何丕东.我国政府型公共实训基地实训运行管理初探[J].中国产经,2021(20):100-101.

强化实训前安全教育。实训前应对申请对象进行安全教育并组织安全测试,测试合格后才能进入实训基地进行实训。

强化实训过程管理。申请对象应自带专门人员对基地内实训学院进行管理,严格执行《实训协议书》中相关规定,安全、规范进行操作,接受基地管理人员监督,自觉维护基地环境和设备。

进行实训监督、评价和反馈。实训结束后,基地管理人员及时对实训设备运行情况、学员实训情况和实训室卫生情况等进行监督,如实填写《实训记录》,对实训效果做出客观评价。同时,发放《公共实训调查问卷》,及时反馈基地评价。

4.实施实训退出管理

若申请对象在基地实训期间出现不合《实训协议书》规定的以下情况之一,实训基地将视情节轻重对其做出暂停实训、终止实训或取消准入资格等处理,结果由实训基地以书面形式通知申请对象:①不接受实训基地管理;②违反实训协议及有关规定;③不当使用或管理不善造成实训设备严重损坏和基地其他经济损失;④教师和学生操作不规范造成安全隐患或浪费实训资源;⑤多次缺勤、停课、改课造成实训资源浪费;⑥其他影响基地正常运作的行为。

第四节　本章小结

实践教学在特殊职业教育体系中发挥着十分重要的作用,是培养残疾学生职业技能、塑造职业素质与职业精神、帮助其适应融入社会、解决就业问题的主要途径与方法。特殊职业教育学校作为面向残疾学生开展职业教育的主要场所,要始终坚持促进残疾学生就业为导向的原则,充分考虑残疾学生的兴趣爱好、行动能力和职业需求,科学合理设计实践课程,探索灵活多样的实践教学模式,加强实践教学师资建设,培养高质量的"双师型"教师队伍,深化校企合作,加强校内外实训基地建设,全面提升特殊职业教育实践教学的质量水平,帮助残疾学生实现更好的就业与人生发展。

第九章　特殊职业教育融合论

　　特殊职业教育的最终目的是帮助残疾人经过学习,具备与健全人士一样参与平等竞争的前提条件,使其完整地获得社会所赋予的公民权利,从而真正地融入社会。在残疾人通过特殊职业教育融入社会的过程中,离不开对"融合"一词的讨论。一方面,融合在于将多种不同的事物合成一体,从这一概念出发,特殊职业教育同时具备特殊教育与职业教育的特性,其本身就蕴含、体现着融合的理念;另一方面,残疾人要想真正地融入社会,就少不了特殊职业教育与多方主体相互之间的参与、合作,构建共同体关系。基于此,针对残疾学生接受职业技能教育与培训视域下的"大融合",围绕特殊职业教育中的几大重要主体——残疾人与健全群体、教育与产业、学校与家庭间的相互融合,即普特融合、产教融合与家校融合,本章对其概念内涵、开展内容和促进策略等展开讨论。

第一节　特殊职业教育的普特融合

　　特殊职业教育普特融合的提出是基于一定的政策背景与现实意义。一方面,2017年教育部等七部门印发的《第二期特殊教育提升计划（2017—2020年）》明确提出,支持普通高校、开放大学、成人高校等面向残疾学生开展继续教育,支持各种职业教育培训机构加强残疾人职业技能培训,拓宽和完善残疾人终身学习通道。提出以多种形式开展特殊职业教育,以健全学生为主体的各类职业技术院校与职业技能培训机构等就是其中重要的形式之一。另一方面,残疾学生在生理、家庭、教育环境方面存在一些共性的和个别的问题,这些问题对残疾学生的能力发展造成了障碍,只有在普特融合的模式下才能达到最大限度的发展和更好地适应社会、融入社会。因此,残疾人的职业教育要通过普特融合,让残疾学生在职业教育系统中与健全学生在平等的教育环境下接受教育,满足他们的多样化需求,让他们能够较好地掌握专业知识和技能的同时,具备良好的心理素质,提高社会交往和社会适应能力,成为综合素质较高、专业能力较强、具有较强就业技能的社会成员。但与学前阶段、义务教育阶段的普特融合相比,我国在开展残疾人职业教育的普特融合方面研究的历史较短,研究相对薄弱,在实践开展的过程中还存在着残疾学生是否应当进入职业院校与健全学生一起接受教育、残疾学生应当接受何种程度的职业教育等争议。通过厘清新形势下职业教育普特融合的概念与特征、目的与功能以及开展的原则与趋势,以期对以上问题与争议做出回答。

一、特殊职业教育普特融合的价值与内涵

对特殊职业教育的普特融合进行概念界定,能够回答特殊职业教育普特融合是什么的问题;对特殊职业教育的普特融合进行特征探寻,则能够回答特殊职业教育普特融合怎么样的问题。然而,关于普特融合概念内涵的讨论已有很多,但对特殊职业教育普特融合概念与特征的界定却屈指可数。这不利于向前推进特殊职业教育理论及实践。本书在对普特融合、特殊职业教育等相近概念进行辨析的基础上,力图对特殊职业教育普特融合的概念内涵、基本特征进行较为明晰的厘定,希望对特殊职业教育的理论探讨及实践工作的开展有所裨益。

(一)特殊职业教育普特融合的价值

在职业院校推行普特融合,是人权意识和以人为本理念在教育中的具体体现,也是促进教育公平、健全社会保障体系,体现职业教育社会功能、发挥职业院校社会责任,帮助残疾学生实现全面发展的重要方式。

1.特殊职业教育普特融合是促进教育公平的重要手段

党在十八大报告中把"办好人民满意的教育"作为民生保障和社会管理创新的重要内容,明确提出以促进教育公平为目标,以立德树人为根本任务,以全面深化教育综合改革为重要途径,全面实施素质教育,让每个人都能成为社会中的有用之才。要知道,教育公平的实现是以满足所有学生的发展需要为前提的,残疾人又是社会和政府需要给予格外关心与关注的特殊群体,他们受教育权、教育发展权的落实在教育公平的推进落实中显得格外重要。

普特融合受益的主要群体正是残疾学生,其强调对个体差异的尊重,强调对个体尊严的尊重,更强调对所有学生平等接受教育的权利和机会的尊重,这些无一不是教育公平的重要体现。

2.特殊职业教育普特融合是健全社会保障体系的重要方式

在当代社会,职业是个人谋生的重要手段,个体通过职业获得生存于社会的各种基本物质条件。因此,解决好就业问题,也是社会安定的基本保障。通过在职业院校的学习,通过普特融合中帮助残疾学生发展起来的社会性、适应性,能够有效提升残疾学生在社会中持续就业的可能性,增加他们的收入,帮助他们获得更为有力的长期物质生活保障。这有利于我国公共服务体系的落实、社会保障体系的健全。

3.普特融合是发挥职业院校社会责任的重要途径

残疾人是社会弱势群体中更加困难的一部分,应得到更多的社会救助。帮助残疾人教育、培训和就业除了是政府应尽的重要社会责任外,也是职业教育的重要社会功能。① 通过在职业院校贯彻执行普特融合,能够让职业教育的社会功能特性得到进一步的体现。同时,明确职业教育的社会功能定位,提升职业教育在教育体系中的重要性。相对应地,对于职业院校而言,其作为社会组织,作为开展职业技术教育的重要载体,承担着培育技术人才、发展职业教育、促进共同富裕和高质量发展的重大时代使命、社会责任。普特融合不仅能够帮助残疾学生进入到职业院校学习,同时还能够拥有包容的、支持性的环境氛围,这能够进一步强化职业院校的社会责任。

4.普特融合是促进残疾人实现全面发展的重要保障

对于特殊群体而言,接受职业教育不仅能使他们掌握从事某种职业或生产劳动所需要的知识和技能。同时,在这个掌握过程中,他们通过接受通识知识与专业知识的学习,发展了综合性素养;通过参与各种各样的实践活动,与健全学生共同合作与相处,增强了自信心和环境适应能力,拥有了一片更为广阔的天地,这是他们立足社会的根本,能够有助于消除残疾学生在社会性交往、就业谋生、平等体面地融入社会等方面的障碍,促进残疾学生德、智、体、美、劳的全面发展。

---

① 余祖光.终身教育背景下职业教育的扶贫助困功能[J].北京大学教育评论,2007(3):23-27,187-188.

（二）特殊职业教育普特融合的内涵

1.普特融合的历史梳理

普特融合的提法由来已久，它又被称作"一体化教育""融合教育""回归主流教育""残健融合"等。自20世纪60年代末起，欧美国家就开始主张让特殊儿童返回到普通教育系统，反对将学校分隔成普通学校和特殊学校，反对隔离式的二元体制，提倡满足特殊学生在普通学校的需要。80年代，西方国家在批判性继承"一体化教育"和"回归主流教育"的基础上又提出了融合教育，强调所有具有特殊教育需要的学生都有权进入到普通学校接受学习。1994年，联合国教科文组织在西班牙召开的世界特殊教育会议上，就各国统一达成的《萨拉曼卡宣言》确定了融合教育的基本理念与原则。2008年，第四十八届世界教育大会将融合教育作为会议的主题——"融合教育：未来之路"。该会议将融合教育视为实现全民教育目标的方式，自此标志着融合教育不再只是特殊教育领域热议的话题，而逐渐成为整个教育领域都关注的主题。①

2.特殊职业教育普特融合的概念界定

国内外学者对普特融合概念内涵的讨论，可谓丰富，其中具有典型性与代表性的观点如下。

（1）普特融合是面向所有学生的教育管理方式的变革

《萨拉曼卡宣言》认为，普特融合是面向所有儿童的，强调教育管理方式、教学方式的全面改变，并期待通过建立融合学校增加残疾人士的社会参与和社会融合。②《融合教育指南》中的定义也强调所有儿童的社会参与和教育领域的全面变革，并额外提到融合教育是一个渐进的过程。有学者认为，融合教育不应孤立地被理解为只是为了某些特殊的群体，融合教育的重点不应该仅仅指向某些特定的群体，而应拓展为所有人提供有质量、友爱且多样的学

---

① UNESCO IBE. Generalpresentation at the 48th session of the international conference oneducation：inclusive education：the way of the future［R］. Geneva：UNESCO IBE，2008.

② UNESCO. The Salamanca Statement and Framework for action on special needs education：Adopted by the World Conference on Special Needs Education：Access and Quality［R］. Salamanca：UNESCO，1994.

习环境和机会。①

（2）普特融合是以体现对残疾学生的接纳、包容为根本特征的教学过程

有学者指出，普特融合是指全部接纳，通过一切手段为社区内每位儿童或民众提供接纳的权利与机会……融合学校的基本信念包括 ABC，即接纳（Acceptance）、归属（Belongs）和社区感（Community）。融合强调如何支持每个儿童特别的禀赋和需要，努力使社区内的每个学生都感到被欢迎、安全及成功。②

我国学者邓猛在《融合教育的理论反思》中强调，这是一个从隔离逐步走向融合的过程，是一种全新的教育形式，融合的根本特征就是接纳与包容。③黄志成则认为，融合教育是这样一种持续的过程，即接纳所有学生，反对歧视和排斥，促进积极参与，注重集体合作，满足不同需求。④

（3）普特融合是促进与实现残疾人士社会参与的重要手段

美国"教育重组与融合国家中心"认为，普特融合是针对残疾学生的服务。所谓残疾学生包括：重度伤残的学生，在边缘学校的学生，在适龄基础教育课堂中那些需要支持性服务和补充帮助才能在各方面（学业上、行为上和社交上）获得成功的残疾学生。融合教育就是要帮助残疾学生准备好完全地参与社会并能够对社会有所贡献。黄志成则认为，普特融合就是"要加强学生参与过程，提倡要促进学生参与本地的文化、课程、社区活动，减少残疾学生被排斥的过程"⑤。

基于以上表述，以及综合考虑特殊职业教育中的职业性，对特殊职业教育普特融合的概念界定为：对每一个有职业教育需求的残疾学生，创设合适的教育活动，帮助其与健全的学生一起学习与生活，共同融入整个职业教育

---

① Opertti R，Brady J，Duncombe L. Moving forward：Inclusive education as the core of education for all[J]. Prospects，2009(3)：205-214.

② Falvey M A，Givner C C，Kimm C. What is an inclusive school[M]//Villa R A，Thousand J S. Creating an inclusive school. US：Association for Supervision and Curiculum Development，1995：1-13.

③ 邓猛. 融合教育的理论反思[N]. 中国社会科学报，2009-12-15(8).

④ 黄志成. 全纳教育：关注所有学生的学习与参与[M]. 上海：上海教育出版社，2004：37-38.

⑤ 黄志成. 全纳教育：21世纪全球教育研究新课题[J]. 全球教育展望，2001(1)：51-54.

文化,为他们将来的就业和融入社会做好准备。特殊职业教育普特融合是促进残疾人士掌握职业技能、参与社会生活的主要形式和重要途径。

二、特殊职业教育普特融合的目标与内容

教育是一项有着特定目的的活动,目的决定着教育实践的方向。正如杜威所言,目的作为一个预见的结局,活动就有了方向。这种目的,不是一个单纯旁观者的毫无根据的预期,而是影响着为达到结局所努力的各个步骤。不允许预见结果,不能使人事前注意特定的结局,谈什么教育的目的或者任何其他事业的目的,都是废话。① 作为一个正在对整个社会、教育系统与残疾人士个体产生深远影响的教育生态,特殊职业教育普特融合也有其特定的目的。明确特殊职业教育普特融合的目的,才能把握其实践的方向。值得注意的是,明确目的与把握实践方向,以此为出发点,才能更好地探讨与实现特殊职业教育普特融合的目标与内容。

（一）特殊职业教育普特融合的目标

1.残疾学生发展层面:有效促进残疾学生的社会融入

残疾人士的社会融入分为经济融入、生活融入和文化及心理上的融入。② 给残疾学生予以职业教育训练能够帮助他们为将来的经济融入创造条件,特殊职业教育普特融合则能在更大程度上帮助残疾学生实现生活融入,乃至更高层面上的文化、心理融入。生活融入是残疾学生实现正常化的一个重要途径。残疾学生进入职业教育系统,与教务人员、教师、健全学生等产生接触,这能够帮助残疾学生积累丰富的社会交往经验,发展社会交往能力,使残疾学生身心愉悦,建立融洽、和谐、健康的人际关系,并增进其面对生活的勇气与信心,这有利于残疾学生的生活融入;文化、心理层面的融入则是残疾人群体较高层面的融入。在现实社会状态下,还存在对残疾群体持排斥和标签化的观念,这种观念的形成往往源于社会认识习惯。在这样的社会环境下,残疾人表现出不被社会所接纳的特点。但残疾人和健全人一样,有着自己的喜怒哀乐,也有表达情绪、爱别人和被别人爱的需要,他们同样渴望有朋友、获得其他人的关爱。应该说与健全人相比,残疾人的心理更为脆弱,更加需要

---

① 约翰·杜威.民主主义与教育[M].王承绪,译.北京:人民教育出版社,2011:113.
② 邵子珊.智力残疾人群社会融入问题的研究[D].西安:陕西师范大学,2015.

他人的关注。普特融合强调建立起来的包容、接纳的情感氛围,能够让他们感受到社会的温暖,逐步培养和建立起自己的人际交往的社会网络,从而能够为职业教育系统里的残疾学生在接受职业教育学习的过程中搭建起社会融入的桥梁和纽带,解决文化和心理方面的障碍,这是残疾学生社会融入的情感基础。

2.社会发展层面:帮助构建融合型的社会

任何围绕教育领域的话题均有一定的社会功能,唯其性质与强度因情况不同而已。[①] 特殊职业教育普特融合尤其如此,它不仅关注残疾学生作为人的发展以及特殊教育的融合、职业教育两大教育体系内的发展,更与社会的变革发展紧密关联。也就是说,它不仅具有个体发展的目的,同时还具有社会发展的目的。特殊职业教育普特融合希望通过残疾学生接受多元化的职业教育来推进全社会的公平,希望通过职业教育与特殊教育、普通学生与残疾学生的融合来推进整个社会对弱势群体的接纳,促进残疾学生全面融入社会,从而构建融合型的社会。这是特殊职业教育普特融合与社会发展之间的逻辑关系,也是特殊职业教育普特融合所追求的愿景或终极目标。

(二)特殊职业教育普特融合的内容

特殊职业教育普特融合的内容可以从文化、哲学、系统论三个方面进行厘定,其主要由认可性与包容性、动态化与持续性、整体性与多元性这三个特征所体现。

1.从文化的角度出发,特殊职业教育普特融合体现出认可性与包容性

儒家文化提倡仁爱、正义和人本思想。例如,反映到残疾人上,我国古代典籍《礼记·礼运》有"人不独亲其亲,不独子其子;使老有所终,幼有所长,鳏寡孤独废疾者皆有所养"的叙述,就体现了儒家的仁爱思想与对残疾人的宽容与接纳。从这一视角来看,特殊职业教育普特融合体现的是国家认可残疾人也能接受普通人的职业教育,也能习得一技之长,也能以自己的方式与普通人共同学习、生活与工作。并在此认识的基础上,接纳所有学生,反对歧视与排斥,帮助他们以普通人的方式融入社会。与此同时,还是社会接纳、包容残疾学生的差异性,允许根据他们的自身特点,以他们能适应的方式和适合

---

① 吴康宁.教育社会学[M].北京:人民教育出版社,1998:367.

的专业学习内容接受职业教育的态度,体现的是一种人文关怀。

2.从哲学的角度出发,特殊职业教育普特融合体现出动态化与持续性

马克思主义哲学认为,世界上的一切事物,都处于不断运动、变化和发展之中。发展是事物由小到大、由简到繁、由低级向高级的运动变化过程。首先,"过程"二字体现了它的发展性,它以所有进入职业院校就读的残疾学生都有权与同龄的健全学生一起,在自然的、正常的环境中生活与学习为前提。在这个过程中,健全学生与残疾学生都能有所发展——残疾学生通过与健全学生一同学习、生活和工作,习得职业技能,获得情感支持,最终能够适应与融入社会;而健全学生则在此过程中,学会如何对待差异,如何与不同的人群相处,提升自身的社会性与同理心。其次,这种融合并非阶段性的,而是持续性的,是伴随残疾学生从入学前到入学后的,乃至通过这一过程,影响他们至毕业以后融入整个社会的终身性的发展过程。最后,融合的过程不是一成不变的。根据残疾人对职业知识与技能的掌握情况、在校的适应情况,以及其他不可控的未知因素等,其内容与方式等将有所调整,它是灵活可变的。

3.从系统论的角度出发,特殊职业教育普特融合体现出整体性与多元性

用系统论的观点看,现如今所倡导的普特融合是一种综合的、系统的、全面的普特融合。它以广阔和多元的视角来认识事物、解释世界。特殊职业教育视域下的普特融合,考虑到经济学、社会学等视角,政府、学校以及企业、家庭等主体,就更具整体性、多元性与系统性。它是站在经济和社会全局发展的高度,站在面向全体残疾学生与普通学生的高度,站在人的全面、和谐、可持续发展的角度,所建立起来的一种开放的系统。部分残疾学生的参与并不能称之为真正意义上的融合。因此,在融合的过程中,应当兼顾残疾学生之间的不同需要,顺应不同的学习类型与学习速度,让所有残疾学生都能学习,都能收获成长的快乐。

三、特殊职业教育普特融合的争鸣与反思

在开展特殊职业教育普特融合的过程中,学校应基于予以残疾学生同等的权力与地位、个性化教育和充分考虑安全性的原则。普特融合的优化,也离不开政府、学校与社会三个重要主体的参与。

(一)特殊职业教育普特融合的发展原则

1.学校应予以残疾学生同等的权利、地位的原则

这要求残疾学生不仅拥有进入普通职业院校就读的机会,同时,在班级、校园中,与正常学生也处于同等的地位,拥有同等的权利。他们享有在有意愿、有条件的前提下参与学校与班级所有活动的机会,例如:实习实训、社团联合会、职业技能比赛、文化体育活动等等。他们只是学校中的普通一员,不应有其他的固定标签。

2.学校应予以残疾学生"个性化教育"的原则

残疾学生应享有"个性化"的教育,这里所提到的"个性化"的出发点,不是怜悯同情,也不是特殊照顾,而是"因材施教"理念式的"个性化"教育。普特融合的本质是让残疾学生接受满足他们需要的、适切的教育。残疾学生在学习专业课程、进行实际操作的过程中,学习方式和速度上与健全学生可能存在一定的差异,院校相关领导应当组织专门人员为其制定具有针对性的培养方案,教师则应当从任务难度、评价方式、教学方式着手采用个性化的教学方式,从而提高普特融合的针对性与实效性。

3.学校应充分考虑残疾学生安全性的原则

这里的安全性,不仅是就残疾学生而言,对普通学生同样适用。第一,残疾学生由于身体残障,如听觉、视觉、肢体障碍等,在职业技能实操以及生活中的其他方面存在不便之处,这一定程度上带来了安全隐患;第二,残疾学生进入职业院校接受普通学生职业技能的学习,难免在一定时间范围内存在不适应之处,加之部分残疾学生本身就存在一定的心理问题,这带来了一定程度上的残疾学生自残、轻生事件等安全隐患;第三,虽然职业院校普特融合中提出来构建接纳、包容的校园氛围,但仍会存在部分健全学生不接纳残疾学生,甚至歧视、挑衅残疾学生的现象,这带来了一定的冲突、斗殴事件发生的风险。这就要求学校管理者、教师能够预想到教育教学、实操实训以及其他可能出现的危险因素,在危险事件发生以前就做好预案,积极找到解决的办法,贯彻有效的防范措施。

(二)特殊职业教育普特融合的发展策略

1.政府层面

(1)以政策法规保障残疾学生接受特殊职业教育普特融合的机会

各级政府应当为职业院校开展普特融合作出必要的规定,提供政策性的支持保障。例如:为开展特殊职业教育普特融合的单位给予一定的专项性财政拨款,并提供必要的人力和物质资源(如无障碍设施、特殊教育老师等);鼓励职业院校拓宽残疾学生升学渠道与招生类型、禁止职业院校招生与就业市场招聘中的歧视行为;设立一定的监管机制,保证职业院校高质量开展普特融合,用机制来夯实取得的成果;政府管理部门定期与从事大数据分析的高校或机构合作,将调研考核的数据形成专业报告,及时反馈给政策制定者,以重新考量新时代下融合教育法规所面临的问题与可调整的方向。[①]

(2)以宣传引导促进大众对特殊职业教育普特融合的理解与接纳

政府可以通过媒体平台、教师培训等途径进行科学的宣传、引导,促进社会大众对于残疾群体接受职业教育普特融合的认知与理解,并适当考虑在职业教育师范生、技术师范生的职前培养中开设关于"融合教育"的课程,结合职后教师培训增加普通学校教师对普特融合的接纳度,并为普特融合的实施打好基础,使大众充分认识到实现特殊职业教育普特融合的重大意义。

(3)以就业转衔服务提升社会与残疾学生对进行特殊职业教育普特融合的信心

曾有媒体报道有残疾大学生参加近60场求职面试仍然无人问津的消息,这体现了残疾学生在接受了高学历和普特融合教育后仍然就业困难的现状。这一现实情况,势必会打击相关高校和残疾学子接受特殊职业教育普特融合的积极性。基于此种现实情况,可以以就业转衔服务为重要抓手,提升社会大众和残疾学子对接受特殊职业教育的信心,为特殊职业教育普特融合创造开展的前提条件。就业转衔服务即通过系统、专业的辅导及相关资源支持,帮助身心障碍者进入工作岗位或重返工作岗位,使其能自力更生,并能通过就业活动平等参与社会生活。就业转衔是指在生涯发展中,由学校生活过渡

---

① 胡智锋,樊小敏.中国融合教育的发展、困境与对策[J].现代教育管理,2020(2):1-7.

到成人生活,由学校阶段衔接到就业阶段或由学校向就业单位转介的时期。[①] 它能够为特殊需要学生顺利从学校过渡到工作中,实现成功就业发挥重要作用。为此,政府部门应尤其注意与职业院校、企业等社会组织保持密切合作,搭建信息交流平台;重视残疾学生的实习实践,并尽早开始职业生涯教育;同时,要逐步建立多渠道的资金保障体系,进而帮助残疾学生顺利完成就业转衔,实现成功就业,为残疾学生、残疾学生家长对其接受职业院校普特融合增强信心、增强残疾学生接受职业教育普特融合的实效性。

2.社会层面

(1)残疾人组织多方给予职业院校指导与支持

毫无疑问,教育行政部门负有发展特殊职业教育普特融合的首要责任,但是在特殊职业教育管理体制尚未完全理顺,发展特殊职业教育尚未成为教育行政部门内部各职能部门普遍的自觉追求时,残疾人组织且应该有所作为。例如,考虑为职业院校或对残疾人施以职业教育的团体机构提供特殊教育、融合教育方面的专业理论与实践上的指导,帮助其知晓残疾人群体的身心特点;协助院校与团体机构开展活动;加大特殊职业教育普特融合理念的宣传,促进培育特殊职业教育普特融合的文化土壤等等。

(2)加强资源整合,构建社会支持网络

特殊职业教育普特融合的发展离不开全社会的支持,相关社会公益组织和基金会可以从扶持项目、社区生活、技能培训等多个方面,促进残疾人与健全群体加强交流与合作,帮助残疾群体增强自我认同与校园适应;父母、教师、同伴乃至社区成员之间,应主动寻求相互合作,以密切关注残疾学生在接受职业教育普特融合的过程中是否面临一定的困境,从而帮助各方主体及时对残疾学生施以职业技能、专业知识、心理等方面的辅导。

3.学校层面

(1)从职后培训着手,加强教师关于融合教育的相关培训

无论是残肢学生还是盲聋学生,他们的生理、心理以及生活习惯都与身体健全的学生有很大的差异,需要克服各种难以想象的困难。面对这样一群学生,在普特融合的开展过程中,除了特殊的教学设备、设施及各种硬件外,

---

① 徐添喜.就业转衔服务中残疾人职业康复实施现状分析及模式构建研究[D].武汉:华中师范大学,2010.

最重要的还是教师队伍的自身建设。但从整体上看,大部分职业院校的教师在专业知识、技能的教学上有一定积累,却缺乏特殊教育的相关知识,对融合教育的理念认识不深。由于缺乏普特融合的相关培训,他们不了解残疾学生的学习特点和发展需求,不明白普特融合的概念、目的与策略等,导致他们在向残疾学生进行专业课程教学,开展普特融合的过程中困难重重。① 因此,职业院校应加强对教师相关的职后培训,提高教师进行融合教育的教学能力,使其至少能够拥有一种甚至多种适应残疾类型的教学能力,以满足残疾学生多样化的需求,促进职业教育普特融合开展的有效性。

(2)从情感支持着手,营造民主、和谐的校园氛围

普特融合的顺利进行,离不开和谐包容的校园环境氛围。为了实现这一目标,职业院校可以从以下途径着手构建:第一,管理人员及教师从自身做起,树立支持普特融合,发自内心地接纳与包容残疾学生的良好典范;第二,教师通过各种活动引导健全学生能够设身处地地理解残疾学生,并学会欣赏和接纳他们;第三,教师还需要引导普通学生真正与残疾学生建立友谊,进而支持和协助残疾学生;第四,加强德育工作,培养健全学生助人为乐的精神,引导健全学生与残疾学生建立友谊;第五,考虑组织内容丰富、形式多样的校园活动,并鼓励残疾学生也能参与进来,使他们感受到自己也是班级中不可或缺的一部分,发展对集体的归属感与认同感。②

(3)从教育衔接着手,构建残疾学生中高职一体化

中高职教育衔接是我国经济发展、产业结构调整与转型升级的必然要求,也是构建残疾人现代职业教育体系的核心所在。残疾学生接受职业教育年限的增加,能够切实加强他们参与普特融合的效果。在开展中高职一体化的过程中,要明确残疾人中、高等职业教育人才培养的侧重点,中职应"重视基础,强调积累和适应",高职则应该"重视技能,强调应用与创新";采取"2＋3"或"3＋2"中高职一体化的培养模式,积极试行"现代学徒制",实现系统化

---

① 滕祥东,杨冰,郝传萍.我国残疾人高等教育院校教师队伍建设探讨[J].中国特殊教育,2011(10):9-13.

② 关文军.融合教育学校班级环境对残疾学生课堂参与的影响研究[J].海南师范大学学报(社会科学版),2019(3):101-109,144.

培养,校企协同育人的现代化格局。①

(三)围绕特殊职业教育普特融合的几种争议的探讨

与特殊职业教育普特融合相关的几种争论,主要围绕以下三个问题展开。而对这几种争议展开的思考,能够有效促进特殊职业教育普特融合整个实践过程的向前推进。

1.残疾学生是否能够与健全学生一起参与学习活动

2006年,联合国大会通过的《残疾人权利公约》及我国相关法律均明确要求尊重残疾人的权利和尊严,消除对残疾人的偏见和有害做法。国内外学者也通过多种渠道指出残疾学生接受普特融合的可能性与必要性。但在当前阶段,融合教育的观念并没有深入人心,教师作为学生学习的指引者,其对残障学生的接纳态度直接影响着他们的教育参与以及整个社会的融合观念。但一些调查结果显示,有为数不少的普校教师对"融合教育""社会融合"等词汇不甚了解,对于经常提及的随班就读安置形式,有超过三成的教师表示反对。② 另外,学校、社会对残疾人接受普特融合还存在另一种反对与否定的声音。社会中仍有一些人认为残疾学生"不应该"、"不合适"与健全学生一起学习,担心他们的随班就读会影响与妨碍校园里其他人的学习。

2.残疾学生是否应当接受系统、专门化的职业学校教育

国内的残疾人职业教育,分为职业学校教育和职业培训这两种类型。职业学校教育中,又分为残疾学生在特殊教育学校接受职业技能学习,或进入职业学校、特殊职业学校就读这几种形式。当前对于残疾人士应当接受职业教育与技能培训,已有广泛共识,但残疾学生是否应当进入学校接受职业教育、更应当接受哪一种形式的职业学校教育,目前还尚无确切定论。

3.残疾学生应当接受何种程度的特殊职业教育普特融合

现如今,围绕普特融合中融合程度的不同,存在多种探讨。其一,完全融合模式。即所有残疾学生,无论残疾类型和程度如何,都只能到普通班级中就读,换言之,不存在隔离式的特殊教育班级。其二,部分融合、残健融合模

---

① 陈瑞英.德国特殊人群职业教育的经验对我国现代职业教育体系构建的启示[J].职教论坛,2015(30):93-96.

② 张宁生,陈光华.再论融合教育:普小教师眼中的"随班就读"[J].中国特殊教育,2002(2):3-8.

式。即残疾学生进入特殊学校就读,同时该院校也招收健全学生等。其三,"有限隔离、无限融合"模式。"有限隔离"是指对残疾高职学生与健全学生相互隔离的程度,是由残疾高职学生残疾的程度和类型来决定的,主要考虑其特殊性与个性。"无限融合"是指残疾高职学生与健全学生在学习、生活中所能达到的最高融合程度,主要考虑二者之间的普遍性和共性。

以上几种问题、争议以及普特融合相关概念仍模糊不清,但相信伴随着未来特殊职业教育普特融合理论研究与实践案例的增多,特殊职业教育普特融合的接纳程度将会得到进一步的提升,接受特殊职业教育普特融合的对象范围也会进一步扩大,融合教育的观念屏障将获得极大程度上的破解,一些围绕此话题的几种争议,也将迎来更为科学化和规范性的解释。

第二节　特殊职业教育的社会融合

人类是具有社会性的高级动物,社会融合是衔接残疾人从学校教育到进入社会的前后连接活动。除了学校教育对残疾人事业融合具有重要意义外,社会支持对残疾人职业教育的融合也是不可避免的话题。在社会这个庞大的体系中,对于特殊职业教育人才来说,社会融合既有着与家庭强相关的特殊性,又有着与社会岗位相接的职业性。本节就特殊职业教育社会融合的价值与内涵、目标与内容、发展与探讨三个大点,主要阐述在此过程中融合的必要原因、融合的应然形态,以及如何有效融合的相关问题。在介绍特殊职业教育人才社会融合的同时,着重分析社会活动中家校融合、产教融合这两大融合。特殊职业教育的产教融合是残疾人职业教育高质量发展的必然要求。从个人角度来看,产教融合注重残疾人技能的开发,关注个体的就业准备;从社会角度来看,关注劳动者的职业能力和社会价值。家校融合强调家庭与学校之间相互支持、相互合作,构建利益共同体,目的在于促使家庭与学校形成合力以更好促进学生成长。二者共同促进残疾人教育事业的进步和质量的提升。

一、特殊职业教育社会融合的内涵与价值

特殊职业教育的社会融合主要强调残疾人个人、家庭在社会的融合,内涵主要为陈述特殊职业教育的社会融合"是什么",价值的阐释为论证特殊职

业教育的意义,由于国内对其相关研究较为匮乏,笔者将结合"特殊职业教育的家校融合"与"特殊职业教育的产教融合"为抓手,试图将社会融合这个较为庞大的体系进一步厘清。

(一)特殊职业教育社会融合的内涵

特殊职业教育社会融合是特殊职业教育对现代社会发展的积极响应,也是特殊职业教育自身发展的必然要求。一方面,从社会职业教育的观点来看,残疾人职业能力的开发离不开产教融合。顾名思义,即为产业与教育的融合发展。为了更好地实现人才培养,最初人们是从学校和企业的合作关系角度探究产教融合的实施,将学校和企业置于同等重要的位置,在合作关系中试图探究二者的双赢。[①] 特殊职业教育产教融合指的是基于残疾人自身优势,在学校教育中,首先学习专业相关的理论知识,再在学校统筹下,以班级或学院等不同组织形式与企业进行高度合作,学生在实践中加强、丰富自身技能,同时企业也可达到自己目的。简而言之,特殊职业教育产教融合就是特殊职业教育和产业界之间的一种高度参与的关系,实质是教育与产业经济发展间的一体化互动关系。[②] 另一方面,从社会关系来看,特殊职业教育面对的最小社会群体就是残疾人家庭。家校融合的讨论由来已久,只是通常被贯之以"家校合作"一词。关于家校合作的内涵阐述,许多观点均强调家校合作中的学校是发起与参与的主体。有学者认为,家校合作是指在学校在家庭和学校的交往中,动员家长教育潜能,使家长自己、他们的孩子以及学校所在的社区都有所获益的过程[③];我国学者李清臣与岳定权也认为,家校合作就是学校作为家校合作的发起主体,使学校在教育学生时能得到来自家庭方面的支持[④]。家校融合较之于传统意义上的家校合作,更强调双向的发力与双向的整合。如果说家校合作是学校层面为了促进学生成长,主动向家长靠拢,寻求与家长的合作并在合作过程起着主导作用,那么家校融合就是指学校和家

① 蔡敬民,夏琍,余国江.应用型高校的产教融合:内涵认知与机制创新[J].中国高校科技,2019(4):4-7.

② 谢笑珍.产教融合机理及其机制设计路径研究[J].高等工程教育研究,2019(5):81-87.

③ Binger J.亲子关系:家庭教育导论[M].潘允康,译.北京:北京大学出版社,2003:13.

④ 李清臣,岳定权.家校合作基本结构的建构与应用[J].中国教育学刊,2018(12):38-42.

庭都是家校融合的主体。基于此,结合特殊职业教育中的特殊性与职业性,特殊职业教育中的家校融合是指接纳残疾学生入读的职业学校与残疾学生家长之间,为帮助残疾学生更好地习得职业技能、真正融入社会,在平等的基础上,通过多种形式展开交流、密切联系,构建共同体关系。鼓励学生家长参与到学校教学工作中,使得职业学校在教育特殊学生时,能得到来自家庭方面的全力支持,进而提升学校办学质量;特殊学生家长在教育子女时,能得到来自学校的科学指导,进而提升家庭教育质量。基于以上两方面,来促进特殊职业教育的社会融合。

(二)特殊职业教育社会融合的价值

1.有利于树立积极的残疾人观

从社会与国家的角度来看,残疾人作为一类特殊群体,也是国家公民的组成部分。在社会融合的过程中,残疾人在接受教育后,专业素质与适应自身优势的技能得以提升的同时,自信自强意识随之树立,有能力的残疾人投入工作、服务社会,为社会贡献自身的价值。这起到了良好的榜样示范作用,树立了积极的残疾人观。相对于需要依靠家庭供养和社会福利照顾的残疾人,其得到了受高等教育与发挥自身价值的机会;对于能够自食其力的残疾人,特殊职业教育社会融合在激励群体发挥自身优势,积极进取,增强自我效能感的心理暗示及树立精神文明等方面有巨大作用。

2.有利于提高残疾人的社会能力开发

职业教育最明显的一个特征就是强调动手操作能力。学生进行校内培训和社会实践是促进社会能力开发的重要方式。在产教融合过程中,产业根据残疾学生不同的身心特征,对其因材施教,进行专业技能的培训,促进其在操作过程中掌握知识,并分类上岗。可见,企业和行业组织的参与,对促进残疾人职业能力的提升非常重要。一方面,为提高企业对残疾人事业的参与,国家通过减免税收对聘用残疾人的企业进行基金支持和税收优惠;另一方面,针对残疾学生进行职业能力开发,有助于残疾人劳动力市场化发展。家庭支持也对残疾人职业教育有着重要影响,家人支持社会实践对于残疾学生参与能力和责任意识的培养具有重要意义,是促进残疾学生社会融合的重要途径。① 在接受学校教育后,残疾人既要作为个体承担社会责任、提高个人能力,又要投身到产业、企业中而社会化。

3.有利于促进特殊人群体面就业

对于所有公民来说,社会融合的最大意义就是能够通过自己的劳动自食其力,对残疾人来讲也是如此。残疾人通过自己的劳动获取报酬,是社会对他们能力的肯定,也是对特殊职业教育学校培育特殊群体的激励。中国在逐渐重视体面劳动,提出让各国广大劳动者实现体面劳动,要让人民生活得更加幸福、更有尊严。② 特殊群体通过自己的特长与专业知识寻找相匹配的工作,企业通过招聘特殊群体,在支付工资之外,对特殊群体给予照顾,如添加残疾人保障金等福利,促进特殊群体就业幸福感提升,而在此基础上企业也可以减免税收。总的来说,这既促进了残疾人体面就业和社会平稳运行,又减免了企业的税收支出,是产业与残疾人群体双方互利的结果。在情感上,家庭对残疾人的支持、学校给予残疾人的教育是残疾人就业的前提,与健全群体相比,残疾群体更需要情感的支持与他人的理解。但特殊群体就业也有自身的优势,他们工作时更加认真,专注度更高,且在择业就业过程中,对企业的忠诚度更高。

4.有利于实现学校、家长间的信息畅通

特殊职业教育社会融合旨在加强残疾学生作为社会角色在家长、学校间的沟通、联系,实现信息沟通上的畅通无阻,其具体包括残疾学生家长向学校提供学生在家的生活表现、心理感受、以往发生的重大事件、家庭成员构成与家庭氛围等信息;学校向残疾学生家长提供学生在学校的活动范围、专业学习表现、适应情况等信息以及教师对家校沟通、家长对家校沟通的感受与建议反馈等。信息沟通上的畅通无阻,能够有效减少残疾学生家长与学校的教育分歧,促进社会和谐和信息流动。

二、特殊职业教育社会融合的目标与内容

特殊职业教育的社会融合,从社会大环境来看,是残疾人在公民群体中

---

① 高家军.融合教育理念下残疾人高等教育政策实施效果研究[D].武汉:武汉理工大学,2016.

② 陈永华,杨其勇.和谐视域下大学毕业生体面就业的理性思考[J].学术探索,2012(8):49-51.

共同富裕的需要;从特殊职业教育领域来看,是提升质量的重要途径;从残疾人自身来看,是获得技能、情感支持的必要过程。职业学校在开展社会融合工作时,第一,要明晰其主要原则,这是开展的基本前提;第二,要充分考虑学生的残障类型和残障程度,制定融合的具体内容,并采取多样化的形式吸引更多的家长和教师加入融合队伍中来。

（一）特殊职业教育社会融合的目标

1.促进特殊职业教育的社会普及

特殊职业教育的社会融合,一方面,帮助家长提升相关的教育素质与教育水平。作为职业学校的重要合作伙伴,残疾学生家长也应当具备相应的针对残疾学生的知识与技能,尤其是针对残疾学生职业能力培养、就业适应和心理疏导方面的知识与经验。社会融合的目标之一,就是提升家长在这些方面的能力体现。基于这一目标,职业学校可以通过与家长日常的沟通交流,进行相关知识的渗透。同时,考虑联合教师、专家、社区、该专业对应的从业人员等,为残疾学生家长开办相应的"家长讲座"、家长学校等。

另一方面,特殊职业院校中的社会融合将残疾人从普通教育领域转移到职业教育领域,是残疾人接受教育多样化的进一步发展,有特殊需要儿童的教育更凸显教育公平的重要性。① 残疾人接受职业教育不仅是残疾人教育的进步,从更深层次看,发展残疾人高等教育是社会发展的需要,是社会文明进步与科技高速发展的结果,高等教育大众化趋势使残疾人接受高等教育得到社会的认可和支持;马克思主义的"人的全面发展学说"为残疾人接受高等融合教育提供了理论基础,残疾人的潜能得以充分开发,人道主义精神以及人的平等权利观念形成。② 教育公平是社会公平的基础,也是特殊职业教育普及的重要手段。

2.提升特殊职业教育的教育教学质量

特殊职业教育社会融合包括特殊教育社会化和社会职业教育特殊化两个方面。特殊教育社会化强调对在特殊院校的学生进行职业化的培训,使他们成为特殊教育群体中富有职业教育知识的人才,能对社会发展贡献自身价

① 周满生.关于"融合教育"的几点思考[J].教育研究,2014,35(2):151-153.
② 马宇.我国残疾人高等融合教育支持体系研究[D].南京:南京师范大学,2014.

值,同时反向提升特殊职业教育院校的办学质量。特殊教育人才的不同层次构成了特殊教育人才链,而职业化正是培养具有职业能力的这部分人才。社会职业教育特殊化是指,将残疾人群纳入到职业教育领域中,促进职业教育的包容性与技术技能人才的多样性,社会融合的另一重要目标还在于争取家长对学校办学工作在人力、物力、信息资源等方面进行支持和援助,鼓励家长参与针对残疾学生的教育工作,从而提升家庭、社会、学校三方沟通效率,形成教育合力,达到发挥特殊职业教育整体功能的目的。因此,在职业教育与特殊教育融合的过程中,无论是哪一种融合,都在很大程度上促进了残疾人职业教育事业的质量提升。

3.健全特殊职业教育系统对学生权益的保障

特殊职业教育社会融合发展,与其自身体系的健全与保障是互相促进的。2008 年颁布的《中华人民共和国残疾人保障法》提出,在残疾人教育中着重发展职业教育,对残疾人特殊教育学校的建立产生了极大的促进作用。2011 年《中国残疾人事业"十二五"发展纲要》提出要"大力发展残疾人职业教育",并且指出要加强残疾人职业教育培训和职业能力建设。这是对残疾人职业教育事业的明确指示,职业教育与特殊教育的融合必定促进残疾人职业教育的质量提升。必须认真梳理残疾人职业教育、普通职业教育、特殊教育三者之间的关系,在共性中寻找差异,在区别中谋求融合。[1] 2021 年,国务院办公厅转发教育部等部门的《"十四五"特殊教育发展提升行动计划》,部署各地加快推进特殊教育高质量发展,提出要改善特殊教育办学条件,巩固特殊教育经费投入机制,同时还应加强师资队伍的建设。这一系列对于残疾人的特殊教育政策,在经费、办学条件、师资上进行的明确规定,标志着我国正在不断健全残疾人受教育体系和其保障措施。特殊职业教育的社会融合在得益于残疾人权益等相关政策的同时,也增强了残疾人作为受益主体的社会意识。

4.实现在各方信息沟通上的畅通无阻

特殊职业教育中家校融合的一大目标还在于通过加强残疾学生家长与学校的沟通、联系,实现信息沟通上的畅通无阻,其具体包括残疾学生家长向

---

① 陈瑞英,王光净.残疾人职业教育产教融合的推进策略[J].中国高等教育,2020(23):49-51.

学校提供学生在家的生活表现、心理感受、以往发生的重大事件、家庭成员构成与家庭氛围等信息；学校向残疾学生家长提供学生在学校的活动范围、专业学习表现、适应情况等信息以及教师对家校融合、家长对家校融合的感受与建议反馈等。信息沟通上的畅通无阻，能够有效减少残疾学生家长与学校的教育分歧。

（二）特殊职业教育社会融合的特征

1. 主体的多元性

特殊职业教育社会融合过程中存在政府、企业、行业、院校、家长、学生、教师等多个主体多方面的问题。任何一个部门都无法有效解决特殊职业教育社会融合的跨部门、跨领域的问题。其中，学生与家庭的关系是最根本的，同时也是系统性、综合性的。这不仅仅取决于家长与学校双方的交往，而是受多方因素的影响，是一种包含多种成分在内的综合网络系统。此外，还需要国家统筹职业教育中具体与各个部门融合、衔接的政策，进行顶层设计。因此需要进行进一步的分工与合作，积极推进残疾人在社会融合各个层面的系统化制度的建设和完善。

2. 文化的交互性

残疾人教育是一种特殊的文化表现形式，专业设置是根据学科自身的发展以及社会中行业、企业的分类分工而变化的。就以就业为导向的产教融合来讲，在信息化快速发展阶段，残疾人在此过程中专业的文化与企业文化发生交流、融合。企业作为对经济效益变化比较敏感的群体，能够较为快速地反映社会变化的情况。工业文化、行业文化和企业文化与高职学校文化的融合，是产教融合的深层次表现。[1] 而特殊学校教育在面对社会一些快速的变化时，相对来说并不敏感。因此在合作中，由行业文化来引导学校专业文化，进行产教融合，能够保证学校教育在相对滞后的基础上跟进社会发展步伐，促进精神文明建设。特殊职业院校需要在专业建设、师资建设质量评价等方面主动接受企业的指导，将关注点由向企业获取技能培训转化为向行业文化的学习，以此贯穿残疾学生职业生涯的整个过程，致力于回归到人的发展。

---

[1]　朱永坤.“产教融合”视域下高职“专业文化”的特征及建设策略[J].职业技术教育,2017(10):51-55.

此外,在社会融合的过程中,家庭与学校也有着互惠互利的关系。一方面,家长所掌握的关于残疾学生的相关背景信息、近期变化等,能够作为学校制订与调整该名学生培养计划、教学方式时的有价值的资料;另一方面,学校作为职业技能培养的权威主体,又能够给予家长有关子女教育、技能形成与匹配、未来规划等方面的科学的意见。

3.责任的差异性

特殊职业教育社会融合过程中,在合作过程中社会责任呈现不均衡、不对等的特点,不同的主体有其自身的诉求,在社会融合机制上还有许多问题有待完善。就企业来说,一方面,国家法律规定了企业具有实施职业教育的责任和义务,但具体实践中,校企利益机制尚未建立[①];另一方面,大多数企业没有很好地履行残疾人职业教育的责任,或者责任履行不到位。而培养残疾人的职业教育的责任就很大程度地压在了中高职院校身上,但仅靠学校的一方力量是无法完成产教融合的。就家庭来说,残疾人家庭希望子女接受教育,素质得到提高,人身安全得到保障。就残疾人本身来讲,他们往往在目的、思想观念、行为方式上与正常人有着很大的差距,对自身责任的认知也不尽相同。所以,在社会融合过程中,不同主体的责任是不同的。

4.融合的关联性

在特殊职业教育社会融合过程中,任何两方主体都存在着强烈的相关性,如学校与企业、学校与家庭、企业与家庭、学生与教师等。在企业与院校上,职业院校可以通过技术服务等方式支持企业发展,企业也可以将生产经营中闲置的资源支援职业教育。[②] 在学校与家庭之间,针对入校时间不长、对学校适应情况表现较差的残疾学生,学校可以将与家长进行沟通、合作的重点放在帮助学生适应学校上,引导家长多多鼓励学生,与学校共同关注学生的心理状况,交流学生表现,并在此基础上进行心理疏导和情感支持;从残疾学生家长的角度出发,要考虑家长对孩子的教育方式、学校对其进行指导的需求等。学校可以注重引导家长学会运用多种正面教育的方式,尤其杜绝各

---

① 周凤华.发挥企业重要办学主体作用的历史逻辑与现实需求——兼论产教融合型企业的内涵和特征[J].职教论坛,2020(6):25-31.

② 潘毅,吴涛.产教融合视域下高职扩招工作的特征分析与实施路径[J].教育与职业,2022(1):64-68.

类体罚;针对为子女的就业情况而较为焦虑的家长,学校可以将国家与地方残疾人就业的利好政策、专业的就业前景、学校就残疾学生的实习实训和就业服务所做的准备一并告知家长。

三、特殊职业教育社会融合的发展与探讨

特殊职业教育社会融合在未来还有很长的路要走,《学会生存》在讨论面向未来的教育革新时有一段很有意义的话:"许多教育实践失灵,使教育革新成为必须进行之事;社会经济的变化与科学及时的革新,使教育成为迫切需要着手进行之事;教育科学的研究、教育技术的进步以及世界人民的不断觉醒,使教育革新成为可能之事。"①未来,社会融合将受到教育自身体系、社会变化、技术进步三方面的考验。本节内容包含特殊职业教育社会融合途径和推进策略两方面。

(一)特殊职业教育社会融合的途径

1.建立特殊职业教育市场对口融合机制

由于在市场竞争中,残疾人为弱势群体。因此,需要政府、残疾人救助机构推力,通过制度化的措施将特殊职业教育服务体系建设作为公共就业服务体系的重要组成部分,进行统筹规划,建立各级劳动力市场、就业培训机构与残疾人服务机构的协作机制。组织开展校企合作的专业技能培训,增强特殊群体在特殊教育与职业教育融合中的适应性。同时,提供特殊群体网络服务信息共享服务平台,为其信息获取提供便利。例如,开展大数据共享平台对接的残疾人需求共享机制,对于不同类型的残疾人分别设立融合过程中的安全保障措施与康复培训环节。

2.创建新型特殊职业教育社会融合课程

传统意义的特殊教育课程是在特殊教育的发展过程中积淀下来的知识体系的集合,有着理论意味浓厚的特征。课程改革后,人们开始重视教育的生活化与社会化,教育开始回归生活,联系现代社会。尤其在党的十九大报告中提出深化社会融合后,学者们对于社会融合各个层面的探索研究纷纷开展起来。特殊职业教育作为职业教育中的一环,对于新型的特殊职业教育社会融合课程的构建是相对欠缺但十分必要的。社会融合课程存在的意义在

---

① 质先.学会生存——教育世界的今天和明天[J].北京成人教育,1983(4):29.

于始终能够使课程保持更新,始终能够使课程与社会经济发展保持密切联系。① 因此,构建社会融合课程应基于残疾人自身优势,在不同专业课程设置上,将教育规律与产业规律结合起来,促进学生在体脑并用的过程中对理论知识与生产经验双层学习,融合吸收。在课程实施中,将优秀产业文化融入教育教学过程,传播企业精神文明,提高学生专业认同感和使命意识。将产业发展需求融入专业建设与教育教学过程②,针对企业需求培育优秀的特教人才。在课程评价上,结合理论知识与实践能力的双重评价标准进行考核,创建生活化的新型社会融合课程。

3.增强学校、家庭对特殊群体的情感支持

残疾人在职业选择上,除自身状况外,一定程度会受家人影响。职业教育对于残疾人家庭的吸引力是特殊职业教育社会融合的一个重要影响因素。因此,职业院校应加强自身特色宣传,主动与残疾人家庭沟通,以此发挥家人对于残疾群体的信息传递作用。同时,对于已经在职业院校的残疾人,学校更应该及时了解学生的心理状态、个体间的差异需求。可以组织开展家长会,主动提供专业知识与技能发展、康复保障类的指导和帮助。在节假日组织参观、郊游等的活动,让残疾学生多接触社会。家长也应该为在校子女主动提供情感支持,在家中为子女树立自信自强的榜样示范,重视家庭教育的作用,家校双方发挥各自优势,促进残疾人职业教育的家校融合。此外,家长在注重子女学习成绩的同时,应关注其在职业院校生活中的心理变化,及时与其进行沟通,进行心理疏导。

4.构建特殊职业教育区域性社会融合集团

国务院办公厅颁发的《关于深化产教融合的若干意见》提出要强化企业的重要主体作用,发挥骨干企业引领作用。鼓励区域、行业骨干企业联合职业学校、高等学校共同组建社会融合集团。在接受职业教育过程中,产教融合是残疾人不可避免的话题和必经环节,实行高质量残疾人产教融合的前提是构成较为系统全面的专业集群与产业集群的对接,其最显著的特性就是共享性、集约性、协同性。区域性社会融合集团的发展能够在资源上进行充分

① 赵文平.职业教育产教融合型课程形态初论[J].高等职业教育探索,2021(1):43-47.
② 马树超,郭文富.高职教育深化产教融合的经验、问题与对策[J].中国高教研究,2018(4):58-61.

利用和高效组织,在院校间形成合作又竞争的动态性发展,从而促进残疾人教育质量提升。这是特殊职业教育社会融合发展到一定阶段的必然特征和要求。

(二)特殊职业教育社会融合的促进策略

1.充分发挥网络优势,促进社会融合的多样化发展

近些年,信息技术迅猛发展,教育正在不断地延伸到各个领域中。人与人之间的联系方式也不再局限于传统的面授,线上教育成为新的形式,包括录播、慕课、翻转课堂、线上直播等。相应地,特殊职业教育也出现了"无声主播"行业、服务业中的"无声"服务员。除了学校正规教育与机构授课等非正规的教育外,正式与非正式的"技能培训"都是教育类型多样化的表现。特殊职业教育社会融合在顺应信息化进程的背景下出现多样化发展。在眼下这个时代,微信群、微信个人联络成为家校间、社会主体间沟通的重要平台。此外,学校、企业、社会组织可以利用现成的信息技术硬件、人力资源,建立多元主体间的协同管理,可使用微信公众号、小程序或网站,呈现实习就业信息、课件教学资源、教学成果展示、父母信箱、建议反馈等多种内容,增强融合的有效性、动态化和双向互动性。

2.积极调动各方资源,促进社会融合的充分发展

社会组织、家长、家校委员会作为联系家庭、社会、学校、学生的重要平台之一,在成员的选举、组织的运行、工作的内容上,都应给予高度的重视。在成员的选举上,应当通过民主选举与他人推荐、自我推荐的方式进行,鼓励根据职业类型、融合需求,合理选取委员会成员。在组织的运行上,还可以调动社会资源,组建由学校、家长、社区专家等共同构成的教育联盟和家长资源中心。[1] 在残疾人家庭与家庭之间,也应构建提供沟通联系的机会与平台,鼓励、引导残疾学生家长之间展开交流——分享养护、教育自己子女的经验,商量如何克服共同遇到的苦难,舒缓心理压力。[2]

3.促进不同身份转换,加快社会融合的协同发展

除了学校在社会融合中发挥重要作用外,家长也应当参与学校的教育教

① 　张梁.智力障碍学生中等职业教育家校合作研究[D].西安:陕西师范大学,2019.

② 　方俊明.特殊教育学[M].北京:人民教育出版社,2005:490.

学工作,学生在社会实践、校企合作、产教融合的过程中实现家长与教师、技师之间身份的融合。家长参与学校的教育教学工作能够在很大程度上给予教师以支持性力量,与此同时,也能增进家长自身对学校实训、教师与子女的了解。首先,家长参与学校的实习实训工作。根据家长不同的工作岗位类型,邀请相关专业的残疾学生到其工作地点学习参观。① 此外,增进家庭对残疾人教育的了解,或是邀请家长进入学校进行职业经验分享。其次,家长参与学校的评价评估工作。通过发放家长问卷、随机抽样访谈、鼓励匿名提供反馈等方式,帮助家长参与学校教学工作的评估、教师日常工作的评价之中。这在增加学校评价工作客观性与主体多元性的同时,还能提升家长在家校融合过程中的参与感,进而达到学校与家长之间真正的融合。家长可以对学校提出建设性意见,加强学校、家庭之间的融合,促进学生在毕业后更好地融入社会。最后,家长参与学生培养计划制订的工作。学校可以根据学校的实际情况、学生与家人的个人情况,酌情考虑让家长参与到学校对于残疾学生培养计划的制订,达到减轻学校工作负担的目的,以及确保培养计划切实满足学生个人及家庭需求。身份的转化是促进多方主体合力助推特殊职业教育质量提升的重要途径。

（三）小结

特殊职业教育社会融合是提升特殊职业教育质量的重要手段。无论立足职业院校教育教学、人才培养、教育公平还是立足于特殊教育对于残疾人能力的开发、人才的培养需求,社会融合都是不可避免的话题。在学校教育过程中,特殊职业教育立足于学生自身的优势,挖掘学生潜能,帮助他们树立自信心、融入社会。职业教育与特殊教育融合既考虑了残疾学生自身适应的优势专业,又以现实生活为实践标准,适应市场的发展需求,在快速发展的社会中回归教育的育人功能。

从社会角度来看,特殊职业教育社会融合的目的有三个:一是基于残疾人自身发展的需要,二是政策的制定与充分利用劳动者的需求,三是学校在人才培养上提升诉求。从特殊院校角度看,特殊职业教育社会融合是提升学校办学水平和学生发展质量的重要途径,院校与企业之间并不是盲目合作,

---

① 罗伟娟.关于家校沟通内容和形式的研究[D].上海:华东师范大学,2006.

而是基于需求的双向选择,特殊职业教育既有针对残疾学生不同特点、不同年龄的特殊性,又有发展职业能力的职业性。

从总体教育理念来看,职业教育的发展离不开与各种类型学生的融通,残疾人也是其中之一,社会想要进步,促进教育公平绝不能忽视职业教育与特殊教育的融合发展。

本节主要论述了特殊职业教育社会融合的一些基本概念。但要真正促进两者不断向更大范围的深度扩充与广度发展,还需要多方的共同合作,从而促进职业教育与特殊教育系统内部的成熟和细化、政策的完善以及残疾人群体的康复与保障措施,以更好地服务特殊教育体系完善和社会发展。

第三节　特殊职业教育的技术融合

在特殊职业教育融合的大视域下,除了残疾学生与健全学生、职业教育与特殊教育乃至其与社会的融合外,还离不开计算机科学等多领域的协作。由于特殊职业教育中受教育对象自身的特性,信息技术在特殊职业教育领域有着广泛的应用空间,残疾学生除了需要与健全学生一样获得就业与谋生所必需的知识与技能外,又有着各自不同的特殊教育需要,以信息技术为代表的现代技术以其能够提供个性化、新范式教育的卓越方式为特殊职业教育的发展带来新的契机。现如今,信息技术及其他智能化技术在残疾学生的医疗卫生服务、无障碍环境创设和协作平台搭建等领域已被广泛应用,它是促进当代特殊职业教育发展的新模式与新方法,同时,也指明了当代特殊职业教育高科技与人文精神密切结合的发展方向。

一、特殊职业教育技术融合的价值与内涵

本书中特殊职业教育技术融合的价值与内涵均由特殊职业教育中受教育对象的特殊性进行概念与特性的梳理,同时再结合教育技术的发展趋势、特殊职业教育中的职业性进行厘清与界定。

（一）特殊职业教育技术融合的价值功能

1.提高残疾学生职业学习的安全性

一方面,由于残疾学生的特殊性及其在职业实操、实训过程中存在一定

的危险系数,通过利用基于残疾学生健康信息的大数据分析和监测评估系统,能够对残疾学生是否能胜任所学专业与课程作出评估,从而将实操、实训过程中可能出现的危险扼杀于"摇篮"之中[①];另一方面,在残疾学生的身心发展中,医学有着重要作用。它对残疾学生差异有着积极支持,在满足个别需要和实施干预方面有独特的优势。在特殊职业教育体系中运用智慧医疗平台,还能够最大限度预防残疾学生残疾程度的加深,促进残疾学生的身心发展。

2.助力于特殊职业教育结合时代需求

伴随着数字时代的到来,体力劳动让位于脑力劳动。[②] 特殊职业教育的发展也应当考虑时代需求做适当调整,而基于适宜残疾学生身体健康情况的作用于特殊职业教育领域的信息技术的融合,能帮助残疾学生熟练掌握网络工具,紧密联系残疾学生的职业技能特点、行业发展的要求、社会就业形势和需求。这既可以有助于残疾学生避开身体缺陷,又可以增强其职业技能,还能为残疾学生未来进行远程工作与灵活就业创造前提条件。

3.为残疾学生提供更多参与教学、实训的机会

特殊职业教育与技术的融合,可以帮助残疾学生获得更多参与教学与实训的机会。如聋人学生可以使用语训设备辅助课堂教学和实训操练,学生配备助听器,再戴上语训设备所配备的耳机,耳机与教师的总控设备相连,这样教师在讲课的时候,学生就可以听到教师的声音;同时,在教学中,教师配合相应的手语和多媒体设备,使学生对教师的讲授内容有了文字、手语和声音全方位的感受,从而加深学生对教学内容的理解。[③]

4.促进全纳教育思想的具体展现

全纳教育思想要求根据残疾学生的自身特殊需要提供特殊教育服务,而

① 李欣,邱卓英,杨剑,等.康复 2030:扩大康复规模以满足日益增长的康 复需求[J].中国康复理论与实践,2017(4):380-382.

② 余胜泉.推进技术与教育的双向融合——《教育信息化十年发展规划(2011—2020 年)》解读[J].中国电化教育,2012(5):5-14.

③ 杜静,曲学利.辅助技术在特殊教育中应用的研究[J].中国康复理论与实践,2009(3):286-288.

其病理因素恰恰是其特殊需要的一部分。[①] 要促进全纳的发展,需要尽可能提供相关的、有效的医疗服务使残疾学生融入职业教育的体系中,发展其就业潜能。通过医疗康复与特殊职业教育的融合,同时辅以信息技术手段促进这种融合,并以此出发在职业院校为残疾学生服务方面发挥信息化作用,能够更有效、更便捷地为有特殊需要的残疾学生提供治疗、干预和康复等,也能使残疾学生更好地适应职业院校的学习与生活环境。

（二）特殊职业教育技术融合的内涵

对特殊职业教育技术融合的内涵进行探讨,主要是解决特殊职业教育技术融合是什么的问题,并在此基础上,进一步分析讨论特殊职业教育技术融合的原则,共同为后文特殊职业教育技术融合内容的探讨奠定基础。

特殊职业教育技术融合中的“技术”二字指的是以信息技术为代表的能扩展人的视听信息、促进交流等的手段总和。从以信息技术为代表的现代技术出发,就当下已经相当成熟的信息技术而言,其主要是指网络技术、移动终端技术、触摸屏技术和虚拟现实技术。[②] 在特殊职业教育技术融合中,其内涵包括促进残疾学生与教师交流的交互形式的演变、学习方式与内容的演变以及医疗康复形式的演变。

特殊职业教育技术融合的原则主要为针对性原则、多样化原则和了解性原则。针对性原则主要是就学校层面而言,其是指开展特殊职业教育的学校在进行技术融合的一系列活动与平台建设时,要根据残疾学生的不同特点,如学生的年龄特征、性格特点、发展水平、残疾类型与程度、所就读的专业等,调整与信息技术的具体内容、手段乃至相互间融合的程度,注意灵活性。多样化原则主要是针对信息技术使用手段而言的,院校行政领导在进行校园环境建设,教师在设计教学活动、进行技能操作示范时,应尽可能地在残疾学生康复程度等自身情况的基础上,使用多样化的示例突出概念的关键特征,熟练运用现代技术,如人工智能、AI 技术、视频等,从而创建可供所有残疾学生接受的学习、实训环境。了解性原则则主要体现在职业院校层面。于职业院

---

① 孙树菌,毛艾琳.我国残疾人康复需求与供给研究[J].湖南师范大学社会科学学报,2009(1):5-7.

② 唐烨伟,庞敬文,钟绍春,等.信息技术环境下智慧课堂构建方法及案例研究[J].中国电化教育,2014(11):23-27,34.

校而言,则应当对残疾学生的身体健康信息、特殊教育信息化手段等有一定了解,尤其是教师,应当熟练使用与操作信息化工具和数字平台。

二、特殊职业教育技术融合的目标与内容

特殊职业教育体系在与医疗康复、信息技术融合时,首先要明晰其主要原则,这是开展融合的基本前提。其次,要充分考虑学生的残障类型与程度,制定融合的具体内容,并采取多样化的形式吸引各支持主体参与到融合的队伍中来。

(一)特殊职业教育技术融合的目标

1.残疾学生发展层面:促进残疾学生的全面发展

特殊职业教育的技术融合除了包括多媒体的学习材料,还包括涵盖认知、交流、问题、决策与效能在内的学习型工具软件。[①] 这些丰富的软件资源,不仅能够帮助残疾学生实现功能代偿与促进信息、交流上的无障碍,还能够使残疾学生在校学习、生活的过程中,获得专业知识、通识性知识、道德意识以及社交规则等多方面的自我建构,进而获得社会融入的前提条件。

2.院校发展层面:促进院校教学质量的优化

特殊职业教育与信息技术的融合于院校层面而言,其终极目标是促进院校教学质量的优化提升,以实现特殊职业教育的高质量发展。这一目标的实现,主要由人才培养、师资力量与决策管理这几个方面去推动。在人才培养上,通过无障碍环境的构建、多层次技能培训平台的建设,旨在凸显特殊职业教育的类型特征,并帮助残疾学生更好地适应职业教育体系;在师资力量上,通过一系列包含线上沟通与培训等云技术的融合,使其能与多方支持主体沟通交流,实现资源共享,以期能够更好地提升教师的信息化素养,增进对残疾学生的了解[②];与此同时,特殊职业教育技术的融合不仅提供了广泛的信息化支持与协同的校务管理支持,实现了学校与教育主管部门、残联等单位的业务协同,还提供了全面的信息服务,为学校内部各级管理部门间就残疾学生的业务协作提供了有力的信息技术支持。此外,这些信息也能为残疾学生的

---

① 吴晓蓉,王培.论日本特殊教育视域中的教育技术[J].电化教育研究,2009(4):116-120.

② 蒋东兴,付小龙,袁芳,等.大数据背景下的高校智慧校园建设探讨[J].华东师范大学学报(自然科学版),2015(S1):119-131.

人才培养、转衔去向等管理决策提供科学的数据支持。

（二）特殊职业教育技术融合的内容

特殊职业教育技术融合的内容包括辅助技术、媒介技术与信息技术的融合，在当前的运用中，这三种类型的融合常常运用于一体，形成一定的数字化平台，共同服务于特殊职业教育的建设。

1.构建残疾学生智慧康复医疗的数字平台

构建基于互联网、云计算和大数据的康复医疗数字平台，是推进职业院校建设面向残疾学生的智慧医疗校园的核心组成部分。[①] 在这个平台中，康复医疗机构、职业院校乃至残疾学生家庭之间可以充分实现该校残疾学生健康数据——包括体检报告、电子病历、就医历史、康复干预建议等的资源共享，再将这些健康数据统一上传至大数据平台中，形成统一的大数据库，并充分利用大数据技术的分析与治理功能，从不同角度对康复医疗大数据进行相关分析，进行可视化分析与图形呈现，从而给残疾学生医疗与护理的建议、健康评估报告及个性化健康计划，进而对残疾学生在未来职业、专业课程、就业模式的选择上提供基于其身体健康情况的有针对性的指导意见。残疾学生个体还可以通过互联网终端如手机在网络上进行康复服务咨询与预约等服务。

2.创设残疾学生信息与交流无障碍的校园环境

特殊职业教育中无障碍校园环境的创设，强调降低或排除残疾学生在校园中充分参与学习、生活、专业实训等的不利因素。随着无障碍环境内涵的日渐丰富，无障碍校园环境的建设不仅局限于物理环境，同时还向信息无障碍和交流无障碍等方面进行延伸。康复医疗与信息技术在职业院校创设信息无障碍与交流无障碍的校园环境中发挥着各自不同的作用，信息技术是促进残疾学生信息与交流无障碍的重要工具与主要手段，而专业医疗机构给予的残疾学生以职业技能提升目标为主的评估鉴定、康复训练意见，则能够有效提高无障碍校园环境的针对性与个性化，为信息技术的类型选择与深入程度提供指引方向。此外，为部分有需要的残疾学生提供医疗辅助

---

① 唐明,王刚军,孙玉彤,等.互联网＋背景下社区老年人智慧康复医疗服务平台框架设计[J].湖南中医杂志,2021(9):208-210.

器具的适配服务,也能帮助残疾学生更好地融入校园生活,从而实现真正意义上的"无障碍"。

第一,电子化辅助器具的应用。职业院校辅助设备和软件能够满足那些有具体交往困难的学习者的需要,使他们与别人的交往成为可能。各种电子化的辅助器具的涌现,能够帮助残疾学生克服或弱化他们在交流、学习和生活中面临的困难和障碍,最大限度地发挥他们的潜能。

第二,残疾学生专用软件的应用。如专门针对盲生使用电脑所设计的读屏软件,可以把显示在电脑屏幕上的文字、表格和图片等用语音的形式读出来,为盲生使用电脑提供便利;针对盲生考试时间长、老师翻译试卷和打印试卷费时费力等问题,利用语音和键盘快捷键等功能可以实现对盲生缺陷的补偿,使盲生能够快速独立完成考试,同时也解决了试卷存档和老师判卷时间过长的问题。[①]

第三,智慧资源教室的建设。为拉近残疾学生与健全学生之间的距离,促进残疾学生进行无障碍交流学习,提升其在职业院校的融合程度,职业院校可以利用物联网技术、传感技术等建设多功能无障碍的智慧资源教室,盲生由此利用信息技术或网络拓展认知,聋生利用"声音—文本"互换技术来拓展人际,以学生自己特有的方式进行交流、学习与共享,肢残学生则利用一系列电子化人工智能设备促进复健。根据在教学资源的设计或信息技术在教学中的使用,设计符合残障学生群体的活动与使用方式,促进其信息资源无障碍地获取与输出,进而促进特殊需要人群在职业知识与技能上的学习。

第四,通用学习设计课程的运用。通用学习设计课程(Universal Design for Learning,简称为 UDL)被认为是现如今解决残疾学生课堂环境多样性和实现其融合教育的重要工具。[②] 该课程的设计要求教师设计教学材料,使用多样化的示例突出概念的关键特征,熟练运用现代技术,如人工智能、AI 技术等,从而降低可供所有学生参与学习与实训操作的课堂障碍。除此之外,该课程还强调鼓励残疾学生运用多媒体软件等方式表达他们的自我观点与感

---

① 杜静,曲学利.辅助技术在特殊教育中应用的研究[J].中国康复理论与实践,2009(3):286-288.

② 颜廷睿,邓猛.全纳课堂中的学习通用设计及其反思[J].中国特殊教育,2014(1):17-20.

受。在这个过程中,教师以多样化的活动和组织方式调动学生参与课堂的积极性,从而构建一种多样化吸收知识,允许自由表达、充分参与的课堂教学无障碍环境。这种包容性的课堂环境有利于予残疾学生以情感支持,因此还能反哺于残疾学生心理健康层面的康复医疗,从而实现特殊职业教育中信息技术、康复医疗之间的深度融合。

3.构建面向多方主体的多层次技能培训平台

这个技能培训平台面向的对象除了残疾学生外,还有行政管理人员、教师与残疾学生家长。于残疾学生而言,其可以通过该平台,与已经走向工作岗位的残疾人群体、行业师傅等沟通交流,以最适宜自身情况的交流方式获取求职信息、适应社会与具体工作环境等的经验与学习行业规范等知识。此外,残疾学生还可以和医疗康复人员、社工等取得联系,实时了解自身的健康信息、康复建议、康复设备使用方法等。于行政管理人员而言,通过这个平台,可以掌握关于特殊职业教育信息化的发展规律、资源建设的内涵、实践领域和学校管理等培训内容。[①] 于教师而言,也可以通过该平台,学习不同类型与程度的残疾学生康复医疗、身心发展规律、实习实训与生活中需注意的事项等有关知识。对残疾学生家长而言,则主要以特殊教育知识、职业教育知识、辅助技能和家校沟通方式为主,以增加残疾学生家长对其子女职业技能的习得与提升的干预、督导能力。

4.构建职业院校与社会各界力量通力合作的协同平台

特殊职业教育、信息技术与康复医疗之间的深度融合,究其根本,始终是要服务于残疾人职业技能提升的。因此,在保证残疾学生康复工作稳步推进的同时,还应当考虑构建职业院校与社会各支持主体通力合作的"云"协作平台。一方面,可以通过数字化平台发布残疾人职业技能培训社会支持体系的工作情况报告,发布残疾人职业教育的政策、技能培训的信息;另一方面,可以通过数字化建立线上的指导与服务平台,组织部分在线技能培训与学习,由专业人员解答残疾人职业教育、校园适应等相关问题。此外,还可以通过数字化平台建立数据库,系统分析残疾人职业技能培训的需求、督导培训过程的全面实施,并做出相应决策。同时,这个平台还可以成为促进接受职业

---

① 郑权,陈琳.教育技术学范畴下特殊教育资源建设研究[J].现代教育技术,2012(2):65-69.

教育的残友之间互帮互助、彼此给予情感支持与同伴体验的"云"场所。

三、特殊职业教育技术融合的趋势与展望

下文将着力于探讨职业院校与医疗康复、信息技术融合的这一过程,以及当下与未来可能会有哪些重要趋势。

(一)特殊职业教育信息技术融合的政策立法出现

《"十四五"特殊教育发展提升行动计划》明确提出要"促进医疗康复、信息技术与特殊教育融合",并对此提出一系列指导意见,但更多的是着眼于宏观层面,且放之特殊职业教育领域中,尚没有相关的政策规范、法律条文的出现。但在"实现全体人民共同富裕"与数字化时代到来的大背景下,残疾人群体必将能获得更多自由发展的机会,也必将给特殊职业教育与医疗康复、信息技术的融合创造机遇,获得政策层面的支持与保障。

(二)特殊职业教育与医疗康复、信息技术的相关理论研究增多

针对特殊职业教育与医疗康复、信息技术理论乃至三者之间融合的理论提出、研究数据的呈现,是孕育该方向专家的"摇篮",也是职业教育视域下普特融合教育政策制定的依据。在"互联网+"的时代背景下,在越来越多职业院校接纳残疾学生入学的实践基础上,特殊职业教育与医疗康复、信息技术融合的相关理论研究将会日渐增多,这对前文中所提到的对特殊职业教育与信息技术、医疗康复政策进行正确定位具有重要意义。

(三)特殊职业教育普特融合的社会关注度提升

前两个趋势已然从一部分体现了社会对特殊职业教育普特融合的关注与支持。除此以外,这个趋势还具体体现在以下几个方面。

1. 作用于特殊职业教育与医疗康复、信息技术融合的财政投入增多

财政拨款是职业院校吸纳残疾学生入学,购入更多医疗设备与信息技术工具从而顺利开展特殊职业教育与医疗康复、信息技术融合的重要保障。随着政策立法的出现、相关研究理论的增多,有关的政府单位、公益组织以及关注残疾人接受职业教育培训的其他医疗组织,在对特殊职业教育与医疗康复、信息技术融合的资金投入力度上也将会加大。这将使职业学校在开展融合的过程中,能进一步合理配置医疗与互联网资源,能够更加有的放矢地开展融合。

2. 帮助职业院校开展与康复医疗、信息技术融合的社会机构增多

实习实训是帮助残疾学生习得职业技能,并对其技能掌握情况进行评价的重要环节。随着社会各界对残疾学生进入职业院校的关注度的提升,将有更多热心于残疾人事业的企事业单位帮助建设和完善职业院校针对残疾学生的实训基地。与此同时,将进一步促进社会机构与职业学校的实训基地进行统筹规划,促进残疾人职业教育实训基地共建共享。

3. 投身职业院校帮助开展康复医疗、信息技术融合的各相关领域的专家增多

理论的丰富将鼓励更多计算机科学、医学、特殊教育学、职业教育学领域的高素质科研人才投身于职业院校与医疗康复、信息技术融合的领域之中,而计算机科学、医学、社会工作领域的专家也已开始关注到残疾学生通过信息化手段促进其康复医疗的相关话题,这是一个趋势,而未来将会有更多相关领域的专家帮助职业院校开发针对残疾人的信息技术、医疗康复融合的实施方案等。我国特殊职业教育与信息技术、医疗康复的融合也将更具本土化、职业化与针对性。

(四)特殊职业教育与医疗康复、信息技术融合的策略

在特殊职业教育与医疗康复、信息技术融合的促进进程中,政府应承担起构建三方主体融合机制的责任,院校应切实落实有效的融合举措,社会更应该形成多元的社会服务网络,从而保证特殊职业教育与医疗康复、信息技术融合的步步推进与优化。

1. 政府层面:从顶层设计出发,构建融合机制

政府部门应帮助职业院校充分意识到康复医疗与信息技术参与特殊职业教育办学的重大意义。在此基础上,教育、卫生健康、民政、残联等部门和学校还应当通过制度规范、执行机制和管理机制的建立,构建融合机制,切实保障融合的开展实效。

(1)构建特殊职业教育与康复医疗、信息技术融合的制度规范

一方面,各级主管部门应建立起监管性的融合制度规范,明确各级主体责任。完善政策法规,规约明确康复医疗机构等社会支持主体配合、参与、服务于特殊职业教育与康复医疗、信息技术融合的职责,构建融合的质量标准体系,从而实现对特殊职业教育与康复医疗、信息技术融合的质量监督和过

程管理。另一方面,学校要依据地方部门的指示,制定相应的规章制度,将对有关残疾学生生理健康知识的掌握以及康复医疗手段和信息技术的运用纳入进教职工的工作考核之列,做到年初有计划、年中有检查、年尾有总结,使每个教师都能够积极主动地开展特殊职业教育与医疗康复、信息技术的融合工作。

(2)构建特殊职业教育与康复医疗、信息技术融合的执行指导机制

制度规范的落实,关键还得看执行,这就离不开政府部门作为重要主体对职业院校开展医疗康复、信息技术的融合进行指导,以促进执行的实效。政府应当考虑组织特殊教育、职业教育、信息技术、医疗康复等领域的相关专家与社工人员,对职业院校与教师执行融合给予科学性的指导和评估。还可以鼓励学校邀请医务人员、教育技术从业者等一起参与到执行细则的制定之中,包括奖惩条例的确定、双方的合作与分工,从而打破专业壁垒,提高融合的民主性、执行力和可操作性。

(3)构建特殊职业教育与康复医疗、信息技术融合的评价机制

对此,首先要完善评价机制,以高校等科研机构为主体构建相应的评价体系,将康复医疗、信息技术在特殊职业教育系统中的运用程度加入学校、部门和教师的评价考核体系。同时,特殊职业教育与康复医疗、信息技术融合的评价内容与形式的制定、评价主体的确立,应当遵循民主化、多元性的特点,考虑多方力量的参与。值得一提的是,评价的目的不在于评价本身,而是在于通过评价发现融合中所存在的问题,继而实现特殊职业教育与康复医疗、信息技术融合质量的提升。因此,学校、康复医疗机构等主体应该根据评价结果和表现出来的指标开展后续活动。

2.学校层面:从发动多方力量出发,落实有效的融合举措

(1)加强教师的职后培训,提高教师的相关能力

在职业院校教师的职后培训中,应适时考虑增加对教师进行残疾学生生长和发展规律的生理学知识以及与通用学习设计等相关的信息技术知识的普及。除了理论知识层面的学习,还可以通过邀请医务工作者、信息技术人员"进校园"进行示范讲解与答疑解惑等,促进职业院校教师在这两项能力上具有实质性与针对性的提升。

（2）优化职业院校的信息化设备，推进智慧校园建设

要想真正开展或发挥教育信息化的作用，首先，职业院校要有一定的信息化技术装备，因此需要加强教育的物质技术建设，提高学校的信息化水平。针对特殊需要的残疾学生，除了要有与普通教育相同的信息化设备以外，还要有适应残疾学生特殊需要的设备，应注意在这方面加大投入。

3.社会层面：建立多元的社会服务网络，形成融合合力

第一，就社会组织而言，残疾人联合会等残疾人组织应当在职业院校与信息技术、康复医疗的融合中提供更多专业知识和活动落地上的帮助；第二，就社区而言，应当提供家长和职业院校在康复医疗与信息技术知识上辅导，组织联合生物学、医学、计算机科学等相关领域专家的社会力量参加服务；第三，就大众传媒而言，应当关注特殊职业教育中的信息技术、医疗康复的融合，应当对全体公民普及宣传，鼓励、引导全社会关注特殊职业教育，社会应给予特殊职业教育人文关怀，促进全社会参与到特殊职业教育的信息技术、医疗康复融合之中。

第四节　本章小结

特殊教育与职业教育融合是提升特殊职业教育质量的重要手段。无论是立足职业院校教育教学、人才培养、教育公平还是立足于特殊教育对于残疾人能力的开发、人才的培养需求，都是不可避免的话题。在学校教育过程中，特殊职业教育立足于学生自身的优势，挖掘学生潜能，帮助他们树立自信心、融入社会。职业教育与特殊教育融合既考虑了残疾学生自身适应的优势专业，又以现实生活为实践标准，适应市场的发展需求，在快速发展的社会中回归教育的育人功能。

从社会角度来看，职业院校与特殊院校进行融合的目的有三个：一是基于其自身发展的需要，二是政策的制定与充分利用劳动者的需求，三是学校在人才培养上的提升诉求。从特殊院校角度看，职业教育与特殊教育融合是提升学校办学水平和学生发展质量的重要途径，院校与企业之间并不是盲目的合作，而是基于需求的双向选择。特殊职业教育既有针对残疾学生不同特点、不同年龄的特殊性，又有发展职业能力的职业性。

　　从总体教育理念来看,职业教育的发展离不开与各种类型学生的融通,残疾人也是其中之一　,社会想要进步,促进教育公平绝不能忽视职业教育与特殊教育融合的发展。

　　此外,本章主要论述了职业教育与特殊教育融合包含的一些基本概念,但要真正促进两者不断向更大范围的深度扩充与广度发展,还需要多方的共同合作,从而促进职业教育与特殊教育系统内部的成熟和细化、政策的完善以及残疾人群体的康复与保障措施,以更好地服务职业教育体系、特殊教育体系完善和社会发展。

第十章 特殊职业教育保障论

一直以来,国家教育主管部门认真贯彻落实中央有关精神和部署,制定支持残疾人职业教育的相关政策,采取切实措施,让更多残疾人接受职业教育,帮助残疾人学习并掌握实用技术技能,提升职业技能和就业创业能力,残疾人职业教育保障能力建设取得积极进展。但是,特殊职业教育目前还没有形成自己的体系,办学多集中在中职学校,高等职业教育办学数量和招生数量较少、特殊职业教育师资匮乏、特殊职业教育布局不合理等问题依然比较突出。根据党的十九大办好特殊教育的新精神新要求,有必要加快发展残疾人职业教育,推进特殊职业教育的法治建设,完善特殊职业教育政策保障,进一步推动残疾人职业教育发展,提高残疾人职业教育的普及水平与保障能力。

第一节 特殊职业教育的立法与政策支持

特殊职业教育立法与政策支持是残疾学生回归社会、融入社会的保障基础。改革开放以来,党和国家制定了一系列法律法规和政策,在一定程度上促进了特殊职业教育的发展。但总体上看,我国特殊职业教育的发展,无论是数量还是质量,都与教育发展、社会发展存在一定的差距。法律法规的制定、政策的实施,是发展特殊职业教育的前提条件,对特殊职业教育的发展具有重要的保障作用。

一、我国特殊职业教育的法治建设现状

残疾人职业教育的宗旨是通过教育帮助社会处境不利的残疾人获得谋生技能,以改变他们弱势的社会地位。1988 年 3 月,全国残疾人联合会首次

代表大会在北京召开,宣布了中国残疾人联合会正式成立,确定其代表残疾人的共同利益,维护残疾人的合法权益;推动和发展残疾人事业,为残疾人服务。自此,残疾人事业进入了新的发展阶段。1990 年出台的《中华人民共和国残疾人保障法》和 1994 年出台的《残疾人教育条例》,不仅是残疾人行使自己权利、维护自己权益的主要依据,也使得残疾人包括受教育权在内的各项权益的保障受到越来越多的关注与重视。

(一)特殊职业教育上位法:《中华人民共和国残疾人保障法》

1990 年,《中华人民共和国残疾人保障法》出台,这是首次从法律的角度规定特殊教育学校要"在进行思想教育、文化教育的同时,加强身心补偿和职业技术教育",为残疾人接受职业教育提供了法律保障。随着对残疾人认识的进一步加深,人们逐渐认识到,残疾人唯有在实现独立自主生活的前提下,才能积极地融入社会生活,享受社会发展成果。对残疾人进行职业教育,既是残疾人的迫切要求,也是社会发展的必然结果。所以,从 20 世纪 90 年代开始,我国强调了在特殊教育学校开展职业教育的原则、要求及发展模式,在此期间,部分省、市设立了盲、聋人职业初中班,有的还举办了职业高中班或残疾青年职业培训机构。如 1985 年,滨州医学院创办了我国第一个专门招收肢残青年的临床医学系(医学二系),开了全国残疾人高等职业教育的先河;1987 年,长春大学特殊教育学院成立,面向全国招收盲、聋和肢体残疾学生,对其开展各项职业教育;1989 年,山东省特殊教育中专学校建立,招收盲、聋残疾学生,主要开设了工艺美术、美术绘画、服装设计与工艺、园林设计、针灸推拿等专业。

(二)特殊职业教育的行政法规:《残疾人教育条例》

1994 年出台、2017 年修订的《残疾人教育条例》进一步体现了《中华人民共和国教育法》《中华人民共和国义务教育法》和国家有关教育法的立法精神,是我国残疾人教育与特殊教育发展历史上最全面和具体指导残疾人教育与特殊教育发展的专项法规。条例中专章规定了残疾人职业教育,强调了我国各级政府应把残疾人职业教育纳入职业教育发展的总体规划中,积极建立残疾人的职业教育体系,并对其进行统筹安排与实施。这一条例明确了各级政府发展特殊教育学校职业教育的责任。

（三）特殊职业教育的部门规章：《残疾人中等职业学校设置标准（试行）》

2007 年 4 月的《残疾人中等职业学校设置标准（试行）》是第一个专门的残疾人职业教育规范性文件，也是目前我国唯一的一份以职业教育为主题的特殊职业教育政策文件。该政策对残疾人中等职业学校的招生对象、校园环境、专业设置、师资及其他相关人员的配备等多方面做出了规定，如"以初中毕业或同等学历的残疾人为主要招生对象；须有与办学规模、专业设置和残疾人特点相适应的校园、校舍和设施；须有与学校办学规模相适应、结构合理的专兼职教师队伍，学校专任教师须依法具备任职资格；常设专业一般不少于四个"。这一政策的出台，对规范残疾人中等职业教育，提高残疾人中等职业教育的质量有着重要意义。

总体而言，现阶段我国残疾人职业教育呈现出层次完整、形式多样、内容丰富的特色，基本建立了特殊教育与职业教育相互沟通、初等职业教育与中等职业教育并举的残疾人职业教育体系。这一阶段，是新中国成立以来残疾人教育事业发展最迅速、成绩最显著的一个时期。

二、我国特殊职业教育政策支持

我国政府十分关注发展残疾人职业教育，这些政策文件的颁布与实施，为我国的特殊教育事业发展指明了发展的方向（见表 10-1）。从特殊职业教育的开展主体、专业与课程设置、教学、教师、实训基地建设、教育经费等各个方面，循序渐进，制定了一系列系统化、规范化的规章、制度与实施细则，为残疾人教育事业的发展起到了促进作用。

表 10-1　我国特殊职业教育法律法规文献表

文件形式	名称	颁布时间	颁布部门
法律	《中华人民共和国宪法》	1982 年颁布，四次修订	全国人大及其常委会
	《中华人民共和国义务教育法》	1986 年颁布，2006 年修订	
	《中华人民共和国职业教育法》	1996 年颁布	
	《中华人民共和国残疾人保障法》	1990 年颁布，2008 年和 2018 年两次修订	

续　表

文件形式	名称	颁布时间	颁布部门
行政法规	《残疾人教育条例》	1994 年颁布,2017年修订	国务院
	《高等教育自学考试残疾人应考者奖励暂行办法》	1986 年	教育部
	《关于发展特殊教育的若干意见》	1989 年转发	国家教委等部门
	《关于开展残疾儿童少年随班就读工作的试行办法》	1994 年	教育部
	《特殊教育学校暂行规程》	1998 年	教育部
部门规章	《关于"十五"期间进一步推进特殊教育改革和发展的意见》	2001 年	教育部等部门
	《普通高等学校招生体检工作指导意见》的通知	2003 年	教育部、卫生部、中残联
	《残疾人中等职业学校设置标准(试行)》	2007 年	中残联、教育部
	《"十一五"期间中西部地区特殊教育学校建设规划(2008—2010 年)》	2007 年	教育部、国家发改委
规划文件及其他	中国残疾人事业五年工作纲要(1988—1992 年)	1988 年	国家计划委员会、国家教育委员会、民政部、财政部、劳动部、卫生部及中国残疾人联合会
	中国残疾人事业"八五"计划纲要(1991—1995 年)	1991 年	国家计委、国家教委、民政部、司法部、财政部、人事部、劳动部、文化部、广播影视部、卫生部、国家体委、中国人民银行、国家工商局、国家税务局、国务院贫困地区经济开发领导小组、中国残疾人联合会
	中国残疾人事业"九五"计划纲要(1996—2000 年)	1996 年	国务院残疾人工作协调委员会
	中国残疾人事业"十五"计划纲要与配套实施方案(2000—2005 年)	2001 年	国务院残疾人工作协调委员会制定,国务院发布

文件形式	名称	颁布时间	颁布部门
规划文件及其他	中国残疾人事业"十一五"发展纲要与配套实施方案（2006—2010年）	2006年	国务院残疾人工作委员会制定，国务院发布
	中国残疾人事业"十二五"发展纲要（2011—2016年）	2011年	国务院残疾人工作协调委员会制定，国务院发布
	"十三五"时期残疾人事业发展规划（2017—2021年）	2016年	国务院残疾人工作协调委员会制定，国务院发布
	中国教育发展和改革纲要（1990—2000年）	1993年	中共中央、国务院印发
	全国教育事业十年规划和"八五"计划	1991年	国家教委办公厅
	全国教育事业"九五"计划和2010年发展规划	1996年	国家教育委员会颁布（已更名）
	全国教育事业第十个五年计划	2001年	教育部
	国家教育事业发展"十一五"规划纲要	2006年	国家教育部
	国家中长期教育改革和发展规划纲要（2010—2020年）	2010年	国家中长期教育改革和发展规划纲要工作小组办公室
	国家教育事业发展"十三五"规划纲要	2016年	国务院发布
特殊教育提升计划	特殊教育提升计划（2014—2016年）	2014年1月	教育部、发展改革委、民政部、财政部、人力资源和社会保障部、卫生计生委、中国残联
	第二期特殊教育提升计划（2017—2020年）	2017年7月	教育部、国家发展改革委、民政部、财政部、人力资源和社会保障部、卫生计生委、中国残联
	"十四五"特殊教育发展提升行动计划	2021年12月	教育部、国家发展改革委、民政部、财政部、人力资源和社会保障部、国家卫生健康委、中国残联

（一）我国特殊职业教育政策体系

1. 特殊教育学校开展职业教育的政策

改革开放以来，随着经济的持续、快速发展，我国不断加强对教育的关注力度，作为教育组成部分之一的特殊职业教育在 40 余年间不断得到发展和完善。1987 年，国家根据五类残疾标准，对残疾群体状况进行抽查，"在被调查的 369816 户、1579314 人中，有残疾人的家庭占 18.10%，残疾人占 4.90%。据此抽样调查结果显示，全国五类残疾人总数约为 5164 万人"①。作为我国教育事业一部分的残疾人教育事业，在党和政府的关注及社会各界各方面人士的帮助下迅猛发展。在特殊职业教育发展的进程中，残疾学生的职业教育开始逐步受到国家重视，由最初的关注残疾学生"劳动教育"向重视"职业教育"转变。1988 年印发的《中国残疾人事业五年工作纲要（1988—1992 年）》提出，"各地教育、劳动、民政部门及残疾人组织等要共同抓好残疾人职业教育"，这是我国提出的第一个特殊职业教育政策。1989 年《国务院办公厅转发国家教委等部门〈关于发展特殊教育若干意见〉的通知》提出，要"着重抓好初等教育和职业技术教育"，将特殊教育学校职业技术教育作为发展特殊教育的基本方针，不仅保障了其地位，同时也为其发展提供了政策上的支持。1991 年实施的《中华人民共和国残疾人保障法》规定，要对符合条件的残疾人实施高级中等以上文化教育、职业技术教育，至此，特殊职业教育开始落到实处。1991 年印发的《中国残疾人事业"八五"计划纲要（1991—1995 年）》提出，"建立、完善 30 所残疾人职业技术教育中心，其中 10 所达到国家中等职业技术学校标准"，促进了特殊职业教育发展。1994 年颁布的《残疾人教育条例》指出，"残疾人职业教育，应当重点发展初等和中等职业教育，适当发展高等职业教育"，至此，国家开始关注特殊职业教育体系问题。

1998 年颁布的《特殊教育学校暂行规程》强调，"特殊教育学校要特别重视劳动教育、劳动技术教育和职业教育"，进一步提高了国家对特殊职业教育的重视程度。2001 年国务院办公厅转发教育部等部门发布的《关于"十五"期间进一步推进特殊教育改革和发展的意见》指出，要坚持以职业教育为主，使

---

① 中国残疾人事业五年工作纲要（1988 年—1992 年）［EB/OL］.（2004-11-16）［2022-02-05］. http://www.cjr.org.cn/info/laws/syfz/content/post_161584.html.

学生具备良好的职业道德、比较熟练的职业技能和平等参与社会生活的能力。2006年《国务院批转中国残疾人事业"十一五"发展纲要的通知》提出,发展残疾人高级中等教育、高等教育和职业教育,切实保障残疾人接受教育的权利,标志着特殊职业教育向更高层次发展。2008年修订的《中华人民共和国残疾人保障法》明确着重发展职业教育。2009年《国务院办公厅转发教育部等部门关于进一步加快特殊教育事业发展意见的通知》指出,"加快发展以职业教育为主的残疾人高中阶段教育,为残疾学生就业和继续深造创造条件。具备条件的地市要举办残疾人高中阶段教育。特殊教育学校要根据需要举办残疾人高中教育部(班);残疾人中等职业学校要积极拓宽专业设置,扩大招生规模;普通高中要招收具有接受普通教育能力的残疾学生;中等职业学校要积极开展残疾人职业教育"。各层次特殊职业教育政策和规章制度的相继出台,对特殊职业教育的专业设置和招生规模提出了要求。2010年印发的《国家中长期教育改革和发展规划纲要(2010—2020年)》提出要"大力推进残疾人职业教育",促进了特殊职业教育的发展。2011年印发的《中国残疾人事业"十二五"发展纲要》提出要"大力发展残疾人职业教育",支持特教高中、残疾人中等职业学校建设,并指出要加强残疾人职业教育培训和职业能力建设,"以就业为导向,鼓励各级各类特殊教育学校、职业学校及其他教育培训机构开展多层次残疾人职业教育培训,着力加强订单式培训、定向培训和定岗培训",这是残疾人职业教育政策中首次提出采用"订单式培训、定向培训和定岗培训"的方式进行职业培训,解决了残疾学生的就业问题。2014年教育部等部门发布的《特殊教育提升计划(2014—2016年)》指出,要"大力发展以职业教育为主的残疾人高中阶段教育",将特殊职业教育向高中阶段推进。2017年修订的《残疾人教育条例》规定,"残疾人职业教育应当大力发展中等职业教育,加快发展高等职业教育"。各个历史时期的政策,保证了特殊职业教育的稳步发展和我国特殊职业教育特色的逐渐形成。

2.特殊职业教育的专业与课程政策

课程政策是任何一个教育阶段都非常重要的基本政策,对于人才的培养有着不可替代的作用。改革开放至今,我国对于特殊职业教育课程设置问题做出了许多规定。在特殊职业教育提出的初期,政策更多关注的是宏观政策,对专业和课程关注不多。20世纪90年代,特殊职业教育的专业和课程设置问题开始逐步得到关注。1994年颁布的《残疾人教育条例》规定,"残疾人职业教育学校和培训机构,应当根据社会需要和残疾人的身心特性合理设置专业",对特殊职业教育的专业设置提出要求。2001 年《国务院办公厅转发教育部等部门关于"十五"期间进一步推进特殊教育改革和发展意见的通知》指出,新的课程方案"要加强劳动技能和职业教育,坚持文化知识教育和职业技能教育相结合"。残疾学生综合素质的培养是特殊教育学校进行职业教育的目标,将文化知识与职业技能知识相结合,不仅保证学生具备良好的理论知识功底,又保证学生职业技能的获得。2007 年中国残联、教育部印发的《残疾人中等职业学校设置标准(试行)》指出,设置残疾人中等职业学校,要有基本的办学规模,常设专业一般不少于四个。2009 年《国务院办公厅转发教育部等部门关于进一步加快特殊教育事业发展意见的通知》指出,"开设符合学生特点、适合当地需要的职业课程。根据市场和社会需求,加强残疾人中等职业学校骨干专业课程的建设"。2014 年发布的《特殊教育提升计划(2014—2016 年)》指出,要"增加必要的职业教育内容,强化生活技能和社会适应能力培养"。2021 年发布的《"十四五"特殊教育发展提升行动计划》明确提出,要"支持特殊教育学校职教部(班)和职业学校特教部(班)开设适应残疾学生学习特点和市场需求的专业,积极探索设置面向智力残疾、多重残疾和孤独症等残疾学生的专业"。特殊职业教育专业与课程政策在发展的过程中不断完善,满足了残疾学生身心发展的要求,使残疾学生接受到良好的职业教育。

3. 特殊职业教育的教学政策

教学政策主要包括教学方法和教学内容政策。在特殊职业教育的发展中,教学方法和教学内容的改革有助于残疾学生对于所学知识的结构和内容的理解以及新知识的获取。20 世纪 80 年代起,国家政策开始关注特殊教育学校的教学工作。《中国残疾人事业五年工作纲要(1988—1992 年)》提出,"在教学内容上,把基础文化教育与职业技能教育结合起来"。同时还提出要"开展特殊教育的研究,进一步完善特教的教学大纲,改进课程设置、教学内容和教学方法。根据社会需要和残疾人的特点,编写、修改特教教材,加强劳动技能教育",至此,特殊职业教育课程这一教学内容在特殊教育学校教材中正式出现。1989 年《国务院办公厅转发国家教委等部门关于发展特殊教育若干意见的通知》提出,"各级各类特教学校都应贯彻执行德、智、体、美、劳全面发展的方针,在对残疾学生进行思想品德教育、文化教育和身心缺陷补偿的同时,切实加强劳动技能和职业技术教育"。通过政策制定的方式增加教学内容,加大对职业教育的重视是转变教学内容的有效方式,也是提升教师授课方式的有效途径。

4.特殊职业教育的教师政策

在特殊职业教育中,涉及教师政策的有很多。我国特殊职业教育主要涉及的是教师培养政策、管理政策以及工资待遇政策等,政策提出的重要时期是 21 世纪初。2006 年《中国残疾人事业"十一五"发展纲要》提出,要"依托有条件的高等院校建立国家级残疾人职业教育师资培训基地",这是我国在特殊职业教育中首次提及关于如何培养特殊职业教育教师的问题,有利于教师向专业化方向发展。2007 年中国残联、教育部印发的《残疾人中等职业学校设置标准(试行)》规定,"设置残疾人中等职业学校,须有与学校办学规模相适应、结构合理的专兼职教师队伍,学校专任教师须依法具备任职资格。教学班与教职工比例不低于 1∶5,专任教师数不低于本校教职工数的 60％,专业课教师数不低于本校专任教师数的 60％。每个专业至少应配备具有相关专业中级以上专业技术职务的专任教师 2 人",规范了特殊职业教育教师的任职资格,保证特殊职业教育的教学质量及残疾学生的学习效果。2009 年《国务院办公厅转发教育部等部门关于进一步加快特殊教育事业发展意见的通知》指出,"要高度重视残疾人职业教育专业课教师培训",提高了师资水平和特殊职业教育教育教学质量。

5.特殊职业教育的实训基地政策

实训基地是指学生在进行职业培养时,学校联合企业单位为学生提供的用于练习所学职业技能的场所或者场地。实训基地作为职业教育中不可缺少的一部分,对残疾学生的人才培养具有重要意义和作用,直接关系到残疾学生接受职业教育的学习成果,对残疾学生毕业后的就业具有一定的影响。随着我国的经济快速发展,特殊职业教育的实训基地建设逐渐受到关注。2007 年中国残联、教育部印发的《残疾人中等职业学校设置标准(试行)》指出,"要有与所设专业相对应的校内实训基地和相对稳定的校外实训活动基地"。至此,特殊职业教育实训基地政策得以提出,残疾学生在进行职业培养时,既可以得到训练,又可以熟练掌握技能。

2009 年《国务院办公厅转发教育部等部门关于进一步加快特殊教育事业发展意见的通知》指出,要"促进职业教育实训基地共建共享",对特殊职业教育的实训基地建设提出意见,促进特殊教育学校共同建设实训基地,共同享有实训基地。2011 年《国务院办公厅转发教育部等部门关于"十五"期间进一步推进特殊教育改革和发展意见的通知》指出,"各地教育、民政和残联等部门和单位要在经费、场地、设备等方面积极支持特殊教育学校开展劳动技能、职业教育",明确了各地教育部门、民政部门和残联等部门和单位作为落实主体对提供特殊教育学校实训基地这项工作负责,至此特殊教育学校实训基地的建设有了相应的负责部门。2014 年公布的《特殊教育提升计划(2014—2016 年)》明确要建好实习实训基地,进一步加强对残疾学生的就业指导。2017 年修订的《残疾人教育条例》规定,"残疾人职业教育学校和培训机构,应当根据社会需要和残疾人的身心特性合理设置专业,并根据教学需要和条件,发展校办企业,办好实习基地"。自特殊职业教育实训基地政策提出以来,我国不断对该政策内容进行修正和完善,倡导开展特殊职业教育的学校联合企业进行实训基地建设,落实实训基地的负责部门,提升残疾学生职业教育的质量,并对职业教育成果进行运用与实践。

　　6. 特殊职业教育的经费政策

　　教育财政是教育经费政策的主要表现形式之一,国家通过立法、行政、司法等机关对特殊职业教育经费政策进行分配、管理和监督。特殊职业教育经费政策属于政府的职能,是政府财政支出的一部分。1991 年国务院制定的《中国残疾人事业"八五"计划纲要(1991—1995 年)》提出,"各级政府要增加特殊教育经费投入。地方各级政府应将特殊教育学校、残疾人职业技术教育中心列入计划"。增加特殊职业教育的经费体现出我国政府开始关注残疾人职业教育的投入,以保证残疾学生能够更好地接受职业教育。2009 年《国务院办公厅转发教育部等部门关于进一步加快特殊教育事业发展意见的通知》明确,"在特殊教育学校职业高中班(部)就读的残疾学生也应享受国家助学金",并要求"各地要从残疾人就业保障金中安排一定比例的资金用于特殊教育学校(院)开展包括社会成年残疾人在内的各种职业教育与培训",这在一定程度上解决了特殊教育学校接受职业教育的高中班学生的补助问题,保证残疾学生可以安心接受职业教育。同时,明确了经费来源,保证残疾学生可以接受到职业教育。2001 年公布的《残疾人职业教育与培训"十五"实施方案》指出,各地教育、民政和残联等部门和单位要在经费等方面积极支持特殊教育学校开展劳动技能、职业教育,并提出残疾人就业保障金中应有一部分用于支持当地特殊教育学校开展残疾人职业教育,明确规定了提供经费的具体部门,保证特殊职业教育经费的来源。2014 年,国务院办公厅关于转发教育部等部门的《特殊教育提升计划(2014—2016 年)》倡导"各级财政支持的残疾人康复项目优先资助残疾儿童。安排一定比例的残疾人就业保障金,支持特殊教育学校开展劳动技能教育",残疾学生职业教育在各级财政的支持下得到保证。2017 年修订的《残疾人教育条例》规定,"地方各级人民政府可以按照有关规定将依法征收的残疾人就业保障金用于特殊教育学校开展各种残疾人职业教育"。特殊职业教育的经费问题在政策的修订中不断得到解决,由最初的增加特殊职业教育经费,到后来规定具体部门为特殊职业教育提供经费,以及提出相应措施来解决特殊教育学校特殊教育经费问题,既保证特殊职业教育的经费来源,又保证残疾学生可以接受真正的职业教育。

(二)特殊职业教育的政策法规解读

1.《残疾人教育条例》

《残疾人教育条例》从总则、残疾儿童、少年的学前教育、义务教育、职业教育、普通高级中等以上教育及继续教育、教师、物质条件保障、法律责任及附则九个方面规定了 59 个条文,保障残疾人的受教育权利。新修订的《残疾人教育条例》根据残疾人教育发展形势变化和实际需求,对残疾人教育事业发展目标和理念进行了调整、规定:发展残疾人教育事业应当保障义务教育,着重发展职业教育,积极开展学前教育,逐步发展高级中等以上教育;残疾人教育应当提高教育质量,积极推进融合教育,优先采取普通教育方式。除了表明"残疾人教育是国家教育事业的组成部分",重申"着重发展职业教育",还有设专章论及职业教育。

2.《关于发展特殊教育的若干意见》

新中国成立以后,特别是改革开放以来,我国的特殊教育事业有了一定发展。为加快特殊教育的发展步伐,进一步提高包括残疾人在内的全民族素质,《关于发展特殊教育的若干意见》从方针与政策、目标与任务、领导与管理三个方面,对特殊教育提出了 22 条意见,这是专门指导残疾人教育事业开展的纲领性文件。《关于发展特殊教育的若干意见》全面阐述了特殊教育的重要地位,其中首次明确指出,"发展特殊教育要贯彻普及与提高相结合,以普及为重点的原则。在当前和今后一个时期,发展特殊教育事业的基本方针是:着重抓好初等教育和职业技术教育,积极开展学前教育,逐步发展中等教育和高等教育"。

3.《中国残疾人事业"九五"计划纲要(1996—2000年)》

总目标:残疾儿童少年义务教育入学率达到80%左右,可以就业的残疾人基本得到职业培训。

指导原则:教育以提高基础文化水平和就业能力的义务教育、职业培训为重点。

任务指标:可以就业的残疾人基本得到职业教育或培训。

主要措施:以普通职业教育机构为主、残疾人职业教育机构为辅,城市与就业相结合、农村与生产和扶贫相结合,大力开展职业培训,积极发展初、中等职业教育,适当发展高等职业教育。

——各级残疾人就业机构要切实做好本地区残疾人职业培训的调查摸底、规划安排、组织协调、转介服务、设点开班和统计汇总工作,多渠道、多形式地开展培训。

——各种普通职业教育与培训机构都要积极招收残疾人并针对需要单独开班。

——加强特殊教育学校的职业教育,开设职业初中、职业高中、中专并将其纳入职业教育体系,落实经费,积极扶持。

4.《关于进一步加快特殊教育事业发展的意见》(国办发〔2009〕41号)

为贯彻党的十七大精神,全面落实科学发展观,促进和谐社会建设,认真贯彻落实《中共中央国务院关于促进残疾人事业发展的意见》(中发〔2008〕7号)精神,进一步加快我国特殊教育事业发展,根据《中华人民共和国义务教育法》《中华人民共和国残疾人保障法》和《残疾人教育条例》,对当前和今后一个时期我国特殊教育事业发展从五个方面提出了20条意见,其中第13条明确指出,要"大力加强职业教育,促进残疾人就业"。

5.《国家中长期教育改革和发展规划纲要(2010—2020年)》

相关条文如下:

第二十八条 关心和支持特殊教育。特殊教育是促进残疾人全面发展、帮助残疾人更好地融入社会的基本途径。各级政府要加快发展特殊教育,把特殊教育事业纳入当地经济社会发展规划,列入议事日程。全社会要关心支持特殊教育。

提高残疾学生的综合素质。注重潜能开发和缺陷补偿,培养残疾学生积极面对人生、全面融入社会的意识和自尊、自信、自立、自强的精神。加强残疾学生职业技能和就业能力培养。

第二十九条　完善特殊教育体系。到2020年,基本实现市(地)和30万人口以上、残疾儿童少年较多的县(市)都有一所特殊教育学校。各级各类学校要积极创造条件接收残疾人入学,不断扩大随班就读和普通学校特教班规模。全面提高残疾儿童少年义务教育普及水平,加快发展残疾人高中阶段教育,大力推进残疾人职业教育,重视发展残疾人高等教育。因地制宜发展残疾儿童学前教育。

6.《"十四五"特殊教育发展提升行动计划》

国务院办公厅于2021年底转发了教育部等部门的《"十四五"特殊教育发展提升行动计划》,其中有较大篇幅是关于特殊职业教育的阐述,是"十四五"期间特殊教育发展的指导方针,为下一阶段特殊教育的发展指明了方向、确立了目标。

(1)职业教育与特殊教育进一步深度融合

《"十四五"特殊教育发展提升行动计划》(以下简称《行动计划》)指出,到2025年,高质量的特殊教育体系初步建立。其中,教育质量全面提升,课程教材体系进一步完善,教育模式更加多样,课程教学改革不断深化,特殊教育质量评价制度基本建立。融合教育全面推进,普通教育、职业教育、医疗康复、信息技术与特殊教育进一步深度融合。

《行动计划》进一步指出,支持特殊教育学校职教部(班)和职业学校特教部(班)开设适应残疾学生学习特点和市场需求的专业,积极探索设置面向智力残疾、多重残疾和孤独症等残疾学生的专业,同步促进残疾人的康复与职业技能提升,让残疾学生有一技之长,为将来就业创业奠定基础。探索开展面向残疾学生的"学历证书+若干职业技能等级证书"制度试点,将证书培训内容有机融入专业培养方案,优化课程设置和教学内容,提高残疾学生培养的灵活性、适应性、针对性。支持各种职业教育培训机构加强残疾学生职业技能培训,积极开展残疾学生生涯规划和就业指导,切实做好残疾学生教育与就业衔接工作。对面向残疾学生开放的职业教育实习实训基地提供支持。

职业教育与特殊教育的进一步深度融合,在未来特殊教育的发展中,可以以多元化的视角,将中等职业教育与特殊教育的融合提升到高等职业教育与特殊教育的融合,根据区域经济发展的实际,推行高等特殊职业教育与特殊教育的融合。

（2）拓展学段服务，大力发展非义务教育阶段特殊教育

《行动计划》指出，着力发展以职业教育为主的高中阶段特殊教育，支持普通中等职业学校和普通高中接收残疾学生随班就读。推动特殊教育学校增设职教部（班），鼓励普通中等职业学校增设特教部（班）。稳步发展高等特殊教育，加强高校特殊教育学院建设，增设适合残疾学生就读的相关专业，完善残疾学生就读普通高校措施。支持普通高校、开放大学、成人高校等面向残疾人开展继续教育，畅通和完善残疾人终身学习通道。

改革开放至今，已出台了 20 余项关于特殊职业教育方面的政策。自从提出要发展特殊职业教育以来，在国家发布的发展教育、发展特殊教育的政策中，都提到了发展特殊职业教育问题，并予以明确规定。特别是进入 21 世纪以来，特殊职业教育更加受到国家关注，政策内容得到丰富和完善。在国家相继出台的政策中，既包括了特殊职业教育发展方针、发展原则等政策，也包括了实训基地、职业教育课程、经费、师资队伍建设等政策。丰富的政策内容，有力地促进了特殊职业教育的发展。

综上，纵观我国特殊职业教育法律法规和政策文件的内容，国家一直以来非常重视残疾人职业教育和发展特殊职业教育，始终强调残疾学生职业技能和就业能力，大力推进残疾人职业教育，并对特殊职业教育的办学机构、教学方法等都有相关规定，在一定程度上不断促进我国特殊职业教育的发展，为我国残疾人教育事业和特殊教育事业的发展提供了有力的政策支持和保障。随着第三期特殊教育提升计划的颁布，特殊职业教育的发展将会越来越受到重视。

三、我国特殊职业教育政策法规体系存在的不足

（一）特殊职业教育内容缺失

我国特殊职业教育提出时间较短，法治化水平相对落后，同时，我国的特殊职业教育存在内容缺失的问题。一些政策内容比较浅显，概括性和原则性比较明显。我国现行的政策中，特殊职业教育的内容有限，关于特殊职业教育的相关内容分散到各个政策之中，且只是简单提及。例如特殊职业教育与职业教育、特殊教育的关系；特殊职业教育的学历层次和教育类型；如何开展特殊职业教育的政策；特殊职业教育应该开展哪些课程以及课程标准；特殊

教育学校在进行职业教育过程中的教材标准与要求;特殊职业教育教师的从教资格;特殊职业教育的实训基地如何建设等。

(二)特殊职业教育政策效力等级不高

我国颁布的有关特殊职业教育的政策法规中,只有《残疾人教育条例》是以残疾人教育为主要内容的行政法规,效力等级仅次于宪法和法律,特殊教育和特殊职业教育的专项立法在我国都还没有制定。2007年颁布的《残疾人中等职业学校设置标准(试行)》是一部较为完整的有关特殊职业教育的政策,但是效力等级较低,且主要针对中等职业学校的设置,对于高等职业教育和应用型本科教育中的特殊教育没有涉及。其他有关特殊职业教育的政策都散见于残疾人发展纲要、残疾人教育条例、职业教育政策和教育政策等。目前,特殊职业教育没有统一的工作指导思想、完善的指导方针,因此制定出来的政策存在缺乏针对性等问题,这些问题直接导致政策形式单一,可执行性较差,在一定程度上影响特殊职业教育的实施效果。

(三)特殊职业教育政策特色不足

残疾学生是特殊职业教育所面对的教育对象。职业教育作为特殊教育的组成部分之一,既有特殊教育的特点,也有职业教育的特点。目前,我国所制定的特殊职业教育的教学目标、教学要求、教学方法、实训基地等多数是借鉴普通的职业教育标准,所涉及的职业教育内容和职业教育方法具有共性,对于残疾学生的特殊性考虑不全,特殊职业教育的特色得不到彰显。例如,盲校、聋校和培智学校,各个类别的特殊教育学校所实行的职业教育目标、原则、方法、课程差异显著;高等职业教育中,残疾学生数量较少,专门面向残疾人群的高等职业教育院校和专业也很少,且目前招收的残疾学生主要为盲生、聋生、肢体残疾学生,孤独症、自闭症、智力精神残疾学生几乎无法享受高等职业教育。这些都是特殊职业教育的特点,但是,国家所制定出来的面向特殊人群的职业教育政策是一个统一的标准,没有针对各个类别给出具体规定,对各个类别的特殊职业教育关注度也不够。

在师资培训和培养方面,特殊教育教师的标准与残疾学生的类型并不匹配,尤其是特殊职业教育的教师资格,国家没有给予一定的标准,特殊职业教育教师的特殊性无法体现。

在实训基地建设方面,由于不同残疾学生所学习的职业技能不同,学生的残疾程度也有差异,接收不同残疾类别学生的实训基地的建设需要和对应的无障碍设施需求、康复需求相对应,这需要实训基地在校企合作中为残疾人群提供更多便利条件,如完善企业的无障碍设施设备等,这些都需要有政策的针对性引导与支持。同时,在残疾学生接受职业教育时,还应该加大对残疾大学生就业帮扶方面的支持。在制定特殊职业教育政策的过程中,缺少对特殊教育的理解,缺少对特殊群体需求的调研,政策的制定没有体现出特殊职业教育的特殊性与特色,在一定程度上影响了特殊职业教育发展的生机与活力。

四、构建我国特殊职业教育政策法规体系的构想

(一)树立特殊职业教育政策新理念

一是转变陈旧的教育观念。特殊教育学校为残疾学生提供的职业教育不再只是教会残疾学生一技之长。应当保证残疾学生熟练掌握职业理论知识和操作技能,接受更高层次的职业教育,大力发展面向残疾人的高等职业教育。二是开发更多适合残疾人群的专业。时代的发展衍生出许多新兴行业,电子商务、园艺等专业都是很好的选择。各地应积极制定相关的政策鼓励高职院校探索开发更多适合残疾人的专业,通过高等职业教育提升对残疾人才培养的规格。三是转变教学理念,引入新的教学资源。随着互联网技术手段在教育教学中的运用,教学资源建设成为高职院校的重要建设内容之一。各地教育部门应制定专项政策扶持、鼓励高职院校开发面向残疾人群、适合残疾人群使用的教学资源库和培训包,开发无障碍线上课程,使残疾人群也可以享受到高品质的在线课程,多渠道、多途径地享受到职业教育的便利。

(二)完善特殊职业教育法律体系

纵向的教育法的渊源依次是宪法、法律、行政法规、部门规章和地方性法规及司法解释。特殊职业教育的法律体系中因为欠缺专项部门法而使得法律体系不完整,相对有所欠缺,虽然有《中华人民共和国教育法》《中华人民共和国高等教育法》《中华人民共和国职业教育法》等专门教育法律,但是都没有一部法律专门规范特殊教育和特殊职业教育,整个特殊教育领域的法律体系呈现"头轻脚重"的现象,大量的政策规范不能上升到法律层面,在执行上缺乏强制力保证实施,在一定程度上限制了特殊教育和特殊职业教育的发展。

因此,建议"十四五"期间,尽快完善特殊教育法律体系,制定《特殊教育

法》《特殊职业教育法》,对特殊职业教育进行全面系统规范,完善特殊教育法律体系;完善《特殊职业教育教师标准》,培养一批专业的特殊职业教育教师;制定《特殊职业教育人才培养基本规范》,对特殊职业教育人才培养制定专门的培养方案,对特殊职业教育的人才培养目标、岗位定位、课程体系设置与构建、实践教学等方面进行系统的规范;制定《特殊职业教育办学要求》,细化特殊职业教育院校的办学要求,鼓励各地根据地方实际出台具体可执行的实施细则,积极开展特殊职业教育。

(三)深化特殊职业教育政策内容

具体的特殊职业教育政策是指帮助解决特殊教育学校职业教育政策在实行的过程中遇到的具体困难时所实行的方法,是使政策所规定的目标与任务成为现实的工具,有利于解决特殊职业教育的问题。制定出具体且详细的政策应做到:一是整合内容。目前,我国的特殊职业教育政策分散于国家颁布的特殊教育政策和职业教育政策之中,内容相对较为分散且时间间隔较长,使得特殊职业教育政策没有一个完整的内容体系。二是细化条文。我国现行的特殊教育学校职业教育政策的原则性强,但是细化的规定欠缺,需要对特殊教育学校职业教育政策的指导思想、目标要求、基本原则和具体措施等做出明确的规定,以此体现出政策的系统性、针对性以及实用性的要求。三是借鉴创新。西方发达国家像美国、英国等特殊教育学校职业教育政策发展较为完善,经验丰富,我国可以进行借鉴,将先进的教育思想和经验应用于我国特殊职业教育政策的制定之中,这对于特殊职业教育的科学、稳定发展具有重要的作用。

(四)突出特殊职业教育政策的特色

制定特殊职业教育政策时,应当充分关注其特征。一是倡导特殊职业教育的多元性。政策的制定过程中应当分清主次,多渠道多手段地促进特殊职业教育的发展。目前特殊职业教育体系中,高等职业教育中相关的政策法规确实较多,应着重强化高等教育层次职业教育对残疾群体的关注。制定政策时,既要制定出特殊职业教育的总体规划和指导方针,又要根据特殊教育学校职业教育不同阶段的特点规定,体现出政策的特色性。二是根据不同类别残疾人开设适合的专业。目前,高等教育层次的残疾人职业教育的对象以盲生、聋生和肢残学生为主,智力残疾暂时无法进入这一层次的教育体系。由于学生残疾程度和残疾部位存在差异,在制定支持性政策时,应当将可纳入职业教育范围之内的不同类别的残疾学生考虑进来,从不同类别残疾学生的特点出发,设定培养目标,并在专业设置、课程设计、教学手段、教学资源以及实训基地等方面分别进行政策的制定,保证残疾学生的职业教育顺利实施。三是对特殊职业教育实施过程中的特殊需求和支持资源进行保障。特殊职业教育具有其自身的特点,包括适合对象的教学过程、适合场景的课程设置、特殊支持的教学资源、无障碍的实训场地等。特殊职业教育支持政策在制定时,要充分考虑这些因素的影响,推动特殊职业教育的特色性发展。

第二节 特殊职业教育的保障体系

我国特殊职业教育起步晚,基础薄弱。目前,特殊职业教育发展面临诸多挑战,诸如教师队伍结构与专业化、经费保障、残疾学生资助力度、教师待遇与激励政策等方面还有很大的困难和问题,需要国家给予保障。2021年,教育部等部门发布的《"十四五"特殊教育发展提升行动计划》提出了"坚持政府主导、特教特办。落实政府主体责任,加强特殊教育统筹规划和条件保障,加大政策、资金、项目向特殊教育倾斜力度,在普惠政策基础上给予特别扶持,补齐发展短板"和"坚持促进公平、实现共享。切实保障残疾儿童青少年平等接受教育的权利,做到有教无类,促进他们共享发展成果,让每一名残疾儿童青少年都有人生出彩机会"的基本原则。同时,制定了"持续提高残疾儿童义务教育普及水平""稳步发展高等特殊教育,加强高校特殊教育学院建设,增设适合残疾学生就读的相关专业,完善残疾学生就读普通高校措施。支持普通高校、开放大学、成人高校等面向残疾人开展继续教育,畅通和完善残疾人终身学习通道""推动职业教育和特殊教育融合""探索开展面向残疾学生的'学历证书+若干职业技能等级证书'制度试点,将证书培训内容有机融入专业培养方案,优化课程设置和教学内容""开发特殊教育数字化课程教学资源,扩大优质资源覆盖面"和"支持各种职业教育培训机构加强残疾学生职业技能培训,积极开展残疾学生生涯规划和就业指导,切实做好残疾学生教育与就业衔接工作"等措施,明确了各级政府及相关部门的责任,措施更具有可操作性。同时,坚持特教特办,为特殊职业教育提供全面的保障与支持,以促进特殊职业教育的长足发展。

一、特殊职业教育的制度保障

特殊职业教育是我国残疾人教育乃至残疾人服务体系建设的重要组成部分，也是未来我国职业教育发展不可或缺的组成部分。"十四五"开年也是全面建成小康社会的开篇之年，作为共同富裕中的弱势群体，残疾人的就业创业、融入社会是残疾人脱贫致富，走上共同富裕的必然要求。特殊职业教育和残疾人就业指导依然是残疾人事业的重要工作之一。因此，以残疾人技能培训为基础，以就业为导向，提高残疾人职业技能和就业能力，推进残疾人职业教育发展，已成为当务之急。

（一）特殊职业教育的立法保障

1.完善包容性的职业教育法律体系

一是推动加快修订包含有特殊职业教育的《中华人民共和国职业教育法》，其条款中应有对特殊职业教育的明确规定。依法确立现代特殊职业教育体系基本架构，明确各级政府的职责，规范职业院校、行业、企业等主体的权利、义务，将特殊职业教育体系建设的成果法治化。完善促进校企合作的法律法规。在修订教育法、民办教育促进法、高等教育法、教师法、学位条例以及劳动和社会保障等方面的法律法规时，按照现代职业教育体系建设的要求修订完善相关条款，设计有关特殊职业教育的相应规定。二是建立健全职业教育相关标准体系。加快制定符合特殊职业教育特点、适应经济发展和产业升级要求的各类职业院校办学标准，确保残疾人不受歧视。完善各项标准的实施和检验制度。

2.多渠道促进政策法规的落地与实施

（1）完善顶层设计

2018年，教育部等四部门出台了《关于加快发展残疾人职业教育的若干意见》，从扩大受教育机会、改进办学条件、提高教育质量、加强就业指导与援助等方面对加快推进残疾人职业教育发展作出了规定，为加快发展残疾人职业教育、提升残疾人受教育水平、促进教育公平提供重要依据和保障。

（2）制定专门标准

目前正在修订的《残疾人中等职业学校设置标准》对残疾人中等职业学校的建设规模、学校布局、专用教室、办学经费、师资配备等作出相应规定，各项标准均高于现行的《中等职业学校设置标准》。

(3)加强职业培训

2016 年,教育部等九部门印发了《关于进一步推进社区教育发展的意见》(教职成〔2016〕4 号),明确提出要重视弱势人群提高生存技能的培训,积极为社区各类残疾人提供学习服务。

(二)营造更充分的接纳环境和完善的支持服务体系

随着残疾人中、高等教育需求不断增长,如何更有效地招收到合格的残疾学生成为政策研究的关键。此外,学校还需更多地关注残疾学生的教学事项安排,并在残疾学生进入学校之前就为其提供全面有效的信息,以便让更多残疾学生进入适合自己的高等院校就读。

高等职业院校各个负责提供支持服务的部门间缺乏沟通已经成为残疾学生在高等职业教育过程中支持不足与不当的原因之一。如果高等职业教育机构各部门所提供的多种支持服务能形成联系更紧密、更具沟通性的支持网络,共同协作发挥作用,那么不仅残疾学生,其他的普通学生与教师也能够从中受益。

此外,对于残疾学生的教育支持服务是发达国家残疾人教育最主要的特点之一,其教育支持服务让残疾学生能够更有效地完成学业。而我国残疾人职业教育发展至今,对支持服务并不重视,如能对所提供的支持手段进行适当的调整,将会对学生的学业起到积极作用。首先,政府部门对教育支持的可行性应加以研究,明确教育机构或相关服务机构的支持服务义务;其次,有关责任机构应当在学生的招收、教育以及就业准备等各环节都提供所需的支持;最后,各部门还需通过适当评估来保证支持服务的有效性。

二、产教融合,校企共建特殊职业教育行业环境

(一)转变政府管理方式

完善分级管理、地方为主、政府统筹、社会参与的管理体制,加快政府职能转变,避免部门职责交叉和分散,减少对学校教育教学具体事务的干预。各级政府加强发展战略、规划、政策、标准等的制定和实施,统筹区域特殊职业教育发展,落实特殊职业教育投入责任,创设有利于产教融合、校企合作和社会力量参与办学的良好制度环境。赋予省级政府更大权限,扩大省级政府在特殊职业教育体系建设中的统筹权。

教育主管部门要和各级残联教部门通力合作,加强对特殊职业教育制度、政策的研究,完善现有的特殊职业教育制度。教育部门根据残疾人群的求学、就业、创业等需求,会同地方特殊职业教育学院进行专业构建,开设适合招收不同类别残疾人的专业,扩大残疾人群进行职业教育的专业面,形成相对完整的特殊职业教育体系,为培养新时代的残疾人才做出重要贡献。

(二)加强行业指导、引领企业参与

构建特殊职业教育指导体系,发挥行业在提供政策咨询服务、发布行业人才需求、推进校企合作、参与指导教育教学、开展质量评价等方面的重要作用。加强行业指导能力建设,各地和有关部门将适宜行业组织承担的职责通过授权委托、购买服务等方式交给行业组织,给予政策支持并强化服务监管。特殊教育有其特殊性,在进行产教融合、校企合作时,需要有社会责任感、有爱心,愿意接纳特殊群体作为员工的企业参与进来。另外,要根据行业与残疾学生能力的匹配,有针对性地进行校企合作。同时,引导企业在校企合作时,也要尝试与特殊职业院校的合作,通过项目扶持、政策优惠、税收减免等方式对积极参与特殊职业教育的企业进行帮扶和奖励。

(三)做好特殊职业教育的发展规划

1.不断扩大残疾人接受职业教育的机会

重新梳理适应不同类别残疾人的专业,鼓励高等职业学院有针对性地开设适合残疾人学习的专业,积极探索设置面向智力残疾学生、多重残疾学生的专业或方向,扩大残疾人就读专业选择机会。鼓励职业院校与现有独立设置的特殊教育机构合作办学,联合招生、学分互认、课程互选,共同培养残疾学生。对在全国职业院校技能大赛表现优异的残疾人,免试接受高等职业教育。

2.持续改进特殊职业教育的办学条件

加大对特殊职业教育的投入,在落实职业院校生均拨款制度的同时,适当提高接受职业教育残疾学生的生均拨款水平。加强特殊职业院校基础建设,要求招收残疾学生的职业院校适当改造校内外实习实训场所,满足残疾学生课程学习和实习实训需要。鼓励职业院校与现有独立设置的特殊教育学校共建共享实训实习和创业孵化基地。

3.提高特殊职业教育的教学质量

落实立德树人根本任务,加强残疾学生思想道德教育和职业精神的培育。加强残疾人职业教育教材和教学资源建设,鼓励职业院校开发适合残疾人职业教育的校本教材。

4.加强残疾人的就业指导和援助

结合残疾学生特点和需求提供就业创业指导,提高残疾学生的就业创业能力,开展"一对一"服务,做到不就业不脱钩。支持残疾学生在获得学历证书的同时,积极取得多类职业技能等级证书,拓展就业创业本领。鼓励职业院校积极参与政府购买残疾人职业技能培训服务和残疾人职业培训基地创建工作,针对劳动力市场需要、残疾人的实际,开展形式多样的职业技能和创业培训。

三、特殊职业教育院校的发展路径及制度保障

(一)扩展职业教育的专业与课程

目前,可供我国残疾学生就读的专业并不多,且大多根据残疾学生的特点开设。这些专业设置虽适合残疾学生就读,但不一定有就业的市场。因此,残疾学生毕业后未必能就业。应借鉴发达国家残疾人教育的专业与课程设置,扩展残疾学生就读专业与课程,使其有更宽广的就业选择空间。

通过提升无障碍设施水平,完善对残疾学生的支持帮扶体系,重构和新建残疾大学生的专业和职业生涯规划,促使更多的残疾人群能够享受到高等职业教育和高等教育。如我国盲生的专业可不必局限于音乐、推拿等,还可扩展到人文社会学科专业;聋生也不必局限在美术、设计等专业,可将其专业扩展到语言、法律等。

(二)加强特殊职业教育师资队伍建设

1.合理确定残疾人职业学校编制标准

根据《关于进一步加快特殊教育事业发展意见的通知》的要求,结合特殊教育学校学生少、班额小、寄宿生多、教师需求量大的特点,合理确定特殊教育学校教职工编制并保障落实,并指导各省级有关部门结合地方实际制定特殊教育学校教职工编制标准,稳定残疾人师资队伍。

2.完善职业教育教师职称评价标准

切实改变唯论文、唯学历等倾向,特殊职业教育教师面向特殊群体开展教书育人的工作,需要承担更多的教学压力和社会责任,在职称评定和工资待遇水平上,应给予一定的帮扶和支持,提升现有的特殊教育津贴比例,建立多元化的考评机制进行职称评定,其教育教学业绩、育人成果、为残疾人事业和残疾人教育事业做出的贡献等均可作为申报职称评审的重要依据,继而大力开展残疾人职业技能培训,不断提升残疾人职业素质和就业创业能力。

3.注重对职业教育师资的培训与支持

发达国家残疾人职业教育教师除接受师资培训外,还会接受额外的特殊教育专业支持。而我国残疾人职业教育教师大多未受过特殊教育专业培训,往往不能满足残疾学生的特殊教育需要。因此,应加强对特殊职业教育教师的培训,除了提高职业教育的教学能力之外,还需要针对特殊职业院校的教师进行无障碍保障能力的培训,如信息无障碍的保障能力,手语、盲文的培训以及对不同类别残疾人群的基本认知的培训。一方面,需加强建设我国高校特殊教育专业,规范特殊教育专业训练,使具有特殊教育资格与经验的教师进入各职业学校负责残疾学生的教学和支持服务工作;另一方面,对在职的残疾人职业教育教师加强在职培训,通过各种支持提高教师的职业素养。

（三）大力建设特殊职业教育资源

1.重视加大残疾人职业教育资源建设

加大对残疾人职业教育的投入,在落实职业院校生均拨款制度的同时,适当提高接受职业教育残疾学生的生均拨款水平。支持特殊教育学校和普通学校资源教室配备满足残疾学生需求的教育教学、康复训练等仪器设备和图书。加强学校无障碍设施设备建设,为残疾学生在校学习生活提供无障碍支持服务。大力推进国家、省、市、县、校五级特殊教育资源中心建设。依托高校和科研机构建设若干个国家级特殊教育资源中心,依托现有特殊教育资源加快建设省、市、县级特殊教育资源中心,鼓励依托设在乡镇（街道）的小学和初中因地制宜建设特殊教育资源中心,逐步实现各级特殊教育资源中心全覆盖。

2.重视特殊职业教育学院的建设

每个省（区、市）集中力量至少办好一所面向全省招生的残疾人职业技术学院,截至 2019 年底,全国共有专门设立的残疾人职业院校 139 所。其中,中等职业教育机构 133 个,高等职业教育院校 6 所①。"十四五"期间,可以在有条件的地区优先发展一批残疾人高等职业教育学院,提升残疾人职业教育的办学层次与办学质量。

3.重视特殊职业教育数字化教学资源库的建设

特殊职业教育面向残疾人群开展职业教育,需要更加关注技能的培训。目前,主要面向残疾学生招生的专业,多是以技能为主。数字化教学资源的建设,有助于提高教学效果,实现教学目标。传统的教学资源库主要面向健全人群,在资源的建设过程中缺乏必要的支持系统和无障碍保障,故特殊职业教育院校应该加大适合特殊群体的教学资源库的建设,如在视频中全程加入手语的翻译,开发与读屏软件等相互兼容的特殊教育专业教学资源库,开发更加适合人体工程学,方便肢体残疾人群使用的电脑设备、软件、桌椅板凳等,提高学生学习的舒适度,通过多种方式和途径加强数字化教学资源库的建设。

(四)扩大特殊职业院校办学自主权

实行"负面清单"制度,深化行政审批制度改革,推动政校分开,扩大特殊职业院校在专业设置和调整、人事管理、教师评聘、收入分配等方面的自主权。完善特殊职业院校治理、内外部约束和激励机制,确保特殊职业院校用好办学自主权。完善体现特殊职业院校办学和管理特点的绩效考核与内部分配机制。

(五)健全特殊职业教育督导评估制度

制定和完善督导评估办法。建立定期督导评估和专项督导评估制度。完善督导报告制度、公报制度、约谈制度、限期整改制度、奖惩制度等,将督导评估结果作为地方各级政府和有关部门、职业院校绩效考核的重要内容。

(六)建立符合特殊职业教育特点的招生考试制度

在特殊职业院校进行招生时,采用单独招生方式,分类招考,建立符合特

---

① 6 所高等职业教育院校为:浙江特殊教育职业学院、辽宁特殊教育师范高等专科学校、南京特殊教育师范学院、山东特殊教育职业学院、云南特殊教育职业学院和山西特殊教育职业学院(筹)。

殊群体人才成长规律的选拔机制。尝试探索"知识＋技能"、单独招生、自主招生和技能拔尖人才免试等考试招生办法,为学生接受不同层次职业教育提供多样化入学形式。提升特殊教育教师的教学能力,鼓励教师带残疾学生参加全国残疾人职业技能竞赛,将学生比赛成绩作为升入高一级学校的重要依据。

（七）增加毕业生升学机会

扩大学校招生自主权,适度提高特殊职业院校学生通过专升本、成人高考比例,建立健全中高本一体化等模式,提升本科高等学校招收特殊职业教育院校毕业生的比例。特殊职业教育院校在条件成熟时,可以谋划本科层次的办学,逐步扩大高等职业学校招收有实践经历的残疾人的比例。对不同类型的学生实行不同的选拔方式,为不同来源、不同学习方式的学生制定不同培养方案。同时,还可以考虑开拓国际交流的机会和项目,多渠道促进残疾大学生进入更高层次的学习。

第三节　特殊职业教育的社会支持体系

世界卫生组织的《国际功能分类》（ICF）指出,残疾的社会模式认为残疾主要是由社会引发的问题,也是个体能否充分融入社会的问题。许多问题是社会环境造成的,需要从态度或观念的改变来建立社会支持体系,促进残疾人的活动及社会参与,改善残疾人生活与教育环境。在特殊职业教育社会支持体系的构建中,首先需要解决的主要问题是如何发现、动员和整合教育等政府部门之外的社区、社会组织与个人的资源,建立有效的社会支持体系,保障特殊职业教育的可持续发展。研究的重心应聚焦于特殊职业教育的社会支持需求与资源对接、特殊职业教育的社会支持资源整合与体系建构、社区和社会组织在特殊职业教育社会支持体系中的地位,借鉴发达国家和地区的经验构建,建立适应我国经济社会发展的有效社会支持体系。

一、特殊职业教育社会支持体系概述

（一）理论基础

20 世纪 70 年代,在生活压力与心理健康的关系研究中,社会支持作为一个重要的因素引起了极大的关注。之后,精神病学、医学、心理学、社会学等多个领域的研究者都介入到对社会支持的广泛探讨和深入研究中。作为一个专门术语,社会支持是指个体从他人或社会网络中获得的一般或特定的支持性资源,是一种重要的、外在的压力应对资源,包括社会和支持两个方面。

特殊职业教育作为职业教育这一类型教育的一种,"社会"是指特殊职业教育所处的社会环境,包括组织(如上级残联组织主管部门、上级教育主管部门、同类型特殊职业教育院校、职业教育集团)、家庭(如特殊职业教育学生家庭)、社会(无障碍协会、残疾人互助协会)等,即社会支持的来源。"支持"则是指特殊职业教育获得的工具性支持、情感性支持等,即社会支持的内容。

(二)社会支持的组成与联系

对社会支持的利用存在个体差异,有的人虽然可以获得支持,却拒绝别人的帮助。实践表明:社会支持对于个体建立积极的应对方式具有明显的促进作用。在面对压力时得到的社会支持越多,个体采用的应对方式就越趋向积极、现实和具有适应性。特殊职业教育的社会支持是指特殊职业教育事业整体(包括学校、教师、学生等"主体",学历教育、非学历教育等"产品")从他人或者社会网络中获得的支持性资源,包括客观支持、主观支持以及支持利用度。

客观支持是可见的或实际的支持,包括物质上的直接援助和社会网络、团体关系的存在和参与。

主观支持是能够体验到的或情感上的支持,指的是个体(如特殊教育教师、接受特殊职业教育的学生等)在社会中受尊重、被支持、理解的情感体验和满意程度。

支持利用度是个体面对有压力的情境和事件时所采取的认知和行为方式的积极性程度对缓解压力的有效性。有效的支持利用度能够为特殊职业教育参与个体提供积极的情感体验,对社会环境的可预测感和稳定感,以及对自我价值的认知。同时,与社会网络的融合有助于消除特殊职业教育参与者的孤独感、无助感,增强其对工作情境的控制力量,从而提升特殊职业教育参与者的自信心和个人成就感。

(三)社会支持的现状和存在的问题

社会支持的来源不够丰富。作为一种支持性资源,社会支持的来源是多元化的，可以是个体所处社会环境中的任何一个方面或者所有方面。由于职业特点，教师属于一个比较孤立、相对封闭的群体，与社会的联系交流较少。特殊教育教师面对的群体特殊，在教育教学中需要付出更多的精力和时间，与朋友的交往圈子也不断缩小，导致很多教师遇到问题时，得不到更多的支持和帮助。况且，社会上对于从事特殊教育的教师看法或评价普遍比较低，认为只有三流的教师才会从事特殊教育，这无疑加重了特殊教育教师的失落感、自卑感和挫折感，降低了特殊教育教师社会交往的热情，使得特殊教育教师的工作和生活空间更加狭小，获得支持的来源也就相对贫乏。

　　社会支持的内容相对单一。社会支持的内容是异常丰富的，不同的社会环境和社会关系提供的社会支持内容是各不相同的。巴拉雷和艾米丽就将社会支持分成六种，具体包括：物质的帮助；行为的援助，如分担体力劳动；亲密的交往行为，例如倾听，表示尊重、关心、理解等；指导，如提供帮助、信息和指导；反馈，如提供有关个体行为、思想和情感的反馈；积极的社会交往，如参加娱乐和放松的社会交往活动。通常，在提供社会支持的时候，客观支持由于能够提供可见的、实际性的帮助而受到更多的重视，主观支持相对利用较少。对特殊职业教育事业的社会支持主要是物质支持和信息支持，包括提供财力帮助、物资资源和所需要的服务，有助于解决问题的建议、指导和评价。而对特殊职业教育参与者提供的情感支持和陪伴支持则是非常有限的，使得特殊职业教育参与者的社会支持内容比较单一。事实上，主观支持对于帮助个体减轻心理应激反应、缓解精神紧张、提高社会适应能力同样具有至关重要的作用。

　　社会支持的利用度低。除了客观支持和主观支持之外，社会支持还包括支持利用度，即个体在遇到压力和困扰时对支持的利用程度。在遭遇困境时越能积极主动地利用社会资源，就越有利于身心健康。但特殊职业教育参与者的社会支持利用度较低。一方面，特殊教育教师自我防御心理的作用，教师作为社会地位较高的社会群体，自我期待、自我要求比较高，使得特殊教育教师不肯轻易承认自己的失败和无奈。另一方面，受中国传统文化的影响，特殊教育教师不太愿意暴露心理隐私，担心周围人群异常的眼光。由于存在心理顾虑，特殊教育教师在遇到困扰时，更习惯于寻求内心的自我调节。即便是需要求助，也讲究"内外有别，亲疏分明"，通常会选择家人和朋友。这样，很多社会资源就无法充分利用，甚至白白浪费，使得特殊教育教师的社会支持利用度比较低下。

二、特殊职业教育的社会支持策略

(一)坚持"培养端"和"用人端"同时发力

当前残疾人职业教育面临的矛盾是用人单位需求和残疾人学校教育严重脱节。一方面,国家明文规定,各企事业单位要做好安置残障人士的工作,但现实情况是,不少机构以没有合适的工作岗位或缺乏专业培训为由,采用花钱不安置残疾人的办法;另一方面,一些单独设立的特教学校有些大龄学生由于找不到工作而滞留学校,或和低龄学生混班学习,或在学校从事简单的工作。这说明,培养单位没有充分考虑用人单位需求,用人单位也没及时将需求反馈给培养单位。要鼓励行业主管部门在本行业中开展技能型劳动力需求预测,政府有关部门也要建立相关信息平台,及时将各行各业对各种劳动力的需求预测加以汇总,并定期发布。要引导残疾人职业学校深化人才培养模式的改革,注重提高残疾人生活自理、与人交往、融入社会、劳动和就业等能力;在开足开好劳动技术、综合实践等课程的同时,开设适合用人端需求的职业课程;注重知识传授和实践操作相结合,建立健全企业接收残疾学生实习、实践制度。以探索职业化定向班,助推"残疾人之家"建设为例,建议借鉴高职扩招经验。内容为:经浙江省招生主管部门批准,面向具有高中毕业及同等学力以上的人员(包括退役军人、下岗失业人员、农民工、高素质农民、企业员工、基层农技人员及非本省户籍在浙务工人员等)安排高职招生计划,全省 11 个地市以"残疾人之家"现有的服务管理人员规模,按比例分配招生计划。通过专业综合测评择优录取,定向委托培养。学制一般为三年,最长可延至五年。培养方式采取多元模式,采取线上学习与线下学习相结合、集中教学和分散教学相结合,保证课程教学过程不降低要求、技能水平操作不降低标准、素养品质评判不降低基点。

(二)坚持"职业教育"和"工作场景"结合

发展以职业教育为主的残疾人中高职教育,须和职业场景相结合,将教育延伸到学校围墙外,注入到残疾学生学习生活中,用真实的技术、设备、案例、项目来开展教育,才能取得实效。为提高特殊职业教育针对性和有效性,推动特殊职业教育院校根据残疾学生的类型和身心特点,因地制宜设置各类实习实训实践基地。同时,在规划特殊职业教育学校时,充分顾及职业教育场景设置特点,给予财政投入保证。要跨越学校围墙,和行业、企业建立起互利合作的关系,将学校向行业、企业延伸,更好实现残疾学生培养和用人单位需求的同步衔接。鼓励社会力量依托行业和企业举办特殊职业教育学校,走出一条社会、企业、学校合作的新路子,并探索半工半读、工学交替的培养路径,在残疾人中践行终身教育理念和联合国教科文组织提出的 TVET 模式。

（三）营造有利于特殊职业教育健康发展的社会环境

学校教育是特教体系建设的重要阵地,但绝不是全部,政府高度重视、社会广泛参与亦是不可或缺的环节。现在很多地方残障人士即便有了知识、技能,依然出不了家门、校门,进不了厂门,很重要的原因是还未形成良好的社会环境和风尚。对此,我们也要达成共识,摒弃偏见。要逐步营造悦纳不完美生命、尊重关爱残疾人的舆论氛围和社会风尚,让更多人认识到,绝大部分残疾人经过治疗和康复训练都能像正常人一样工作和生活,实现各自的精彩人生。

第四节　本章小结

伴随着我国经济社会的发展、残疾人事业的建设以及残疾人自身发展的需要,残疾人高等职业教育暨特殊职业教育的发展将成为未来社会发展的重要内容之一。特殊职业教育的发展,既有其历史必然性,又有其必要性。在特殊教育事业越来越受重视的大背景下,特殊职业教育迎来了发展的新机遇。顺应经济社会的发展,转换人才培养观念和教育教学模式,让特殊职业教育成为高等职业教育的重要组成部分,应尽快将特殊职业教育从以就业为单一导向的状态,转向既关注残疾人职业技能的培养,又强调残疾人终身教育的特殊职业教育体系,走出具中国特色的现代特殊职业教育之路。

参考文献

一、中文参考资料

(一)中文专著

[1] Binger J. 亲子关系:家庭教育导论[M]. 潘允康,译. 北京:北京大学出版社,2003.

[2] Heward W L. 特殊需要儿童教育导论[M]. 肖非,等译. 北京:中国轻工出版社,2007.

[3] 布罗林,洛依德. 生涯发展与衔接教育[M]. 张顺生,等译. 南京:江苏教育出版社,2009.

[4] 陈澔. 礼记集说[M]. 天津:天津古籍书店,1988.

[5] 陈云英,等译. 全纳教育共享手册[M]. 北京:华夏出版社,2004.

[6] 杜威. 民主主义与教育[M]. 王承绪,译. 北京:人民教育出版社,2011.

[7] 方俊明. 特殊教育学[M]. 北京:人民教育出版社,2005.

[8] 福尔. 1945年以来的德国教育:概览与问题[M]. 肖辉英,等译. 北京:人民教育出版社,2002.

[9] 甘昭良,尤志添. 闽台特殊教育[M]. 厦门:厦门大学出版社,2012.

[10] 甘昭良. 从隔离到全纳:特殊教育发展的理论与实践[M]. 厦门:厦门大学出版社,2012.

[11] 格尔茨. 文化的解释[M]. 韩莉,译. 南京:译林出版社,1999.

[12] 顾定倩,朴永馨,刘艳虹. 中国特殊教育史资料选[M]. 北京:北京师范大学出版社,2010.

[13] 顾明远,梁忠义. 世界教育大系之特殊教育[M]. 长春:吉林教育出版社,2000.

[14] 国际 21 世纪教育委员会.教育:财富蕴藏其中[M].北京:教育科学出版社,1996.

[15]何侃.中国残疾人职业教育与就业服务[M].南京:南京师范大学出版社,2017.

[16]何震,刘云波,魏明,等.中国教育改革开放 40 年:职业教育卷[M].北京:北京师范大学出版社,2019.

[17]胡斌武.职业教育学[M].北京:高等教育出版社,2015.

[18]黄培森.中国特殊教育史略[M].成都:西南交通大学出版社,2015.

[19]黄志成.全纳教育:关注所有学生的学习与参与[M].上海:上海教育出版社,2004.

[20]加林斯基.孩子必备的七种生存技能[M].王爱英,译.北京:现代出版社,2018.

[21]姜大源.职业教育要义[M].北京:北京师范大学出版社,2017.

[22]睢文龙,廖时人,朱新春.教育学[M].北京:人民教育出版社,1994.

[23]李维,张诗忠.心理健康百科全书:儿童健康卷[M].上海:上海教育出版社,2004.

[24]林德宏.科技哲学十五讲[M].北京:北京大学出版社,2004.

[25]刘春玲,江琴娣.特殊教育概论[M].上海:华东师范大学出版社,2008.

[26]刘明,尹凡,张玉霞.法治社会下的职业教育公平机制研究[M].长春:吉林人民出版社,2014.

[27]刘新学.特殊儿童发展与学习[M].北京:高等教育出版社,2015.

[28]马克思,恩格斯.马克思恩格斯全集(第 23 卷)[M].北京:人民出版社,1956.

[29]马庆发,唐林伟,宋磊.中国职业教育研究新进展 2007[M].上海:华东师范大学出版社,2008.

[30]马忠虎.基础教育新概念:家校合作[M].北京:教育科学出版社,1996.

[31]纳扎洛娃.特殊教育学[M].朴永馨,银春铭,等译.北京:北京师范大学出版社,2011.

[32]潘一.特殊教育学基础[M].北京:高等教育出版社,2006.

[33]彭霞光.中国特殊教育发展报告2012[M].北京:教育科学出版社,2013.

[34]朴永馨.特殊教育辞典[M].北京:华夏出版社,1996.

[35]朴永馨.特殊教育学[M].福州:福建教育出版社,2007.

[36]盛永进.特殊儿童教育导论[M].南京:南京师范大学出版社,2015.

[37]施良方.课程理论:课程的基础、原理和问题[M].北京:教育科学出版社,1996.

[38]舒底清.高等职业教育专业内涵建设[M].北京:高等教育出版社,2013.

[39]王培峰.特殊教育政策:正义及其局限[M].南京:南京大学出版社,2015.

[40]王先谦.荀子集解[M].北京:中华书局,1988.

[41]王玉明.职业素养[M].北京:中国劳动社会保障出版社,2019.

[42]吴康宁.教育社会学[M].北京:人民教育出版社,1998.

[43]吴填.残疾人政策法规理论与实践[M].南京:南京大学出版社,2013.

[44]杨民.世界特殊教育概观[M].大连:辽宁师范大学出版社,2004.

[45]叶立群,朴永馨.特殊教育学[M].3版.福州:福建教育出版社,2014.

[46]叶立群,朴永馨.特殊教育学[M].4版.福州:福建教育出版社,2019.

[47]赵中建.全球教育发展的研究热点:90年代来自联合国教科文组织的报告[M].北京:教育科学出版社,2003.

[48]郑功成,杨立雄.中国残疾人事业研究报告2018[M].北京:社会科学文献出版社,2018.

[49]郑芝鸿,翁琳.职业生涯规划与就业创业指导[M].成都:电子科技大学出版社,2019.

[50]中共中央马克思恩格斯列宁斯大林著作编译局译.马克思恩格斯选集(第1卷)[M].北京:人民出版社,1995.

[51]中共中央马克思恩格斯列宁斯大林著作编译局译.马克思恩格斯选集(第3卷)[M].北京:人民出版社,1995.

[52]周建松.高等职业教育的逻辑[M].杭州:浙江大学出版社,2011.

[53]周明星,杨金梅.职业教育学通论[M].天津:天津人民出版社,2002.

[54]朱仁宝.现代教师素质论[M].杭州:浙江大学出版社,2004.

[55]朱宗顺.特殊教育史[M].北京:北京大学出版社,2011.

[56]左彦鹏.高职院校"双师型"教师专业素质研究[M].广州:暨南大学出版社,2017.

（二）中文期刊

[1]陈琛.新旧义务教育法中残疾人教育相关规定之比较分析[J].中国特殊教育,2008(5):3-6,41.

[2]陈丽婷.互联网＋时代的高职课堂教学创新实践——以台州职业技术学院为例[J].职教论坛,2016(30):72-73.

[3]陈瑞英.残疾人高职院校校企共建校内实训基地的策略思考[J].实验室研究与探索,2017(6):245-248.

[4]陈瑞英.德国特殊人群职业教育的经验对我国现代职业教育体系构建的启示[J].职教论坛,2015(30):93-96.

[5]陈子季.优化类型定位　加快构建现代职业教育体系[J].中国职业技术教育,2021(12):5-11.

[6]褚阳."理实结合、课证融通"的"仓储与配送管理实务"课程教学设计[J].职业教育研究,2014(1):132-134.

[7]崔允漷.追问"核心素养"[J].全球教育展望,2016(5):3-10,20.

[8]邓猛,周洪宇.关于制定《特殊教育法》的倡议[J].中国特殊教育,2005(5):3-6.

[9]窦菊花.公共英语课融入专业群建设路径及效果探析[J].中国职业技术教育,2021(5):57-58.

[10]冯敏良,高扬.积极福利视角下残疾人就业政策的转向探析[J].残疾人研究,2017(2):49-54.

[11]傅王倩,刘晶秋,肖非.我国特殊教育教师专业化发展的现状与展望[J].岭南师范学院学报,2017(4):49-55.

[12]高莉.高职教师核心素养的内涵、构成要素及发展路径[J].职教论坛,2021(6):98-102.

[13]高青东,郭福全.山西省翼城县教师进修学校"菜单式"培训受欢迎[J].中小学教师培训,2006(8):64.

[14] 高行亮.教学比赛的宗旨是"以赛促学"[J].教学与管理,2020(13):31-32.

[15] 龚孟伟,南海.关怀教学研究的背景与意义[J].教育理论与实践,2013(1):57-60.

[16] 顾定倩.对《义务教育法》有关特殊教育条款的分析[J].中国特殊教育,2007(5):9-12.

[17] 顾定倩.美国聋校的课程设置[J].特殊儿童与师资研究,1995(3):39-41.

[18] 顾泠沅,周超.教师专业化的实践与反思——顾泠沅教授专访[J].苏州大学学报(教育科学版),2017(2):86-93.

[19] 关文军.融合教育学校班级环境对残疾学生课堂参与的影响研究[J].海南师范大学学报(社会科学版),2019(3):101-109,144.

[20] 郭文斌,何溪.特殊教育职业教育课程设置现状及对策研究[J].现代特殊教育,2018(13):63-69.

[21] 郭文斌,王芬萍,张琨.我国残疾人高等职业教育研究热点与发展趋势[J].海南师范大学学报(社会科学版),2019(2):111-117.

[22] 韩彬.特殊教育学校视障中医按摩职业教育课程实施困境及对策研究[J].中国校外教育,2020(5):71,73.

[23] 何丕东.我国政府型公共实训基地实训运行管理初探[J].中国产经,2021(20):100-101.

[24] 何洲,强春华.新时代职业教育中工匠精神培育探析[J].科教论坛,2021(9):79-80.

[25] 和震,柯梦琳.职业教育视角下的专长与校企合作重构[J].清华大学教育研究,2017(4):40-47.

[26] 侯立松.论高等学校特色专业建设的一般过程[J].辽宁教育研究,2005(12):56-58.

[27] 侯晓燕,张岩宇.我国特殊教育立法演变的历程及启示[J].科技信息(科学教研),2007(29):500-501.

[28] 胡智锋,樊小敏.中国融合教育的发展、困境与对策[J].现代教育管理,2020(2):1-7.

[29] 黄宏伟,张帆.特殊教育高职院校人才培养方案修订理念与路径探

索[J].绥化学院学报.2022(1):111-116.

[30] 黄志成.全纳教育:21世纪全球教育研究新课题[J].全球教育展望,2001(1):51-54.

[31] 姜大源.技术与技能辨[J].高等工程教育研究,2016(8):71-82.

[32] 姜海涛,王艳丽.高等职业教育校企协同实践教学体系创新研究——基于内蒙古农业大学职业技术学院"三习两训"实例[J].教育学术月刊,2020(9):106-111.

[33] 姜英敏.家长对协同育人的期待和建议[J].人民教育,2021(8):23-25.

[34] 金欢阳,方益权.立地式研发:高职院校科技成果转移转化的破局之探[J].中国职业技术教育,2021(12):114-118.

[35] 赖德胜,廖娟,刘伟.我国残疾人就业及其影响因素分析[J].中国人民大学学报,2008(1):10-15.

[36] 兰继军.论西部特殊教育教师的素质及其提高策略[J].中国特殊教育,2004(7):65-68.

[37] 黎健保,陈伯云.新形势下残疾人就业面临的问题与对策[J].改革与战略,2003(9):28-29.

[38] 黎倩仪.特殊教育学校职业教育课程现状分析及优化对策[J].传播力研究,2019(11):204.

[39] 李锋,闫智勇.职业教育教师专业素质的模型建构及提升策略[J].教育与职业,2016(15):23-27.

[40] 李梦卿,邢晓."双师型"教师资格认证标准的制定与实施[J].教育与职业,2020(4):19-26.

[41] 李琪,匡瑛.基于入职标准的我国职教教师准入制度建设新思考[J].教育与职业,2021(1):71-77.

[42] 李清臣,岳定权.家校合作基本结构的建构与应用[J].中国教育学刊,2018(12):38-42.

[43] 李树岭.我国公共实训基地建设的基本状况、突出问题与推进路径[J].教育与职业,2021(11):27-34.

[44] 李秀华.基于职业导向的"课证融合"人才培养模式的实践研究[J].职教通讯,2012(8):13-15.

[45] 李元元.加强特色专业建设 提高人才培养质量[J].中国高等教育,

2008(17):25-26.

[46] 廖娟,赖德胜.残疾人就业服务体系的构建:从分割到融合[J].人口与发展,2010(6):84-87,96.

[47] 刘邦奇."互联网+"时代智慧课堂教学设计与实施策略研究[J].中国电化教育,2016(10):51-56.

[48] 刘波,欧阳恩剑.职业教育产教融合的本质、特征与价值取向——基于耦合理论的视角[J].职教论坛,2021(8):60-67.

[49] 刘俊卿.改革开放以来我国特职政策的分析与思考[J].中国职业技术教育,2015(6):58-64.

[50] 刘俊卿.我国特殊教育学校职业教育发展的历史经验、现实问题及未来选择[J].中国特殊教育,2011(3):3-7.

[51] 刘俊卿.我国特校职教支持政策的审视与思考[J].沈阳师范大学学报(社会科学版),2013(1):134-137.

[52] 刘萌.构建特殊职业教育专业课程标准的思考——以陕西省城市经济学校为例[J].科教导刊,2018(14):18-19.

[53] 刘晓,钱鉴楠.高职院校专业群人才培养的理论框架与行动策略——基于技能习得视角[J].高等工程教育研究,2021(1):142-148.

[54] 刘晓,钱鉴楠.类型学视角下职业教育发展的历史演进、现实论域与未来指向[J].教育与职业,2021(1):5-12.

[55] 刘晓,钱鉴楠.职业教育专业建设与产业发展:匹配逻辑与理论框架[J].高等工程教育研究,2020(2):142-147.

[56] 刘晓,石伟平.职业教育集团化办学治理:逻辑、理论与路径[J].中国高教研究,2016(2):101-105.

[57] 刘晓.论高职院校的内涵建设:从课程建设到专业建设[J].河北师范大学学报(教育科学版),2011(11):89-92.

[58] 马蕾.工具理性与价值理性张力何以衡平?——职业教育加强职业技能和人文精神综合培养的理论机理与实践探微[J].职业技术教育,2018(33):42-47.

[59] 欧阳河,戴春桃.产教融合的内涵、动因与推进策略[J].教育与职业,2019(7):51-56.

[60] 彭琳.特殊教育视域下律动教师的职业素质及内涵建设[J].教育与

职业,2016(13):74-76.

[61] 彭霞光,齐媛.提高特殊教育发展水平的政策建议[J].中国特殊教育,2014(12):3-8.

[62] 彭兴蓬,雷江华.教育关怀:融合教育教师的核心品质[J].教师教育研究,2015(1):17-22.

[63] 漆国生,谭钰怡.广州市特殊教育政策实施的困境及对策探析——基于融合教育的视角[J].广州广播电视大学学报,2015(1):11-14.

[64] 祁占勇,于海燕.我国职业教育政策研究现状分析——以1985—2012年职业教育政策研究论文为依据[J].职教论坛,2013(28):12-16.

[65] 秦华伟,陈光."双高计划"实施背景下"三教"改革[J].中国职业技术教育,2019(33):35-58.

[66] 饶从满.美国"素养本位教师教育"运动再探——以教师素养的界定与选择为中心[J].外国教育研究,2020(7):3-17.

[67] 任登峰.我国特殊职业教育与职业教育合作问题研究[J].职业教育研究,2011(6):138-139.

[68] 申素平.我国残疾人受教育权的法律保障研究[J].中国教育法制评论,2011(10):175-185.

[69] 沈建根,石伟平.高职教育专业群建设:概念、内涵与机制[J].中国高教研究,2011(11):78-80.

[70] 石伟平,郝天聪.产教深度融合 校企双元育人——《国家职业教育改革实施方案》解读[J].中国职业技术教育,2019(7):93-97.

[71] 宋小燕.新时期中职英语课程的分层教学策略[J].现代职业教育,2018(28):91.

[72] 唐露萍,肖川.教育性新解及其回归教学的路径[J].教育理论与实践,2016(10):8-11.

[73] 滕祥东,杨冰,郝传萍.我国残疾人高等教育院校教师队伍建设探讨[J].中国特殊教育,2011(10):9-13.

[74] 田士旭,宋崔.高素质专业化创新型教师队伍是强国之本[J].中国教师,2018(12):9-12.

[75] 汪斯斯,王辉.我国特殊教育相关立法及政策评析[J].南京特教学院学报,2014(1):15-23.

[75] 汪维富,闫寒冰.面向开放学习成果的微认证:概念理解与运作体系[J].电化教育研究,2020(1):60-66.

[77] 王光明,张楠,李健,等.教师核心素养和能力的结构体系及发展建议[J].中国教育学刊,2019(3):81-88.

[78] 王强虹.对特殊儿童家长参与学校教育的思考[J].西南师范大学学报(人文社会科学版),2004(3):91-95.

[79] 王琴.胜任力视角下"双师型"教师培训:问题透视与优化策略[J].职教论坛,2021(3):75-80.

[80] 王岩.《残疾人保障法》修订的立法背景及主要制度[J].社会保障研究,2008(1):185-192.

[81] 王屹,逯长春.职业教育"双师型"教师队伍的顶层设计探析[J].职教论坛,2016(15):38-42.

[82] 温颂.特殊教育教师与特殊儿童交往的伦理意义、问题及原则[J].科学咨询(教育科研),2018(9):33-34.

[83] 文峥嵘.基本职业素养移动学习平台设计初探[J].教育现代化,2017(35):295-297.

[84] 吴全全,耿爱文,闫智勇.工作过程系统化课程开发范式下"双师型"教师专业化发展的对策[J].职业技术教育,2021(4):48-55.

[85] 吴升刚,刘文斌,刘锡冬.高职院校创新 创业型人才培养模式探索与实践[J].中国职业技术教育,2014(18):88-90.

[86] 吴显嵘,郭庚麒.美国社区学院"双师型"教师的培养经验、成长体系及启示[J].教育与职业,2019(17):78-85.

[87] 邢红梅.特殊职业教育数学教学探讨[J].中国成人教育,2015(12):138-140.

[88] 邢芸,汪斯斯.残疾人就业:教育、残疾程度和性别的影响[J].教育与经济,2016(6):47-54,63.

[89] 徐添喜,雷江华.残疾人职业康复实施模式探析[J].现代特殊教育,2010(2):13-16.

[90] 许琼林.挖掘职业素养红利担起更大历史责[J].中国机电工业,2016(9):94-95.

[91] 杨京楼,申小军,陈新.关于高职院校兼职教师聘任及管理的几点思

考[J].中国职业技术教育,2006(20):33-34.

[92] 杨银.情感教育视域下特殊教育师生关系的偏倚及回归[J].教育理论与实践,2021(16):37-41.

[93] 杨志强,刘润民.高职院校学生职业素养研究综述[J].内蒙古教育,2017(6):10-11.

[94] 尹后庆.推进医教结合,提高特殊教育水平[J].上海教育科研,2014(8):22-26.

[95] 于靖.中国特殊教育立法问题探讨[J].社会科学战线,2010(11):196-198.

[96] 余祖光.终身教育背景下职业教育的扶贫助困功能[J].北京大学教育评论,2007(3):23-27,187-188.

[97] 曾文茜,罗生全.教师核心素养的生成逻辑与价值取向[J].教学与管理,2017(28):1-4.

[98] 张聪,杨连生.定制化高等教育服务实施路径与实现机制:基于美国高校 SDM 的跨案例分析[J].现代教育管理,2019(3):123-128.

[99] 张宏,方健华.职业院校专业教师企业实践效果评价与质量保障机制研究[J].中国职业技术教育,2016(2):83-87.

[100] 张宁生,陈光华.再论融合教育:普小教师眼中的"随班就读"[J].中国特殊教育,2002(2):3-8.

[101] 张润田.家校合作制度化的困境与出路——基于新制度主义的视角[J].当代教育科学,2020:47-51.

[102] 张伟锋.医教结合:特殊教育改革的可行途径[J].中国特殊教育,2013(13):19-20.

[103] 张雯雯,兰继军.近十年我国特殊教育立法现状与对策研究综述[J].现代特殊教育(高教),2015(9):18-21.

[104] 章安平,方华.基于职业导向的"课证融合"人才培养模式实践与思考[J].中国高教研究,2008(11):58-60.

[105] 赵巧云.我国特教教师专业化发展标准刍议[J].中国特殊教育,2009(4):14-18.

[106] 郑中原.残疾人中等职业教育师资职后培训的现状分析及对策[J].江苏教育研究,2014(18):21-24.

[107] 质先.学会生存——教育世界的今天和明天[J].北京成人教育，1983(4):29.

[108] 钟启泉.基于核心素养的课程发展:挑战与课题[J].全球教育展望,2016(1):3-25.

[109] 周建军.高职院校教师职业能力构成的三大核心要素及发展[J].中国职业技术教育,2014(18):52-54.

[110] 周建松,唐林伟.高职教育人才培养目标的历史演变与科学定位——兼论培养高适应性职业化专业人才[J].中国高教研究,2013(2):94-98.

[111] 周可欣,南海.高职"双师型"教师资格认定标准研究[J].教育与职业,2020(21):66-71.

[112] 庄西真.产教融合的价值意蕴和推进举措[J].教育发展研究,2021(19):3.

（三）中文报章

[1] 邓猛.融合教育的理论反思[N].中国社会科学报,2009-12-15(8).

[2] 宋崔.新时代,教师的使命与担当新使命、新责任、新成长[N].浙江教育报,2020-09-16(3).

[3] 习近平.把培育和弘扬社会主义核心价值观作为凝魂聚气强基固本的基础工程[N].人民日报,2014-02-26(1).

[4] 徐国庆."研究型"是建设高水平高职的突破口[N].中国青年报,2019-01-14(5).

（四）学位论文

[1] 陈星.应用型高校产教融合动力研究[D].重庆:西南大学,2017.

[2] 李楠.上海市残疾大学生就业心理及其相关因素研究[D].上海:华东师范大学,2012.

[3] 李树陈.国家治理体系现代化视角下的职业教育政策研究[D].北京:中共中央党校,2016.

[4] 连婷.特殊教育中等职业学校职业生涯规划教育研究[D].沈阳:沈阳师范大学,2015.

[5] 刘盈楠.我国高等教育人才培养模式演进研究(1978—2020)[D].长春:东北师范大学,2020.

[6] 罗伟娟.关于家校沟通内容和形式的研究[D].上海:华东师范大学,2006.

[7] 欧雪.培智学校家校合作困境与改进策略研究[D].南京:南京师范大学,2016.

[8] 邵子珊.智力残疾人群社会融入问题的研究[D].西安:陕西师范大学,2015.

[9] 徐添喜.就业转衔服务中残疾人职业康复实施现状分析及模式构建研究[D].武汉:华中师范大学,2010.

[10] 闫晶晶.影响残疾大学生就业的因素研究——以上海市三所高校为例[D].上海:华东师范大学,2008.

[11] 于妍.改革开放以来我国特殊教育学校职业教育政策研究[D].沈阳:沈阳师范大学,2018.

[12] 张晨琛.特殊学校听障生中等职业教育课程建设研究——以 N 校为例[D].西安:陕西师范大学,2019.

[13] 张梁.智力障碍学生中等职业教育家校合作研究[D].西安:陕西师范大学,2019.

（五）电子资源

[1] 国家发展改革委关于印发《公共实训基地建设中央预算内投资专项管理办法》的通知(发改就业规〔2017〕1937 号)[EB/OL].(2018-01-02)[2022-11-12].http://www.gov.cn/xinwen/2018-01/02/content_5252604.htm.

[2] 国家中长期教育改革和发展规划纲要(2010—2020 年).[EB/OL].(2010-07-29)[2021-11-03].http://www.gov.cn/jrzg/2010-07/29/content_1667143.htm.

[3] 国务院办公厅转发国家教委等部门《关于发展特殊教育的若干意见》的通知(国办发〔1989〕21 号)[EB/OL].(1989-05-04)[2022-02-05].http://www.people.com.cn/item/flfgk/gwyfg/1989/112701198943.html.

[4] 国务院办公厅转发教育部等部门关于"十五"期间进一步推进特殊教育改革和发展意见的通知(国办发〔2001〕92 号)[EB/OL].(2016-10-11)[2022-11-12].http://www.gov.cn/zhengce/content/2016-10/11/content_5117369.htm.

［5］国务院办公厅转发教育部等部门关于进一步加快特殊教育事业发展意见的通知（国办发〔2009〕41 号）［EB/OL］.（2009-05-07）［2022-02-05］. http://www. gov. cn/uwu/cjr/content_2630768. htm.

［6］国务院关于印发国家职业教育改革实施方案的通知（国发〔2019〕4 号）［EB/OL］.（2019-02-13）［2021-12-05］. http://www. gov. cn/zhengce/content/2019-02/13/content_5365341. htm.

［7］国务院批转中国残疾人事业“十一五”发展纲要的通知（国发〔2006〕21 号）［EB/OL］.（2006-06-04）［2022-02-05］. http://www. gov. cn/xxgk/pub/govpublic/mrlm/200803/t20080328_32728. html.

［8］教育部等七部门关于印发《第二期特殊教育提升计划（2017-2020 年）》的通知（教基〔2017〕6 号）［EB/OL］.（2017-07-18）［2022-11-12］. http://www. moe. gov. cn/srcsite/A06/s3331/201707/t20170720_309687. html.

［9］教育部等四部门关于加快发展残疾人职业教育的若干意见（教职成〔2018〕5 号）［EB/OL］.（2018-04-23）［2022-11-12］. http://www. gov. cn/zhengce/zhengceku/2018-12/31/content_5443433. htm.

［10］教育部等四部门关于印发《深化新时代职业教育“双师型”教师队伍建设改革实施方案》的通知（教师〔2019〕6 号）［EB/OL］.（2019-10-18）［2022-11-12］. http://www. gov. cn/xinwen/2019-10/18/content_5441474. htm.

［11］教育部关于实施全国中小学教师信息技术应用能力提升工程 2.0 的意见（教师〔2019〕1 号）［EB/OL］.（2019-03-20）［2022-11-12］. http://www. gov. cn/zhengce/zhengceku/2019-10/23/content_5443970. htm.

［12］教育部关于印发《关于深化教学改革，培养适应 21 世纪需要的高质量人才的意见》等文件的通知（教高〔1998〕2 号）［EB/OL］.（1998-04-10）［2021-11-16］. http://www. moe. gov. cn/srcsite/A08/s7056/199804/t19980410_162625. html.

［13］教育部关于印发《特殊教育教师专业标准（试行）》的通知（教师〔2015〕7 号）［EB/OL］.（2015-08-26）［2022-11-12］. http://www. moe. gov. cn/srcsite/A10/s6991/201509/t20150901_204894. html.

［14］教育部关于印发《中等职业学校教师专业标准（试行）》的通知（教师〔2013〕12 号）［EB/OL］.（2013-09-24）［2022-11-12］. http://www. moe. gov. cn/srcsite/A10/s6991/201309/t20130924_157939. html.

［15］特殊教育学校暂行规程（教育部令第 1 号）［EB/OL］.（2012-11-15）［2022-02-05］. http://www. gov. cn/bumenfuwu/2012-11/15/content_26004 22. htm.

［16］习近平. 全面建成小康社会，残疾人一个也不能少［EB/OL］.（2016-07-29）［2021-11-05］. http://www. gov. cn/fuwu/cjr/2016-07/29/content_5124019. htm.

［17］新华网. 习近平对职业教育工作做出重要指示［EB/OL］.（2021-04-13）［2021-11-05］. https://baijiahao. baidu. com/s? id＝16969278392457105 76＆wfr＝spider＆for＝pc. y.

［18］徐耀强. 论"工匠精神"［EB/OL］.（2017-05-25）［2021-11-07］. http://theory. people. com. cn/n1/2017/0525/c143843-29299459. html.

［19］中共中央 国务院关于全面深化新时代教师队伍建设改革的意见［EB/OL］.（2018-01-31）［2022-11-12］. http://www. gov. cn/xinwen/2018-01/31/content_5262659. htm.

［20］中共中央办公厅、国务院办公厅印发了《关于推动现代职业教育高质量发展的意见》［EB/OL］.（2021-10-12）［2022-11-12］. http://www. gov. cn/zhengce/2021-10/12/content_5642120. htm.

［21］中国残疾人事业"八五"计划纲要（1991 年—1995 年）［EB/OL］.（2004-11-16）［2022-02-05］. http://www. cjr. org. cn/info/laws/syfz/content/post_161590. html.

［22］中国残疾人事业五年工作纲要（1988 年—1992 年）［EB/OL］.（2004-11-16）［2022-02-05］. http://www. cjr. org. cn/info/laws/syfz/content/post_161584. html.

［23］中华人民共和国国民经济和社会发展第十四个五年规划和 2035 年远景目标纲要［EB/OL］.（2021-03-13）［2022-11-12］. http://www. gov. cn/xinwen/2021-03/13/content_5592681. htm.

二、外文参考资料

［1］Falvey M A，Givner C C，Kimm C. What is an inclusive school［M］//Villa R A，Thousand J S. Creating an inclusive school. US：Association for Supervision and Curiculum Development，1995：1-13.

［2］ Gargiulo，Richard M ．Special Education in Contemporary Society：An Introduction to Exceptionality［M］．Belmont，CA：Wadsworth Thomson Leaming，2003.

［3］ Opertti R，Brady J，Duncombe L．Moving forward：Inclusive education as the core of education for all［J］．Prospects，2009(3)：205-214.

［4］ Ott，B．Grundlagen des beruflichen Lernens und Lehrens［M］．Cornelsen Verlag．2000.

［5］ Plate M，Jonos P．Bilingual Vocational Education for Handicapped Students ［J］．Exceptional Children，1982(48)：538-540.

［6］ UNESCO IBE. Generalpresentation at the 48th session of the international conference oneducation：inclusive education ：the way of the future［R］．Geneva：UNESCO IBE，2008.

［7］ UNESCO．The Salamanca Statement and Framework for action on special needs education：Adopted by the World Conference on Special Needs Education；Access and Quality［R］．Salamanca：UNESCO，1994.

后　记

　　特殊职业教育是新时代我国教育事业发展和技能型社会的重要组成部分,是建设高质量教育体系的重要内容,是衡量社会文明进步和走向共同富裕的重要标志。党中央、国务院高度重视我国特殊职业教育的发展,全国职业教育大会创造性提出建设技能型社会的理念和战略,加快构建面向全体人民、贯穿全生命周期、服务全产业链的职业教育体系,加快建设国家重视技能、社会崇尚技能、人人学习技能、人人拥有技能的技能型社会。

　　浙江特殊教育职业学院作为面向残疾人和残疾人事业开展高等职业教育的院校,为技能型社会特殊职业教育"画像",以"富有张力"的特殊职业教育发展模式,构建"掌握生存技能、高技能就业、出彩人生"递推式人才培养模式,办好特殊职业教育,全面服务技能型社会建设。2021年,为响应党和国家对特殊职业教育事业的支持,学院成立浙江省首家以特殊职业教育为研究重点的特殊职业教育研究院,依托浙江省残联、浙江工业大学等部门、科研机构,协同产教融合创新资源,探索特殊职业教育服务技能型社会路径,将研究院打造成新型智库。

　　本书正是基于这一背景,由浙江特殊教育职业学院黄宏伟教授总体设计,汇集浙江工业大学、苏州大学、浙江特殊教育职业学院等单位一批优秀学者协同研究完成。全书各章既有整体逻辑,又各自相对独立。具体分工如下:代序,黄宏伟;第一章,黄宏伟、乞佳;第二章,刘晓宁、黄宏伟;第三章,俞念、王海英、刘晓;第四章,张帆、刘铭心、黄宏伟;第五章,邱淑女、窦佳佳、俞初晴、邵文琪;第六章,赵晓旭、黄华、乞佳;第七章,李桂枝、王露莹、刘晓;第八章,张磊、刘晓、卿金桃、童小晨;第九章,王涛、钱鉴楠、李甘菊、薛圆美;第十章,鲁杨、赵晓旭。全书最后由黄宏伟、乞佳统稿并最终定稿,赵晓旭、刘铭心、钱鉴楠等也对全书的统稿和校对做出了贡献。本书得以顺利完成,也要感谢浙江特殊职业学院的全体同事，他们或参与成果研讨，或提供前沿资料，或参与调研，都付出了辛勤的劳动，再次向他们表示由衷的感谢。感谢浙江工业大学教育科学与技术学院职业技术教育研究所的老师及研究生们，正是在他们的帮助和指导下才有了这本专著。感谢浙江大学出版社陈佩钰女士给予了热情的关心和支持，特别是她精益求精的编辑工作，令我们受益匪浅，在此向她表示敬意。

最后，本书在撰写过程中参考和引用了国内外专家、研究者的有关著作、论文和科研成果，因篇幅有限，书中未能一一说明，在此表示诚挚的感谢。

由于此书为全国特殊职业教育的探索研究之作，加之著者的研究水平有限，书中难免存在疏漏和不妥之处，恳请专家、研究者、同仁和广大读者批评指正。

作者

2022 年 3 月 3 日